近畿の城郭

文献・考古・縄張りから探る

中井 均［監修］
城郭談話会［編］

戎光祥出版

本書刊行にあたって

はじめに

先般、『図解 近畿の城郭』全五巻の刊行を終えた。まずはこの快挙を祝いたい。城郭研究の一翼を担う縄張り研究は古くよりおこなわれてはいたが、その精度は曲輪の位置や配置を描くのみの大雑把なものであった。そうしたなかで異彩を放つのが、山崎一氏による『群馬県古城塁史の研究』（一九七八年、群馬県文化事業振興会）である。山崎氏は群馬県の中世城館跡を個人ですべて踏査され、その縄張り図を作成された。氏の縄張り図では曲輪の配置に止まらず、土塁・堀切といった中世城郭の構造を正確に図化され、中世城郭研究を志す人たちのバイブル的存在となった。しかし、全国的に縄張り図の精度が飛躍的に高まったのは東京の中世城郭研究会による一九八〇年代からの踏査によるものであろう。特に本田昇氏による縄張り図は極めて精緻で、現在でもまったく色あせない。氏の作図は中世城郭研究会のメンバーに大きな影響を与え、関東を中心とした中世城郭の縄張り図が次々と作成されていった。

ちょうどこの時代、一九八〇年に村田修三氏が『日本史研究』第二一一号に「城跡調査と戦国史研究」を発表され、「中世の城郭遺跡を地域史と在地構造分析の史料として活用すること」によって、かつては好事家と呼ばれる人たちの趣味の対象から、中世史の「史料」として評価されることとなった。

さらに、一九七〇年代の日本は高度経済成長の真っただ中にあり、山をも飲み込む宅地造成や高速道路、工場用地が建設されることにともない、列島全域で山城跡の発掘調査がおこなわれることとなり、考古学からも城跡の再評価が高まった。こうした開発に事前に対応するため、さらには国史跡に指定するために、文化庁の補助事業として都道府県単位で悉皆調査が実施されることとなった。一九七四～七五年度の三重県を皮切りに、現在ではほぼ全国で事業は終了している。近畿では三重県や兵庫県が先発部隊となり、滋賀県では全十冊におよぶ報告書が刊行されたものの、大阪府では補助事業としての調査は実施されず、京都府はようやく終了し、奈良県が現在刊行予定と、中心部は低調であった。

この悉皆調査は、府県内のどこにどのような城館遺跡が存在するのかを公的にはじめて調査したものであり、その成果は大いに評価されるものである。ただ、残念ながら調査に従事された調査員がすべて城館跡調査、つまり縄張り調査に精通された人たちではなく、この調査の研修によって初めて縄張り図作成をされた場合が多い。つまり、位置は確実に押さえられているものの、縄張り図には精度の高いものと低いものが共存することとなっている点はいたしかたのないことであった。とりわけ、調査年次の古いものはこれが顕著に表れている。

一方、こうした悉皆調査とは別に、全国の城館跡をまとめる事業もおこなわれた。それが『日本城郭大系』全二十巻（一九七九～八一年、新人物往来社）の刊行であった。それ以前にも『日本城郭全集』全十六巻（一九六七～六八年、人物往来社）の刊行があったが、『日本城郭全集』は市町村史や郡志といった刊行物から城館跡を抽出して編まれたもので、基本的には縄張り図が用いられることはなかった。それが『日本城郭大系』ではようやく縄張り図が用いられだしたが、極めて少例でしかなく、その精度も低いものであった。こうした書籍で、原則一城館跡に必ず縄張り図を添付するという画期的なものとなったのが、村田修三編の『中世城郭事典』全三巻（一九八七年、新人物往来社）であった。縄張り図をもとに城館跡の構造そのものを分析し、かつ現存する遺構の年代を検討した画期的な城郭研究書である。これによって、中世城郭研究には縄張り図が必須となったと言っても過言ではないだろう。編集に携わった執筆者たちの大半は、当時新進気鋭の縄張り図を描く研究者たちであった。

縄張り図は、単に現存する遺構を図化するだけではなく、なぜここに曲輪があるのか、虎口構造はどうなっているのか、土塁に屈曲は付けられているのかといった、城郭構造を把握できる洞察力があってこそ描けるわけである。つまり、城郭構造を読み込める視点を有する研究者たちが『中世城郭事典』に関わったのである。ただ、まだ時期は尚早であった。列島規模で縄張りを描く研究者は少なく、地域によってはまだ縄張り図とは呼べない作図も存在したのである。つまり、『中世城郭事典』の刊行は、研究史的には縄張り図が城館研究に不可欠であることを決定づけた画期的事業ではあったが、資料として利用できる縄張り図ばかりが掲載できたわけではなかった。

その後、二〇〇〇年代に入ると、全国各地で縄張り図が描かれるようになる。さらには、こうした二〇〇〇年代以降の研究者による縄張り図の精度は飛躍的に高まる。それは歩測だけではなく、距離計測器の利用や、GPSを用いてさらに精緻な図面作成がおこなわれるようになったからである。誰が描いた縄張り図でも、ほぼ同じような遺構判断がなされ、ほぼ同じような図面になってきたのである。

かつて村田修三氏が指摘したように、城郭遺跡を「史料」として扱うのであれば、その「史料」にばらつきがあってはならない。誰が描いた縄張り図でも資料として活用できることが大事なわけである。少々長い前置きとなってしまったが、先般刊行された『図解 近畿の城郭』では全五巻を通じて縄張り図は精緻を極め、掲載された城館の縄張り図が資料として扱える書籍となっている。この価値は大きい。

残された課題――近江地方の畝状竪堀群を事例として

だが、一方で課題も多く残されている。ここでは代表例として、畝状竪堀群の分布の問題を取り上げてみたい。いうまでもなく、畝状竪堀群は山城の切岸に巨大な包丁で切目を施した竪方向に設けられた堀切が連続して築かれたもので、一九七〇年代後半から八〇年代前半に新潟県で初めて報告された防御施設である。『日本城郭大系』において、大葉沢城（新潟県村上市）の縄張り図で伊藤正一氏が「畝形阻塞」として発表されたときは衝撃であった。人工的なものではなく、自然地形ではないかとの見解もあったが、次々と類似遺構が確認され、人工的な防御施設であることが明らかとなった。確認された当時、その数は数える程度であったが、精度の高い縄張り図が作成されると、その数は急激に増加しだしたのである。つまり、それまでは斜面地に踏査の手が及んでいなかっただけだったのである。精度の高さを裏づけるものは、やはり城域のすべてを踏査することであった。『図解 近畿の城郭』の刊行により、ほぼ近畿地方の全域に畝状竪堀群の存在することが明らかとなった。また、巨大な山城から小規模な山城まで様々な山城に用いられていることもわかる。

だが、滋賀県の山城にはほとんど畝状竪堀群が用いられていないことも明らかである。滋賀県では県の悉皆調査によって約一三〇〇ヶ所に城館跡が分布することが明らかとなっている。そのなかで畝状竪堀群が認められるのは、湖北では小谷城月所丸（長浜市）、上平寺城・鎌刃城（ともに米原市）、甲賀では朝宮城（甲賀市）、湖西では清水山城（高島市）の五ヶ所に過ぎない。わずか五／一三〇〇という分布状況である。無きに等しい分布数といっても過言ではないだろう。近江は戦国時代に畝状竪堀群を導入しなかった地域だったのである。

ここで、近江における畝状竪堀群を有する城について見ておきたい。浅井三代の居城である小谷城では、元亀元年（一五七〇）に長政が織田信長を見限り籠城戦が開始される。元亀三年（一五七二）には越前の朝倉義景が一万五千の兵を引き連れて小谷城の救援にやって来るのであるが、小谷城本丸の不備から大嶽に居所を定めたと『信長公記』は記している。信長との戦いのなかで、元亀元年以降も改修が加えられていたことがうかがえる。小谷山が唯一尾根続きとなる北東尾根に構えられているのが月所丸であるが、ここでは尾根を切断する二重の堀切に加え、畝状竪堀群が構えられている。さらには、曲輪を囲繞する巨大な土塁も設けられている。こうした構造は、小谷城のなかでは極めて異彩を放っている。おそらく、月所丸も元亀三年の朝倉義景による改修と見てよい。畝状竪堀群はこの改修によって構えられたものであり、越前の朝倉氏による技術支援としての畝状竪堀群とみてよいだろう。

上平寺城は、湖北の分郡守護である京極高清によって永正二年（一五〇五）に築かれた山城である。山麓には京極氏の守護所として機能していた上平館が置かれている。その詰城が上平寺城である。畝状竪堀群は上平寺城の先端に放射状に構えられている。上平寺城は大永三年（一五二三）に廃城となっており、その遺構はこの時期のものと考えられていたが、実は約五十年後に再び利用されるのである。浅井・朝倉軍は元亀元年に織田信長を敦賀で挟撃したものの、信長を討つことができなかった。そして岐阜に戻った信長の近江侵攻を阻止するため、越前道（北国脇往還）と東山道（中山道）を封鎖する目的で、越前道には上平寺城が、東山道には長比城が築かれた。『信長公記』には「去程に、浅井備前越前衆を呼越し、たけくらへ・かりやす両所に要害を構え侯」と記されている。江濃国境を封鎖する目的で浅井長政が越前朝倉氏から軍事的支援を受けたものと見てよいだろう。ここに「かりやす」（苅安）と記されているのが上平寺のことであり、越前道を眼下に見下ろすことができる。その最先端に構えられた畝状竪堀群は越前の山城構築の特徴であり、それが苅安城（上平寺城）に導入されたと考えられる。

鎌刃城は発掘調査の結果、十六世紀後半の礎石建物、石垣などが検出された。その尾根の先端に畝状竪堀群が構えられている。畝状竪堀群自体の調査は実施されていないが、発掘調査によって検出された遺構と同じ時代のものと考えられる。鎌刃城は在地土豪である堀氏によって築かれた城であるが、堀氏は戦国時代後半には少なくとも近江坂田郡を支配する勢力を有していた。当初は浅井氏に属し、苅安・長比の要害を守備していたが、竹中半兵衛により調略され、織田信長方に与している。その後、信長によって所領を没収され、鎌刃城も天正二年（一五七四）頃には廃城になっている。浅井方の国境を守備する重要な城であり、さらには実質的に苅安・長比の築城に携わっていることなどにより、やはり越前朝倉氏の築城の影響を受けて畝状竪堀群を導入したのではないかと考えられる。

甲賀の朝宮城は、甲賀には珍しく四方を土塁で囲い込む方形プランとはならず、山頂部に曲輪を配置する構造となる。こうした構造より、信楽地域は甲賀郡中惣には参加しなかった地域と考えられる。『滋賀県中近世城郭分布調査報告書』では、山頂部に二段に構えられる曲輪のみを報告している。その後、『甲賀市史』にともなう調査によって、曲輪周囲に畝状竪堀群の存在することが明らかにされ、その成果は『甲賀市史』に報告されている。朝宮は南山城の宇治田原から近江に入るルート上に位置している。宇治田原の土豪である山口氏は早い段階で信楽の多羅尾氏と関係を結び、多羅尾光俊は実子光広を山口氏の養子に入れている。織田信長が入京すると、多羅尾光俊は信長と松永久秀との連絡に関わっており、永禄十三年（一五七〇）には久秀の重臣竹内秀勝の娘が多羅尾家に嫁いでいる。こうした多羅尾氏の動向が、朝宮城に畝状竪堀群を築かせたものと考えられる。松永久秀が京への間道として宇治田原から信楽に抜け、近江から京へのルートを確保し、その間を確保するために朝宮城を築いたものと考えられる。朝宮城の畝状竪堀群は松永久秀の築城技術と見てよいだろう。

琵琶湖の西側、湖西地方では佐々木信綱の次男高信が高島郡田中郷の地頭職を得て、高島氏を称した。郡内には一族が勢力を持ち、高島七頭と呼ばれ、その惣領家が越中家であり、清水山城を居城とした。城の築かれた清水山には城以前に清水寺が構えられており、山腹の曲輪群は清水寺の坊院を利用したものである。

清水山城の主郭切岸に、畝状竪堀群が構えられている。主郭では発掘調査が実施され、十六世紀後半の礎石建物が検出されており、畝状竪堀群もこの時期に築かれたものと見られる。導入された経緯は不明であり、ごく普遍的に用いられた防御施設としての畝状竪堀群と考えられなくはない。ただ、高島郡は越前・若狭との関係が深く、戦国時代後半には越前朝倉氏、湖北の浅井氏と行動を共にし、織田信長に攻め落とされている。こうした状況より、畝状竪堀群も朝井・朝倉氏によって構えられた可能性も充分に考えられる。

近江での畝状竪堀群の存在は極端に少ない。列島のなかでも、畝状竪堀群を導入しなかった特徴的な地域として捉えることができる。さらに、近江で畝状竪堀群の認められる諸城の状況を分析した結果、湖西の清水山城を除く四城では外部からの影響下によって築かれた可能性が高いことがわかる。

精度の高い縄張り図が作成されたことにより、畝状竪堀群が決して特殊な防御施設ではなく、むしろ戦国期の山城では普遍的なものであることが明らかとなった。その一方で、畝状竪堀群が存在しない地域を炙り出すこともできた。近江はまさに、畝状竪堀群を設けない地域であることが明らかになったのである。また、畝状竪堀群を有する山城も、普遍的に用いられた防御施設ではなく、湖北では越前朝倉氏による対信長戦に備えた改修である可能性が高いことも判明した。湖西の清水山城を除くと、近江は普遍的防御施設と認められる畝状竪堀群がまったく存在しない地域となる。

では、なぜ近江では畝状竪堀群が導入されなかったのだろうか。他の畝状竪堀群の存在しない地域と併せて今後の課題としたい。

おわりに

以上のように、畝状竪堀群の問題だけでなく、残された課題・論点はいまだ多い。『図解 近畿の城郭』全五巻には、近畿地方の主要な城館跡の精度の高い縄張り図が掲載された。現状の縄張り研究の到達点として評価されよう。従来、こうした調査成果はゴールとして位置付けられる場合が多い。これだけの資料としての縄張り図の集成はまさにゴールなのであるが、今回、これらの集成をスタートとして位置付け、近畿各府県の城郭の特徴を検討するとともに、縄張り研究のみならず、文献史学・考古学からも最新の研究成果に基づく論点・課題が出され、論集が編まれたことに拍手を送りたい。

なによりも、『図解 近畿の城郭』全五巻がこれからの中世城館跡研究の基礎資料として長く用いられることに期待するとともに、今回の論集がこれからの城郭研究の指針となることにも期待したい。

『図解 近畿の城郭』の執筆・編集に携わった多くの研究者、本論集に論文を執筆された皆さま、そして何よりも現在の厳しい出版状況のなかでこうした書籍を刊行された戎光祥出版株式会社にお礼を申し上げて巻頭のことばとしたい。

二〇一九年九月　長崎県五島福江城跡にて

中井　均

目　次

凡　例

一、本書は、中井均監修・城郭談話会編『図解 近畿の城郭』全五巻の刊行をうけて、成果を総括するとともに、新たに見えてきた近畿地方の城郭の特徴および課題・論点を抽出することを目的とするものである。

一、本書で扱う「近畿地方」は、滋賀・京都・大阪・奈良・和歌山・兵庫の六府県を指す。

一、本書のうち、第1部から第6部では、各府県の城郭の特徴・課題を文献史学・考古学・縄張りの各研究方法により論じ、第7部では、それ以外の近畿地方の城郭に関するさまざまな事項を取り上げ論じている。

一、本書の編集にあたって、各執筆者の拠って立つ分野が異なるため、文字の統一や表記・ルビ、さらに記載内容・考察等は各執筆者の意志に委ねた。したがって、各項目の文責は各項目執筆者に帰属するものである。

一、各図の作成者も特に注記をしていないものは各項目執筆者と同じであり、それぞれの著作権は各項目執筆者に帰属する。

一、提供者の氏名が記されている写真以外は、項目の執筆者の提供である。

第1部　滋賀県の城郭の特徴

Ⅰ　文献から見た滋賀県の城郭

松下　浩

はじめに

滋賀県には約一三〇〇ヶ所の城跡があることが、十年間に及んだ滋賀県中世城館分布調査によって確認されている。その中には、安土城（近江八幡市・東近江市）や彦根城（彦根市）のような石垣づくりの巨大城郭もあるが、その大半は在地領主の城館や、陣城のような土造りの小規模な城郭である。

滋賀の城郭のあり方の特徴として、まずはその数の多さが指摘されている。一三〇〇という数字は、城郭分布調査がなされた都道府県で見ると全国で四番目の多さになる。滋賀よりも上位の三県は、福島・広島・岩手といずれも広大な面積を有しており、単位面積あたりの分布密度を比較すると、滋賀は全国第一位となる。その大半は中世の小規模な城跡であるが、一国単位で強力な統治を実現する大名権力が存在せず、小規模な在地領主が自立して存在していた中世近江の権力状況を反映したものとなっている。

本稿では、そうした滋賀の城郭がどのように文献資料に記述され、それが城郭についてのどのような認識を反映しているのかを探り、滋賀の城郭のあり方との関わりを考察する。

一、古文書・古記録に見る城郭

滋賀県中世城館分布調査では様々な古文書・古記録に記された城郭関連の記述を集成し、調査報告書に掲載している。それによると、史料上に「○○城」と書かれているものは少なく、城を指す場合、「○○構」や「○○砦」、「○○陣（所）」というように多様な表現がされている。また、「○○に陣す」「○○において」といったように、合戦時の布陣場所として地名が挙げられている場合も見られる。

また、こうした用語は、大半が合戦に関わる場面で登場しており、城というものが合戦時の装置として使われるものと認識されていたことを示している。いくつか具体例を紹介しておこう。

（1）鈎《まがり》陣所（栗東市）

長享元年（一四八七）、室町幕府第九代将軍足利義尚は、近江守護である六角高頼を討つために近江に出陣する。この時、義尚が近江で陣所としたのが、鈎陣所といわれる所である。

①「長興宿禰記」（『改定史籍集覧』）長享元年十月二十八日条

今日自江州陣上洛人語曰、将軍御陣所被改鈎安養寺、令移同所真宝館山法師也給、彼館狭小之間、仮御所一宇被新造、仍奉公外様軍勢、各改陣所参候御近辺云々、甲賀郡佐々木六角余類等籠居、御退治無休期云々、

②「後法興院記」（『増補続史料大成』）長享元年十月二十九日条

自江州有注進、去廿七日下鈎真宝館江御陣替云々、

①②は、将軍が陣所を真宝館へ移したことを記した史料である。この中には「鈎真宝館」「下鈎真宝館」とあり、「山法師也」との割り注があることから、この陣所が真宝という僧侶の館であったことがわかる。陣所の場所については確定しておらず、栗東市上鈎の永正寺に比定する説が有力である。

上鈎寺内は、真宗寺院永正寺を中核とする集落で、江戸期に成立した「鈎里陣図」（栗東歴史民俗博物館蔵）には集落を取り巻く堀や土塁が描かれており、今も永正寺の周囲には図に描かれているのと同様の土塁が残っている。「城」という文言は使用されていないものの、紛れもなく城郭の要素を持った施設であり、しかも武士の館ではなく、僧侶の館であることも城の概念を考える上で重要であろう。

（２）金森《かねがもり》・三宅（守山市）

金森は、寛正六年（一四六五）の山門による本願寺破却によって京都を追われた蓮如が拠った場所である。その時に布教の拠点とした金森御坊を中核とする寺内町として、南近江の真宗の拠点集落となっている。現在の守山市金森町にある金森懸所が御坊にあたる。

金森寺内町については、天保七年（一八三六）作成の村絵図をもとに研究が進められ、その構造が明らかにされている。それによると、集落の中央を東山道守山と志那湊を結ぶ志那街道が通り、周囲に堀や土塁が巡っていたこと、集落の入口部分の街道が鍵の手に屈曲していることがうかがえる。現在は、そうした遺構はほとんど見られないが、わずかに水路にその痕跡をとどめている。

三宅は、真宗寺院蓮正寺を中核とする集落で、蓮正寺の周囲には今も土塁と堀が残存している。

金森と三宅は、元亀元年（一五七〇）からはじまる織田信長と近江諸勢力が戦った元亀争乱の中で、信長に対抗する一向一揆の拠点となっている。

③「福正寺文書」（『滋賀県中世城郭分布調査8（高島郡の城）』滋賀県教育委員会）

佐々木承禎父子、一向之僧侶をかたらい、三宅・金森之城ニ立籠候、就夫南郡一向之坊主・地子長之輩、一味内通致間敷由、此度信長より被仰出畢、依之面々誓書請書御取収可有之旨、御治定間、被得其旨、親類之物共たり共、一味内通仕間敷由、御請書之連署可被具見参候、猶道之輩ニおゐては、急度御仕置たるへし、此趣可承引候也、

正月廿三日　　　　佐久間右衛門尉

信盛（花押）

南郡高野庄

坊主中

地士長等中

④「勝部神社文書」（『滋賀県中世城郭分布調査8（高島郡の城）』滋賀県教育委員会）

敬白天罰霊社起証文前書

一、金森・三宅江出入内通一切不可仕事、

右之両城江自然出入之輩在之者、任御高札之旨、雖為六親、見隠不聞隠、御注進可申上事、万一従当郷出入内通之輩、聞召於被出者、親類・惣中共、可被加御成敗之事、

右旨於偽者、我心ニ奉願御本尊并霊社起証文之御罰、深厚可罷蒙者也、

元亀三年三月十九日　　　　富田入道

宗林（略押）
井口入道
徳林（略押）
同新左衛門
吉長（略押）
井口嶺目斎
先惣代浄盛（略押）
井口新兵衛尉
宗秀
同六郎兵衛尉
長弘

御両三人
御奉行中まいる

③は、信長の家臣佐久間信盛が高野（栗東市）の門徒たちに一揆に与同しないよう、誓書を出すことを指示したものであり、④はそれを受けて出された誓書である。

これらの史料では、金森・三宅を「城」として表現している。金森城は、御坊の南側に「城ノ下」という小字があることから、御坊周辺が城であった可能性が高く、三宅城も蓮正寺が城に比定されている。いずれも寺院であるが、土塁や堀といった城郭の要素を有しており、合戦の拠点となったことからも、城郭として認識されていたということであろう。

（3）小谷城（長浜市）

小谷城は、北近江の戦国武将浅井氏の居城で、標高四九五メートルの小谷山の尾根上に郭が展開する大城郭である。小谷城は合戦の舞台となった城であるだけでなく、浅井氏の支配の拠点でもあり、そうした場面でも史料上に現れている。

⑤浅井久政書状（伊香文書）（『浅井氏三代文書集』）

就小山与草事、彼在所者令打擲、其内一両人大略可罷過之由候、先以無是非次第に候、来廿八日可遂詮作候之間、早朝登城仕、可申明候、不可有遅怠候、恐々謹言、

天文廿四　　浅井

卯月廿六日　　久政（花押）

雨森

地下人中

⑥浅井久政書状（加藤文書）（『浅井氏三代文書集』）

井関七郎兵衛尉方下地之儀付而数年相剋候て、于今不相果候、急度登城候而子細可承候、不可有油断候、恐々謹言、

浅井

七月廿三日　　久政（花押）

賀藤内介殿

これらは、在地の相論にあたり、事情を調べるため登城を指示したものである。相論裁許という支配の場面において、小谷城が登場しているのである。

もちろん、小谷城が合戦の場となったこともあり、そうした場面でも史料に登場している。

⑦浅井久政書状（前田文書）（『浅井氏三代文書集』）

就此表之儀、預御尋候、恐悦至極候、信長八相山雖居陣候、味方中堅固申付候、殊義景御着城候條、敵可討果段不可有程候、於様子者、可御心安候、尤去年者於敦賀得御意満足仕候、萬吉期後音致省略候、恐惶謹言、

八月五日　　　　　久政（花押）

武田上総介殿

貴報

浅井長政と織田信長が戦った元亀争乱において、朝倉義景が小谷城に到着したことを知らせる書状である。小谷城が、合戦に関わる施設であったことを示している。

文献史料に現れた城郭を見ると、築城主体が必ずしも武士ではなく、僧侶や農民など、幅広い階層の人々によって築かれていたことがわかる。また、そうして築かれた城郭も、小谷城のような巨大山城から、僧侶の館や寺内のような集落まで規模や構造など様々であった。そうした様々な主体によって多様な城郭が築かれていたことが、滋賀の城郭の大きな特徴といえるのではないだろうか。

二、『信長公記』に見る城郭

ここでは、文献史料のなかで『信長公記』を取り上げ、そこに現れた様々な城郭を通して、城郭に対する認識を考えてみたい。『信長公記』は織田信長の家臣太田牛一が記した信長の伝記であるが、比較的信憑性が高い史料として評価されている。また、元亀争乱をはじめ、安土城など、近江における様々な城郭について記されており、文献史料から近江の城郭について考察する素材として適当であると考える。

(1) 浅井方の城

①「浅井備前越前衆を呼越し、たけくらべ・かりやす両所に要害を構へ候。」(『信長公記』巻三)

②「浅井居城大谷へ取寄り」(『信長公記』巻三)

③「大谷迄五十町追討ち、麓を御放火。然りといへども、大谷は高山節所の地に候間、」(『信長公記』巻三)

④「佐和山へ御馬を寄せられ、取詰め、鹿垣結はせられ、東百々屋敷御取出仰付けられ、丹羽五郎左衛門置かれ北の山に市橋九郎右衛門、南の山に水野下野、西彦根山に河尻与兵衛、四方より取詰めさせ、諸口の通路をとめ、」(『信長公記』巻三)

右は、元亀争乱において浅井方に利用された城郭についての記述である。①は、近江・美濃国境に「たけくらべ・かりやす」の要害が築かれたことを記したもので、両者は米原市の長比城・上平寺城に比定される。いずれも土塁囲いの郭を有する山城である。『信長公記』では、これを「要害」と表現している。「たけくらべ・かりやす」という場所に要害を築いたという意味で、狭い範囲に築かれた小規模な城郭を指しているものと思われる。

③の「大谷」は、浅井氏の居城小谷城のことで、織田軍が浅井氏の居城、小谷城に迫ったことを記したものである。「大谷城」と表現せず、「大谷」とだけ記しているのは、山全体に城郭が広がることによるものと考えられる。この点は、後述する安土城の場合と同様である。

④は、織田軍が佐和山城の周囲に付城を築き、佐和山城を包囲したことを記したものである。佐和山城は後に石田三成の居城として知られる山城であるが、戦国期には浅井氏と六角氏が争奪を繰り広げ、元亀争乱の時期には浅井方の城となっていた。この城も小谷同様、城の範囲が山の広範囲にわたっていたことから「佐和山城」とは書かず、単に「佐和山」と表現しているのではないだろうか。

（２）六角方の城

⑤「鯰江の城に佐々木右衛門督楯籠もらる。」（『信長公記』巻六）

⑥「信長公直に佐和山へ御出でなされ、鯰江の城攻破るべきの旨、柴田に仰付けられ候。」（『信長公記』巻六）

六角氏は、永禄十一年（一五六八）の信長上洛時に、居城であった観音寺城を退城していたが、元亀争乱時には湖南の一向一揆を扇動し、鯰江城（東近江市）を最後の拠点としていた。⑤は、その鯰江城に六角義治が楯籠もったことを記したものであり、⑥は信長が、柴田勝家に鯰江城の攻撃を指示したことを記したものである。鯰江城は愛知川《えちがわ》右岸の河岸段丘上に築かれた平地の城館で、現在も土塁の一部が残っている。『信長公記』では「鯰江の城」と記しているが、これは「たけくらべ・かりやす両所に要害」という表現と同様、鯰江という場所に築かれた城というように、小規模な城郭を指しているものと思われる。

（3）一揆の城

⑦「江州路次通りの御警固として、稲葉伊予父子三人・斎藤内蔵人佐、江州守山の町に置かせられ候処、既に一揆蜂起せしめ、へそ村に煙を挙げ、守山の町南の口より焼入候を、稲葉諸口を支へ、追崩し数多切捨て、手前の働比類なし。」（『信長公記』巻三）

⑧「一揆楯籠る金か森取詰め、四方の作毛悉く苅田に仰付けられ、しゝがき結ひまはし、諸口相支へ、取籠をかせられ候」（『信長公記』巻四）

⑨「先陣は一揆楯籠り候小川村・志村の郷押詰め、近辺焼払ひ、九月朔日、信長公しむらの城攻めさせ御覧候。」（『信長公記』巻四）

⑦は、「へそ村（栗東市）」の一揆勢が稲葉一鉄らの守る守山を攻撃したが撃退したことを記したもの、⑧は一揆勢が楯籠もる金森を包囲したことを記したもの、そして⑨は、織田軍が一揆勢が楯籠もる小川村・志村を攻撃したことを記したものであり、いずれも一揆勢が集落を拠点としていたことを示すものである。元亀争乱においては、大坂本願寺の檄文を受けて、一向一揆が反信長の戦いを繰り広げている。その拠点となったのは、金森・三宅という真宗道場を核とした寺内集落であるが、その他にも小川・志村（東近江市）や「へそ」（綣・栗東市）という集落が一揆を結んで信長に抵抗している。「小川村・志村の郷」を攻撃するとした後で、「しむらの城」と表現しているように、村が城塞化している様子がうかがえる。金森・三宅については前節で触れたとおり、城塞化した真宗寺院を核として、周辺の寺内集落全体が城郭として機能している。

このように、『信長公記』においても、城郭の多様な姿が記されているのである。

（4）安土城

安土城は、織田信長が天下布武の拠点として安土山に築いた城で、山全体に郭と石垣が広がる大城郭である。『信長公記』の中では、信長の安土城を表現するにあたり、「安土」という地名を使っており、安土城という表現は見られない。『信長公記』の中で、唯一「安土城」と表現しているのが、元亀元年（一五七〇）、金ヶ崎退口から京都へ戻り、そこから岐阜へと向かう途中、湖南の街道筋の要所に家臣を配した個所である。

⑩「五月九日御下り。志賀の城・宇佐山拵、森三左衛門をかせられ、十二日に永原まで御出で、永原に佐久間右衛門置かせられ、長光寺に柴田修理亮在城。安土城に中川八郎右衛門楯籠り、かくのごとく、塞々に御人数残しをかせられ、」（『信長公記』巻三）

この中で、安土城以外では、「永原」「長光寺」という場所に家臣が配されているが、「在城」と書かれているように、そこに城が築かれたということがうかがえる。安土城が安土山に築かれた城ならば、前段に「宇佐山拵」という表現があるように、「安土山城」と書かれていたであろう。「安土城」という表現からは、安土に築かれた小規模な城が想起される。安土山の麓、下豊浦の集落は四つの村に分かれていたが、その一つが下豊浦安土であり、この場合の安土城は、下豊浦安土に築かれた城と考えられ、安土山に築かれた信長の安土城とは別物と考えられる。

それでは、織田信長が安土山に築いた安土城はどのように表現されているのか。

⑪「正月中旬より安土山御普請、」（『信長公記』巻九）

⑫「此上は是非に及ばず、の由候て、安土御山に神戸三七・稲葉伊予・不破河内・丸毛兵庫をかせられ、」（『信長公記』巻十二）

⑬「五月廿九日、信長公御上洛。安土本城御留守衆、（中略）二丸御番衆、（中略）」（『信長公記』巻十五）

⑭「六月三日未刻、のかせられ候へと申され候。御上臈衆仰せられ様、とても安土打捨てのかせられ候間、（中略）安土御構、木村次郎左衛門に渡置き、夫々に御上臈衆に警固を申付け、退申され候。」（『信長公記』巻十五）

⑪は築城開始を示すもので、安土山に城が築かれたことを述べている。実際の安土城は、安土山全体に遺構が広がっており、山全体を城郭化している。⑫には「安土御山」と敬称が付されているように、信長が築いた安土城は安土山全体であることを示している。

⑬は本能寺の変直前のもので、上洛する信長に代わって安土城を守護する者たちを記した個所である。「安土本城」が安土城の中心を指すことは、次に「二丸御番衆」と書かれていることからうかがえる。そして⑭は、本能寺の変直後の安土の様子を記したものであるが、御上臈衆が「安土打捨て」て逃れられないといっているのは、安土を離れることを意味していると考えられる。次の「安土御構」は木村次郎左衛門にこれを預けて、御上臈衆がそこを退出したということで、安土城全体を指すと考えられる。

これらの表現を整理すると、

安土本城＜安土山＝安土御構≒安土

といった関係が想定できる。安土本城は、安土城の中心部分を指し、信長が暮らす空間と考えられる。『信長公記』には、「安土御帰城」「安土に至つて御帰城」といった表現が頻出するが、ここで「御帰城」といっているのは、「安土本城」を指すと見てよいだろう。この安土本城は、安土山の中心、おそらくは黒金門より内側、城の中心部分を指すものと考えられる。そして、「安土山」と「安土御構」は城全体を指す用語として同義と考えられる。単に「安土」とする場合、さらに広く安土山と山下の城下町をあわせた都市安土全体を指しているが、安土城全体を指す場合も見られる。

おわりに

文献史料に書かれた様々な城の姿を見ると、多様な築城主体によって大小様々なものが築かれていたことがうかがえる。それはまさに、滋賀の城の多様性にも通じるものである。また、城を表現するにあたって様々な文言が使われており、このことは城に対する幅広い柔軟な認識を示すものでもあろう。城とはこういうものという固定的な概念ではなく、もっと幅広く、流動的なものとして認識されていたということであろう。

【参考文献】

小島道裕『城と城下　近江戦国誌』（新人物往来社、一九九七年）
『滋賀県中世城館分布調査』一～一〇（滋賀県教育委員会、一九八三～一九九二年）

Ⅱ 発掘調査から見た滋賀県の城郭

小林裕季

はじめに

滋賀県では近年、開発事業に伴って城郭遺跡の発掘調査が相次いで実施された。それらは大名クラスの大規模城郭ではなく、決して著名とは言えない在地土豪による築城と考えられる小規模城郭について実施されている。調査の結果、規模などについては大名クラスの城郭には劣るものの、在地土豪といって軽視できない本格的な防御施設、あるいは先進的な築城技術等を有していたことが明らかとなってきた。

開発行為に起因するものであるため、発掘調査により遺跡そのものが失われてしまった点は残念であるが、発掘調査によりもたらされた成果は、縄張り図作成などの現地踏査によって得られた城郭の姿をより具体化させるものといえるだろう。

本稿では、滋賀県で近年実施された小規模城郭の調査成果を事例として取り上げ、発掘調査により明らかになってきた滋賀の在地土豪の城郭について検討を行いたい。

一、近年の小規模城郭発掘調査成果

（１）生津《なまづ》城（大津市伊香立生津町）(1)

［城郭の概要とこれまでの評価］生津城は大津市北部に所在し、周辺は北の比良山系と南の比叡山地との間で丘陵と谷筋が複雑に入り組む地形となっている。城郭はこれらの複数存在する丘陵のひとつの先端部に築かれ、丘陵を挟む両側は落差約二〇メートルにおよぶ谷地形である。また、当地は滋賀県西部および琵琶湖と若狭、そして京都府大原をつなぐ結節点に位置している。

当城の歴史については、膳所藩によって享保八年（一七二三）から編纂が始まった地誌の『近江輿地志略』(2)に、「生津村」の「城山」として「林宗林坊」居城の跡地と記載される程度で、城郭に関わる文献史料等はほとんど残されていない。しかし、当地周辺は中世には延暦寺の荘園（伊香立庄《いかだちのしょう》）であったことと、城主とされる林宗林坊が僧名を名乗ることから、寺社勢力との関連が推測されていた。また、生津城の麓にある新知恩院に伝来する『釈迦涅槃図』には、最近の修理に際して軸木から銘文が発見され、天文十八年（一五四九）の修理銘とともに、「此軸之木者伊香立林次郎兵衛則重之寄進也」と記載されている。(3)林次郎兵衛則重と林宗林坊との関係は不明であるが、十六世紀中頃に新知恩院に寄進する伊香立地域の有力者として、林氏なる人物が存在していたことが判明する。

城郭そのものについては、一九八〇年代に分布調査が行われたことにより現地表面に曲輪や土塁、堀切などの遺構が残存していることが確認され、生津城遺跡として周知されるようになったが、これまでその詳細については明らかではなかった。なお、城郭の周辺には、「弾正」・「大戸」・「乗馬《じょうめ》」といった城郭に関わる小字名が残っている。

〔発掘調査成果〕現況から約五〇×三〇メートルの主郭Ⅰと、その前面下段に築かれる複数の小規模な曲輪により構成され、通路で接続あるいは土塁や段差により画される構造であったとみられる。発掘調査は平成二十八年（二〇一六）に県道の建設工事に伴い、主郭Ⅰ内のうち西側部分で実施された。出土遺物の年代観からは、一部に十五世紀代や十六世紀前半頃の所産とみられるものも含まれるが、当城の中心時期は十六世紀半ば～後葉頃であったと考えられる。以下に調査成果を概観する。

城の背後となる主郭Ⅰの北西は、尾根筋に直交する両谷側で堀切や土塁の痕跡が残されていた。尾根筋を分断する堀切Aは、幅八メートル以上、深さ約五メートルを測る大規模なもので、それに沿って土塁Bが巡る。土塁Bは地山を削り出して基底部を形成し、その上に堀切の掘削土を盛土して構築していたと考えられる。

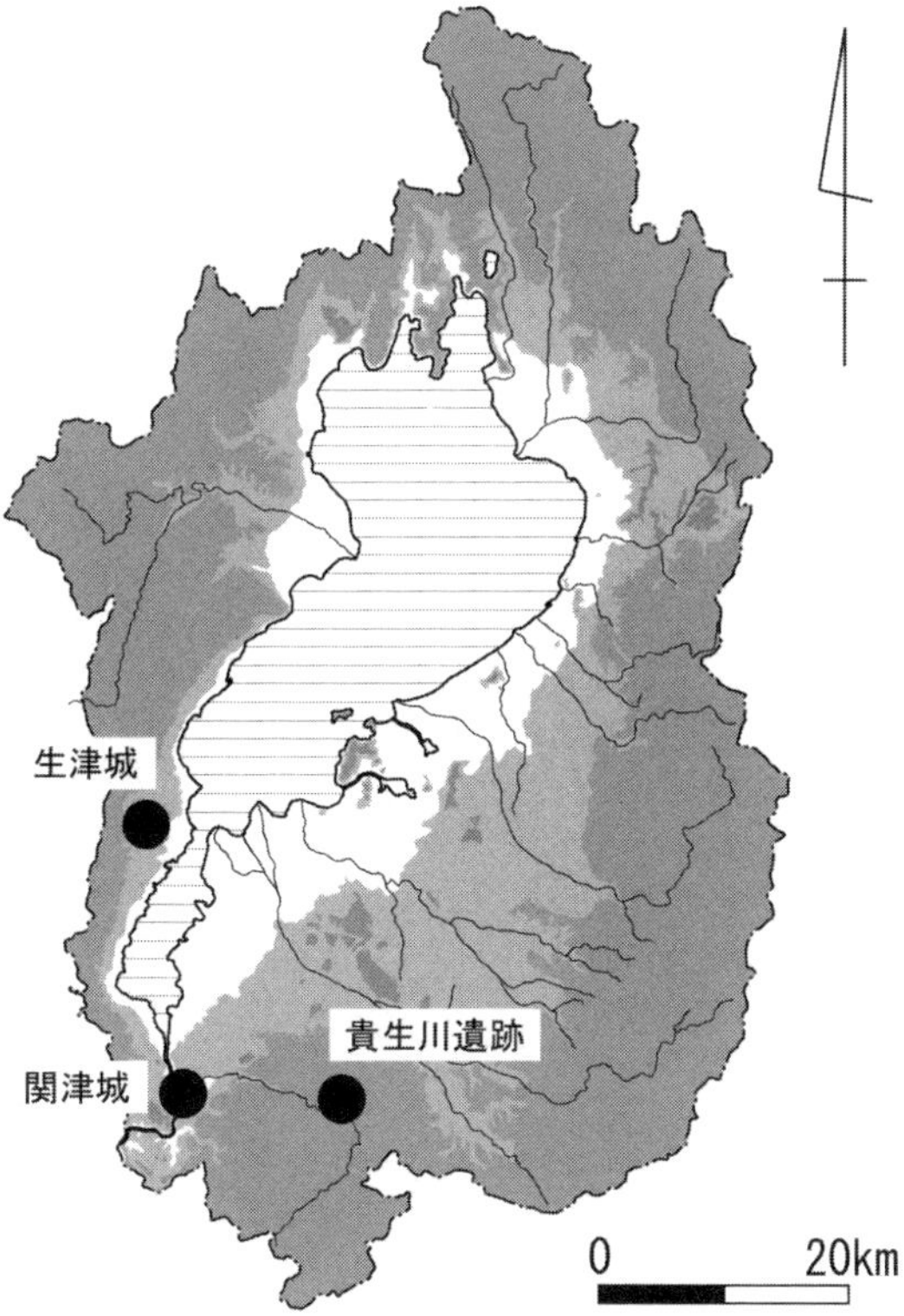

図1　城郭位置図

主郭Ⅰ内では、土塁Bに沿って礎石建物Cや溝D、櫓台Fなどの遺構が検出された。礎石建物Cは主郭Ⅰの背面中央部に位置し、約四×三メートルの規模を測る。建物内部には束柱の礎石が残存しており、床面を支える重さに強い構造と推

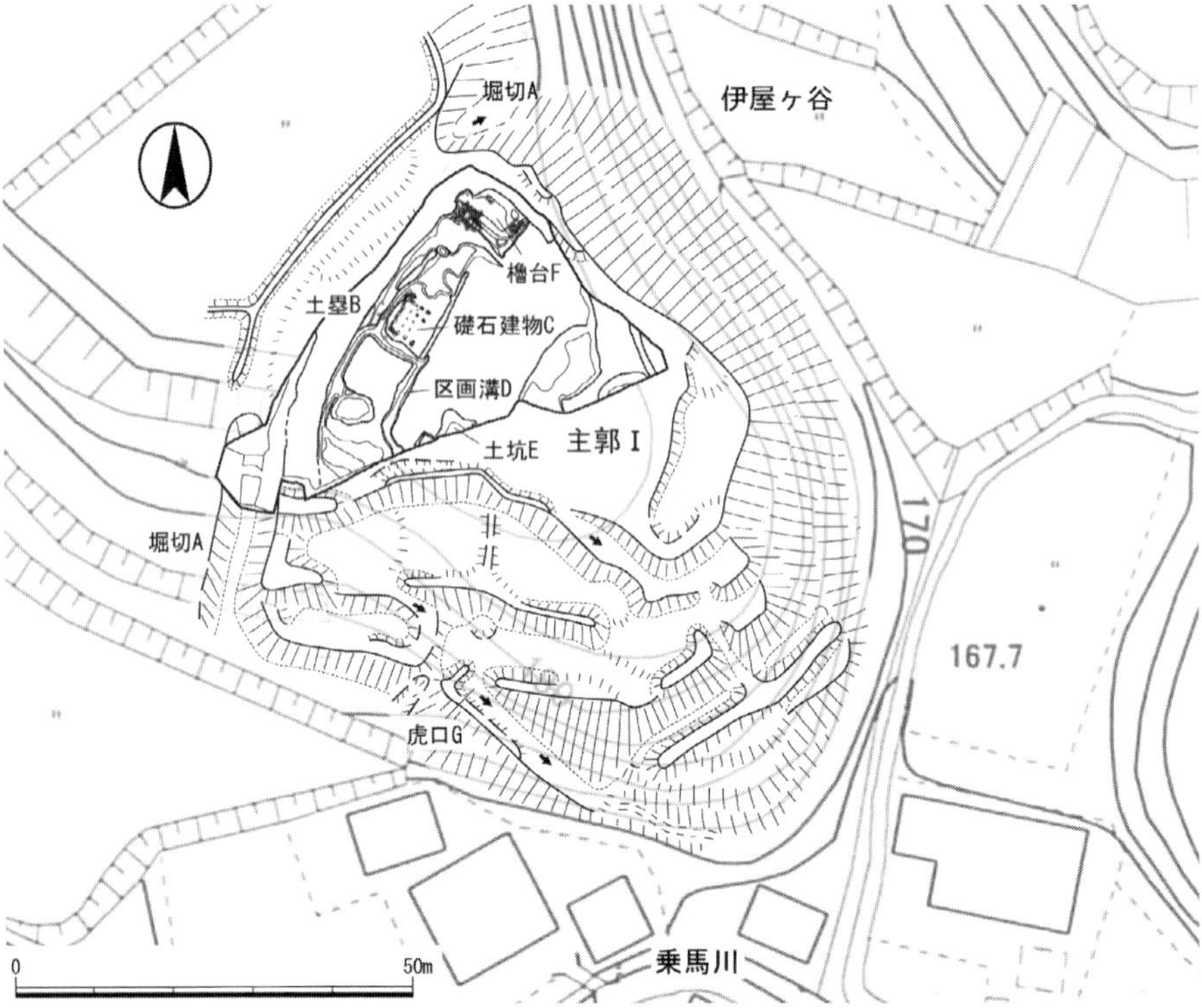

図２　生津城平面図

測されることから、蔵としての性格がうかがえる。また、建物西側（土塁側）の礎石間には径五〜一五センチメートルの小礫が高い密度で帯状に敷き並べられている。建物東側で礎石が失われていることから、本来は側柱の礎石間全周に小礫が敷き並べられていたと推測される。また、周囲を巡る溝Dから被熱した壁土が多量に出土していることから、土壁造り礎石建物の基礎であった可能性がある。

溝Dは建物の区画溝であるとともに、土塁で囲まれた曲輪内の排水溝としても機能していたと考えられる。また、区画内にはもう一棟の礎石建物が存在していた可能性があり、これを裏付けるものとして、区画の南東前面で検出された土坑Eから、炭化物や焼土とともに礎石として利用可能な角礫が多く出土している。

主郭Ⅰの北隅部には櫓台Fを築く。北西方

向の山間部を抜けて京都大原へと抜ける「伊香立越え」、あるいは北東方向の「途中越え」の道を監視した物見櫓と推測される。北側の二辺を土塁に囲まれ、その内側に小規模なテラスを設ける。テラス内には、一石のみであるが礎石が残存している。テラスと曲輪内の高低差はわずか六〇センチメートルであるが、テラス法面に一～二段の石垣が残存する。小規模なものの、石造りの城として普遍化していく石垣の構造と遜色のない積み方をしている。ただし、隅部は後世の削平もしくは抜き取りにより失われている。

以上のように、生津城は本格的な城郭施設を備えていたことが明らかとなったが、土器類などの出土遺物量は決して多くはなく、検出した礎石建物も城主の居住を示すものとは考えられないことから、城主の恒常的な居館は他に存在したとみられる。この点については、生津城のある丘陵から谷を挟んだ東側の広い台地上に「弾正」の地名が残り、従来から現在伊香立小学校の建つ地点に居館が想定されていた(4)。「弾正」部分の詳細は不明だが、発掘成果により生津城は谷を挟んだ居館背後を守る押さえとして築かれた城郭であった可能性が高い。これまで実態のわかっていなかった小規模城郭の姿が、想定を上回る内容であったことが特筆される。

（2）関津城《せきのつ》（大津市関津三丁目）(5)

［城郭の概要とこれまでの評価］関津城は、大津市南部にある瀬田川東岸の丘陵先端部に立地する。当城の所在する田上《たなかみ》地域を南に抜けると京都府南部の宇治田原方面へと至り、近江の南玄関口ともいえる水陸交通の要衝に位置している。城跡の現況からは、主に三つの曲輪や土塁、堀切などが確認されていたが、その詳細については不明な状況であった。

当城の歴史は、承久の乱で戦功を立てた宇野源太郎守治が幕府からその恩賞として関津の地の守護に任ぜられ、関津城を与えられたとされる。以後、宇野氏の去就が断片的なものとなる永禄年間頃（一五五八～一五七〇）までは、子孫が世襲して長く城主として存在していたとみられる。宇野氏は、近江国守護六角氏の有力家臣であった青地氏に従属して活動していたことが知られ、長享元年（一四八七）の室町幕府将軍足利義尚による六角高頼征伐（鈎の陣）の際には、六角氏方の参陣者のひとりに宇野日向守の名がみられる。その後、青地氏と並ぶ六角氏の旗頭として台頭していく山岡氏と姻戚関係を結ぶなど、山岡氏との関係を強めている。城主の宇野氏は六角氏の重臣クラスとは考え難いものの、傘下の中枢からもそう遠くない存在であったことがうかがえる。

［発掘調査成果］当城は、巨視的にみると三つの土塁囲みの曲輪から構成される。平成二十一～二十三年（二〇〇九～二〇一一）にかけて国道の建設工事に伴って発掘調査が実施され、主郭となる曲輪Ⅲおよび北側の丘陵先端部にある曲輪Ⅰの大半と、西側丘陵裾にある曲輪Ⅱのおよそ１／３が発掘された。また、関津城北方の平野部となる関津遺跡での調査では、堀や溝による区画とともに内部で石組井戸や石組土坑などが検出され、山麓屋敷地が存在していたことが明らかとなった。出土遺物は十四～十七世紀のものが出土しているが、十六世紀後半頃にピークを迎え、十六世紀末頃には城郭としての役割を終えたようである。

丘陵先端部に位置する曲輪Ⅰでは、虎口の門跡や深さ五メートル以上の井戸、切岸が施される丘陵裾および土塁際で排水溝などが検出されている。特に門跡は礎石と掘立柱を併用するもので、四足門の構造をとっていたとみられる。さらに、この門跡の北側に接して土塁へと続いていく小丘が残り、曲輪内部に昇降用と考えられる石段が取り付くことから、櫓門であったと考えられる。また、櫓門から延びる土塁はクランク状に屈曲し、次に述べる曲輪Ⅱの虎口を含めて外桝形を想起させる構造となっている。なお、この虎口外部は調査区外であるため詳細は不明であるが、曲輪Ⅱの虎口の土塁裾に二～三段の石積み、および桝形から開口部の通路部分には石段を設けていること

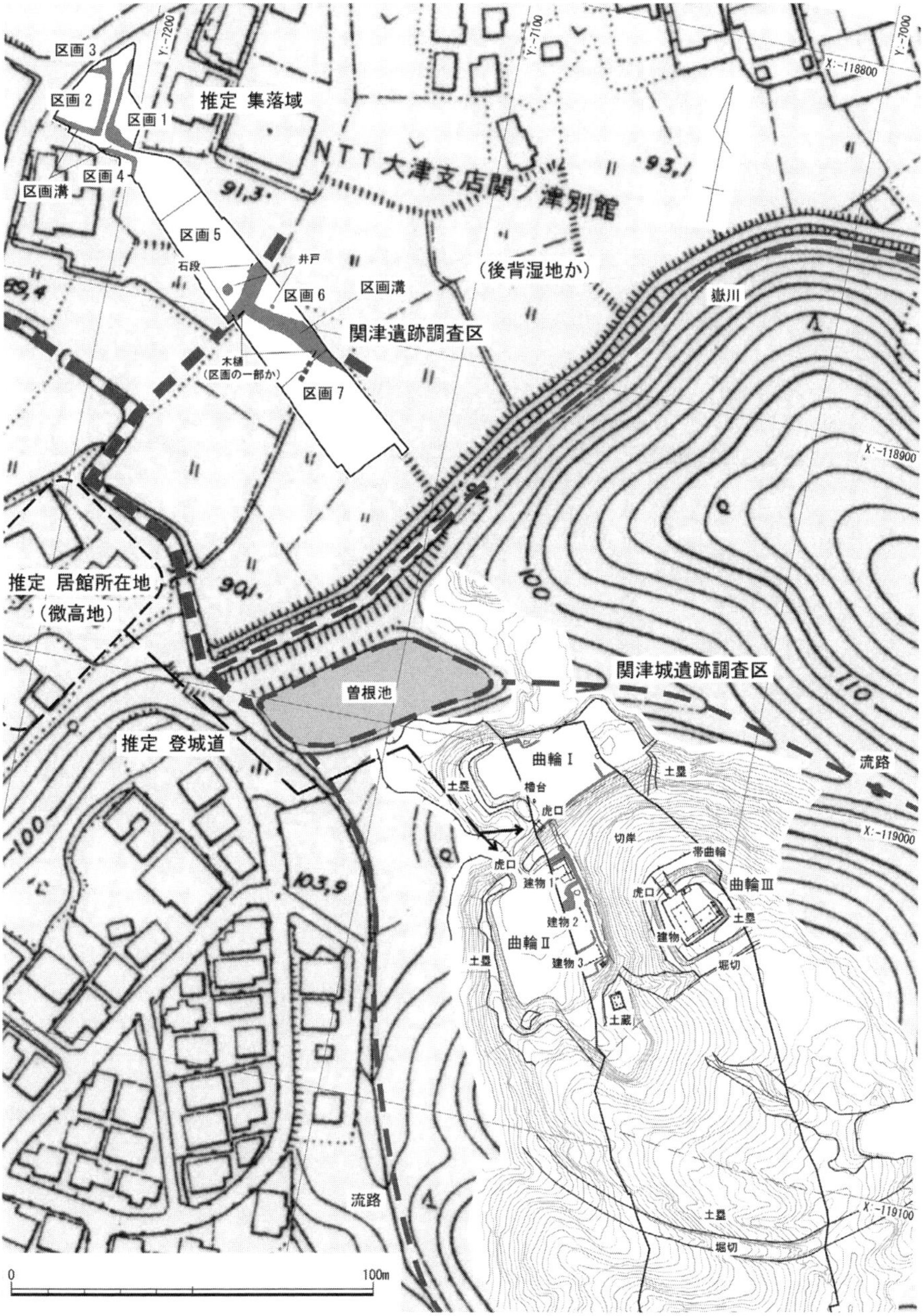
区画 3
区画 2
区画 1
推定 集落域
区画 4
区画溝
区画 5
石段
井戸
区画 6
区画溝
(後背湿地か)
関津遺跡調査区
木樋
(区画の一部か)
区画 7
NTT大津支店関ノ津別館
嶽川
推定 居館所在地
(微高地)
曽根池
関津城遺跡調査区
推定 登城道
流路
曲輪Ⅰ
土塁
櫓台
虎口
切岸
帯曲輪
曲輪Ⅲ
建物 1
建物 2
建物 3
曲輪Ⅱ
建物
堀切
土蔵
流路
土塁
堀切
X:-118800
X:-118900
X:-119000
X:-119100
Y:-7200
Y:-7100
Y:-7000
0
100m

図３　関津城平面図

が地表面で確認されている。[6] 曲輪Ⅰの内部では、建物に伴う礎石や柱穴は確認されていないが、井戸があり、日常雑器が多く出土していることから、家臣や使用人の居住が推測されている。

丘陵の西側にある曲輪Ⅱでは、切岸沿いの排水溝、曲輪ⅠとⅡを画する土塁の内部をトンネル状にくり抜いた排水用の暗渠・井戸・焼土坑・集石土坑などのほか、複数棟の礎石建物が検出されている。礎石建物は原位置を留める礎石が少ないが、三棟が南北に整然と配置されていたことが明らかとなった。広範囲に焼土や一部の礎石が被熱している状況がみられることから火災に遭ったことが判明し、おおむね同位置で整地を伴う二〜三回の建て替えが行われている。また、被熱した壁土も広範囲で出土していることから、複数の建物で土壁が採用されていたことがうかがえる。

各建物の用途は、北側の建物1では礫敷の床を持つことや、下層に埋甕遺構があり、甕や壺といった貯蔵具が多く出土していることから、蔵と考えられる酒などの貯蔵施設が推測される。中央の建物2の付近には井戸があり、擂鉢や甕・皿などが多く出土していることから、炊事に関連する厨房施設が想定される。南側の建物3付近では、武具や調度品・輸入陶磁器などが多く出土していることから、威信財の収納施設としての蔵が想定される。また、多様な建物および出土遺物があることから、未調査部分となる曲輪Ⅱ内の西側に城主の居館となり得る主屋建物の存在が想定される。

曲輪Ⅱ上段には、四方が切岸により画される小規模な曲輪が存在する。ここでは内法が約四×三メートルの規模で、土壁が残る蔵構造建物が良好な状態で残存していた。集落側にあたる北側に出入口があり、麓から見通せる位置に築かれている。地覆石を基礎とし、幅約三〇センチメートル、残存高約二〇センチメートルの土壁が検出されており、江戸時代の土蔵の建築技法に類似することが指摘されている。内部から出火の痕跡がみられ、多量の炭化穀類（イネ・ムギ・ソバ）や炭化材、被熱した壁土片や屋根土片と、八十点以上の鉄製小釘などが出土している。出土遺物の中で最新のものは、十六世紀第４四半期の漳州窯《しょうしゅうよう》系白磁皿であることから、建物はこの時期に火災により焼失したとみられる。

当城の最高所に位置する曲輪Ⅲは、四方を土塁で囲み、曲輪内を削り出して土塁下部を形成している。東・北・西の三方向には帯曲輪を巡らせ、尾根筋に続く南側を堀切で画する。集落側にあたる北側に開口する虎口に掘立柱の門跡が、曲輪内では掘立柱建物２棟・柵・礎石建物・石組土坑が検出されている。建物は位置関係や一部に重複がみられることから、建て替えがあった可能性がある。出土遺物では土師器皿の比率が高く、高所から集落側を見渡せる位置に虎口を開いていることからも、招いた客人などをもてなす儀礼の場としての機能を備えていたことが推測される。

曲輪Ⅲの背後は緩やかな地形となり空閑地が続くが、曲輪Ⅲから南に約九〇メートル離れた位置に土塁と堀切が築かれることから、この堀切までが城域と考えられる。

切岸や堀切をはじめとする遺構や立地などから、戦闘に対する備えをみることができるが、一方で、多様な性格が想定される遺構や遺物が検出された意義は大きく、「戦」の場としてだけではない城郭のあり方を提起する具体例が示されたと言えよう。十六世紀後半における在地土豪の小規模城郭を考える上でのモデルケースのひとつといえる。

（３）貴生川《きぶがわ》遺跡（滋賀県甲賀市水口町貴生川⑺）

［城郭の概要とこれまでの評価］発掘調査が行われるまで存在が知られていなかった城郭である。遺跡は杣川《そまがわ》が水口《みなくち》平野へと至る河岸段丘の端部に立地し、平野部が見通せる北から西方にかけての眺望が広がる。調査前の周辺の

状況は水田であり、地表に城郭の痕跡は留めていなかったが、区画整理事業に伴い平成二十年（二〇〇八）に試掘調査が実施されたことにより、遺跡が発見された。その後、平成二十五・二十六年（二〇一三・二〇一四）に発掘調査が実施され、およそ半町四方の堀と土塁で囲まれた平地城館が存在したことが明らかになった。

なお、遺跡周辺は甲賀衆の内貴氏の勢力圏であったが、当該地では城館の存在をうかがわせる伝承や地形なども残っていなかった。

［発掘調査成果］発掘調査では、十六世紀後半頃を中心時期とする城郭のほか、古墳時代の竪穴建物や、平安時代から鎌倉時代にかけての複数棟の掘立柱建物および十三世紀代の方形区画を伴う屋敷地といった複数の時代の遺構が検出され、当地の変遷過程も追うことができる成果が得られている。

城郭に関連する成果では、城郭に近接する調査区で、方形区画の土塁とその内外に配された溝により囲まれた屋敷地が検出されている。方形区画の溝からは、十三世紀中葉の瓦器椀や土師器皿を中心とする比較的多くの遺物が出土している。土塁と溝で囲まれた屋敷地内には、木組井戸や掘立柱建物の存在が確認され、掘立柱建物は同位置で重複することと、柱穴内から炭が検出されていることから、火災により建て替えが行われていたようである。また、屋敷地の外にも同一方位をとる掘立柱建物が存在することから、十三世紀中葉の段階で、区画を伴う屋敷地を中心とする集落が形成されていたことが明らかになった。

発掘調査地内の状況からは、約三〇〇年の時期差があるため、屋敷地との直接的なつながりを想定することはできないが、十六世紀後半頃には城郭が築かれている。城郭部分の約1／3が発掘され、曲輪を土塁と堀で方形に囲い込むかたちで構築されていたことが明らかになった。平面規模は堀の外側で約四八～五〇メートルを測る。曲輪と堀は当時の生活面を掘り窪めて形成し、土塁は幅六・五～八メートルにわたって削り残された部分が基底部となっ

図４　貴生川遺跡城郭平面図

ている。土塁上部は曲輪と堀を掘削した土を盛土していたと推測されている。堀は幅約六・四メートル、深さは検出面から約二・六〜二・八メートルの逆台形状を呈し、土塁側の傾斜がやや急になっている。堀の層位および出土遺物から、城郭が機能していた時期は十六世紀中頃から後半に位置付けられ、埋立て土と考えられる上層の層位からは十七世紀前半の遺物が出土していることから、この段階で城郭の機能を停止し、人為的に埋め立てられたようである。

曲輪内では、土塁裾に沿ってほぼ全周する排水用の溝、土坑や石組井戸などが検出されている。また、数次にわたる造成が行われた箇所も確認されている。曲輪内と堀は同一の土により埋め立てられており、出土遺物の年代観からも堀と同様に、十六世紀後半に機能し、十七世紀前半にはその役割を終えたと考えられている。城郭が機能し、そして廃絶した時期は、甲賀郡では織田信長の侵攻、甲賀ゆれ、水口岡山城の築城と廃城、東海道水口宿の成立といった支配構造が大きく変わる時期であり、痕跡を残さないように埋め立て（破城）されている状況は、甲賀郡中惣との関係性を示しているとの指摘がある。(8)

このように、発掘調査によって知られていなかった城郭が発見され、具体的な内容が把握されたことは大きな成果といえる。さらに、隣接地で検出された十三世紀中葉の溝・土塁囲みの屋敷地について、直接的な連続性は証明できないにせよ、多数築かれた甲賀の城郭群の「前段階」を考える上でも貴重な成果が得られている。

二、発掘調査成果から見出される特質

(1) 城郭における石材の利用

十六世紀後半を中心時期とする在地土豪の小規模城郭においても、城郭施設に石材の利用が認められる。一つ目

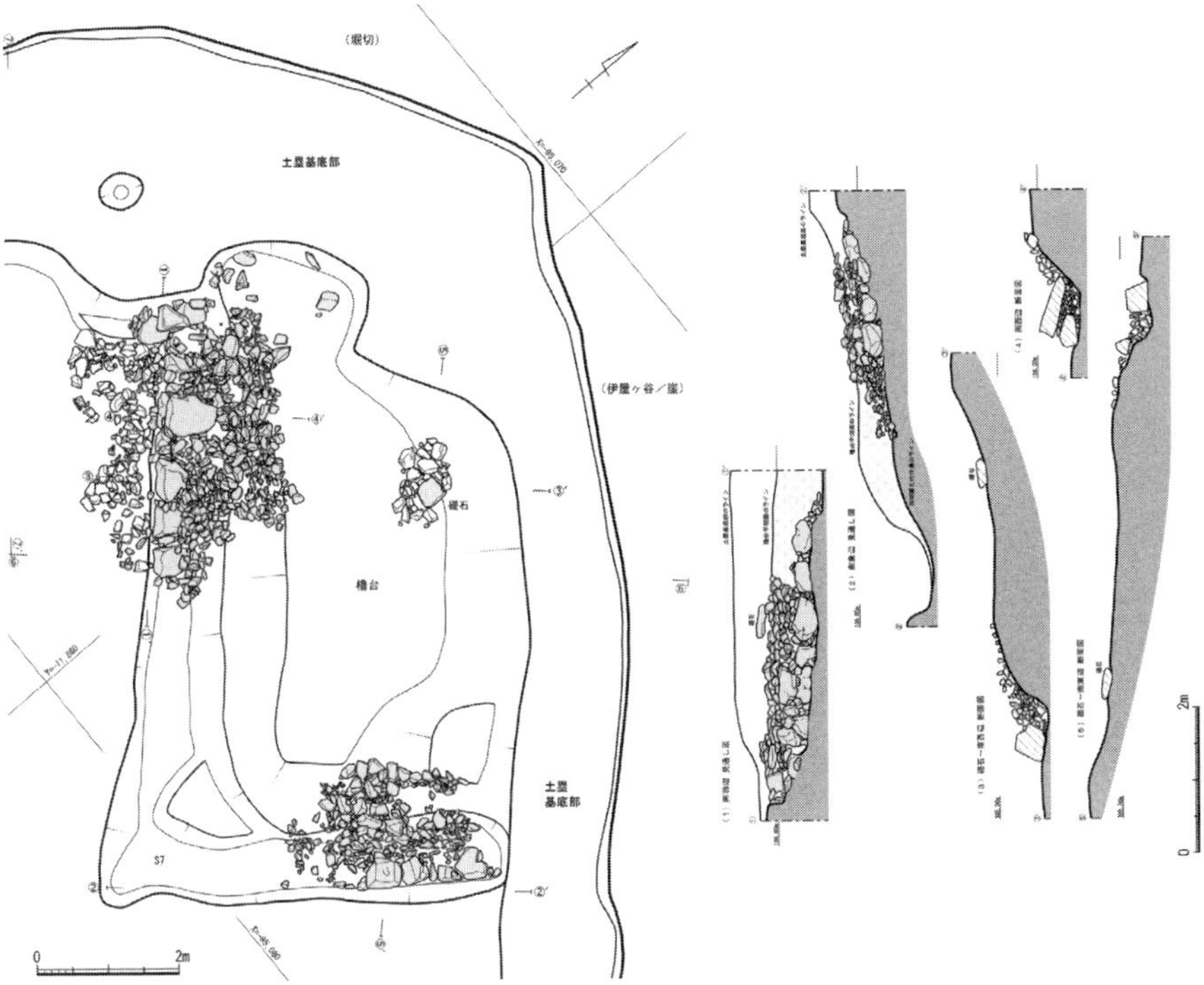

図５　生津城櫓台実測図

は、生津城の櫓台に用いられた石垣である。生津城の櫓台石垣は土台の二辺に一～二段が残存し、築石上面とテラス面の高さが一致する。調査時にはすでに失われていた隅部は、土塁付近から曲輪内との高低差が増すが、隅部に多く積まれていたとしても、わずか三～四段と推測される。ところが、石垣の築石勾配はいずれも南西辺で七〇度、南東辺で六〇度に揃うこと、築石の控えには石材の長辺を使い、飼石に厚さ一～二センチメートルの扁平な石材を挟んで前面の勾配を調整していること、築石の隙間や裏込めには栗石が丁寧に充填されていることなど、高い構築技術を示している。これらの石垣技術については、城郭に先行して石垣が用いられていた寺社勢力によってもたらされたものと考えられる。生津城では従来から寺社勢力との関連が推測されていたが、櫓台の石垣はその証拠となり得る遺構と考えられる。また、このような

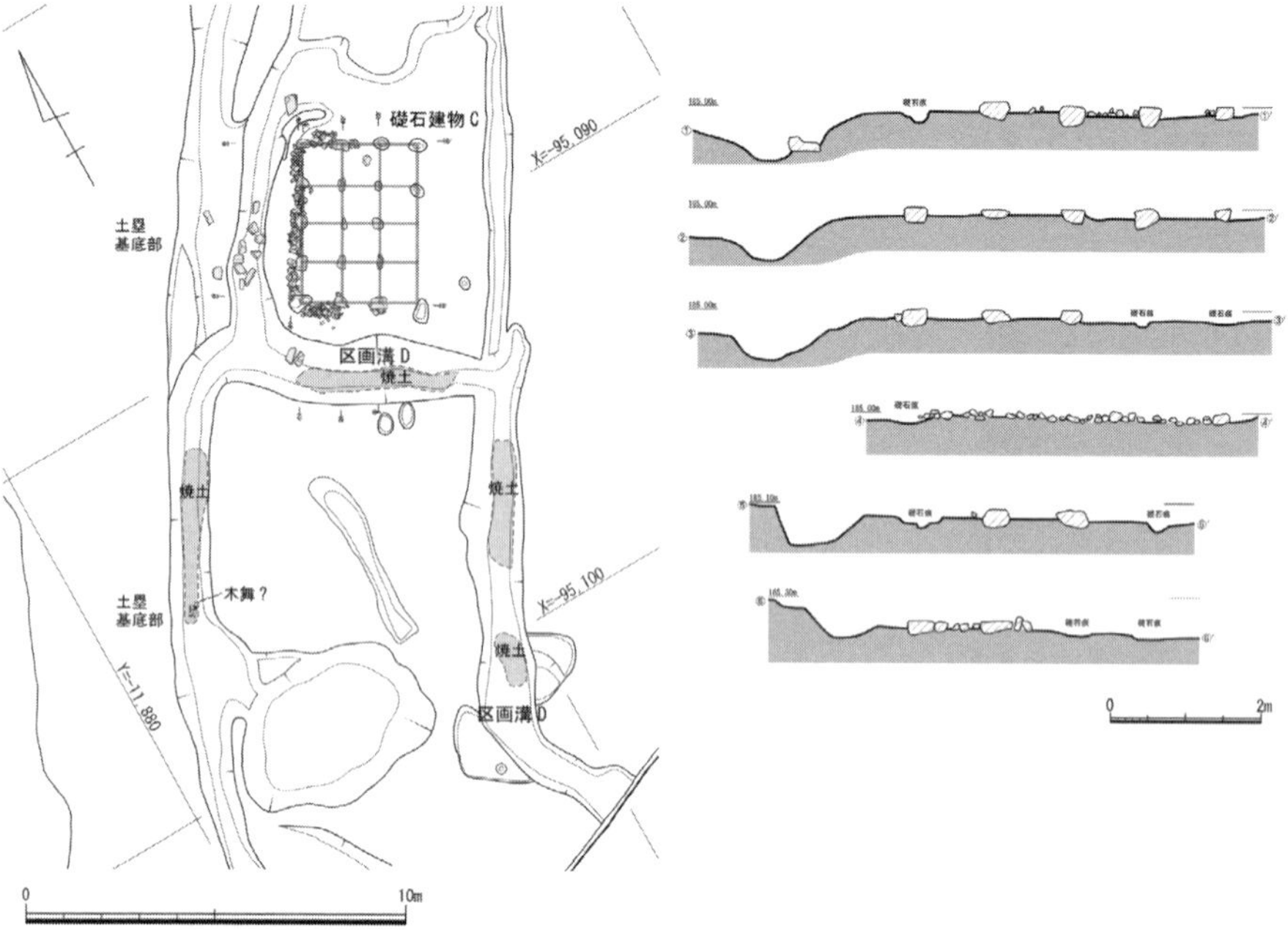

図６　生津城蔵構造建物ほか実測図

本格的な積み方をする石垣が、在地土豪の小規模城郭においても導入されていたことが注目される。

二つ目は、生津城や関津城で検出されている蔵構造の礎石建物である(9)。両城で検出された礎石建物は、規模および建物本体を含む周辺から被熱した壁土が出土していることなどにより、土壁造りの蔵構造建物である可能性が極めて高い。特に関津城では、内部で炭化穀類が多量に出土したことから、穀物倉庫であったことが確実である。構造面では、両城ともに内部に床材を支える束柱の礎石があること、生津城では礎石間に小礫が帯状に敷き並べられており、関津城では基礎となる地覆石上に原位置を保った状態で炭化した柱や四方を取り囲む土壁下部が残ることといった、建物の具体的構造を考える上で貴重な事例となる。

さらに、出土した壁土はいずれも藁類などのスサが混ぜ込まれ、生津城例では平坦な面の裏に棒状の圧痕があり、木舞を挟み込む形で土壁を形成している。関津城例では、平坦な面のほかに、ムシロ状の編物を押し当てた網目が残るものがあり、網目の幅も大小の二種類が確認されている。このように、建物の構成材についても良好な資料が得られている。

三つ目は、関津城の山麓屋敷地や貴生川遺跡で検出されている石組井戸である。特に貴生川遺跡では、井戸枠に円礫の長軸を放射状に積み上げ、反時計回りで積み上げていたとされ、枠材の裏側には拳大の角礫を主体として充填されていたとする具体的な観察結果が報告されている。専門的な技術集団による施工が想定されるものの、石組井戸については、城郭に限らず集落跡などでも検出例がみられることから、石材を積み上げる技術は民衆レベルでも潜在的に有していた可能性も指摘しておきたい。

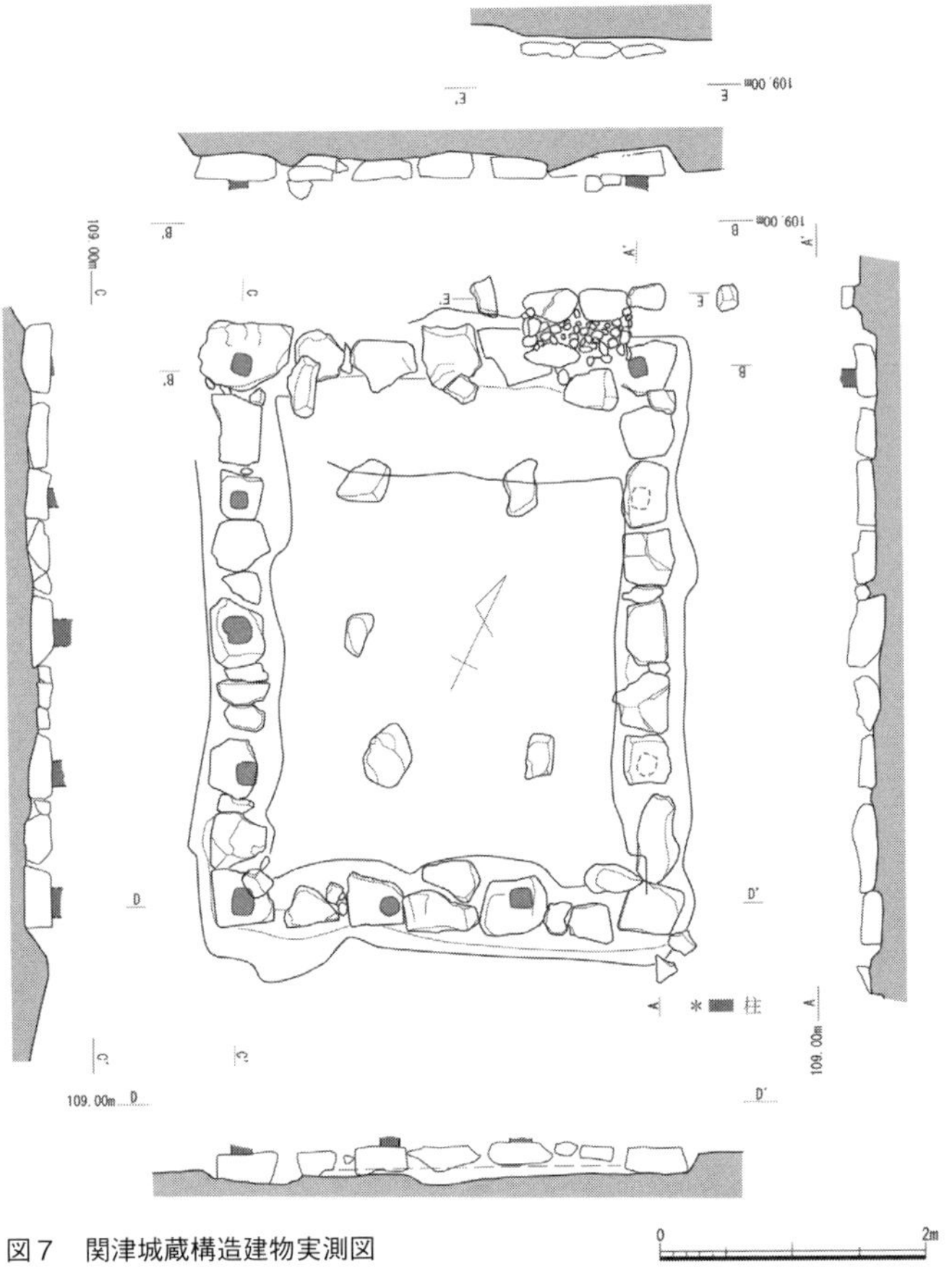

図７　関津城蔵構造建物実測図

（2）「見せる」機能

城郭施設に防御性のみを目的としただけではなく、「見せる」ことを意識したと推測される遺構が検出されている。生津城の櫓台は、曲輪と櫓台の高低差がわずか六〇センチメートル程度で、施された石垣も、多く積まれていたとしても三～四段でテラスに達する。法面の保護や櫓本体を支える土台の安定といった石垣の実効性と、石垣構築にかかる労力を鑑みると、石垣の必要性は乏しく思える。そのため、石垣は実用面よりも、自らの技術力を地域住民やあるいは招いた客人などに見せることを意図していた可能性がある。

また、関津城の蔵構造建物は麓の集落から見通せる地点に位置し、出入口も集落側に向けていることから、見せることを意識して高所に配置した可能性が高い。さらに、最高所に位置する曲輪Ⅲは、どのような建物であったかは不詳な点が残るが、土師器皿の出土比率が高く、高所から集落側を見渡せる位置に虎口を開いていることからも、招いた客人などをもてなす儀礼の場としての機能を備えていた可能性がある。

このように、防御面や構築時の必要性だけではなく、地域住民や招いた客人などに「見せる」ことを意識した施設を、在地土豪の小規模城郭においても備えていたと考えられる。

おわりに――近年の発掘調査から見えてくるもの

本稿で事例として取り上げた城郭は、発掘調査が実施されるまで詳細は不明であり、注目度の高くない遺跡であったと言えよう。しかし、発掘調査によって埋没した城郭の具体像が明らかになり、先進的かつ本格的な城郭施設を在地土豪の小規模城郭においても備えていたことが特筆される。

各地に存在する在地土豪の城郭については文献史料等も乏しく、縄張り調査においても限界があることが多いと考える。近年、滋賀県ではこれらのような在地土豪の小規模城郭の調査事例が増加し、ひとつのモデルケースとなり得る具体像が明らかになりつつある。発掘調査は遺跡そのものが失われることと、得られる情報量が表裏一体であるが、発掘調査成果は従来の城郭観に一石を投じ、さらなる研究や議論の進展に寄与する結果がもたらされたといえよう。

註

（1）滋賀県教育委員会・公益財団法人滋賀県文化財保護協会『生津城遺跡』二〇一八年（以下、発掘調査における事実内容は本書に拠る）、および小林裕季「生津城」（中井均監修・城郭談話会編『図解 近畿の城郭』Ⅴ、戎光祥出版、二〇一八年）。
（2）宇野健一（註訂）『新註 近江輿地志略 全』弘文堂書店 一九七六年。
（3）大津市歴史博物館『新知恩院』二〇一六年。
（4）大津市史編さん室『大津の城』一九八五年。
（5）滋賀県教育委員会・公益財団法人滋賀県文化財保護協会『関津遺跡2』二〇一五年、滋賀県教育委員会・公益財団法人滋賀県文化財保護協会『関津城遺跡』二〇一六年（以下、発掘調査における事実内容は本書に拠る）、小林裕季「関津城」（中井均監修・城郭談話会編『図解 近畿の城郭』Ⅳ、戎光祥出版、二〇一七年）。
（6）藤崎高志「関津城」（中井均編『季刊 考古学』第一三九号、雄山閣、二〇一七年）。
（7）甲賀市教育委員会・公益財団法人滋賀県文化財保護協会『甲賀市文化財調査報告書第29集　貴生川遺跡発掘調査報告書』二〇一七年（以下、発掘調査における事実内容は本書に拠る）。
（8）小谷徳彦「貴生川遺跡」（中井均監修・城郭談話会編『図解 近畿の城郭』Ⅳ、戎光祥出版、二〇一七年）。
（9）蔵構造建物については、山上雅弘「戦国末期における畿内の城郭と蔵構造建物」（小野正敏・五味文彦・萩原三雄編『中世人のたからもの』、高志書院、二〇一一年）などに詳しい。

Ⅲ　近江における山寺境内を包摂した山城の縄張りについて

福永清治

はじめに

滋賀県では、昭和五十年代から中世城郭の分布調査が実施された。当時は、全国に先駆けて実施された城郭の悉皆調査であり、注目を浴びた。その成果については、県内を旧郡エリアに分割し、エリアごとに合計十冊の調査報告書が刊行されている(1)。その結果、近江には規模や立地条件を問わず、伝承地等も含めて約一三〇〇ヶ所もの城が存在するとされた。以後、このことが中世近江の特徴を表現する際に頻繁に使用されることになる。

報告書の刊行以降、現在に至るまで、近江の城郭調査は様々な研究者によって進められてきた。その結果、近江南部における六角氏の勢力圏内に限定していえば、六角氏の家臣はすべての者が山城を有しているわけではなく、有する場合は城域が山頂域にとどまる小規模なものが多いことが明らかにされた。大規模で拠点的な山城を有するのは、蒲生氏や永原氏など一部の国衆に限定される。一方、中世の近江では大規模な山寺が多く存在することが判明している(2)。やはり、比叡山延暦寺を擁する近江だけに、天台宗の山寺が圧倒的に多い。こうした山寺境内を築いた主体である寺院と城郭を築いた武家を比較すると、土木工事量では寺院側が優位であることは明らかである。もちろん、土木工事量のみで両者の勢力や社会的な位置づけを単純比較できるわけではないが、近江における寺院勢力の強さを表しているといってよい。

以上に挙げたような山寺は、全国的にも早い事例は古代から存在しており、中世では独立した社会勢力として成長している。このように、地域社会に根差して勢力を築いてきた寺院勢力は、時として武力を有して境内を城郭化する事例もあり、武家と寺院が結びついて山寺境内を城郭化するケースや、武家が山寺境内を自らの城郭とするケースも全国的に報告されている。中世の近江においても、平面構造で共通の特徴をもつ近江特有の天台の山寺が多数存在し、これらが城郭となる事例が多く認められる[3]。このような事例の分布範囲は、県内全域に及んでおり、近江の中世城郭の特徴の一つとして挙げられる。

以下では、最初に中世近江における山寺の境内構造を示した上で、山寺の境内を包摂して山城となった各事例を取り上げる。そして、各事例にみられた山寺としての境内構造と、城郭としての縄張り構造が一体となる際の特質と問題点について探っていきたいと思う。

一、中世近江における山寺の特徴的な境内構造と城郭化

冒頭でも述べたように、地域における社会勢力の歴史としては、寺院は武家に先行する。かつては古代から地域社会における信仰・宗教面での拠点や核となっていた寺院が、中世にかけては荘園等を獲得し、領主として勢力を伸ばしていった。このような寺院の一部が、山間部における修行拠点を得ることなどを目的に、山寺を展開させていく。

中世の近江で最も多くみられる山寺の境内構造は、具体的には以下のとおりである[4]。まず、本堂平坦面は谷状地

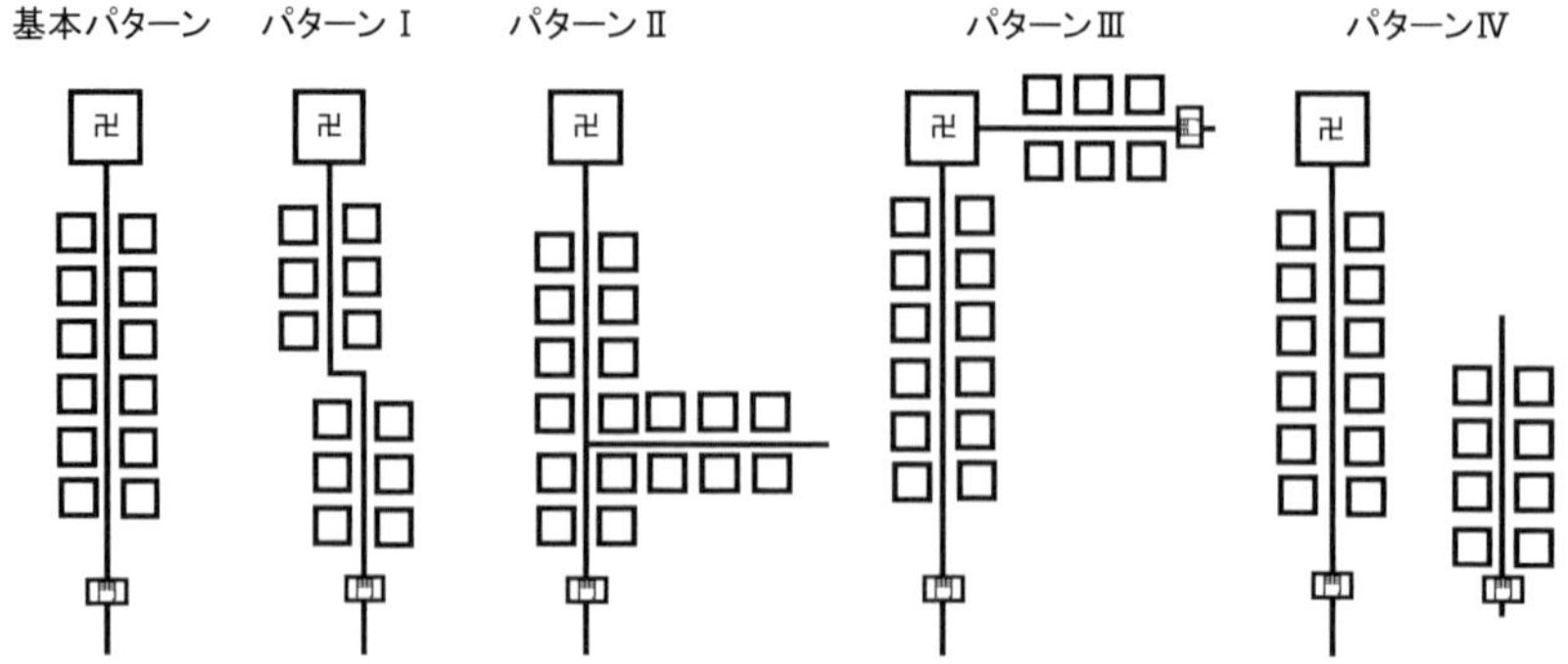

図１　山寺における子院群展開のパターン（註４文献から転載）

形内の中腹部に存在することが多い。山麓側から直線的な参道が谷筋に沿って設定され、そのまま本堂平坦面へと接続する。直線的な参道の両側には、本堂平坦面よりも小規模な方形平坦面が階段状に連続配置される。通常、これらの平坦面は寺内組織を構成する下部の小寺院である「子院」群に該当する。

中世では、寺内の全体組織である「惣寺」を構成する子院群の活動が活発となる。これらは惣寺とは別個に土地領主となり、惣寺とは異なったチャンネルで地域社会と接していた。大規模な山寺では、本堂平坦面へと接続する直線参道が複数存在しており、敷設される参道ごとに平坦面群が存在する。このような山寺では、子院群の組織も大規模化しており、直線参道を骨格に形成される平坦面群は、惣寺内での子院組織の状況をある程度空間的に表現していると把握できる。

中世も後半期にさしかかると、地域社会でも武家が勢力を伸長させ、寺院勢力は次第に淘汰されていく。それは、主に武家が寺院の荘園を侵食する形で進行し、それまで寺院が地域社会で保有していた地域権力としての役割を武家が継承していった。このような流れの中で、武家が一部の寺院の境内を城郭として使用するケースも増加する。そもそも、山地における拠点形成の上でも寺院側が先行しており、山間部の傾斜地を開発するノウハウや財政力・技術力・人員動員力の蓄積が寺院側に存在していたということも、武家にとっては大きな着目点であった。

二、近江における山寺境内を包摂した山城

これまでの内容を受け、本節では近江での具体例を見ていく。また、次節では山寺の境内と城郭縄張りが一体となる際の全体プランの問題を検討することになる。したがって、各事例については、母体となる山寺境内の状況や、城郭縄張りとしての曲輪構成・ルート設定・防御ラインを組み合わせた、全体的なグランドプランに重点を置いて述べていくこととする。

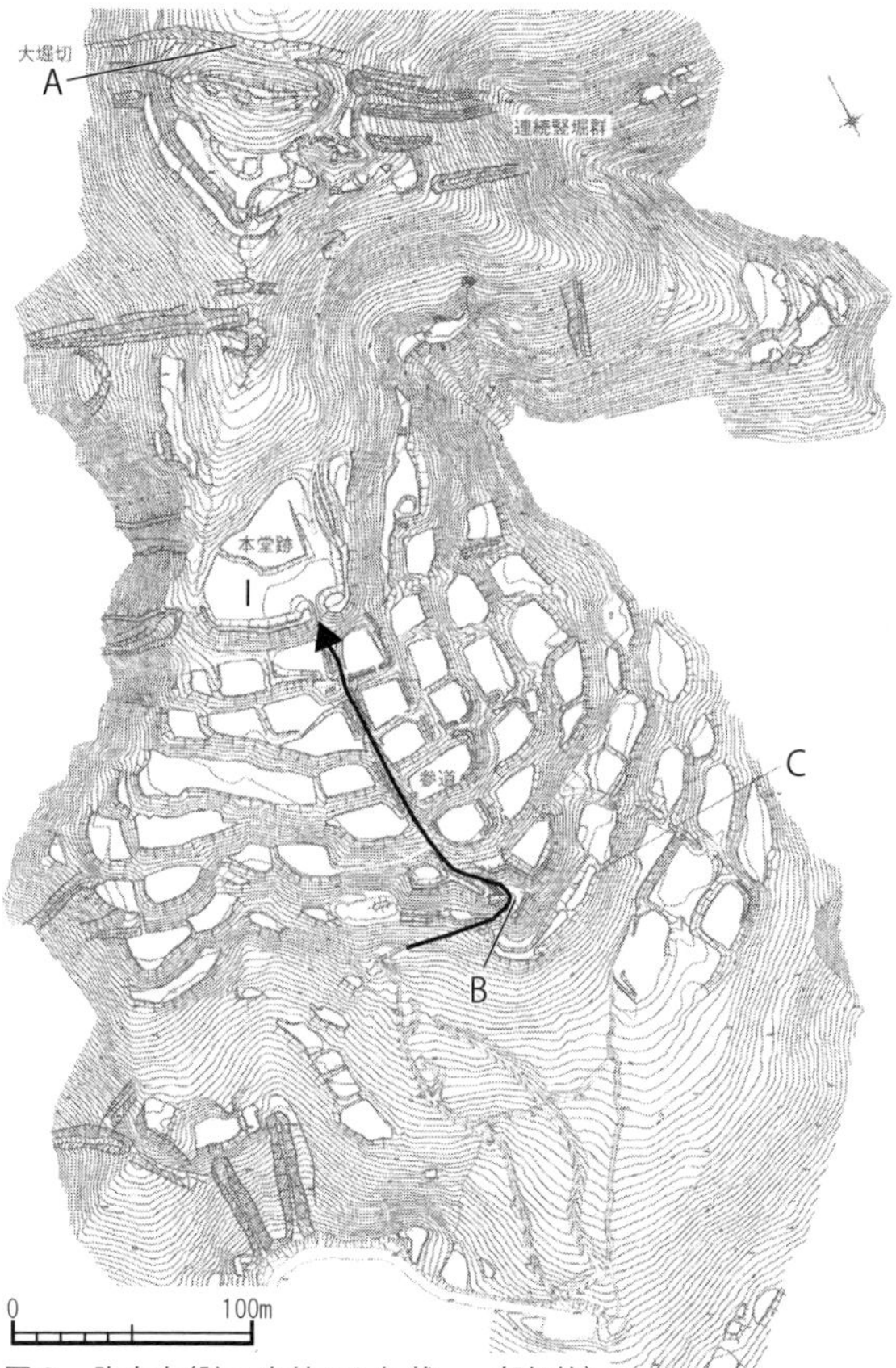

図２　弥高寺（註５文献から転載。一部加筆）

［弥高寺《やたかじ》］中世の全期間を通じて寺院として存続していた。中途の十五世紀末に京極氏が城郭として利用する時期を挟み、その後も天文年間までは山上で寺院として機能してい

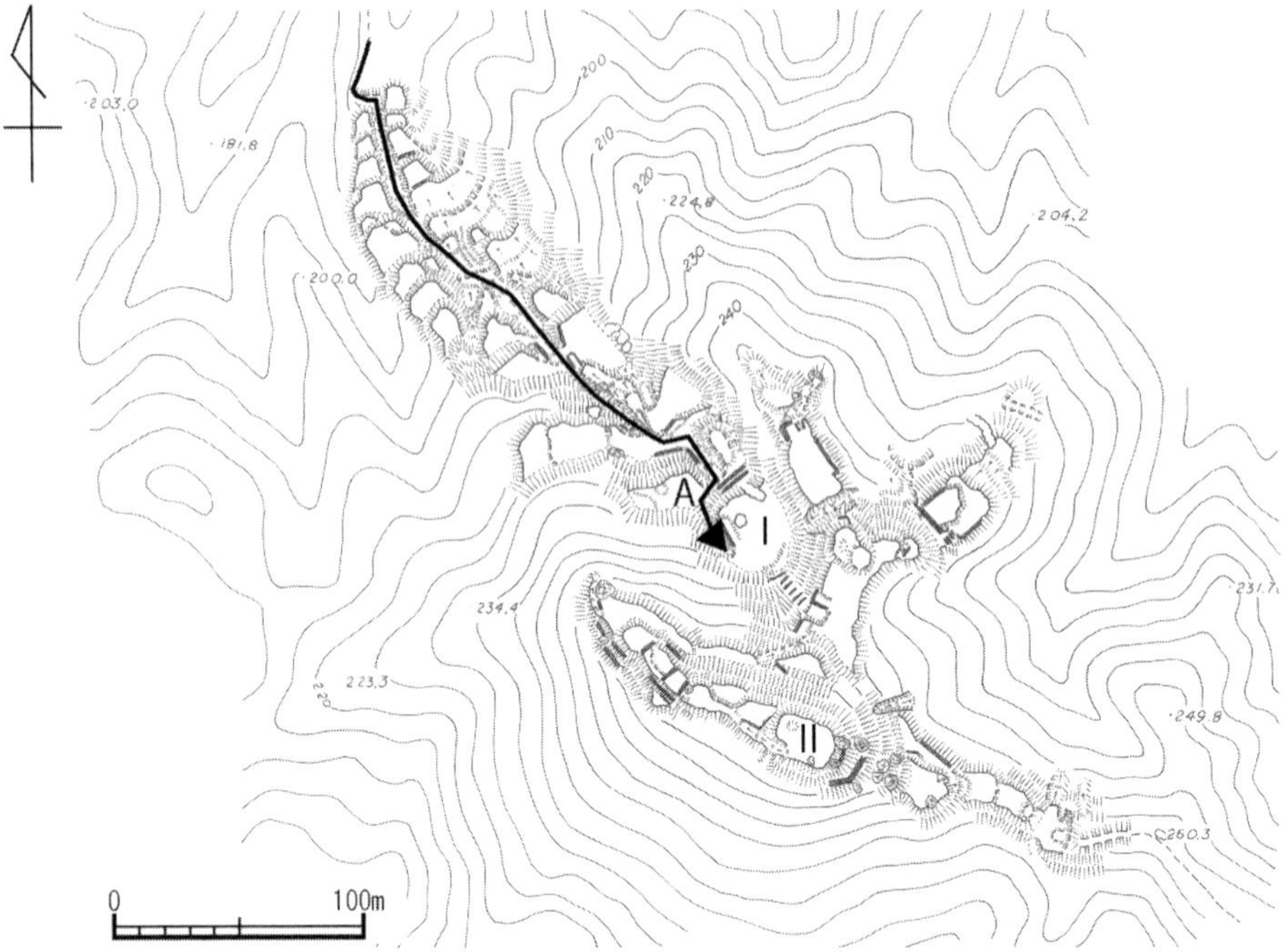

図３　小堤城山城　作図：福永清治

る[5]。基本的には武家の城郭ではなく、防御遺構を備える山寺である。

平坦面群としては、中腹尾根上の本堂部分Ⅰが中心となり、その下方に方形平坦面群が「星状」に展開していく。背後の尾根筋に大型の堀切Aがあり、隣接して竪堀を複数備えることにより、この部分で畝状空（竪）堀群となる。

城域外から本堂へと接続する直線ルートで、平坦面群の下方外縁にあたる箇所では桝形状の虎口Bが存在する。その外側は短い距離ではあるが、虎口と連動する横堀Cがある。基本的には、山寺そのものの外縁部に戦国末期の防御ラインが設定された構造である。

［小堤城山城《こづつみしろやまじょう》］野洲郡の国衆永原氏の山城である。山麓部から続く直線道の先が中腹部の広い平坦面Ⅰとなり、主郭に該当する。これを仮に山寺とすると、Ⅰが本堂部分に相当する。主郭の三方向をめぐる尾根地形の連郭を防御ラインとし、山頂部Ⅱは主に櫓

図４　水茎岡山城　作図：福永清治

台としての機能に限定される。山麓部からのルート（図中矢印）に対しては防御のラインやポイントは存在しないが、主郭付近Ａでは上部平坦面からの制圧が可能なように、屈曲を伴うルート設定がなされる。

　中腹部の平坦面を主郭としており、山寺境内に相当する範囲をメインに機能させているため、山頂から尾根上までの連郭部が機能としては相対的にやや後退する。

「水茎岡山城《すいけいおかやまじょう》」蒲生郡の琵琶湖東岸に位置する山城で、十六世紀前葉に起こった「伊庭氏の反乱」の舞台として知られる。城主は伊庭氏被管の九里氏で、「伊庭氏の反乱」の際は伊庭氏も在城して、六角氏や細川氏の軍勢と対峙したとされる。

　城域は主峰の大山の南斜面を中心に広がり、全体としては広域にわたる。その中で特筆すべき特徴としては、①城域のエリア区分が明確であること。山頂曲輪群・中腹帯曲輪域・山麓側平坦面群というように、山頂部から南側山麓部にかけては大きく三エリアに区分できる。②一部に土塁や竪堀が存在するが、帯曲輪を防御ラインの主体としている。特に、中腹帯曲輪域を大規模な防御ラインとしており、特徴的である。③山麓側平坦面群から山頂の曲輪群まで一貫したルートが設定されている。以上三点の特徴で、②の中腹帯曲輪域は主要な虎口を二ヶ所（F・G）備えたものであるが、この部分はルートと兼用しており、山麓側平坦面群からの複数のルートを集約する機能も併せ持つ。③では、山麓側平坦面群では直線的なルート（図中矢印）が発達しており、上下の平坦面の連携を確保する。この城が築城される以前、当地には香仙寺という天台の山寺が存在したとの伝承がある。おそらく山麓側平坦面群のうちのⅤ・Ⅶに存在していた可能性が高い。

城域のエリア区分が明確で、大規模な防御ラインが特徴的である。ルート集約の手法に長じており、山頂域には大きく曲輪が展開する。ただし、特徴的である防御ラインも、細部では戦国末期に見られるような技巧性は見られず、基本的には十六世紀前葉段階の縄張りを留めていると考えられる。

［清水山城］高島郡北部の城で、高島七頭の惣領家である越中氏の城郭である[6]。山麓側にある前身の清水寺・大宝寺などの複数寺院の境内地を城郭の屋敷地とし、背後の山頂から尾根筋までのエリアを本格的な山城とする。山頂域のⅠを主郭とし、尾根筋に主要な曲輪を配置する。その中間の要所には大規模な堀切Ａ～Ｃや畝状空堀群Ｄ・Ｅを設けて遮断性を高める。一方、中腹部の屋敷地では発達していたルート設定（図中矢印）が、山頂域では曲輪配置と連動しておらず、遮断性の高い防御ラインとも噛み合わない。また、技巧的な虎口等も存在しない。

山頂域の発掘調査から、主郭の礎石建物は十六世紀第二四半期から機能することが判明しており、少なくともこの時期から山頂域に曲輪群が展開していた。実際には、中腹部の寺院と並行しつつ、十五世紀末ごろから山頂域で城郭が機能していたことも推測されている[7]。

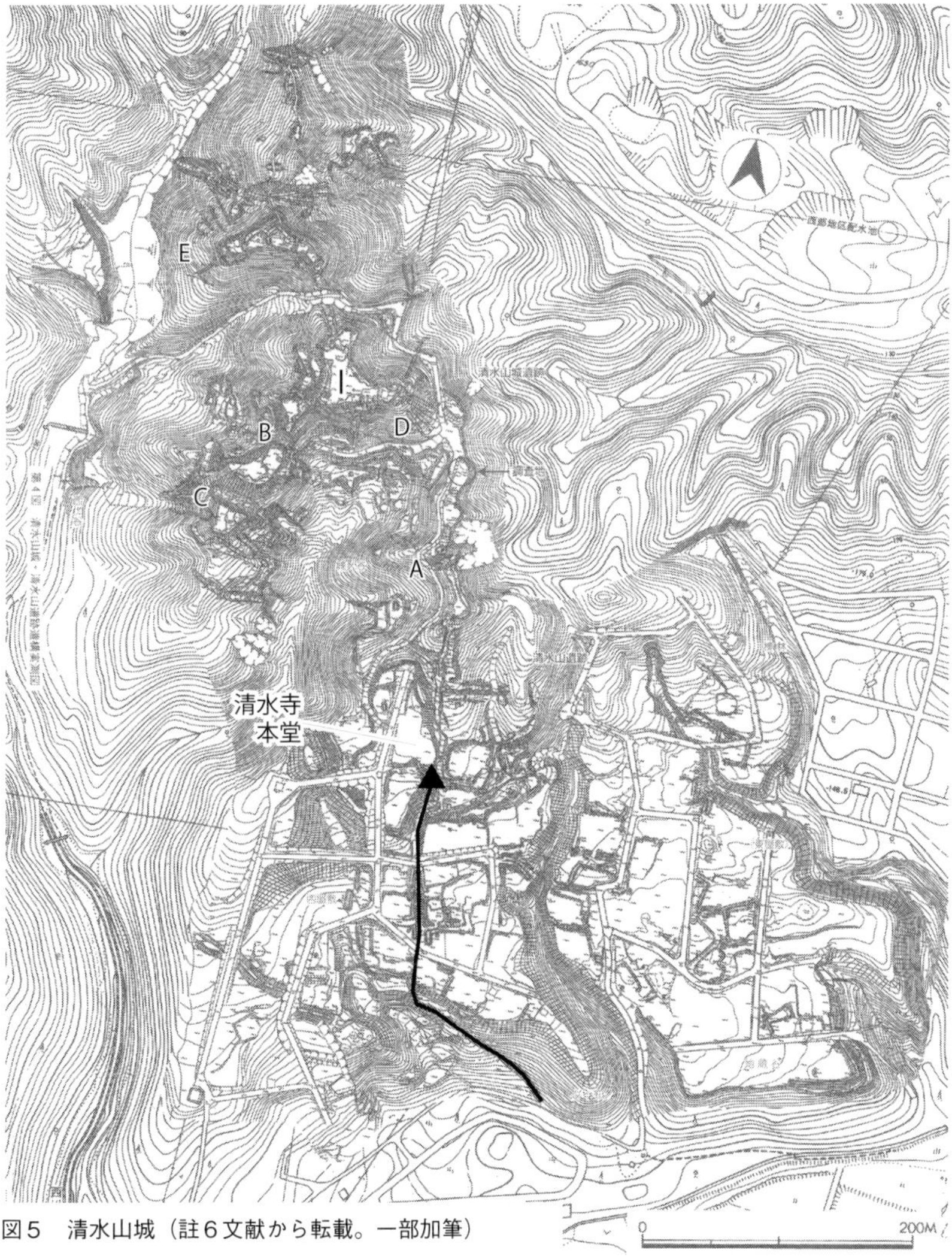

図５　清水山城（註６文献から転載。一部加筆）

［観音寺城］観音寺城は、南北朝期から城郭として使用された記録があるが、戦国期に至るまでに六角氏が守護所を移転させる過程を経て、最終的に観音寺城が本拠となった。古代末から存在したとされる観音寺の境内を城郭に転用したとされ、戦国期には本堂が山麓に移転したとされるが、寺院としては城郭と併存していたとされる。[8]

繖山《きぬがさやま》南斜面のほ

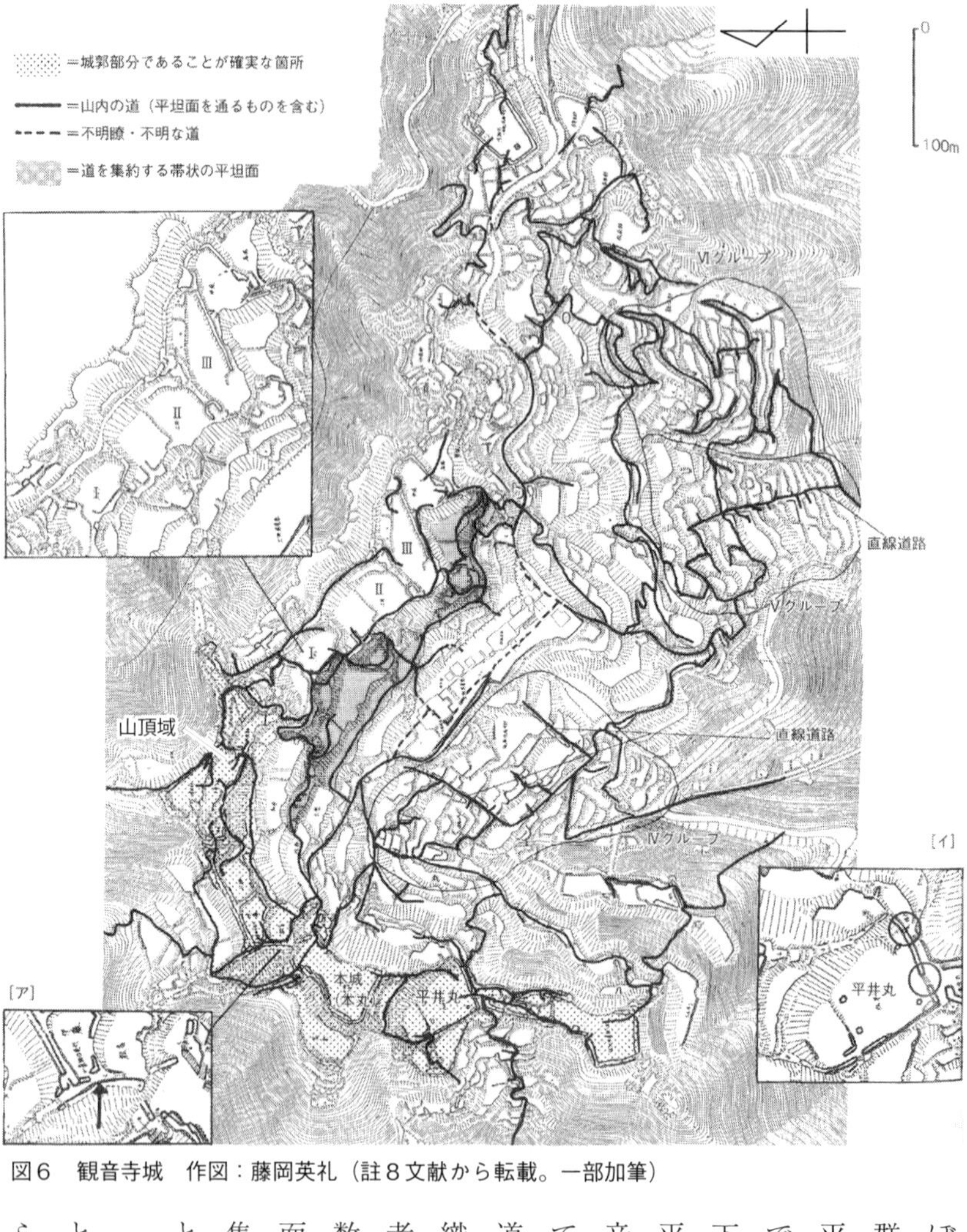

図６　観音寺城　作図：藤岡英礼（註８文献から転載。一部加筆）

ぼ全面にわたって平坦面群が展開する。山頂部の平坦面は相対的に小規模であるが、その南東側直下に基壇を伴う大規模な平坦面Ⅰ～Ⅲがあり、観音寺の本堂域に比定されている。中腹域には直線道が複数存在し、寺内組織が複数分派していたと考えられる。これらの複数の直線道は、本堂平坦面直下の帯状平坦面群で集約され、本堂平坦面へと接続されるという[9]。

一方、純粋に城郭遺構とされる[10]のは、山頂部から両翼の位置にある尾根筋の曲輪群（伝本丸・伝平井丸等）である。これらの曲輪群とルートの関係は、外部からのルートが曲輪群内を素通りし、城郭部分とルートの連動性が弱い。防御ラインは、一般にいわれるように自然地形の尾根筋が機能する。堀切や堀は存在しないが、城郭部分では各曲輪の塁線のほぼ全面が石垣であり、曲輪の塁線が個々に遮断性を持つ。

城郭と寺院の共存が考えられる中で、あえてエリア分けをすると、相対的に城郭部分の後退が顕著である。本堂平坦面が山頂に近く、繖山の中で本来的に寺院境内が占める割合が大きかったとみられる。

三、山寺境内を包摂した山城における縄張り構造とその発展過程について

以上、山寺の境内構造を包摂する拠点的山城について5例を取り上げた。このほかにも、坂田郡の上平寺城（米原市）や高島郡の田中城・日爪《ひづめ》城（いずれも高島市）などの事例が挙げられる。

各事例におおむね共通するのは、城郭が前身の山寺境内を使用する場合、本堂平坦面につながる直線道の両側に子院平坦面が連続する構造は、基本的には改変なく使用されたことであろう(11)。通常、城域外からの直線ルートが主要平坦面に直接つながり、ルート両側にも平坦面が接続する状況は、防御面ではデメリットが多いと考えられる。それにもかかわらず、このような構造に防御施設を付加することなく使用したのは、このエリアには、個々の平坦面の連続性や連繋などの実用性が重視されたためであろう。その意味では、例えば旧来の山寺境内を武家が城郭として使用した場合、このエリアにおいては旧来の空間機能がそのまま継承されたと考えられる。

さらに、取り上げた事例すべてにおいて、ルート設定が発達した状況が認められる。通常、山寺境内は直線ルートの敷設状況が平坦面群を規定するため、大勢としてルート設定の意識や技術が城郭よりも先行発達する土壌があ

る。[12]取り上げた各事例とも、平坦面「群」としての空間的な骨格に直線道が存在し、主郭あるいは中心平坦面へと接続する。観音寺城では、複数の平坦面群のルートが本堂平坦面手前で集約され、ルート設定によって中心部の求心性が高められる。こうした点において、城郭と寺院では中心部の求心性を高める手段に異なる部分が存在する。

一方、各事例で異なる点は、山頂から尾根上にかけての曲輪群展開や防御ラインの敷設状況が挙げられる。小堤城山城や観音寺城は、尾根上に曲輪展開するケースであり、清水山城・水茎岡山城・日爪城は山頂域に城郭が大きく展開する。田中城は、山頂から尾根筋が土塁等の防御ラインの主体となり、弥高寺においては境内が尾根筋にあることも影響するが、境内外縁部に発達した防御ラインを設定する構造となる。

これまで近江では、主に観音寺城を中心として、山頂から尾根上までの曲輪の展開状況によって城郭部分としての求心性や主体性が評価され、ひいては築城主体の権力の性格までが議論されてきた。しかし、これらの事例を山寺側から見た場合、山寺から城郭へと転用されても、山寺の境内部分は基本的に構造を改変せずに使用されることから、山頂から尾根筋にかけての曲輪展開は、前身となる山寺の占地状況に大きく影響を受けるのではないかと考えられる。

例えば、水茎岡山城・清水山城・日爪城は、前身の山寺が山麓から中腹部にかけての範囲で境内を完結させるため、山頂から尾根筋にかけて大きく曲輪展開する余地が存在した。この際、中腹部の山寺境内は寺院と同時に機能しながら城郭の屋敷地として機能したとされる。そして、山頂域では水茎岡山城の曲輪展開が十六世紀前葉とされ、清水山城主郭の礎石建物は十六世紀第二四半期に建造されている。これに対し、観音寺城では本堂平坦面が山頂直下に存在するため、山頂から山麓近くまで広域に境内地が展開していた。城郭として新たに曲輪展開したのは両翼の尾根筋に限定され、空間的には城域全体からみた曲輪部分の主体性が大きく後退する形となる。[13]金剛輪寺文書によると、この部分で石垣普請が行われたのは、天文期後半から弘治年間にかけてである。

ところで、山上雅弘氏の論考(14)によると、戦国期前半の山城は山頂域が防御拠点として機能するものの、山頂域が積極的に曲輪造成されることは少なく、平坦面造成は斜面域や中腹の谷状地形内がメインに活用されたとされる。これに対し、山頂部や尾根筋において積極的に曲輪展開し始めたのは、戦国末期段階のこととされている。山上氏が取り上げられた事例は在地系の中小規模の山城が中心であるが、守護や国衆が関与する大規模な拠点的山城においても、十六世紀中ごろで斜面部と尾根筋の双方で曲輪展開する「過渡的」段階を経て、戦国末期の山頂〜尾根筋における曲輪展開の段階に至るとされている。

今回取り上げた山寺に関連する事例では、山頂部から尾根筋にかけて城郭展開する状況は、前身として存在した寺院境内の影響を大きく受けることになる。また、水茎岡山城・清水山城と観音寺城の事例では、山頂部の曲輪展開と実年代の関係に部分的な逆転も認められた。したがって、近江における山寺と関連する大規模な拠点的山城では、山頂部で曲輪展開する状況を後出するイメージでとらえるのではなく、「過渡期」と評価された山頂部と斜面部の双方で造成が行われる段階を、従来よりも年代的な幅を持たせて考える必要もあると思われる。おそらく、先行して山頂部に存在した山寺の施設（経塚・塔・奥の院など）の存在が、早期の曲輪展開の素地になっていた可能性もあるのではないだろうか。

おわりに

これまで戦国期の全期間を通じた山城の発展過程については、戦国末期の発達状況から遡上してイメージされたものが中心であった。その中で、山上雅弘氏の検討は、戦国期前半の縄張り像を具体的な発掘調査事例から導き出したものであった。しかし、縄張り技術の発展過程は、おそらく各地域で異なるであろうし、築城主体の階層によっても異なることが考えられる。

中世の近江では、六角氏を筆頭として国衆レベル以上の領主が一部の天台の山寺を城郭化してきた。中世の近江における山寺の境内は本来的にルート設定が発達しており、山間部の土地開発においても、主体は斜面部や中腹の谷状地形内での平坦面群展開であったが、山頂部や尾根筋にも何らかの施設を展開させる素地を有していた。山城が築城される以前にこうした前身施設が存在する場合は、用いられる縄張り手法も多分に影響を受けるようである。こうした事例に関しては、縄張りの発展過程を改めて検討する必要があると考えられる。

註

（1）『滋賀県中世城郭分布調査』1（滋賀県教育委員会ほか、一九八三年）ほか。
（2）『忘れられた霊場をさぐる―栗東・湖南の山寺復元の試み―』報告集（栗東市教育委員会・財団法人栗東市文化体育振興事業団、二〇〇六年）ほか。
（3）『新視点・山寺から山城へ―近江の戦国時代―』（米原市埋蔵文化財活用事業第四回山寺サミット米原市教育委員会、二〇〇九年）。
（4）福永清治「境内道からさぐる山寺の遺構」（『忘れられた霊場をさぐる3―近江における山寺の分布―』報告集、栗東市教育委員会・財団法人栗東市文化体育振興事業団、二〇〇八年）。
（5）髙橋順之「弥高寺」（中井均監修・城郭談話会編『図解 近畿の城郭』Ⅲ、戎光祥出版、二〇一六年）。
（6）新旭町文化財調査報告書第2集『清水山城郭群確認調査報告書』（新旭町教育委員会、二〇〇三年）。
（7）山村亜希「中世寺院から戦国期城下へ―近江清水山城・城下と新庄城・城下の空間構造―」（同『中世都市の空間構造』、吉川弘文館、二〇〇九年）。

（8）藤岡英礼「山寺の景観変遷について―観音正寺を中心に―」（『忘れられた霊場をさぐる2―山寺のうつりかわり―』報告集、栗東市教育委員会・財団法人栗東市文化体育振興事業団、二〇〇七年）。
（9）前掲註（8）。
（10）前掲註（8）。
（11）上平寺城は平坦面間に堀切や技巧的な虎口などが大きく改修される。
（12）前掲註（4）。
（13）近江の山寺では、山頂部両翼の尾根筋は墓域や特別な堂舎の場となる傾向がある。
（14）山上雅弘「戦国時代前半の中世城郭の構造と変遷」（村田修三編『新視点中世城郭研究論集』、新人物往来社、二〇〇二年）。

第2部　京都府の城郭の特徴

Ⅰ　京都府域における城郭関係史料の諸問題

福島克彦

はじめに

本項では、京都府域の城館研究に資するため、文献史料を比較検討する視点について考察を深めてみたい。

一般に、京都府域は中世城館遺構に対する研究が相対的に遅れてきたと言われてきたが、近年京都府教育委員会により悉皆調査報告書が刊行され、遺構や文献史料に関する全体像が明らかにされつつある(1)。その特徴は中世前期の城館から、山岳寺院、寺内町、構や釘貫、公儀の城など、全国的にも実に多様な素材が分布している点があげられるべきフィールドである。また、京都周辺では、文献史料から、中世前期、後期通じての防御施設の変遷が追求できる(2)。さらに、中近世移行期においても首都京都における城館論に関する研究も大きく進展しつつあり、聚楽、御土居、伏見城についての総括がなされるようになった(3)。これらは、近世城郭につながる貴重な城郭事例であり、やはり研究史上重要な定点となっている。

そこで本項では、このうち、戦国期における山城国と丹波国の動向について考察してみたい。山城国では公儀権力たる足利将軍の山城構築を、丹波国では内藤宗勝と明智光秀の比較検討を進めていきたいと思う。

一、公儀権力における築城の契機――山城国

一般に、中世城郭史では、城館の発達を地域社会における武家領主制の伸長と比例する形で検討されてきた。その際、堀や塀、土塁によって囲まれた十二〜十三世紀の居館が原点となっており、居館を中核に領主のイエ支配を同心円で語る議論がされてきた。(4)また、山城についても十五世紀中葉に武家領主が子々孫々に伝えようとする側面が指摘されている。(5)ただし、こうした視点は、畿内近国ではさらに多様化し、戦国期大和においては、環濠集落や館城、山城などから中間層を検討する視点が提示されている。(6)言うまでもなく、方形居館、あるいは環濠集落については、近年の考古学的知見の集積によって、一概に中世前期、あるいは後期まで遡及できるか、検証が困難になりつつある。ただし、土塁・堀をめぐる防御施設の維持主体があらゆる階層まで広がったこと、地域の多様な武家領主が築造主体であった事実は、その後も基本的には肯定されている。そして、こうした武家領主によって発展されていく図式は、その後守護大名や戦国大名、十六世紀後半の織豊権力との連続性で語られている。(7)

ところで、こうした武家領主を基調とした視点は、その要となった鎌倉幕府や室町幕府における防御施設を対象に入れてこなかった。同じ武家政権の範疇に入りながら、近世期と相違して、公儀権力が本格的な城館を築かなかったためである。もっとも、室町幕府については、近年の地方の居館研究の発掘遺物によって、威信財や京都産土師器の関係が問われ、建物遺構からもハレとケの空間構成が考察されている。(8)そして、足利将軍による京都文化の浸透やその人脈から「花の御所体制」と評され、(9)遺物、遺構、景観における都鄙の類似性が注目されている。これらは将軍による栄典授与などとも関連し、(10)戦国期守護の上に立つ公儀権力の意義を考える重要な視点となっている。

近年、久しぶりの通史叙述となった『日本城郭史』[11]も、当時の公儀権力の存在感として、こうした儀礼的側面を強調している。

ただし、儀礼的側面とは別に、中世後期に発達しつつあった土塁や堀などの比較検討は、あまり考察されていない。地方の居館、山城遺構では土塁や堀の構築が進んでいたが、京都の将軍御所では、十六世紀中葉になるまで、そうした傾向が充分顕在化しなかった。

これと対照的なのが、近世城郭からの遡及的観点である。戦前期、近世城郭の始祖は織田信長の安土城と認識されてきたが[12]、戦後に入り永禄十二年（一五六九）の足利義昭御所まで遡及させられた[13]。その義昭御所を画期とした根拠は、第一に、義昭御所から「天主」表現が登場すること、第二に防御施設と政庁の合体を指標としたことの二点である。さらに、この義昭御所と同一場所にあった十六世紀中葉の義輝御所を防御施設化の画期に置く考え方も提示されている[14]。つまり、公儀権力が本格的に防御施設を築いたことを、近世城郭の指標とし始めたことになる。

このように、公儀権力の城館の観点に立つと、中世城郭史側からは儀礼的側面が強くて、防御的側面の考察が希薄であり、一方で近世城郭史側からは公儀権力の防御性を積極的に捉えている。特に後者については、中世城郭側からの継承が充分に検証されていない点に特徴が現れている。

今まで城郭史では、武家領主が築城主体の推進力として捉えられてきた。しかし、その武家領主の棟梁として統轄する立場となる足利将軍の居城については、充分に位置づけられてこなかったと思う。一九八〇年代以降に進展した織豊系城郭論も、織豊権力という枠組みの中で位置づけられてきたものの、公儀の城の変遷という視点では考察を深められてなかった。

そこで、本節では天文三年（一五三四）十月における足利義晴の山城構築の史料から、将軍による城郭の構築について考えてみたい。

大永七年（一五二七）、細川高国政権が崩壊すると、畿内・近国の政局は一気に混乱を極めた。細川晴元を擁立する三好元長、一時期京都を押さえた柳本賢治、復活を期す高国、堺公方の清算と、複雑に政局が展開したことが知られている。当初は、高国や対立した三好元長との対抗上、本願寺と結んだ晴元であったが、再びこれと対立するようになり、天文元年（一五三二）八月の山科本願寺の焼き討ちへとつながった。天文二年には高国を継承した晴国が一向宗と結んで上洛を企てたが、これも頓挫し、朽木の足利義晴と堺にいた晴元による妥協が成り、天文三年八月には晴元が、九月には義晴が上洛している。その直後に義晴が画策したのが、南禅寺山における山城構築であった。

【史料1】天文三年十月

四日　為開闔松田対馬守［盛秀］奉行武家雑也来申候、南禅寺山之上ニ　被造山城候、然者人夫卅人ツヽ、一郷ヘ被懸之、十郷、五十余郷共以被仰出候也、当在所事明後日可召出之云々、返答者此在所事者、依為　王城擁護之神地自先規諸公事御免除也、何モ　上意ヘ申分自是可返事之由返了、自二渕弥二郎［晴員］、人夫之儀被仰懸此在所之儀、自往古為諸公事免除、慈照院殿（義政）御代、東山殿御造作及度之ヘ御不審送被一ヶ度人夫已下不仰懸也、恵林院殿（義稙）、法住院殿（義澄）御代無一ヶ度此分、被申入可□之由談了、彼者無余儀存者也、雖然　上意城ヲサセラレルモ珍事也、惣別被懸諸郷之人夫被免□意者也（以下略）

（『吉田日次記』〈『兼右卿記』〉天理大学図書館）

天文三年十月四日、奉行松田盛秀が吉田社の吉田兼右に対して、将軍義晴が「南禅寺山之上」に「山城」を築く方針を固めたことを伝えた。その際、山城国の一郷につき、人夫三十名ずつ徴発する、そして同国の十郷から五十余郷に対しても賦課する予定であり、吉田郷も対象になっているという。これに対して、吉田兼右は当地が「王城擁護之神地」であり、「先規」から「諸公事御免除」されていたと主張している。ここで注目されるのは、兼右が文末で「上意城ヲサセラレルモ珍事」と評している点である。足利将軍が築城することを、権門側が「珍事」と認識していたことを示している。『日本国語大辞典』（小学館）によれば、「珍事」とは「珍しいできごと。めったにないこと」に加え「思いがけない重大なできごと」「変事」「一大事」という意味がある。平時において、将軍が京都にて城を保持すること自体、権門側が「変事」「一大事」と捉えられていたものと思われる。

一般に、戦国に入ると地域領主の表現として「城主」が登場していくなど、築城自体が地域社会に根付きつつあった。そのため、城館は地域における武家権力の象徴として捉えられている。ところが、武家の総本山とも思しき将軍権力が城や山城を保持することは、異例で変事と認識されてきた。こうした防御施設を忌避する認識は、少なくとも十六世紀前半の京都では強く意識されていた。たとえば、十六世紀初頭に拡張したと考えられる山科本願寺・寺内町は、三重の外郭線を保持いる屈指の「城郭都市」であり、細川政元ら当時の武家有力者も現地に入って、それらを目撃していた。にもかかわらず、こうしたプランの受容が将軍や細川京兆家に影響を及ぼした形跡は見られない。

十五世紀末から一六世紀初頭にかけて、細川澄元や三好氏は洛中の私宅に堀を築くため「辺土洛外」に人夫を徴発した。この時、「城ヲ都之内ニコシラヘケレハ、寔ニ静謐ノ世ニ兼テ乱世ヲ招クニ似タリ」と評されている（『細川大心院記』）。つまり、都の内部に城を築くことが世の静謐を脅かし、乱世を招くと認識されていた。こうした意識が、戦国期にもかかわらず京都の武家が防御施設をあえて構築しない姿勢となっていた。

こうしたなか、京都周辺では山城を築こうとする動向が次第に現れてくる。永正年間、山城国守護代香西元長は、人夫を徴発して嵐山城《あらしやま》（京都市西京区）を構築している。さらに大永七年には、細川高国が人夫を徴発して勝軍山城（京都市左京区）を築城していた。そして、天文三年には、今回の史料のように将軍義晴が「南禅寺山之上」に築城するため、人夫を徴発しようとした。つまり、守護代から細川京兆家、将軍と、次第に下の身分から上の身分へという順で山城構築の人夫徴発が進められていったのである(15)。今後、こうした山城構築の動向が、前述した義輝・義昭御所の築造へとどのようにつながったかを明らかにしていく必要があるだろう。

豊臣秀吉による聚楽構築以降、公儀権力による築城は一般化する。十六世紀前半まで忌避するべき存在だった城が、十六世紀後半になると公儀権力の象徴として変貌していく。その前段階において、足利将軍による山城構築、そして義輝・義昭御所の築造があったことを改めて丹念に検証することで、中世と近世城郭史を連続して捉えられるようになると思われる。本節では、その糸口となる史料を紹介した次第である。

二、戦国期の抗争と城郭――丹波

次に、戦国期丹波の様相について考察したい。一般に戦国時代といえば、戦国期守護が在国し、守護所を拠点に国をまとめていく動向が知られている。そうしたなか、当該期の丹波国は、守護たる細川京兆家がほとんど在国しない点に特徴がある。そして守護代内藤氏が、十五世紀末の一時期を除き、十五世紀中葉から十六世紀中葉まで当職を世襲するという動向が確認できる。しかし、十六世紀前半より、内藤氏は多紀郡の波多野氏と丹波の覇権をめぐって争うようになり、多くの丹波国衆が、双方のいずれかに服属するという傾向を持っている。また、丹波氷上郡、天田郡では十四世紀から独立した勢力を持つ荻野氏が基盤を持ち、十五世紀に衰退したものの、十六世紀中葉には赤井氏と連携してやはり勢力を高めた。こうした十六世紀中葉の内藤、波多野、荻野・赤井という三強の様相が、十六世紀後半の明智光秀による攻略戦の前段階で成立したと認識されている。特に光秀の丹波攻略戦は、伝承も含めて、戦国期の抗争としてよく強調されている。

光秀の攻略戦の全容については、今まで史料として『綿考輯録』（『細川家記』）が使用されていた。ただし近年、光秀文書の全容が明らかになったことにより[16]、その史料内容は再検討が迫られている。第一に『綿考輯録』には、戦国期段階の一次史料で看取できない近世城下町、亀山や篠山、園部などの名を掲載している。第二に、光秀本人が織田信長のもとで複数の戦線を抱えており、丹波攻略戦における彼の在国期間はきわめて限定されていた。むしろ攻略戦の本質は、光秀に服属する丹波衆と敵対するそれとの戦いが基調にあったと考えられる[17]。光秀は在国しないまま、味方の丹波衆を遠隔操縦して、敵対勢力を攻撃していた。

ところで、一般に城郭研究者の間では、この光秀の丹波攻略戦のイメージがあまりに強く、城に関する年代観も、大半がそれに引きずられている傾向がある。明智時代以降と推定される城郭遺構は、比較的石垣などの特徴が見出せるため、比較的検証しやすいことは筆者自身も認めている[18]。ただ、これが前段階の十六世紀中葉以前の動向と充分に比較検討されていない問題点は残っている。特に、光秀の丹波攻略以前に、三好権力を背景に同地域を席巻した内藤宗勝の存在は大きいと考える。

そこで本節では、天文二十二年（一五五三）から永禄八年（一五六五）までの内藤宗勝の丹波攻略戦と、天正三年（一五七五）から七年における光秀の丹波攻略戦の史料を検討し、戦時における築城や戦場、軍勢に関する地名を分布的に検討してみたい。光秀、宗勝文書とも現段階でも年次比定が充分でない問題点は残っているが、とりあえず築城、具体的な戦場の場所、地域名を冠した軍勢などを史料的に摘出することで、実際の戦争域の範囲は考察できると思われる。以下、その分布を検討してみたい。

まず、内藤宗勝の丹波攻略期を考えてみたい。自明ながら宗勝は、松永久秀の弟長頼のことであり、内藤国貞戦死の際、国貞との「契約」によって八木城《やぎ》（南丹市・亀岡市）へ入ったことが知られている。(19)以後、彼は蓬雲軒と称し、内藤家中に影響力を持ち始めた。さらに彼は内藤氏を名乗り、永禄四〜五年に丹波守護代職の官途である「備前守」を称している。しかし、永禄八年八月、宗勝は荻野直正との戦いによって戦死を遂げてしまう。これによって丹波地域の三好・松永勢力は後退を余儀なくされた。

宗勝による丹波攻略時の戦闘、戦場、城、地域名を冠する兵員をまとめたのが表1・図1である。いまだ年次比定が充分でないため、検討途上の内容であることは否めないが、おおまかな分布状況は追求できると考える。

まず確認しておきたいのは、宗勝が波多野氏の八上城《やかみ》（兵庫県丹波篠山市）、荻野・赤井氏の黒井城《くろい》（同丹波市）を影響下に置いた事実である。永禄二年十二月、宗勝は波多野秀親・次郎に対して、八上周辺の所領を宛がっている（『波多野文書』内閣文庫）。宗勝と敵対したと考えられる惣領波多野元秀の居城八上城周辺の所務に権限を行使していることから想起すれば、宗勝は波多野氏の八上城を制圧していたことがわかる（『波多野文書』内閣文庫）。また、年未詳三月五日付の宗勝書状（『小林文書』）では、心安い状態の記述として、黒井が「堅固」であると記されている。つまり、荻野氏の居城たる黒井城が宗勝の影響下に置かれていたと考えられよう。(20)したがって、宗勝は波多野氏の八上城、荻野・赤井氏の黒井城を占拠していたことがわかる。

こうした拠点的城郭では、防衛体制の常態化が進行していた。永禄四年と推定される閏三月十八日付宗勝書状(21)（『畠山義昭所蔵文書』）によると、当時敵対していた「伊賀之城取者共」が「三鼻」登場し、「一斗者摂州、一斗者当国、一斗者播州へ越由候」とあるごとく、摂津・丹波・播磨へ放たれていたという。そのため宗勝は、丹波については「其方」

年号	月日	史料名１	史料２	掲載地名
天文 22	9.18	細川両家記	細川両家記	八木城
(天文23)	4.21	龍源軒紹堅書状	片山文書	甚介在城
(永禄元)	閏 6.6	三好宗渭書状	能勢家文書	畑・波々伯部其外敵城下悉放火／八上
永禄元	閏 6.20	内藤宗勝・伊勢貞孝契約条書案	蜷川文書	蟠根寺山要害
永禄２	12.11	内藤宗勝領知宛行状写	波多野文書	八上法光寺山於相城
永禄３	6.14	内藤宗勝書状	夜久文書	口郡牢人、野々村、山内、
(永禄３)	7.2	逸見経貴書状	大成寺文書	野々村之内中の河内
(永禄４)	閏 3.18	内藤宗勝書状	畠山義昭文書	八上
(永禄４)	7.24	松永久秀書状	大森洪太所蔵文書	草山表
(永禄５)	11.13	内藤宗勝書状写	小林文書	宇津、帰城（八木）
(永禄６)	3.5	内藤宗勝書状写	小林文書	宇津、世木、何鹿之儀、多紀郡、黒井、胡麻、
(永禄６)	5.2	内藤宗勝書状写	小林文書	胡麻、須智（須知）、十勢（実勢）、市守（市森）、三戸（水戸）、八田、胡麻、
(永禄６)	8.18	内藤宗勝書状写	小林文書	胡麻、弓削之陳〈陣〉、山内辺、宇津、
(永禄６)	11.17	内藤宗勝書状写	小林文書	番根寺（蟠根寺）衆
(永禄６)	11.26	内藤宗勝書状写	小林文書	ひょう（稗生）村
(永禄６)	12.6	内藤宗勝書状	湯浅文書	大芋・小原・藤坂衆、新江之両要害、千ヶ畑之構、宇津五郷
(永禄８)	1.7	内藤宗勝書状	夜久文書	長福寺
(永禄８)	8.5	大覚寺義俊副状	上杉文書	奥郡
年不祥	9.19	内藤宗勝書状	夜久文書	豊富、烏帽子
年不祥	7.7	細川氏綱書状	小森文書	新庄・常楽表合戦
年不祥	7.7	内藤宗勝副状	小森文書	新庄・常楽表合戦
年不祥	9.5	内藤宗勝書状	思文閣古書資料目録	宮田表、越後要害、長宮、須智・山内衆、何鹿衆、小椋（小倉）之籠屋

表１　内藤宗勝の丹波攻略戦で登場する地名

か八上か、いずれかが対象となるため、「城内」の番をなすよう命じた。それは「夜候へも昼之出入候へ者、下人も態々可被相改事専用候」と、城内への出入りの者を改めるよう述べている。この「其方」がどこの城を指すか、わからないが、八上に準ずると考えれば、丹波の拠点的城郭の一つであろう。

一般に、戦国期の城は臨時性の強いことが指摘されており[22]、籠城時になって初めて兵として詰めると言われている。しかし、この閏三月十八日付書状の内容は、城側が「伊賀之城取者共」という特殊兵力に対処せざるを得なくなってきており、平時と緊張状態の境界が希薄になっている。そのため、出入を改めるなど、常に防衛体制を維持しなければならない状況になっていた。

次に、宗勝の戦いの特徴として、丹波全

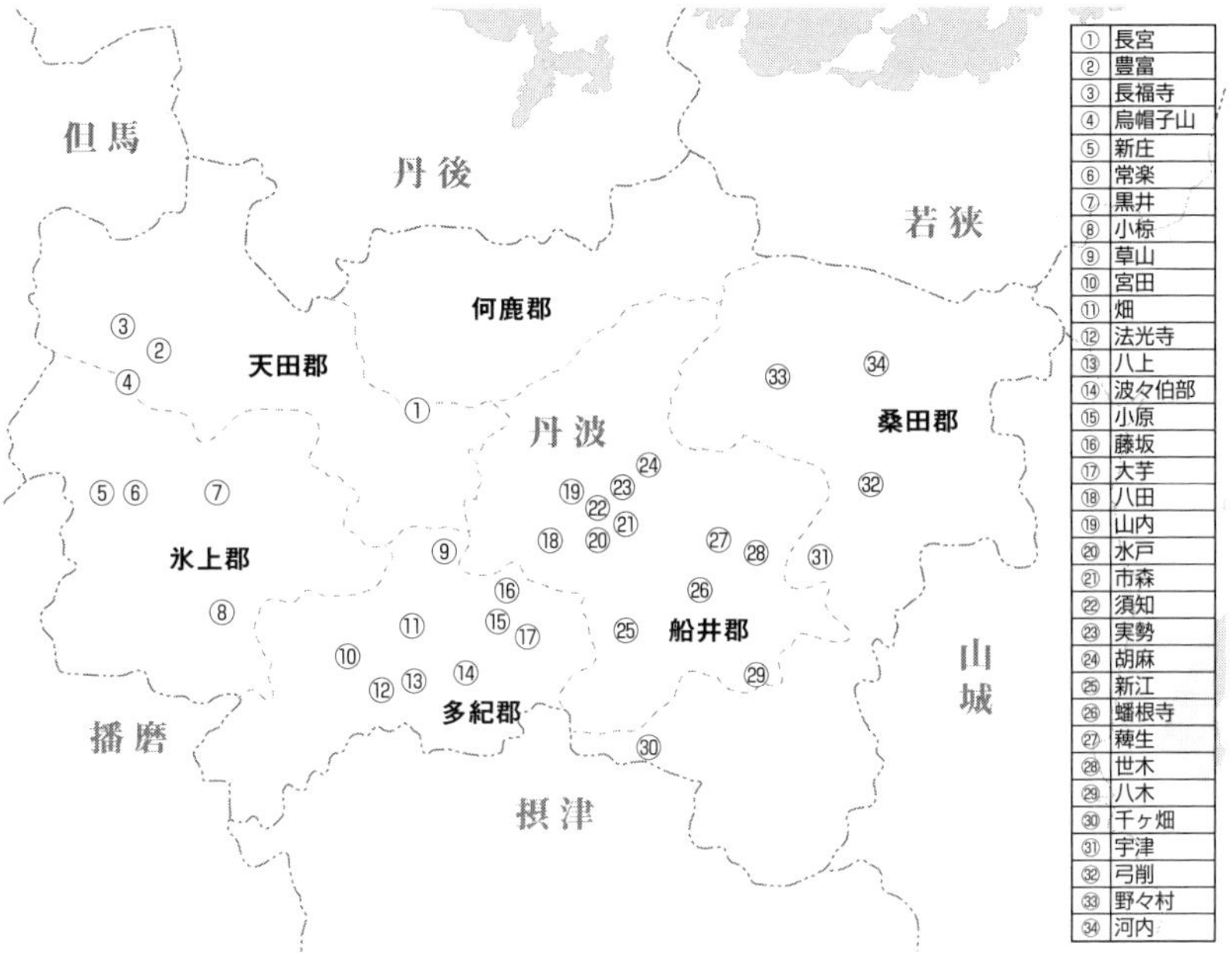

図１　内藤宗勝の丹波攻略戦で登場する地名分布図

域において広域に展開していた様相がうかがえる。分布状況を見るとよくわかるが、それは単純に点と線をつないだような戦いではなかった。たとえば、五月二日付宗勝書状（『小林文書』）では、須智、実勢、志和賀、市森、水戸、八田と近隣の村落を次々と蹂躙、放火していく様相を記している。これらは近世期の行政村単位で戦局が推移しており、面的に放火している。こうした戦いは、宗勝の権力の「深化」ととれるかもしれないし、逆に村落支配の不徹底から、その反発を招く戦いを余儀なくされたと評価できるかもしれない。少なくともここで確認できることは、宗勝の戦いが単なる点と線のような戦いではなく、村落ごとという点的な戦いを進めていた事実である。また、九月五日付の宗勝書状[23]では、多紀郡宮田（兵庫県丹波篠山市）、天田郡長宮（福知山市）、何鹿《いかるが》衆（綾部市）、小倉の籠屋（丹波市）など、きわめて広域に軍事行動をとっていた様相が見える。ここからは、宗勝の戦いが、ほぼ丹波全域に同時に展開されていた事実がわかる。

年号	月日	史料１	史料２	掲載地名
(天正３)	7.24	明智光秀書状	小畠文書	宇津表、桐野河内、
(天正３)	8.21	明智光秀書状	小畠文書	馬路・余部在城衆、上林衆、宇津
(天正３)	11.24	八木豊信書状	吉川文書	黒井
(天正４)	2.2	明智光秀書状	泉正寺文書	黒井面
(天正４)	2.20.	明智光秀書状	思文閣墨跡資料目録60	氷上表打入候刻、
(天正５)	1．晦	明智光秀書状	小畠文書	亀山惣堀普請
(天正５)	10.29	兼見卿記	兼見卿記	「モミヰ之館」(籾井)
(天正５)	11.17	明智光秀書状	三宅文書	籾井両城、郡内敵城十一ヶ所落去、荒木・波多野両城、
天正６	4.10.	信長公記	信長公記	御敵城荒木山城居城
(天正６)	9.13	明智光秀書状	坂本箕山『明智光秀』	亀山、八上、
(天正６)	11.3	明智光秀書状	小畠文書	亀山之普請、
(天正６)	11.15	明智光秀書状	小畠文書	亀山近辺居陣、
(天正６)	11.19	明智光秀書状	小畠文書	鍋山（金山)、国料（国領)
(天正６)	12	信長公記	信長公記	波多野か舘
(天正６)	12.20.	明智光秀書状	中島寛一郎文書	「油井口」「横川谷」
(天正７)	正.26	明智光秀書状	泉正寺文書	籠山
(天正７)	卯.4	明智光秀書状	下条文書	八上
天正７	7.19	信長公記	信長公記	宇津構、鬼か城へ付城
天正７	8.9	信長公記	信長公記	黒井
(天正７)	8.24	明智光秀書状	富永文書	高見山下町人中
(天正７)	8.24	明智光秀書状	安土城考古博物館所蔵文書	高見之事、久下、和田面、
(天正７)	9.23	明智光秀書状	雨森善四郎所蔵文書	国領之城、赤井城、天田・何鹿両郡之味方中
(天正６～8)		本城惣右衛門覚書	本城惣右衛門覚書	ゆら(由良)、こうら(香良)、おさだ(長田)

表２　明智光秀の丹波攻略戦で登場する地名

次に、十六世紀後半の光秀の丹波攻略戦について考察してみたい（表２・図２）。確認できることは、光秀の丹波攻略戦で登場する地名が、氷上郡と多紀郡、桑田郡に集中している点である。このうち注目されるのは、天正五年と断定できる十一月五日付の宛名欠の光秀書状（『三宅文書』）である。

【史料２】

就多喜在陣之儀、為見舞御状殊鴨五贈給候、誠毎々御懇之段難謝候、彼表之様子籾井両城乗取候、競を以郡内十一ヶ所落去候、依之荒木・波多野両城ニ罷成候、

これは、多紀郡に在陣している明智方の武将（宛名）に対して、丹波国の情勢を伝えた内容の一文である。多紀郡を「彼表」と表現しているため、光秀本人は別の地域にいたと考えられる。「籾井両城」を乗っ

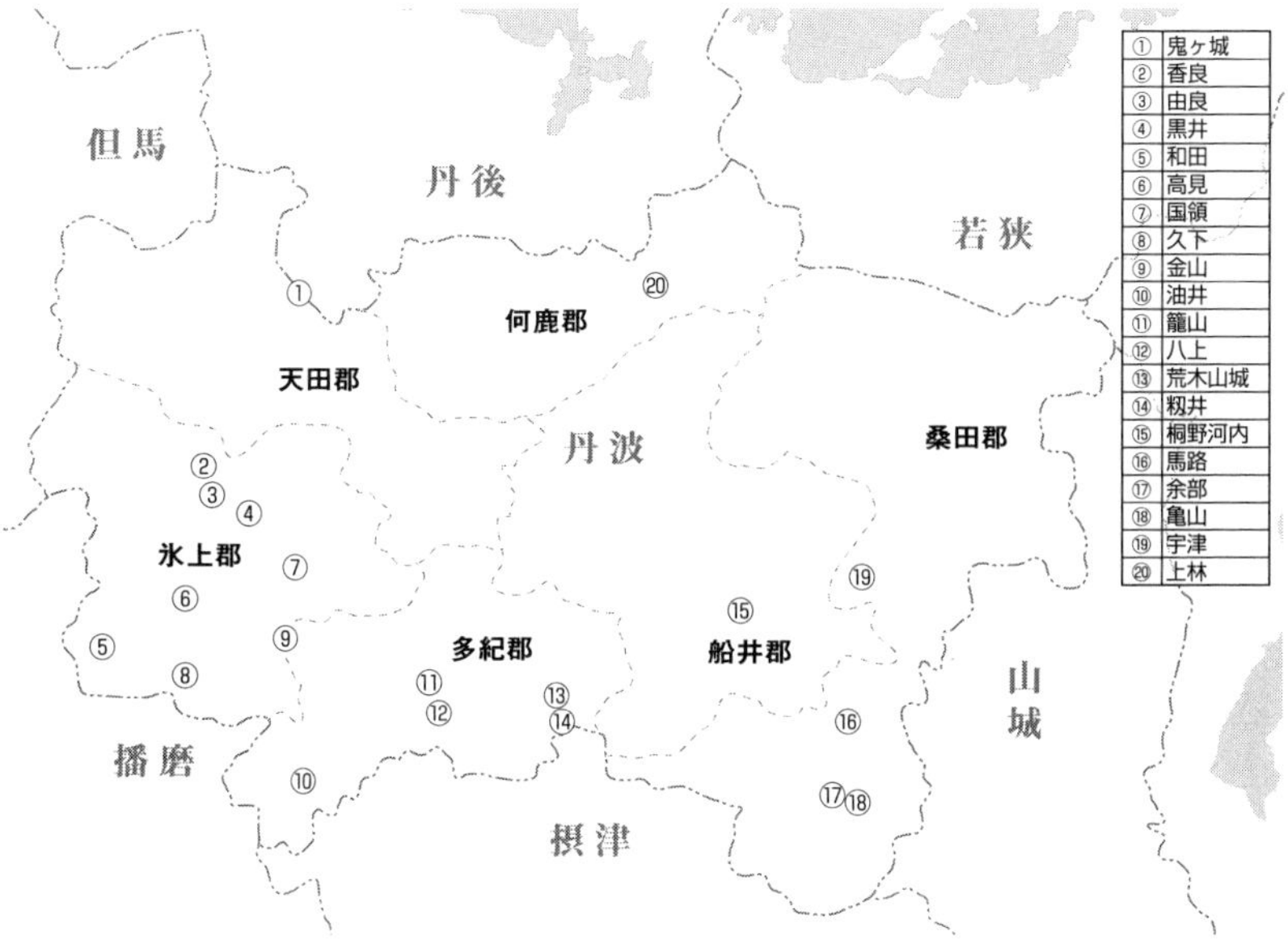

図２　明智光秀の丹波攻略戦で登場する地名分布図

取り、郡内の十一ヶ所の城を落とし、残りは荒木山城守と波多野秀治の「両城」（細工所《さいくしょ》城・八上城）のみとなったと豪語している。残念ながら、この十ヶ所が個々にどの城を指すかは明確ではない。ただ、波多野氏や荒木氏を攻めるにあたり、周囲の城を陥落させて、彼らを孤立させる手法を採用したことは理解できる。光秀本人は現地に在陣していないものの、戦闘の地が多紀郡であったと限定はできよう。これは、明智方の軍事行動の範囲を示しているものである。一方、船井・何鹿・天田郡の戦いは、光秀文書によれば、天正七年九月の最終段階のみであり、時期的には限定的である。

　言うまでもなく、これらの史料も残存度に規定されており、光秀本人が在国しなくとも、彼の息のかかった国衆がさまざまな区域で小競り合いをしていた可能性は否定できない。ただ、天正四年以降、織田信長は敵対していた荻野直正の詫言を受け入れつつ、荻野氏と緊張のあった丹後矢野氏とも調整を図っている（『兵庫県立歴史博物館所蔵文書』）。これは、裏切った多紀郡の波多野氏に攻撃対象を絞っていくことに他ならないが、同時に織田権力が攻撃対象を常に絞って軍事行動を進めていたことが理解できる。こうした様相は、前述したような宗勝の戦い方との相違点といえよう。

最後に注目されることは、光秀による氷上郡の戦いで、いわゆる「村の城」を誘発していた事実である。丹波の武士、本城惣右衛門の覚書を検討したい(24)。

【史料３】

ゆら《由良》・かうら《香良》といふ、ふたざいしょう《二在所》あり、其村両村むほん《謀反》いたし、あけち方ニなり申候、其村の上ニ、むかしよりよき城有、そこへみなみな《皆々》はいりすミ候（中略）其かげニしろよりおり候て、よい《宵》よりしのひい《居》申候ヲ存ぜず、きどへ出申候ところ、あいだ二、三げんをき候て、い《射》申候、我等ひだり《左》の二のうで《腕》ニ、二ッだまにてとをり申し候、我等其のまゝかのたに川とび候て、をひかけ、道一てう五たんほどおい候て、しろ山へにげ申候、其時、主てっぽう《鉄砲》すて、にげ申候、此方へとり申候、

当時、本城惣右衛門は明智方に抵抗する荻野氏側に味方していた。そのため、由良・香良の在所が「むほん」して「あけち方」となり、村の上の「むかしよりよき城」に「みなみなはいりす」んだという。つまり、明智方に味方した者たちが謀反して、村の背後の山城に住み始めた。換言すれば、地域の国衆に抵抗して、生活基盤の在所を離れ、山城に籠もるという選択を行ったということである。こうした戦いは、この戦後も氷上郡において何度も還住令が出たこととも関連するであろう（『富永文書』『白毫寺文書』『小島文書』）。光秀は、あえて禁じ手を使って氷上郡を攻略したものと思われる。こうした戦い方は、多紀郡における戦い方とは相違する。郡単位で戦い方を変えていることは注目されよう。

以上、史料に現れる戦場や城の分布を確認しながら、内藤宗勝段階と明智光秀段階を比較してみた。前述したよ

うに、史料残存の相違があることは言うまでもないが、ここではおおまかに指摘し得る点を抽出したい。

まず、内藤宗勝期の方が、光秀の攻略戦よりも、より広域に軍事活動を展開していたものと思われる。特に分布が船井郡、多紀郡、氷上郡、天田郡と、広域に分布している点は注目される。状況によっては、これら各郡を同時並行して戦いを展開していた時期も見られた。さらに、前述したように敵対していた波多野氏の八上城、荻野・赤井氏の黒井城も宗勝の管轄下に入っていた。その上で村落ごとに放火を進めるような点的な戦いも展開していたが、これらは国衆単位で敵対勢力が点在していたことが要因だったと思われる。そのため、国衆ごとに各個撃破していくような戦い方を進めたものと考えられる。

これに対して、光秀の丹波攻略は、地名表記が八上などに集中しており、詳細な地名分布は希薄である。これは光秀が在国しておらず、詳細な地名を記す場面が少なかった可能性がある。また、光秀は郡単位の戦い方へと変化させている。これは、敵対する波多野氏や荻野・赤井氏が次第に領域権力として、ある程度集約化されていたためであろう。そのため、天正六年十一月に光秀が金山城《きんざん》（丹波篠山市・丹波市）を構築して両者を分断させるような戦い方も模索された。さらに、八上城攻めでは多紀郡の十一ヶ所の城を陥落させる、あるいは黒井城攻めでは同城周辺の村落を明智方として離反させ、山城に籠もらせるなどの戦い方を進めている。まず、周辺の城を陥落・離反させ、敵対勢力の拠点を孤立させていく方式だった。

さらに前述したように、天田郡や何鹿郡の分布が希薄である。天正七年九月の最終段階において、ようやく両郡の戦いが見られるようになったが、それはきわめて限定的だった。

このように、大まかながら、丹波全体において広域に展開した内藤宗勝と、八上や黒井の拠点的城郭に攻撃を収斂させた明智光秀という戦い方の相違が浮かびあがってくる。丹波地域の城の特徴は、各村落に大小多様な山城遺構が残存していることを想起すれば、やはり内藤宗勝期も山城の重要な画期として捉えていく必要があるだろう。改めて、十六世紀中葉の様相を検討していく必要性を強調したい。

筆者は以前、丹波北部（何鹿郡、桑田郡北部、丹後加佐郡）に畝状空堀群が多数分布することから、宗勝期の画期を強調したことがある。(25) また、拠点的城郭についても、八木城のように肥大化を遂げつつも、主郭を核として求心性を図ろうとする動向に着目したことがある。(26) こうした個別的な城の展開とともに、宗勝が活躍した十六世紀中葉の時期にも着目していく必要があるだろう。

おわりに

以上、本稿では山城国と丹波国における城館史料の諸問題について考察してきた。前者は、京都における足利将軍による築城の意義を述べ、最初の山城構築が「珍事」と捉えられたことを問題とし、京都における築城忌避の様相について指摘した。後者では、丹波における内藤宗勝期と明智光秀期の文献史料からその戦場の分布を比較し、宗勝期が光秀の時代よりも広域に軍事活動が展開されている事実を取り上げた。十六世紀中葉における軍事的緊張についての画期を改めて強調した次第である。

得られた成果はきわめて限定的であるが、文献史料を使用した考察の可能性を指摘した。今後は、こうした地域間の問題を取り扱いたい。

註

（1）京都府教育委員会『京都府中世城館跡調査報告書』第一～四冊、二〇一二～一五年。
（2）拙稿「洛中洛外の城館と集落」（『中世都市研究』一二、二〇〇六年）。
（3）日本史研究会編『豊臣秀吉と京都』文理閣、二〇〇〇年。
（4）石井進『中世武士団』小学館、一九七四年。
（5）齋藤慎一『中世東国の領域と城館』吉川弘文館、二〇〇二年。
（6）村田修三「城跡調査と戦国史研究」（『日本史研究』二一一、一九八〇年）。
（7）千田嘉博『織豊系城郭の形成』東京大学出版会　二〇〇〇年。
（8）小野正敏『戦国城下町の考古学』講談社、一九九七年。
（9）小島道裕「室町時代の小京都」（『あうろーら』一二、一九九八年）。
（10）山田康弘『戦国時代の足利将軍』吉川弘文館、二〇一一年。
（11）齋藤慎一・向井一雄『日本城郭史』吉川弘文館、二〇一七年。
（12）大類伸・鳥羽正雄『日本城郭史』雄山閣、一九三六年。
（13）鳥羽正雄『近世城郭史の研究』雄山閣、一九五七年。
（14）高橋康夫「織田信長と京の城」（日本史研究会編『豊臣秀吉と京都』文理閣、二〇〇一年）。
（15）拙稿「戦国前期の防御施設と年代観」（『城館史料学』七、二〇〇九年）。
（16）藤田達生・福島克彦編『史料で読む戦国史　明智光秀』八木書店、二〇一五年。
（17）拙稿「明智光秀と小畠永明」（『史料で読む戦国史　明智光秀』八木書店、二〇一五年）。
（18）拙稿「織豊系城郭の地域的展開」（『中世城郭研究論集』新人物往来社、一九九〇年）、同「織豊系城郭論と地域史研究」（『城館史料学』三、二〇〇五年）。
（19）今谷明『守護領国支配機構の研究』法政大学出版局、一九八六年。
（20）拙稿「室町時代の夜久野」（『夜久野町史』四、二〇一三年）。

(21) 天野忠幸編『戦国遺文　三好氏編』三、東京堂出版、二〇一五年。
(22) 松岡進『戦国期城館群の景観』校倉書房、二〇〇二年。
(23) 拙稿「新出の『内藤宗勝書状』について」(『丹波』一六、二〇一四年)。
(24) 天理大学図書館『ビブリア』五七、一九七四年。
(25) 拙稿「畿内近国における小規模城館について」(『第一二回全国城郭研究者セミナー「村の城を考える」』一九九五年)。
(26) 拙稿「八木城跡」(『新修亀岡市史』史料編一、二〇〇〇年)。

Ⅱ　発掘された京都府の中世前期城館

森島康雄

はじめに

京都府では、二〇〇九年から六か年計画で中世城館跡の悉皆調査が行われ、その成果が二〇一二年から二〇一五年にかけて『京都府中世城館跡調査報告書』（全五冊）にまとめられた。この中には約一三〇〇もの中世城館が取り上げられているが、あまりに大部で、全容を理解するのは困難である。そこで本稿では、京都府内において発掘調査が行われた中世前期の城館遺跡について概観するとともに、それらの城館が営まれた歴史的背景や地域的特徴についても述べてみたい。個々の城館についての解説は最小限にとどめているので、詳しくは上記報告書あるいは発掘調査報告書を参照していただきたい。掲載した挿図もこれらから引用（一部加工）した。

一、中世城館の登場

中世城館が現れるのは平安時代後期である。この時代には、院政が始まり、院御所を警固する北面の武士などが置かれて、武士が力を持ってくる。このような時代背景のもとに、堀などの防御施設を持った居館が現れる。歴史学では院政が始まる頃を古代と中世の境目とすることが一般的であるから、中世城館は中世の開始とともに現れる

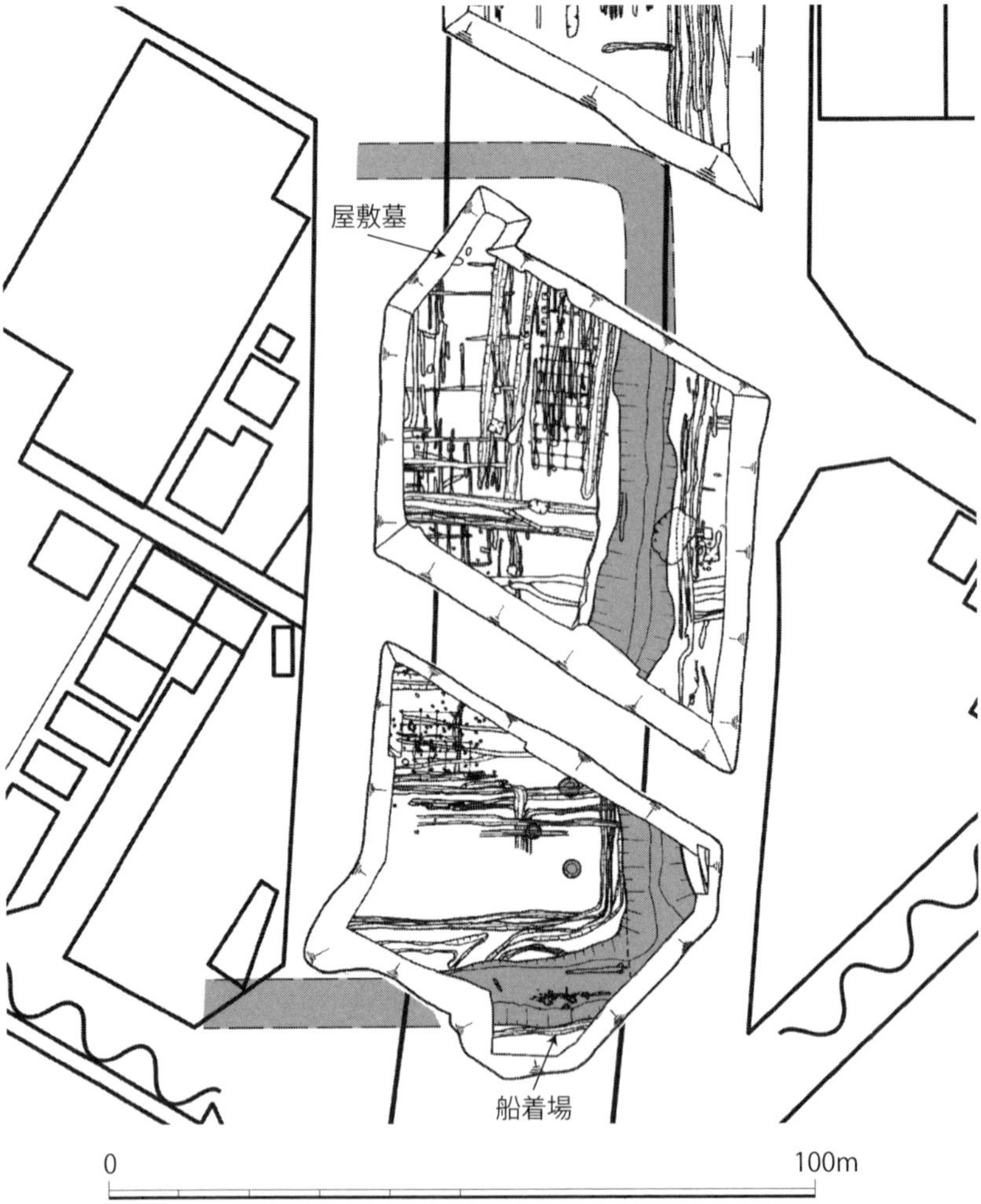

図１　佐山遺跡

と言うことができる。

　山城国では、佐山遺跡[1]（久世郡久御山町佐山、図１）と下海印寺遺跡[2]（長岡京市下海印寺・奥海印寺、図２）で巨大な堀に囲まれた出現期の中世城館が見つかっている。他地域では同時期にこのような中世城館は例がなく、権力の中枢を抱える山城国の特徴を示すものと言えるだろう。

　佐山遺跡は、木津川と巨椋《おぐら》池に挟まれた低地に立地する。ここでは、幅八メートル前後

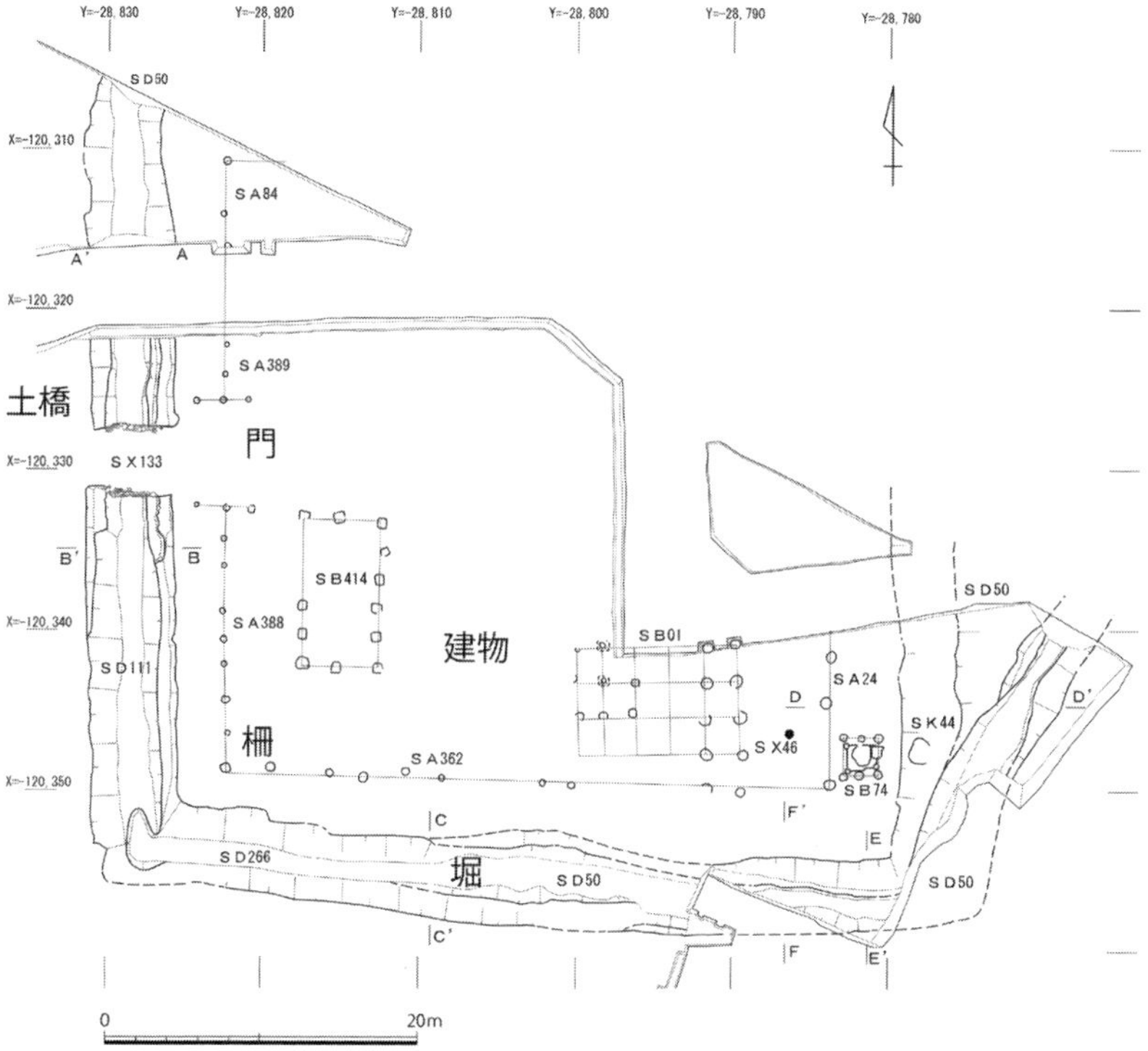

図２　下海印寺遺跡

の大規模な堀に区画された一町四方を占めると推定される方形居館が見つかっている。居館の成立は平安時代末期で、鎌倉時代後期まで存続する。居館内部には建物群と井戸や屋敷墓がある。

土塁は巡らされていないが、堀は巨大で防御施設の役割を果たすに十分である。堀の南辺には船着場が設けられており、堀は水路としても利用されたと推定される。

居館の隣接地で「政所」と墨書された平安時代前期の灰釉陶器が出土していること、保元三年（一一五八）の『石清水八幡宮文書』に極楽寺領の「居屋狭山」が記されていることから、この居館は、以前から付近に置かれていた荘園の政所を受け継ぐ施設とみてよいであろう。

下海印寺遺跡は、小畑川の左岸段丘上に立地する。ここでは、幅四～五メートル、

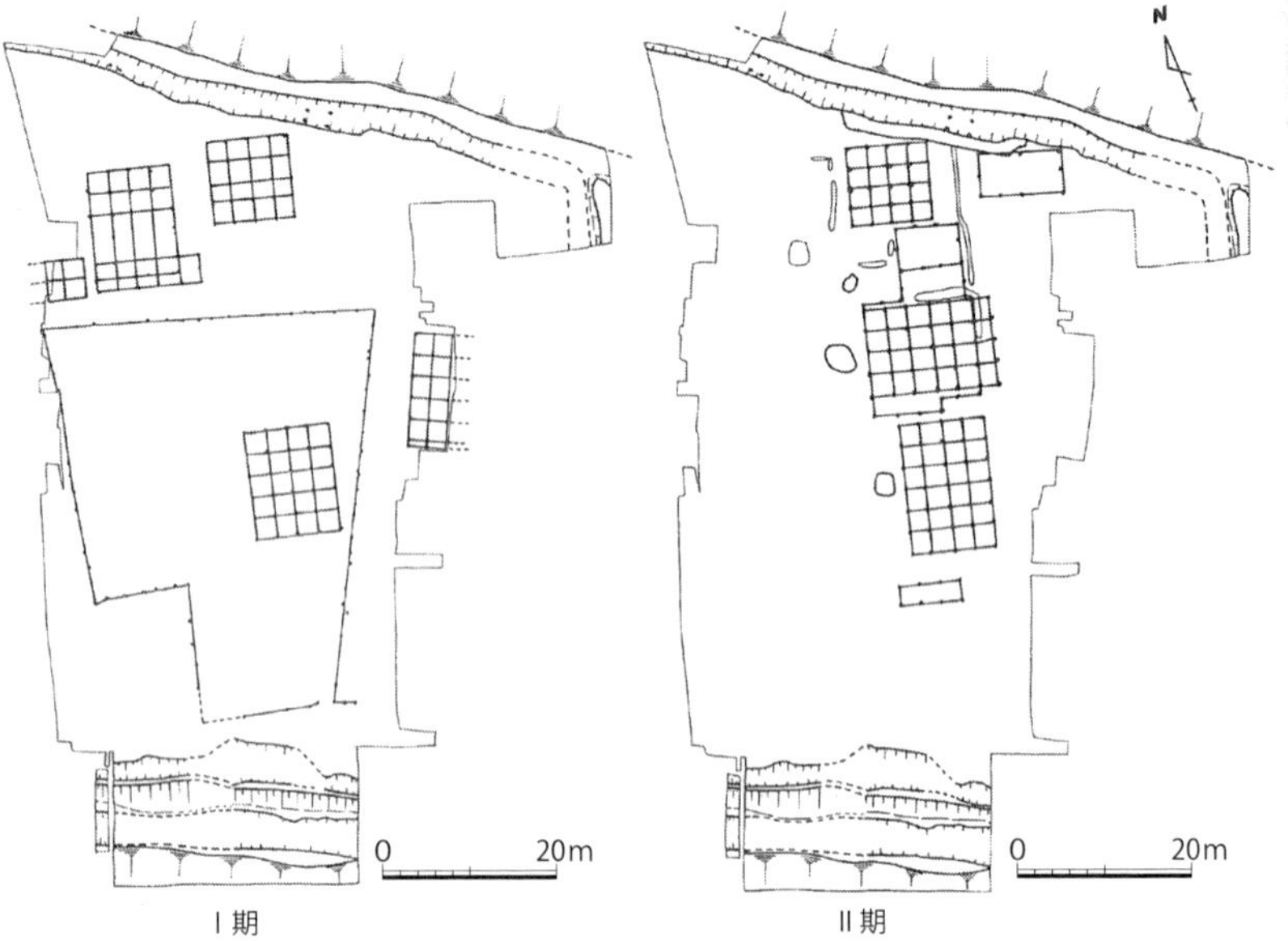

図３　大内城跡Ⅰ・Ⅱ期

深さ二メートルほどの堀で囲まれた半町四方の方形居館が見つかっている。居館の成立は平安時代末期で、鎌倉時代初期まで一〇〇年余り存続する。堀の西辺中央の土橋を渡ったところに門が設けられ、門から堀に沿って柵が巡らされている。堀の内部には建物が数棟建てられている。

丹波国を代表する中世前期の居館は大内城跡(3)（図３）である。

大内城跡は由良川水系の土師川と竹田川の合流点東側を西に延びる幅の広い尾根上に立地する。一町四方と推定される敷地の過半が発掘調査され、平安時代末〜鎌倉時代前期の五〜六棟の掘立柱建物が建てられた居館が見つかった。出土遺物も多く、六人部《むとべ》荘の荘官の居館と推定される。

六人部荘は、寿永三年（一一八四）四月六日付「池大納言家領相傳文書案」（久我家文書、写真１）に、「六人部庄　丹波」と記される。本所は八条院、領家は池禅尼（藤原宗子）の息子平頼盛で、平氏滅亡により平家没官領となったが、源頼朝が池禅尼の恩に報いるために頼盛に返還した荘園のひとつである。

これらの中世居館を営んだのは、荘園を寄進して荘官の地位を得た開発領主もしくは荘園領主が現地に派遣した荘官と考えられ、寄進地系荘園の盛行とともに現れる遺跡ということができる。

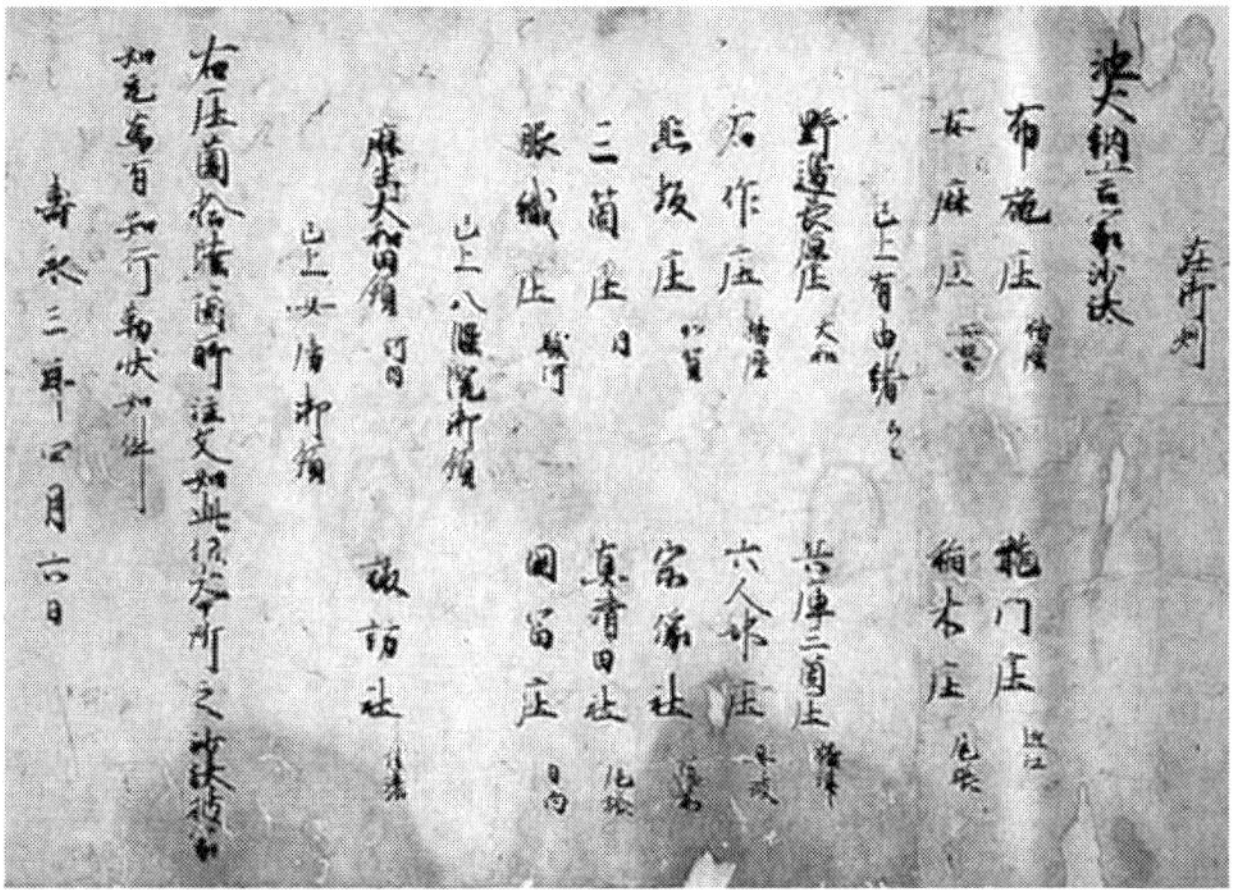

写真１　源頼朝下文案【池大納言家領相傳文書案（巻子）】」　國學院大学図書館所蔵

二、平地城館と集落

平安時代末頃になると、二〜三軒の建物を単位に散在する形であった村が、家々が寄り集まって営まれる集村の形に変化するものが現れる。この動向は、大きな親族集団である「氏」から、直系家族である「家」が成立してゆくこの時代の社会変化を反映したものと考えることができる。

久我東町遺跡[4]（京都市伏見区久我東町・羽東師鴨川町、図４）は、桂川の西に隣接する低地に立地する。東西方向の溝で七つに区画される建物群全体が堀と土塁で囲まれた環濠集落遺跡である。環濠の範囲は東西一〇〇メートル以上、南北一五〇メートル以上を測る。環濠の堀は、平安時代末の遺跡成立当初は北西角部分にのみ設けられていたが、鎌倉時代後期には七つの区画全体を囲む幅約五ｍの大規模な

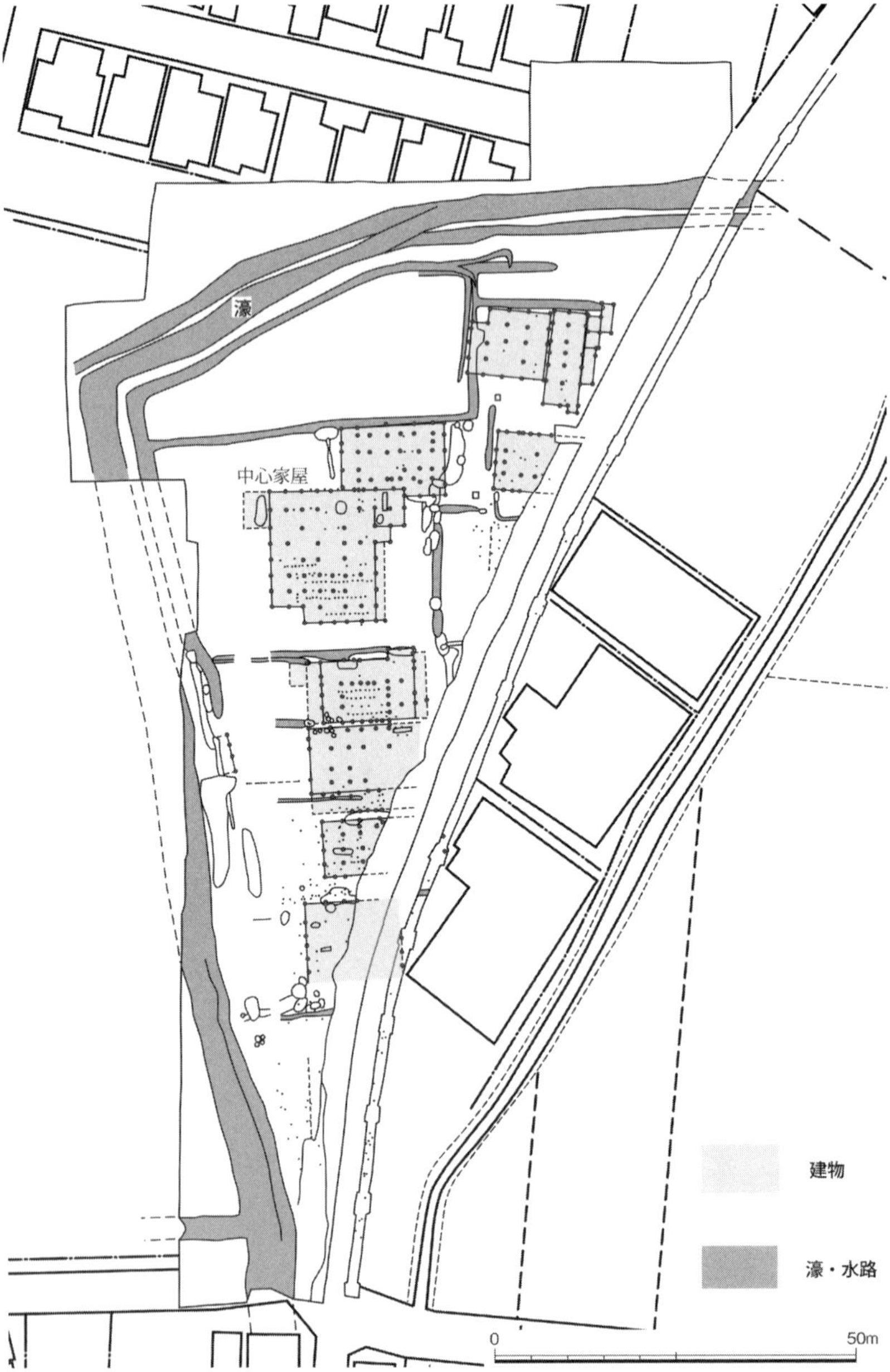

図４　久我東町遺跡

ものになる。なお、報告では当遺跡の最盛期を南北朝時代とするが、出土遺物を見れば鎌倉時代後期であることは明白である。

上ヶ市遺跡[5]（福知山市川北、図5―1・2）は、由良川中流右岸の比高差十mほどの河岸段丘上に立地する。段丘面の続く北と西を幅四・二メートル、深さ一・二メートルの堀で区画した段丘先端部の南北一八〇メートル、東西一三〇メートルの範囲に、溝で区画された半町四方程度の屋敷地が四つ

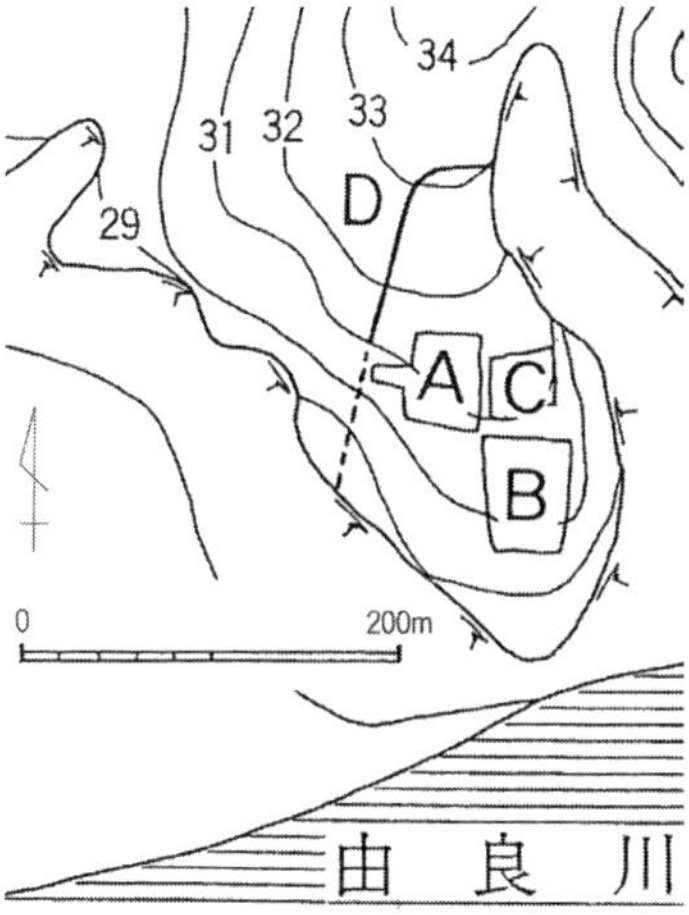

図５－１　上ヶ市遺跡

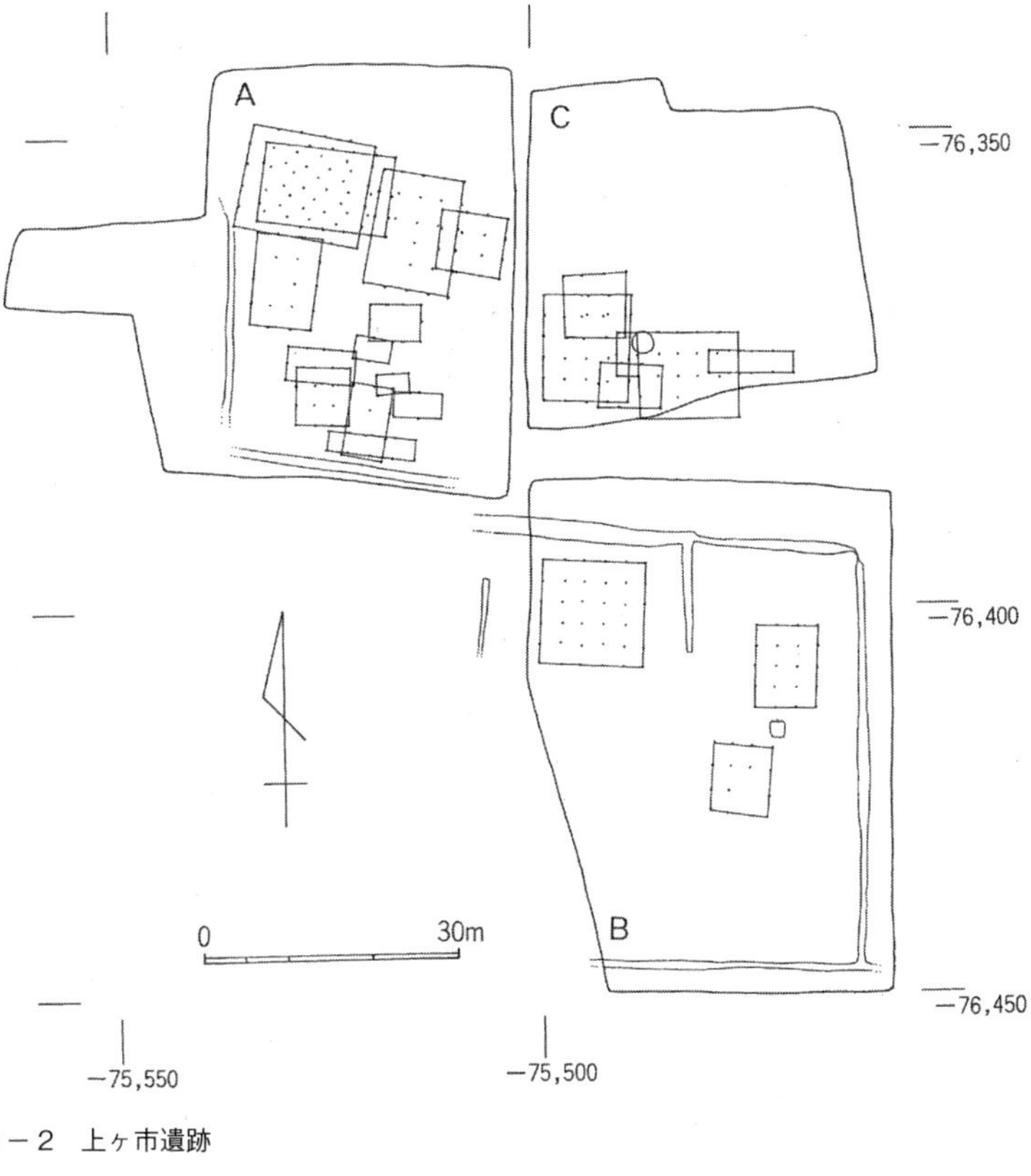

図５－２　上ヶ市遺跡

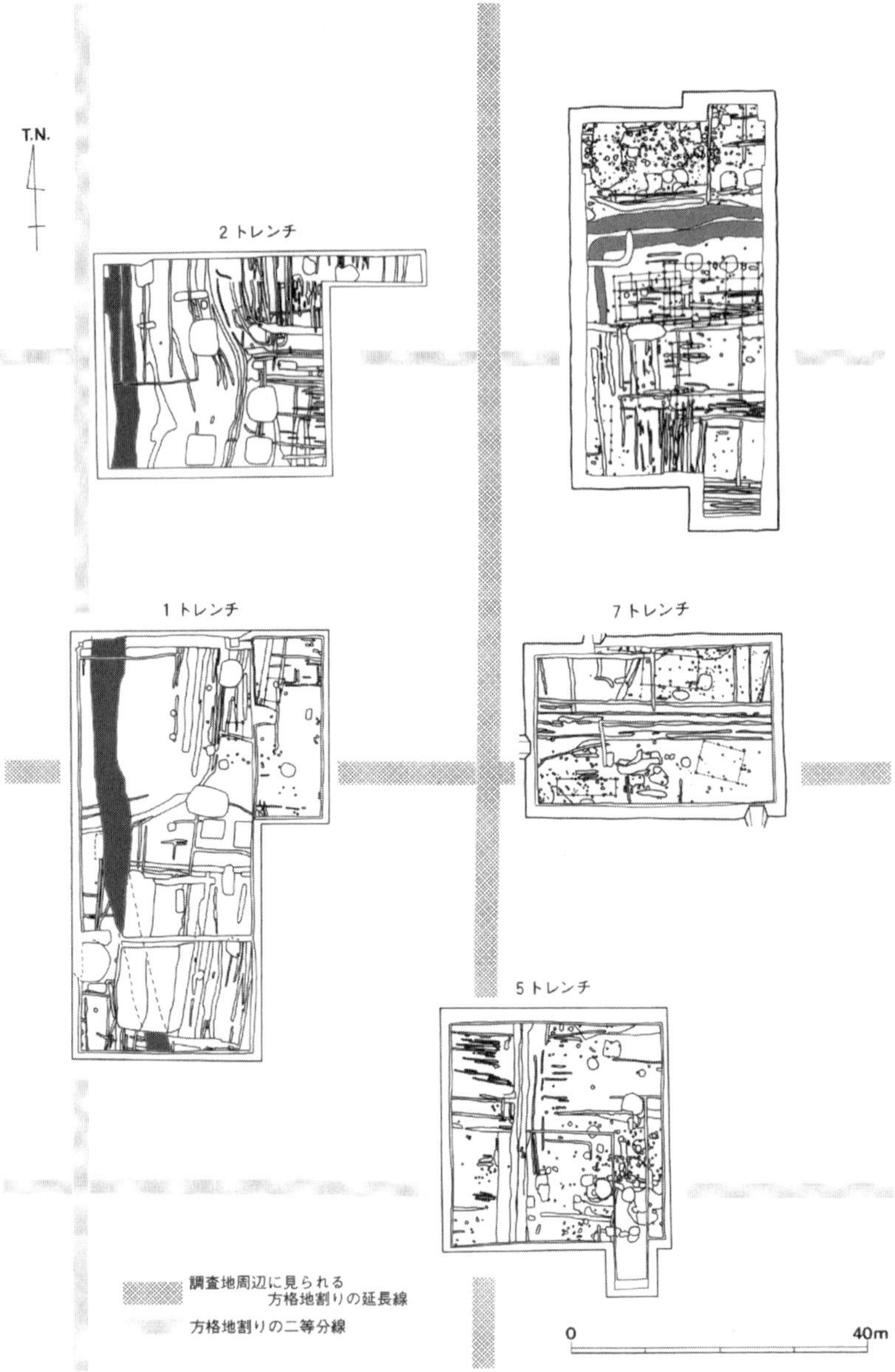
T.N.
2トレンチ
1トレンチ
7トレンチ
5トレンチ
調査地周辺に見られる
方格地割りの延長線
方格地割りの二等分線
0
40m

図６　椋ノ木遺跡

あったと考えられる。発掘された三つの屋敷地は、それぞれ主屋を中心として四棟前後の掘立柱建物で構成される。この遺跡は平安時代末に成立し、鎌倉時代前半に廃絶する。

上ヶ市遺跡は天田郡前貫首丹波兼定が先祖相伝の私領を松尾大社に寄進して成立した雀部《ささいべ》荘（『松尾大社東家文書』寛治五年〈一〇九一〉年）の一画にあたる。

椋ノ木遺跡(5)（相楽郡精華町下狛、図6）は、木津川左岸堤防に隣接する自然堤防上に立地する。平安時代末に幅二メートル前後の溝で囲まれた屋敷地が連接する集落が成立する。最盛期は鎌倉時代前半で、この頃には集落の西を画する幅四メートル、深さ一メートル程度の堀が掘られるが、鎌倉時代末にはほぼ廃絶する。

これらの遺跡では、集落内には他と比べて大きな面積を占めるも屋敷地もあるが、他の屋敷地と堀などで明確に区別されてはおらず、隔絶した地位にあるわけでないことは明らかである。集落を構成する屋敷地がほぼ均質であること、南北朝時代以降には続かないことなど、共通する点が多い。

おわりに

京都府内にある発掘調査が行われた中世前期の城館のうち、主なものを紹介しながらそれらが築かれた歴史的背景や地域的特徴についても述べた。調査で判明した事実関係を述べることはたやすいように思えるが、遺構や遺物を自分なりに評価することは意外に手間のかかる作業である。しかし、これこそが最も面白いところでもある。中でも重要なことは、出土遺物の様相から遺構などの時期を決めることである。年代観が三十年違えば、中世においては歴史的背景がまったく変わってしまう。多くの方に、自分のものさしを磨いて、自分なりの歴史叙述を楽しんでいただければと思う。

註

（１）森島康雄ほか『佐山遺跡』（『京都府遺跡調査報告書』第33冊、（財）京都府埋蔵文化財調査研究センター、二〇〇三年）。
（２）岡﨑研一ほか「京都第二外環状道路関係遺跡平成21～23年度発掘調査報告」『京都府遺跡調査報告集』第150冊（公益財団法人京都府埋蔵文化財調査研究センター、二〇一二年）。
（３）伊野近富ほか『大内城跡』（『京都府遺跡調査報告書』第３冊、（財）京都府埋蔵文化財調査研究センター、一九八四年）。
（４）長宗繁一・鈴木廣司「久我東町遺跡」『京都市埋蔵文化財調査概要』昭和61年度（（財）京都市埋蔵文化財研究所、一九九八年）。
（５）崎山正人「上ケ市遺跡発掘調査概要」『福知山市文化財調査報告書』21（福知山市教育委員会、一九九三年）。
（６）森島康雄ほか「椋ノ木遺跡平成７・８年度発掘調査概要」（『京都府遺跡調査概報』第81冊、財団法人京都府埋蔵文化財調査研究センター、一九九八年）、森島康雄「椋ノ木遺跡平成９年度発掘調査概要」（『京都府遺跡調査概報』第85冊、財団法人京都府埋蔵文化財調査研究センター、一九九八年）。

Ⅲ

縄張りから見た京都府の城郭——年代観を中心として

高田　徹

はじめに

京都府の面積は四六一三㎢におよぶ。北は日本海に面し、東から時計回りで福井県、滋賀県、奈良県、大阪府、そして兵庫県に接している。旧国で言えば丹後国、丹波国の一部、そして山城国から構成されている。その範囲の広さから、戦国から織豊期にかけて多くの守護、守護代、奉公衆、戦国大名、国衆らの興隆あるいは凋落が繰り広げられた。特に、京都府の中央部には、都たる「京」が存在していたから、領主階層の交替が他地域以上に激しかった。その政治面や文化面は言うに及ばず、さらには軍事的な動向は、しばしば全国各地に波及した。

このような歴史・地理・風土を有する府域だけに、多くの様々な城郭が築かれている。京都府教育委員会が平成二十一〜二十七年にかけて刊行した報告書（以下、報告書と略す）に従えば、府域の中世城郭は七八一城となる(1)。府域の城郭を悉皆的にまとめた報告書では、個別に縄張り図が公開され、単郭であるか複郭であるか、横堀を有するか否か等の基本構造が明らかにされた。複数回の会議・調整を踏まえ、一定の統一的基準で遺構評価を行ったとされる縄張り図は、相応の客観性を有する。複数の縄張り図の提示によって規模や構造を各郡単位、あるいは旧国単位で比較することが可能となった。個々の城郭の位置と範囲を示した分布地図が提示されることにより、城郭同士の距離間が可視化され、分布（粗密）状況が明瞭になったと言える。その他、文献史料の抄出、関連絵図の提示もなされており、至極便利である。基礎資料としての地位は長く揺るがないであろう。

報告書第三集の山城編2「Ⅵ総論―京都府の中世城館―」では、報告書全体の総括がなされており、いくつかの論点が提示されている。そこでは、旧国ごとに様々な切り口による検討（丹後国については『丹後国御檀家帳』、丹波国では八木城（南丹市）や位田《いでん》の乱に関わる城郭、洛中では出土した堀・溝等）がなされているが、府域全体の城郭群を特徴づけるには至らない。そもそも府域の歴史性や地域性、加えて多様な縄張りを有する城郭群全体を俯瞰することは、困難を極める。筆者の力量では、一層難しいのが自明である。そこで本稿では、報告書「Ⅵ総論―京都府の中世城館―」中で取り上げられる城郭の年代、関連して築城主体に関する問題に絞って述べることとする。

なお、城郭の年代観といえば杉山城（埼玉県嵐山町）に対する従前の縄張り研究上の評価と、考古学的調査による出土遺物の年代観のズレが問題になった「杉山城問題」が記憶に新しい。杉山城問題は、近畿地方の城郭研究においても、決して対岸の火事ではない。ただし、問題は多岐にわたるから、本稿では一連の論争に触れることはしない。

一、文献史料・考古遺物による年代比定

どのような遺跡であっても、それが営まれた年代比定は重要かつ基本的な課題となる。年代が判明すれば示準的な位置づけが可能となり、他の遺構の年代がそれよりも古いか新しいか、あるいは同時期であるかを判断するモノサシにできる。絶対年代は、根本的に文献史料に基づき直接的、間接的に示される。城郭を含む遺跡自体からは、基本的に明らかにし得ない。文献史料上に築かれた時期、使用状況等が登場すれば、その時点での存在がほぼ確実

視される。廃絶時期が記されていれば、それは遺構の最終時期に等しいとおよそ判断される。

史料的価値が高い一次史料ならば疑う余地はほぼないが、遺憾にして一次史料は概して少なく、その中でも城郭に関する記述は一層限られる。特に丹後地域では、中世史料自体が著しく少ない。江戸期になって編まれた『一色軍記』、細川家で編まれた『綿考輯録《めんこうしゅうろく》』、地誌『丹哥府志《たんかふし》』等には、多くの城郭・城主が具体的に語られているが、誤り・脚色・創作も入り混じる可能性が大である。あくまで条件付きの参考資料に止めざるを得ない。

一次史料に記述された城郭であっても、それが同名の遺跡と等しいとは限らない。廃城後、本来の呼称が忘れ去られ、現代になって地名を元に新たに遺跡名として命名されることは多い。有岡若宮城（綾部市）は、市内の遺跡分布調査の際に発見され、地名を元に名称が付与された。その歴史も全く不明であり、往時の呼称も不明である。

一つの字（村）内に複数の城郭が存在する場合は、どれが史料上の城郭に該当するのか、にわかに判断が難しくなる。丹後では天文七年（一五三八）に伊勢御師《おんし》が檀家を記した『丹後国御檀家帳』という一次史料が残され、三十四の城郭もしくは城主名が記される。このうち、「宮津の御城」は上宮津城と八幡山城（いずれも宮津市）が候補となるが、確定は困難である。また、「かくおん寺」には「大いなる城主」の存在が記されるが、やはり比定は困難な状況にある。

言い出せば切りがないが、史料に表れた城郭が必ずしも遺構を残しているとは限らない。今日までの間に失われた場合もあるし、そもそも明瞭な遺構を残さないタイプの城郭も想定できる。

そして、一次史料に城郭が現われた場合、基本的にはその時点か前後の機能・存在が確認できるという話に止まる。全体がどれくらいの期間存続していたかは、なかなかわからない。須知《しゅうち》城（京丹波町）は地誌も含めた文献史料では南北朝期、あるいは十五世紀後半の機能が伝えられる。しかし、実際には高石垣や技巧的な虎口を有しており、織豊期以降の改修が確実視される。この場合、史料がたまたま残されなかったという話になるのだろう。

一方、考古学では遺物を包含する土層の上下関係、切り合い関係等の検討を通じて、遺構面の相対的な新旧関係が明らかにされる。同時に、各遺構面から出土した遺物の諸特徴に基づく型式学上の組み合わせによって相対年代が明らかにされた上で、遺物編年は行われる。

鹿背山城《かせやま》（木津川市）では、平成二十〜二十九年度にかけて発掘調査が行われた。大きく見れば三時期にわたる遺物が出土している。このうち最も新しい遺物（主に土器群）に対して、十五世紀後半から十六世紀前半という年代が示された(2)。ところが、一次史料である『多聞院日記』の永禄十一年（一五六八）条には「カセ山」「鹿山城」が登場し、これらは鹿背山城に比定される。すると、史料上からは十六世紀後半まで機能していたことが確実視され、年代のズレという問題が生じる。かかる食い違いの理由として、①遺物の年代観が誤っている、②十六世紀後半時には、遺物が出土しない使われ方がなされた、③文献史料に登場する「カセ山」は別の場所である、④遺物編年は集落と城郭とでは使用年代にズレが存在する、等の点が考えうる。

何が正しいか、妥当なのかは現時点では明らかにし得ない。発掘調査された範囲は、城域全体から見ればかなり狭い範囲に過ぎない。このように一次史料で具体的な年代観が示されてしまえば、遺物編年を持ち出しても事は片付かない。

二、報告書での年代比定

継続・廃絶を繰り返し、その間に改修も加えられることのある城郭は、機能した時期を明らかにするのが難しい。

では、報告書では城郭の年代観をどのように導いているのか。報告書中のその他の記述も含め、縄張りに関する年代の比定方法を、はなはだ粗いまとめ方をすると次のようになる。

A. 城郭は、軍事的緊張状態（＝合戦）を契機に、発達・改修がなされる。裏返せば軍事的緊張状態であることが史料上確認されれば、その時期に発達・改修されたとみなされる。史料で確認できなければ遺構を通じてその存在が提起されるが、時期については諸々の状況を踏まえて提示される。

例：中山城（舞鶴市）、倉橋城（同前）

B. 特徴的や技巧的な遺構や選地は、特定の築城主体や軍事的緊張状態に結び付けられる。逆に単純、普遍的、特徴のない遺構は築城主体や軍事的緊張状態に結び付けにくくなる。

例：北白川城（京都市）、中尾城（同前）

C. 史料上存在が確認され、特徴的な遺構が認められなければ、史料上の年次が遺構の時期におよそ直結される。

例：油池城（京丹後市）、三重城（同前）

D. 単純、普遍的、特徴のない遺構は、概して古いと位置づけられる。逆に特徴的や技巧的な遺構は、概して新しいとされる。

例：加悦城（与謝野町）、久美浜城（京丹後市）

E. 一つの城郭の中でCの状態が混在していれば、改修前と改修後の姿をそれぞれ止めると位置づけられる。

例：位田城（綾部市）、八木城（南丹市）

F. 臨時的築城（陣城・付城）は、短期間（＝一時期）のみ使用される。特定の軍事的緊張状態に結び付けて理解される。史料上、軍事的緊張状態が知られていなければ諸々の状況を踏まえて提示される。

例：如意ヶ嶽城（京都市）、新治城（京丹後市）

G．織豊系城郭的要素（石垣・櫓台・枡形・横矢掛かり、特徴的な陣城形態等）が存在すれば、織豊期の築城・改修が提示される。

例：須知城（京丹波町）、実勢城（同前）

H．畝状空堀群・横堀・横矢掛かり・内枡形等は、戦国末期の築城技術と捉えられる。

例：栗城（綾部市）、甲ヶ岳城（同前）

I．考古資料の遺物編年の評価に従って、縄張りの年代も導かれる。

例：笠置城（笠置町）

報告書の記述の具体例として、金谷城（与謝野町）の場合を要約して記してみよう。まず、一次史料である『丹後国御檀家帳』の「川上のかなや」に城跡が比定される。史料を通じて同城は、天文七年（一五三八）に機能したと理解される。次いで、堀切と切岸を防御の主体とした連郭式の縄張りであって古式な様相を示すと捉えられる。もっとも、西側斜面には畝状空堀群[3]が存在する。畝状空堀群の存在から戦国末期まで機能していたと考えられ、大きく二時期の遺構が重なっていると認識される、といった流れになる。

『図解 近畿の城郭』でも、縄張りの年代は基本的に上記A～Iのように導いている。縄張り研究全般においても、この点に関して大きな違いはないと言ってよいだろう。

もっとも、A～Iの捉え方には、いくつかの問題点・課題がある。まず、しばしば循環論に陥っていることが指摘できる。軍事的緊張状態は、縄張りを語る際の伝家の宝刀的な拠り所となるが、それが史料に残されるとは限らない。軍事的な緊張状態があったとしても、それが必ずしも発達した城郭の出現に結びつくとも言えまい。

特徴的・技巧的な縄張りとそうではない縄張りは、時期差である可能性もあるが、同時期の機能差とみなすことも可能となる。実際、縄張り研究では機能差として説明される場合もあり、時期差と機能差の違いを明瞭に説明することは難しい。また、櫓台や横矢掛かり等は、決して織豊系城郭の専売特許であるとは言えない。折れ（横矢掛かり）を有し、効果的な防御を担ったと考えられる遺構は、丹波地域の城郭にいくつかの例を挙げることができる。(4)

畝状空堀群・横堀が戦国末期の遺構であるとの考え方は、村田修三氏(5)や千田嘉博氏(6)らの先行研究によるところが大きいであろう。村田氏や千田氏による研究功績は計り知れないが、取り上げられた縄張りや史料が限られていたのは否めない。いわば、大局的なアウトラインを提示したものであった。そもそも「戦国末期」というのも、研究者ごとに認識が異なっている。先の報告書の金谷城の記述によれば、天文七年は戦国末期とは位置付けられていない。よって、「戦国末期の改修」と述べておけば、セーフゾーンに落ち着いてしまう。ある意味、無難な落としどころとなるわけだが、これではそれ以上の議論の進展を望めないであろう。

三、縄張り研究による年代比定の可能性

前記したような報告書や『図解 近畿の城郭』での年代比定には、いくつかの課題・問題が存在する。さりとて、それらの考え方が誤りだとは言えまい。相応の妥当性を有するが、多くは仮設の域に止まるものであるから、論証方法の錬磨、前提の見直しを図るべきところが存在すると考える。「戦国末期」という時期設定に関しても、時期をもう少し明確にするか、別の呼称（十六世紀中葉等）の採用を考えてみるといった対案が示されてよいのではなかろうか。

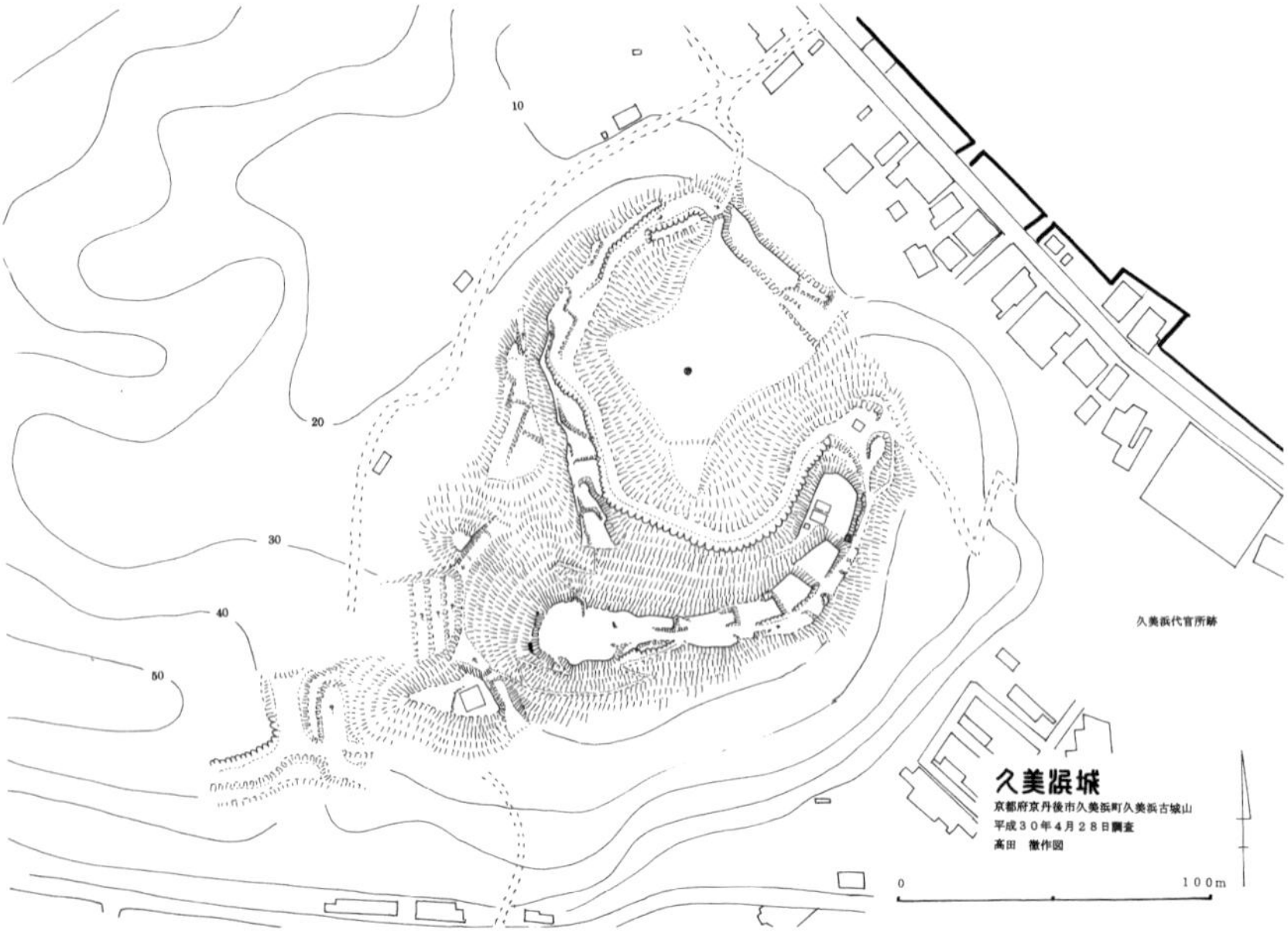

図１　久美浜城　作図：高田徹

その上で求められるのは、一層真摯に縄張りに向き合い、詳細な観察を行い、得られた結果を元に機能面を鮮明にさせ、築城目的や背景の推定、その上での築城者像、築城時期の推定をし、遺構の分析を通じて年代観につながる情報抽出、その考察に努めていくことだと筆者は考える。

例えば久美浜城は、天正十年（一五八二）に細川氏家臣・有吉氏の入城が明らかである。もっとも、山上の連郭状の縄張りはシンプルであり（図1）、有吉氏入城以前の古い時期の縄張りをおよそ止めるとみられていた。ところが近年になって、主郭には折れを有する石垣とその周辺部に大量の瓦散布が見出された[(7)]。一見シンプルな縄張りに見えるのは、破壊・改変を受けたためであると理解される。同時に天正十年（実際の改修時期は天正十年以降となると思われるが）というモノサシが得られ、前後の時期の縄張り変化、それぞれの概要が俯瞰できるようになる。地表面観察の範囲でも、既知の城郭構造を見直すことにより、上記のような年代観や改修状況を明らかにすることは可能となる。

八幡山城（宮津市）は、主郭部を囲む石垣の存在から、天正期に入城する細川藤孝が部分改修を行ったが、周辺に広く広がる曲輪群はシンプルで、古い時期の様相を止めるとみられていた。しかし、縄張りを読み解けば、評価は大きく変わる(8)。虎口や動線の複雑さ、技巧性が浮き上がってくる。細川氏は主郭以外も改修して使用していた可能性が高まり、同時に細川氏入城以前もある程度発達した縄張りであった可能性が高まったと言えよう。

遺構の見直しという点に関して、畝状空堀群を用いた城郭について触れておきたい。府域のうち、丹後・丹後地域には畝状空堀群を用いた城郭が多い。大規模な城郭にも、小規模な城郭にも畝状空堀群は用いられている。大規模城郭の典型例と言えば、将監城（綾部市）が挙げられる。総数を明らかにし難いほどの竪堀群をびっしりと用いており、極めて壮観である。

ただし、一口に畝状空堀群と言っても、形態・構造面で一律ではないし、規模（土木量）も一様ではない。構造差を通じて機能差の違いを想定し、呼称や分類を見直すべきものを含んでいる（短い横堀と土塁を連続させたタイプや、竪堀と横堀を組み合わせたタイプ等）。小規模・単郭構造であることをもって、在地勢力の城郭にも用いられた技術であったとの見方もなされる。在地勢力の城郭まで用いられることをもって、普遍性のある構築物と捉える向きもある(9)。

しかし、単郭であっても周囲に深い竪堀を複数にわたり、かつ緻密に設けたようなタイプならば、自ずと評価は変わってくる。すなわち、投入できる土木量、人工《にんく》の大きさ、組織性や計画性の有無を踏まえねばなるまい(10)。梨子ヶ岡城（綾部市・図2）、久住別城（丹後大宮市）では、小規模な曲輪・城域ながら、周囲にびっしりと規則性のある竪堀を全周させた畝状空堀群を備えている。こうした城郭では、築城主体（≒縄張りプランを計画し、実際の普請を

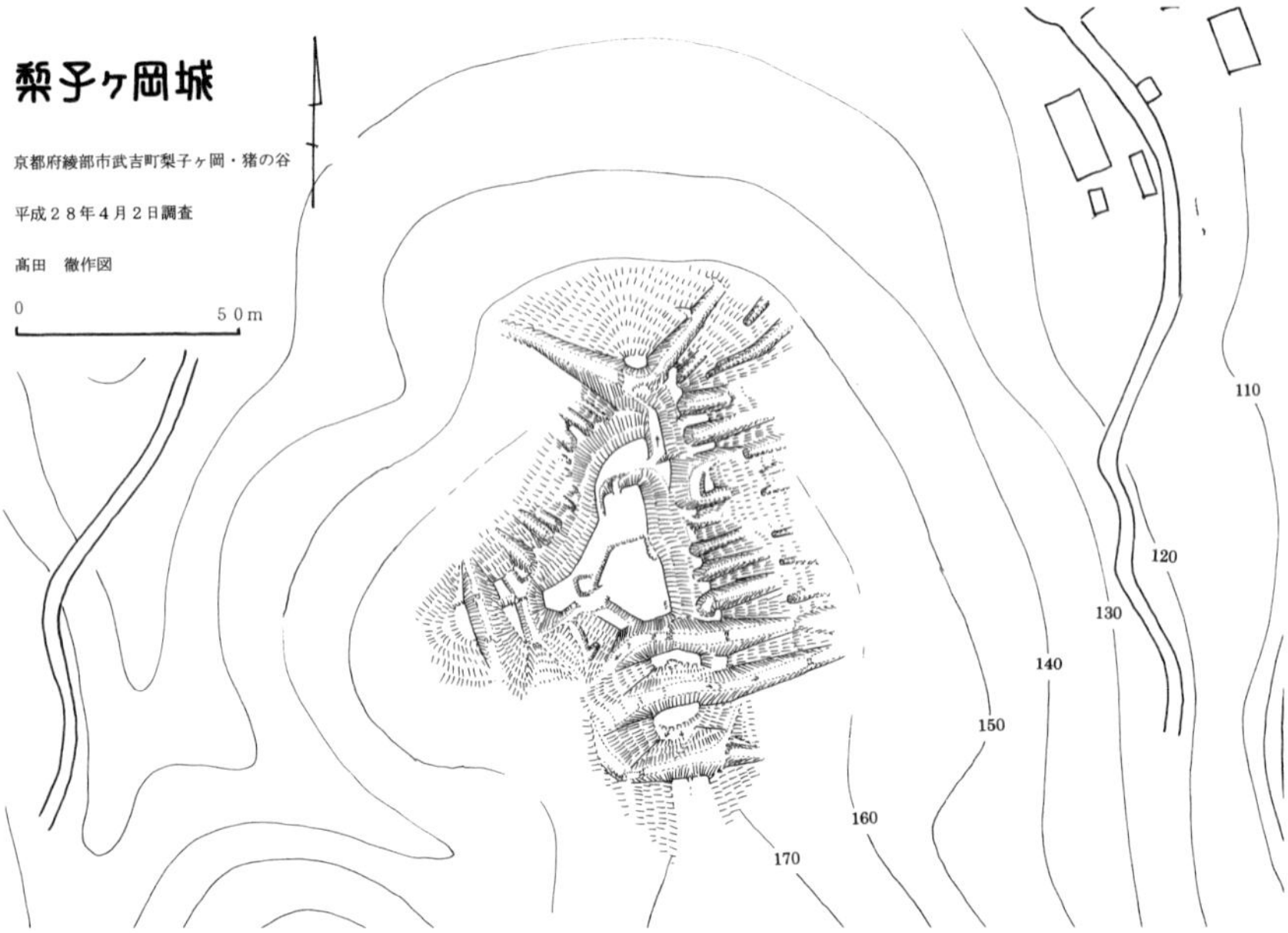

図２　梨子ヶ岡城　作図：髙田徹

実施できるほどの主体）として相応の勢力を候補に挙げるべきであろう。具体的には戦国大名・国衆レベルとなる。広域を管轄し、広域での戦闘に対処せざるを得なかった階層といえども、動員できる兵力には限界がある。そうした限界を補うため、事前に戦闘や緊張状態が予測される地点に、小規模・少兵力で敵対する大兵力に対抗するために設けられたのが、これら城郭であったと考えられる。これら城郭で実際に戦闘が行われたのかは不明であるが、構築して維持しておくことにより、多面的かつ広域の戦闘が可能になったことであろう。

では、梨ヶ岡城はいつ、誰によって築かれたのか。丹波国は、天正七年（一五七九）に織田信長旗下の明智光秀によってほぼ平定される。織豊系城郭では畝状空堀群は原則として用いられないから、天正七年以前の構築であるのは、まず疑いないところである。ところが、梨子ヶ岡城のある何鹿《いかるが》郡の上林《かんばやし》川流域には多くの城郭が分布するものの、それらの城主や歴史はほとんど明らかではない。せいぜい、上林城（綾部市）の城主やその活動が知られる程度である。天正七年に近い時期の軍事的緊張状態を探すと、永禄三年（一五六〇）から翌四年にかけての、若狭守護武田氏と丹波守護代内藤氏による抗争が挙げられる。(11)天正七年を遡った直近の軍事的緊張状態という他にさしたる根拠はないのだが、当座、永禄三～四年にかけて、内藤氏の勢力によって築かれたのではないかと考えておきたい。

なお、畝状空堀群を有する城郭は、すべてが上記のような要請に基づいて築かれたわけではない。上林川流域の畝状空堀群を有する城郭についても、すべて同時期に築かれたかどうかは慎重な判断が求められる。一口に畝状空堀群と言っても、規模・構造・形態には差が見られるのは前述のとおりである。畝状空堀群は、府域の南部では鹿背山城、北部では丹後国の諸城に多く見られるが、それぞれの盛期を直ちに同時期と捉えうるかどうかも再考の余地がある。

逆の見方をすれば、小規模かつ明瞭な遮断施設を持たない城郭であれば、大兵力との戦闘を想定していなかったとの認識が可能となる。小兵力同士の戦闘において、少しでも有利・有効な防御・戦闘の展開を想定していたと考えて問題あるまい。ただし、小規模な地域紛争における小兵力による戦闘と、大兵力から分派した小兵力による戦闘（広域的な戦闘の末端）の二パターンがあり、選地・縄張り面から両者を分化できる余地はある。次に、その点について触れてみる。

山腹をえぐり、盛り上げた独特異様な畝状空堀群は、とても目立つ存在である。まして、見慣れない人間にとっては、強烈なインパクトを与えたことであろう。昭和六十一年に発掘調査された平山城館（綾部市）では、蒲鉾型になった土塁状の高まりに併走した竪堀群が見つかっている。(12)調査時の写真を見る限りでも、異様さを漂わせている。畝状空堀群が実戦でどのように使用されたのかは、はっきりしない。それでも見るものをして、忌避・躊躇・

畏怖させる視覚効果があったと考えられる。

視覚効果という点で言えば、ほとんどの城郭は顕在的な存在であった。周辺部から城郭が見えること、顕在化することにより、自ずと抑止力が発揮される。

敵対勢力は十分な攻撃態勢が整わず、戦略面でのメリットが存在しなければ、敵対勢力の城郭への接近を回避したはずである。城郭は、その周辺域での戦闘を有利に展開させ、戦術的に有効に働くことを期待して築かれる[13]。無用な損耗を避けようとするのは、いつの時代も変わらない。そのため、往来の激しい街道筋に近接して城郭を築いておけば、敵の侵攻や蠢動を規制し、抑止することができる。街道を押さえるであるとか、交通の要衝を押さえる（立地する）といった記述をしばしば見かけるが、これは上記の状況を要約して表現したものと愚考する。小規模よりも大規模であること、単純よりも複雑である方が、当然ながら抑止力は増加する。

ところで、隣接する道の存在こそ知られるものの、集落から離れた位置や比高の高い山上にぽつんと小規模な城郭が築かれている場合がある。実勢城や荒木山城（綾部市）等がその例にあたる。

こうした城郭に対しては、小規模という点だけで在地勢力の城郭といった評価を下すことはできない。道に関しても、中世に遡って大兵力が頻繁に移動したとはとても思えないような地点どうしを結んでいることが少なくなく、いわば脇往還、間道的な存在であることが多い。広域的な戦闘状況では、兵力を分散させ、小兵力で迅速な行動を求められる場面もあったに違いない。そのような動きを阻止すべく築かれたのが、上記のような城郭ではなかったか。小規模・単純といった縄張り面よりも、選地面での特異性をもって広域にわたる軍事行動に対応しようとする築城主体の関与が想定できるであろう。こうした城郭は、府域に限らず意外に多くみられるものである。

おわりに

報告書や『図解 近畿の城郭』等で示される年代観およびそれらを導く根拠は、問題点・課題は抱えるけれども、本稿で挙げたような視点を加えることにより、ある程度、城郭の築城者像や年代観を示すことが可能となろう。もっとも、戦国大名や国衆レベルが関与した城郭には有効であろうが、村落レベルの城郭に対しては有効とは言い難い。また、平地城郭では地表面で判明する遺構が一層限定されるため、評価が難しくなる。本稿では触れることはできなかったが、一般に平地城郭は方形単郭とみなされるきらいがある。もっとも、折れを有し、複郭構造を呈する城郭も意外に存在する（例：羽束師菱川城〈京都市〉、下三栖城〈同前〉）。

文明十年（一四七八）に造営が始まり、天文元年（一五三二）に焼亡した山科本願寺（京都市）は、複数の横矢状を呈する突出部を持つ。突出した軍事性がうかがわれ、これまでその特異性をいかに理解すべきかが問われてきた。しかし、平地城郭の構造を再評価すると、構造面において山科本願寺との近しさも見出せるのではないか。もちろん、直ちに同一視することはできないが、十分検討の余地はあると考える。こうした点も含め、言い足りない点は多々あるが、別の機会に譲りたい。

註

（1）京都府教育委員会『京都府中世城館跡調査報告書第1冊―丹後編―』（二〇一二年）、同『京都府中世城館跡調査報告書第2冊―丹波編―』（二〇一三年）、同『京都府中世城館跡調査報告書第3冊―山城編2―』（二〇一四年）、同『京都府中世城館跡調査報告書第3冊―山城編2―』（二〇一五年）。以下では、このうち第3冊山城編を指して報告書と呼称する。

報告書では、府域に約一三〇〇ヶ所の城郭が存在すると言うが、それは城郭類似遺構・近世城郭・寺社等を含んだ数である。各報告書で「城館」とされるものと、遺構が確認できないが存在が史料から裏付けられるとされるものを合計すると、七三一城になる。報告書では「城館」の呼称を主に用いるが、本稿では「城郭」呼称を主に用いる。

なお、中井均監修・城郭談話会編『図解 近畿の城郭』Ⅰ～Ⅴ（戎光祥出版、二〇一四～二〇一八年）では、府域の一四四項目の城郭を取り上げている。

（2）大坪州一郎『鹿背山城跡総合調査報告書（発掘調査編）』（木津川市教育委員会、二〇一八年）

（3）報告書では「畝状竪堀」の呼称を用いるが、実際には短い横堀状の遺構を含んでいる。そこで、本稿では「畝状空堀群」と呼称する。

（4）拙稿「折れ（横矢掛り）の効果―旧丹波国の事例を中心に―」（中世城郭研究会『中世城郭研究』二九、二〇一五年）。

（5）村田修三「城跡調査と戦国史研究」（日本史研究会『日本史研究』二一一、一九八〇年）、同「戦国期の城郭―山城の縄張りを中心に―」（国立歴史民俗博物館『国立歴史民俗博物館研究報告』八、一九八五年）。

（6）千田嘉博「織豊系城郭の構造―虎口プランによる縄張編年の試み―」（史学研究会『史林』七〇―二、一九八七年）、同「中世城郭から近世城郭へ―山城の縄張り研究から―」（『月刊文化財』三〇五、一九八九年）。

（7）拙稿「丹後国八幡山城の構造―織田期・細川領の山城―」（中世城郭研究会『中世城郭研究』三二、二〇一八年）。

（8）註（7）に同じ。

（9）福島克彦『畿内・近国の戦国合戦（戦争の日本史11）』（吉川弘文館、二〇〇九年）。

（10）拙稿「近畿地方の畝状空堀群・畝状竪堀・連続竪堀（群）―その現在・過去・未来―」（中世城郭研究会『中世城郭研究』三一、二〇一七年）。

（11）向田明弘『丹波動乱―内藤宗勝とその時代―』（日吉町郷土資料館、二〇〇五年）。

（12）藤原敏昭『近畿自動車道舞鶴線昭和六十一年度発掘調査概要』（京都府埋蔵文化財センター、一九八七年）。

（13）拙稿「山城の選地と虎口―和歌山県紀の川市・飯盛山城を事例として―」（戦乱の空間編集会『戦乱の空間』一六、二〇一七年）。

第3部　奈良県の城郭の特徴

Ⅰ　中近世移行期における宇陀秋山城主の変遷について

金松　誠

はじめに

奈良県の城郭における文献史学的研究は、今世紀に入り大きく進展しつつある。専論としては、中世大和の最有力国人である筒井氏の筒井城・椿尾上城[1]、筒井氏の長年の宿敵であった越智氏の越智城・貝吹山城・高取城[2]、三好長慶の重臣として大和に侵攻し、筒井氏ら大和国人と攻防を繰り広げた松永久秀の居城信貴山城[3]・多聞山城[4]のほか、天正八年（一五八〇）の大和一国破城後の郡山城[5]・高取城[6]が取り上げられており、その様相が明らかになりつつある。これら大和の城郭の時系列的な概観については、筆者が以前、簡略にまとめているので、そちらを参照いただきたい[7]。

そして、現在進行形の動向としては、平成二十八年度より、奈良県教育委員会において「奈良県中世城郭調査研究委員会」が設置され、県内の中世城郭遺跡の悉皆調査が進められており、令和元年度と二年度に調査報告書の刊行が予定されている。その中で悉皆的な史料調査も進められているところであり、文献による奈良県の城郭の総論については、報告書中で論考としてまとめられる予定である。このような理由もあり、総論的な話についてはこの報告書に委ねることとしたい。

そこで、研究動向を改めて振り返ると、大和を代表する越智氏・筒井氏・松永久秀の城郭に関する文献史学的研究はいるものの、中近世移行期については、後述する「大和三城体制」の一つを構成する秋山城に関する研究が抜け落ちている。秋山城は現在、継続的に発掘調査が進められており、石垣・瓦・礎石建物・枡形虎口を備えた織豊系城郭であったことが明らかとなり、破城の状況も良好に残る全国的にも重要な史跡である。(8)一方、その文献史学的アプローチは十分とはいえない状況である。そこで、本稿ではこの秋山城に焦点を当てて、研究史の空白を埋めることとしたい。

秋山城は、宇陀市大宇陀に所在する中世から元和元年（一六一五）まで存続した山城である。中世においては、大和国宇陀郡の有力国人秋山氏の居城であった。中世の宇陀郡は、伊勢国司北畠氏が分郡守護（郡主）として治めており、秋山氏等はその配下にあった。(9)豊臣政権下の天正十二年（一五八四）九月、宇陀郡は伊勢松ヶ島城主蒲生氏郷の与力となっていた「宇陀三将」の沢・秋山・芳野《ほうの》が秀吉より一三〇〇〇石を拝領した。(10)その後、同十三年に豊臣秀吉の弟羽柴秀長の大和入部に伴い、その居城である郡山城、支城の高取城とともに秋山城も豊臣政権下において機能することとなった。ここに郡山城を核とし、高取城・秋山城を支城として外延部に配したいわゆる「大和三城体制」が成立するに至った。

大和三城体制を構成する秋山城については、先述のとおり先行研究はほとんどなく、城主については二次史料を用いてその変遷や年代が示されているなど、(11)再考の余地がある。本稿では、これまで通説とされてきた当該期の城主の変遷を改めて精査することにより、「大和三城体制」における秋山城の位置付けについて考えていく。

一、伊藤掃部助の宇陀入部

天正十三年（一五八五）閏八月十八日、郡山城を本拠としていた大和国主筒井定次は、伊賀への国替を命じられた。大和は羽柴秀長が紀伊・和泉に加えて豊臣政権より支配を命ぜられ、それと同時に高取城も十九日に秀長方へ渡されることとなった[12]。二十四日には定次は大半の大和国衆を連れて伊賀へ移った[13]。この国替は興福寺と国人衆の関係を根絶し、大和を完全な豊臣領国とする必要があったからといえよう[14]。

九月三日、秀長は兄秀吉と共に約五千人を率い、郡山へ入城した[15]。そして、秀長は郡山入城後まもなく大和の地域支配体制の確立に着手する。すなわち、（天正十三年）九月五日付「長谷寺惣在所中宛羽柴秀長書状」[16]に、「宇多郡之儀、伊藤掃部殿へ渡候」とあり、秀長は宇陀郡を伊藤掃部助に渡していることがわかる。掃部助は、筒井家が大和国主期において秀吉の大和取次として知られる人物である[17]。筒井順慶は、掃部助のもと、豊臣政権に深く干渉・指揮されていくこととなり、筒井家の大和支配は豊臣政権の直接の監視下に置かれていた。掃部助は、この大和国替においても、郡山城の接収、秀吉・秀長の入国に備えて大和国内の道路整備を秀吉から命じられている[18]。このように、大和取次として大和に精通していたことから、掃部助が宇陀郡に配されるに至ったのであった。掃部助は、秋山城に入城したとみられ、高取城にも本田武蔵守がまもなく入城したようである[19]。ここに郡山城を核とし、高取城・秋山城を支城として外延部に配した「大和三城体制」が成立するに至った。

高取城は、大和盆地南部・吉野方面の抑えの役割を担っていたとみられ[20]、秋山城については吉野方面の抑えとともに、中世以来の伊勢国との連携を重視して豊臣政権下、郡山城の支城として取り立てられたのであろう。

掃部助は秀長が大和を領国とすることにより、大和取次の役目を終え、これ以後、秀長の家臣になったものと思われる。しかし、翌同十四年九月十四日、掃部助は紀伊国衆の一揆の制圧のため、秀長とともに出陣したが、討死してしまった(21)。これにより、秀吉は次なる秋山城主の選定に取り掛かることとなった。

二、加藤作内光泰の宇陀入部

天正十四年（一五八六）九月二十七日、伊藤掃部助の後任として、加藤作内光泰が宇陀に入部した。『多聞院日記』同日条には、「一、宇多郡伊藤掃部於紀州今度討死付、其跡嘉藤作内従関白殿被下了、伊藤跡ハ超昇寺ノ分ヲ被与了ト」とある。光泰は秀吉の命により、その跡を継ぎ、掃部助の所領であった超昇寺分も与えられたことがわかる(22)。光泰は、美濃大垣城主として二万貫の知行分のみならず、秀吉の蔵入地にも食い込むほどの家臣を抱えた。そのため秀吉による譴責を受け、同十三年九月三日までに改易され(23)、その後羽柴秀長に属し、一万石を領していたという。『寛永諸家系図伝』加藤光泰の項(24)には、

（前略）その後《のち》御勘気《かんき》をかうふり、大和大納言秀長《やまとだいなごんひでなが》に属《しょく》し、食邑《しょくいふ》一万石を領ず。少頃《しばらく》ありて和州宇多郡秋山《わしううだのこほりあきやま》の城にうつり、一万六千石を領し、居《きよ》する事幾程《いくほど》もなくして、秀吉の厚免《こうめん》をかうふり江州佐和山《がうしうさをやま》の城にうつり、精米《しらげ》二万石をたまハり、従五位下《じゆごゐげ》に叙《じよ》せられ（後略）

とある。光泰は、一六〇〇〇石（もしくは二六〇〇〇石）(25)を領して秋山城主となったとされる。まもなく秀吉から赦免され、近江国佐和山城に移り二万石を領し、従五位下遠江守に叙任されたとする。

光泰が秀吉から譴責を受けたにもかかわらず、大垣城主の後任が姻戚関係にある一柳直末であったこと、その翌

年には秋山城主となっていることから、光泰の処分は軽微であった。このことから秀吉は、天正十三年閏八月の大規模国替への反発を回避するためのスケープ・ゴートとして、直臣大名である光泰を処分したのではないかとの見解がある。[26]秀吉にとって、光泰は信頼のおける家臣であったことを示すものといえ、大和に精通していた伊藤掃部助の跡に光泰を秋山城主に任じたことは、その期待の表れともいえよう。

二次史料の『加藤光泰貞泰軍功記』[27]によると、熊野一揆の時に討死した掃部助の居城秋山城を拝領し、知行三万石を賜り、同十五年に従五位下遠江守に叙任され、同十六年に佐和山城在番を仰せ付けられたとする。

佐和山城は同十三年閏八月から同十八年九月頃までの間、堀尾吉晴が城主であったとされることから[28]、在番という立場で在城していたのであれば矛盾はない。実際、同十八年六月二十一日、光泰は「加藤遠江守」の名で、斉村広秀・別所重棟・南条元続・木下重堅・垣屋恒総・池田秀雄・亀井茲矩・大柿留守居中・佐和山留守居中・大津留守居中・前田玄以とともに、秀吉から小田原より京都までの町送人足四人を用意するようそれぞれ命じられている[29]。七月十六日にも光泰は、別所重棟・南条元続・木下重堅・池田秀雄・加藤清左衛門尉・堀尾次郎介・八幡山留守居中・新庄直頼とともに、秀吉から六月と同様の命令を受けている[30]。

近江に在所する部将たちも名を連ねていることから、光泰は遅くともこの時期までには近江に在国していた可能性が高いといえる。佐和山留守居中とは別に挙げられているため、佐和山城に在番していたかどうかについては定かではないが、天正十六年頃に秋山城を去り、近江に在国したと考えて大過なかろう。具体的な時期については、同十六年九月五・六日に秀長が郡山に着いた毛利輝元一行を能と茶の湯でもてなした際、秀長家臣一同が参加したが、その中に「加藤遠江守」の名があることから、それ以後ということになろう[31]。

三、羽田長門守正親の宇陀入部

『奈良縣宇陀郡史料』[32]は、天正八年（一五八〇）に加藤光泰、同十四年に羽田正親、文禄元年（一五九二）に多賀秀種がそれぞれ宇陀郡を領したとする。これは、「領主御代々」なる後世に編纂されたとみられる史料を典拠としているが、現在この史料が伝わっておらず、再検証できない。ただ、十八世紀初頭頃に奈良奉行所の元与力玉井定時が著した「大和名勝志」[33]には、宇陀の領主について、天正八年から同十三年は光泰、同十三年から同十八年は正親と続き、間を置いて文禄元年に秀種とする。寛政二年（一七九〇）に成立した「寛政二年　松山町訳書」[34]においても、同様の記述となっている。実際には同十四年に光泰が宇陀に入部していることから、この時期に正親が城主となったとするのは誤りである。廣吉壽彦氏も、同十六年に光泰が佐和山城在番のため宇陀を去った後に正親が入ったとするが、史料的根拠を挙げていない[35]。おそらく、『奈良縣宇陀郡史料』や二次史料に拠っているのであろう。後述するが、正親は文禄四年七月の関白豊臣秀次の切腹に連座して失脚していることから、特に文書史料がほぼ残っていない。そこで、ここでは正親の動向を数少ない一次史料を軸にして、彼が秋山城主になった可能性があるか検討してみることとする。

天正十六年九月四日、毛利輝元が郡山に到着した際、「御宿」を「羽田長門守所」としていることから、正親が郡山に屋敷を持っていたことがわかる[36]。『天正記』同六日条には、秀長が輝元一行を茶の湯でもてなした際、秀長家臣として当時の高取城主とみられる本田武蔵守や秋山城主の加藤光泰、後の秋山城主多賀秀種等とともに、「羽田長門守」が「諸大夫」（武家の五位相当の家格）として名を連ねている。同年四月に秀長は、公家家格の最上位摂家に次ぐ「清華成」を遂げ、武家清華家として諸大夫を従えることができる家格になっていた。正親の官位叙任時期は不明だが、秀種は聚楽亭行幸前日の同年四月十三日付の口宣案により従五位下と出雲守に叙任されていることから[37]、秀種と同様に、この日に従五位下と長門守を叙任されたと考えられる。

秀長は、同十九年正月二十二日に死去した。享年五十一であった[38]。秀吉は、秀長の跡をその甥で養子の秀保とし、「与力・大名・小名以下」の知行替えは行わず、秀保を守り立て、万事を横浜一庵法印次第に従うよう命じている[39]。秀長の跡を継ぐこととなった秀保は、閏正月五日に郡山へ入城した[40]。これにより、郡山城は豊臣血縁者が引き続き城主となった。秀保は、武家清華家として諸大夫を従える立場であった。

同二十年三月には秀吉による朝鮮出兵に際し、秀保も動員を命じられ、肥前名護屋に在陣することになった。正親も随行し、十一月二十五日、神屋宗湛による名護屋での茶会に正親は秀保とともに相伴している[41]。文禄二年（一五九三）八月三日、正親は名護屋で宗湛を客人とした茶会を開いている[42]。

当時の秀保領国下では、桑山重晴は和歌山城で紀伊の統治、一庵法印は郡山城で大和の統治、正親は秀保に随伴し軍役と普請役の補佐をしており、彼ら三人が中心となって、各自の役割を分掌していたのであった[43]。

秀保帰国後の同三年三月二十九日、関白豊臣秀次は、秀保と重晴・一庵・正親に朱印状を遣わし、「大和算用帳」を持参して上京するよう命じた[44]。『駒井日記』四月一日条には、この三人のことを「年寄共」としていることから、彼らが秀保の主だった首脳者たちと位置付けられよう[45]。

同四年四月十六日、秀保は十津川において十七歳の若さで死去した[46]。ここに、秀長・秀保と二代にわたった秀吉血縁者による郡山城の歴史は幕を降ろした。二十三日、正親は「大和宿老衆」の一員として、関白秀次より、秀保の葬礼の「御用意之役」として「かんせん堂」の段取りを命じられている[47]。

七月十五日、関白秀次が秀吉への謀叛の嫌疑により、高野山青巌寺において切腹した。『大かうさまくんきのうち』[48]によると、正親もそれに加担したとされ、十三日に前田玄以・増田長盛・石田三成により捕らえられ、越前北ノ庄の羽柴久太郎（堀秀治）に預けられることとなった。これにより、正親は失脚したのであった。

以上のとおり、正親は秀保にとって大和における一庵に次ぐ重臣であったといえる。すなわち、天正十六年頃から文禄四年七月までの約七年間、正親が宇陀を領して秋山城主となり、その後任として秀種が継いだとしても矛盾はないと考えられる。正親が失脚後に預けられた堀秀治は、秀種の兄堀秀政の嫡男であり、秀種にとっては甥に当たる。このことから、秀種の宇陀入部を合理的に説明できるとともに、正親が宇陀を領し、秋山城主であった可能性も高くなるといえよう。

四、多賀出雲守秀種の宇陀入部

文禄四年（一五九五）四月に羽柴秀保の病死、七月には宇陀を領していたとみられる羽田正親が関白豊臣秀次の切腹に連座し失脚した。それと連動して、大和において知行替えが行われ、近江国水口から後の五奉行の一人となる増田長盛が二十万石で郡山城に入り、八月十七日には大和惣国の検地を開始している[49]。

このような中、多賀秀種は九月二十一日、「宇多郡知行方目録」を秀吉より賜り、六十村二〇六五九石一斗を拝領している[50]。文禄検地の結果に合わせて、大和国内において秀吉主導による知行替えが行われ、秀種が宇陀に入部したものと判断できる。

秀種は、天正十五年（一五八七）九月三日までに、羽柴秀長の家臣となっている[51]。秀種の妻の父に当たる多賀新左衛門尉貞能については、『多聞院日記』同十四年正月二十日条で大和に在していたことが確認でき、同十五年正月二十七日に「郡山多賀新左衛門」すなわち、郡山の貞能の屋敷で茶人松屋久政等を招いて茶会を主催している。[52]このことから、貞能は秀長に仕えていたとわかる。同十五年五月七日、貞能が西国で病死したとの話が伝えられた。[53]これにより、秀種は多賀家跡目相続のため、兄の堀秀政の下を離れて大和に入り、秀長に仕えるようになった。[54]秀種は、同十六年四月十三日に従五位下に叙され、出雲守に任じられている。[55]秀保家臣時代においては、同二十年二月二十五日、秀保の名護屋在陣に先駆けて、秀種は池田伊予守とともに郡山から山崎へ出立している。[56]秀種は、名護屋における秀保の補佐役を務めていたようである。

差出人・年月日未記載の「多賀出雲守知行分目録[57]」によると、秀種は大和国葛上郡・葛下郡・高市郡・山辺郡・十市郡・式下郡・添上郡・添下郡・広瀬郡・式上郡において、四十九村一九九九一石三斗九升を領している。宇陀拝領前の知行地であり、羽柴秀長家臣時代に宛行われたものと考えられよう。ここに、葛上郡など十郡にまたがっていた知行地に代わり、宇陀郡の約三分の二に集約されることとなった。石高自体は微増にとどまるが、支配領域が宇陀郡に一元化されたことにより、在地に根差した地域支配が行えるようになったといえる。

新たに郡山城主となった増田長盛は、武家清華家ではなく諸大夫であることから、秀保死去後、増田長盛・高取城主本田因幡守・秋山城主多賀秀種は武家官位制度上において同列になったといえる。すなわち、ここにおいて、本田因幡守・多賀秀種は秀吉直臣として独立した大名になったものといえる。このことは、郡山城は実質的には大和の拠点城郭であり続けながらも、高取城・秋山城は、それぞれ秀吉直臣大名の本城として、転換したものといえよう。

秀種は、その後秀吉による再度の朝鮮出兵に動員されて名護屋に在陣し、慶長三年（一五九八）正月十七日、蔚山倭城が包囲されたことを受け、その救援に向かうよう命じられている。[58]

五、福島掃部助高晴の宇陀入部

慶長五年（一六〇〇）、関ヶ原の戦いの際、増田長盛・多賀秀種は西軍の石田三成方に与した。九月十三日、秀種は近江大津城攻めに参加した。[59] しかし、西軍が敗れたため、十月初旬に郡山城は徳川家康奉行藤堂高虎・本多正純が受け取った。[60] 長盛は改易の上、高野山へ謹慎となった。秀種も家康の怒りを買って改易となったとみられ、その後家康に許されて加賀の前田利常を頼ったという。[61] 代わって、福島正則の弟で伊勢長嶋城において一万石を領した福島高晴が関ヶ原の戦いの軍功により、宇陀郡三万石を領することとなった。『寛政重修諸家譜』第一四三九[62]には、「関原の役に逆徒伏誅の、ち、封地をあらため加恩あり。大和国宇多城をたまはり、三万石を領す」とある。同十年頃に作成された「大和国高付」（慶長郷帳[63]）によると、「福嶋掃部」が、宇陀郡九十八村三一七一七石六斗一升三合の全域を領していたことがわかる。『中臣祐範記』同九年八月二十四日条に、「宇多郡領主福嶋掃部」とあることから、高晴が関ヶ原の戦い直後に秋山城主になったことは間違いなかろう。[64]

なお、増田長盛改易後、郡山城は破却の上、建物が伏見城に移築されたようである。ついで大久保長安が郡山に在し、その後山口駿河守が伏見に在しながら与力三十六人を郡山に入れていたとされるが定かではない。[65] このように、郡山城が機能停止したとみられる一方、大和は東軍に与した本田因幡守の高取城と高晴の秋山城の実質的には二城体制によって、豊臣秀頼の大坂城に対する備えとしての役割を果たすこととなった。

その後、同十九年七月十九日、高晴は、去春に家臣が江戸蒲原にて目安を献じたことに立腹し、駿府城廻においてその家臣を捕らえるが、町奉行に断りがなかったため、家康の勘気を蒙った。[66]その結果、大坂の陣終結後の元和元年（一六一五）、高晴は改易となり、伊勢山田に蟄居したようである。[67]

そして、閏六月二十五日、幕命により秋山城は小堀正一、中坊秀政の手で破却されることとなった。『駿府記』同日条には、「今日大和宇多郡福島掃部城可破却由被仰出、小堀遠江守正一、中坊左近秦之云々」とある。七月五日、小堀正一は幕府要人に対し、「城わり」の人夫不足解消のため、江戸に指示を仰ぎに行く旨の書状を送っている。（元和元年）七月五日付「某宛小堀遠州書状」[68]には、次のようにある。

尚々爰元普請無由断申付候、はや大方城わり申候、頓而罷上候て、様子可申上候、以上

一書申上候

一宇多郡へ罷越城わり申候

一福嶋掃部家中のものなとも江戸ニ罷申故、爰元普請之者無人ニ御座候、当郡之人足なとも申付候へ共、百姓も事外此已前よりはしり候て唯今ハ少ならで無御座候、乍去大方爰元普請申付候間、二三日中ニ罷上候て、可得御意候、此由被仰上候て、可被下候、恐惶謹言

七月五日　（花押）

小堀遠江守

この「城わり」については、閏六月十三日に一国一城令が発令されているので、それと連動して捉える必要がある。

七月二十三日、織田信長の次男織田信雄（常眞）が宇陀郡三万石余、上野国小幡二万石余の知行を拝領した。『駿府記』同日条には、「織田常眞拝領知行五万石、大和国宇多郡福島掃部跡三万石、又於関東二万石、合五万石云々」とある。これにより、大和は七月十九日付で入封となった水野勝成の郡山城と引き続き城主となった本田氏の高取

城との二城体制となり、秋山城の歴史は終焉を迎えたのであった。

おわりに

改めて秋山城主の変遷を時系列にまとめると、以下のとおりとなる。

天正十三年（一五八五）閏九月五日～天正十四年九月十四日……伊藤掃部助
天正十四年九月二十七日～天正十六年（九月以後）……………加藤光泰
天正十六年頃～文禄四年（一五九五）七月十三日……………羽田正親
文禄四年九月二十一日～慶長五年（一六〇〇）九月……………多賀秀種
慶長五年十月頃～元和元年（一六一五）閏六月頃……………福島高晴

史料不足により、二次史料に基づくものもあるなど課題も残るが、おおむね大過ないだろう。豊臣家の滅亡と一国一城令という徳川政権の確立とともに秋山城はその役割を終え、大和は郡山城と高取城のみが明治維新まで存続したのであった。

註

（1）金松誠「筒井城の歴史」（『筒井城総合調査報告書』、大和郡山市教育委員会・城郭談話会、二〇〇四年）、同「戦国末期における筒井城の家臣団在城について」（前掲書所収）。
（2）金松誠「大和高取城に関する文献史学的研究」（『大和高取城』、城郭談話会、二〇〇一年）。
（3）中川貴皓「木沢・松永権力の領域支配と大和信貴城」（『中世城郭研究』第二五号、中世城郭研究会、二〇一一年）、同「松永久秀

と信貴山城」（『松永久秀―歪められた戦国の梟雄の実像―』、宮帯出版社、二〇一七年）。
（4）福島克彦「大和多聞城と松永・織豊権力」（『城郭研究室年報』11、姫路市立城郭研究室、二〇〇二年）、同「松永久秀と大和多聞城」（『筒井城総合調査報告書』）、中川貴皓「多聞山普請について」（『戦国遺文三好氏編月報』二、東京堂出版、二〇一四年）、天野忠幸「三好・松永氏の山城とその機能」（『城館と中世史料』、高志書院、二〇一五年）
（5）金松誠「中近世移行期の大和郡山城に関する文献史学的研究」（『大和郡山城』、城郭談話会、二〇〇九年）。
（6）前掲註（2）。
（7）金松誠「城館概要」（『図説近畿中世城郭事典』、城郭談話会、二〇〇四年、のち『図解 近畿の城郭』Ⅰ（戎光祥出版、二〇一四年）に再録）。
（8）主に、大宇陀町教育委員会編『宇陀松山城（秋山城）跡（遺構編）』（大宇陀町教育委員会、二〇〇二年）、同『宇陀松山城（秋山城）跡2』（大宇陀町教育委員会、二〇〇五年）、宇陀市教育委員会事務局文化財課編『史跡宇陀松山城跡第7次～10次発掘調査報告書』（宇陀市教育委員会、二〇一三年）、同『史跡宇陀松山城跡（遺物編1）』（宇陀市教育委員会、二〇一六年）。
（9）西山克「中世の大宇陀」（『新訂大宇陀町史』本編、大宇陀町、一九九二年）。
（10）天正十二年九月付「伊勢国知行割目録写」『校本松阪権輿雑集』（名古屋市博物館編『豊臣秀吉文書集』二（吉川弘文館、二〇一六年）一二一七号）。
（11）前掲註（8）。
（12）『多聞院日記』（『増補続史料大成』40（多聞院日記三）（臨川書店、一九七八年））天正十三年閏八月十八・十九日条。
（13）『多聞院日記』天正十三年閏八月二十四日条。
（14）小竹文生「豊臣政権と筒井氏―「大和取次」伊藤掃部助を中心として―」（『地方史研究』第二七九号、地方史研究協議会、一九九九年）。
（15）『多聞院日記』天正十三年九月三日条。
（16）「廊坊文書」（『大日本史料』第十一編之二〇（東京大学、一九九三年）四三頁）。
（17）前掲註（14）。
（18）（天正十三年）閏六《八》月二十四日付「伊藤掃部助宛羽柴秀吉朱印状写」『寸金雑録』（『豊臣秀吉文書集』二、一五八八号）。

(19) 前掲註(2)。
(20) 前掲註(2)。
(21) 『多聞院日記』(『増補続史料大成』41(多聞院日記四)(臨川書店、一九七八年))天正十四年九月十五日条。
(22) 『多聞院日記』天正十年七月十一日条。
(23) (天正十三年)九月三日付「一柳直末宛羽柴秀吉朱印状」『三溪園』(『豊臣秀吉文書集』二、一六一四号)。
(24) 『寛永諸家系図伝』第九(続群書類従完成会、一九八六年)。
(25) 『寛政重修諸家譜』巻七七四　加藤光泰(『新訂寛政重修諸家譜』第十三(続群書類従完成会、一九六五年))。
(26) 藤田達生「濃尾武士団と豊臣政権―「大洲加藤文書」の世界―」(『織豊期研究』第三号、織豊期研究会、二〇〇一年)。
(27) 『続々群書類従』第三(続群書類従完成会、一九七〇年)。
(28) 伊藤真昭「豊臣政権下の佐和山城」・「石田三成の佐和山入城」(『新修彦根市史』第一巻、彦根市、二〇〇七年)。
(29) (天正十八年)六月二十一日付「斉村広秀他宛豊臣秀吉朱印状」『小早川家文書』(『新修彦根市史』第五巻(彦根市、二〇〇一年)八一六号)。
(30) (天正十八年)七月十六日付「別所重棟他宛豊臣秀吉朱印状」『井阿弥家文書』(『新修彦根市史』第五巻、八一七号)。
(31) 『天正記』(『毛利史料集』(人物往来社、一九六六年))天正十六年九月五・六日条。
(32) 宇陀郡役所、一九一七年。
(33) 『庁中漫録』奈良県立図書情報館所蔵マイクロフィルム(『新訂大宇陀町史』史料編第一巻(大宇陀町、二〇〇一年)二七一頁)。
(34) 『天理図書館所蔵文書』(『新訂大宇陀町史』史料編第一巻、七五七頁)。
(35) 廣吉壽彦「近世前期の大宇陀」(『新訂大宇陀町史』本編)。
(36) 『天正記』天正十六年九月四日条。
(37) 『多賀文書』一、東京大学史料編纂所影写本。
(38) 『多聞院日記』天正十九年正月二十三日条。
(39) 『多聞院日記』天正十九年正月二十七日条。

(40)『多聞院日記』天正十九年閏正月六日条。
(41)『宗湛日記』（『茶道古典全集』第六巻（淡交社、一九五六年））天正二十年十一月二十五日条。
(42)『宗湛日記』文禄二年八月三日条。
(43)北堀光信「羽柴秀保と一庵法印」（同『豊臣政権下の行幸と朝廷の動向』、清文堂出版、二〇一四年）。
(44)『駒井日記』（『増補駒井日記』（文献出版、一九九二年））文禄三年三月二十九日条。
(45)北堀光信「羽柴秀保と豊臣政権―朝鮮出兵と大和支配の事例を中心に―」（前掲註（43）所収）。
(46)『多聞院日記』（『増補続史料大成』42（多聞院日記五）（臨川書店、一九七八年））文禄四年四月十六日条。
(47)『駒井日記』文禄四年四月二十三日条。
(48)『斯道文庫古典叢刊之三　大かうさまくんきのうち』翻字篇（汲古書院、一九七五年）。
(49)『多聞院日記』文禄四年条。
(50)文禄四年九月二十一日付「多賀出雲守大和国宇多郡知行方目録」『多賀文書』一（『新訂大宇陀町史』史料編第一巻、二八五～二八七頁）。
(51)（天正十五年）九月三日付「多賀秀種宛羽柴秀長書状」（『多賀文書』一）。
(52)『松屋会記』（久政茶会記）』（『茶道古典全集』第九巻）天正十五年正月二十七日条。
(53)『多聞院日記』天正十五年五月七日条。
(54)奥村哲「「豊臣期一武将の軌跡」―多賀秀種の場合―」（『北陸史學』第二七号、北陸史学会、一九七八年）。
(55)前掲註（37）。
(56)『多聞院日記』天正二十年二月二十五日条。
(57)『多賀文書』二、東京大学史料編纂所影写本。
(58)（慶長三年）正月十七日付「多賀秀種他宛豊臣秀吉朱印状」（『多賀文書』一）。
(59)（慶長五年）九月十三日付「多賀秀種宛増田長盛・毛利輝元書状」（『多賀文書』二）。
(60)『中臣祐範記』（『中臣祐範記』第１（八木書店、二〇一五年））慶長五年十月二（三）日条。

(61)『寛政重修諸家譜』巻七六四（『新訂寛政重修諸家譜』第四（続群書類従完成会、一九六四年））。
(62)『新訂寛政重修諸家譜』第二一巻（続群書類従完成会、一九六六年）。
(63)『庁中漫録』（『新訂大宇陀町史』史料編第一巻、二四五頁）。
(64)「松山」と改称する時期については、廣吉壽彦氏は福島期とするが（前掲註（35））、一次史料では確認できない。
(65)前掲註（5）。
(66)『駿府記』慶長十九年七月十九日条、『當代記』同年八月条（『當代記・駿府記』（続群書類従完成会、一九九五年））。
(67)前掲註（62）、『断家譜』巻二十　福嶋高晴（『断家譜』第二（続群書類従完成会、一九六八年））。
(68)『長浜市立長浜城歴史博物館所蔵文書』（『新訂大宇陀町史』史料編第一巻、三四九頁）。

Ⅱ　考古学・発掘調査から見た奈良県の城郭

岡田雅彦

はじめに

奈良県において、城郭は六〇〇～七〇〇件前後が確認されており、その中で発掘調査された城郭は一〇〇件程ある。ただし、城郭全体が発掘調査された事例はあまり多くなく、かつ詳細な調査成果が報告されているものも多くない。そこで本稿では、奈良県内で発掘された城郭の中で、調査成果が刊行されており、詳細がわかるものを抜き出し、それらの調査成果について述べていきたい。

一、立野城跡（D郭）

立野城は、奈良県生駒郡三郷町立野に所在した城郭である。至徳元年（一三八四）の「長川流流鏑馬日記」に記載される興福寺大乗院方国民立野氏の居城で、永禄年間には、信貴山城（平群町）の出城として機能していた。立地は、信貴山からのびる丘陵上に位置し、遠くは奈良盆地南の大和三山をも望むことができる眺望を持つ。

土塁や空堀を巡らしたA～Dの四つの郭からなっており、D郭が主郭と考えられている。いずれの郭も土塁、空堀を巡らせた楕円形となる。発掘調査はすべての郭でおこなわれたが、ほぼ全面調査されたD郭について述べていく。D郭は、三つの平坦部（Ⅰ・Ⅲ・Ⅳ区）・土塁・空堀から構成されており、面積は五〇〇〇㎡ほどある。西から順にⅠ〜Ⅴ区に区画分けされている。

［Ⅰ区］西で信貴山への山道に面しているが、削平を受けており山道との接続は不明である。東西一七メートル以上、南北二三メートルの平坦面で、北辺では土塁と空堀が確認されている。空堀は幅六メートル、深さ三メートル程の断面U字形で、他の地区のものに比べてやや小規模なものである。

平坦面では、東西一一メートル、南北五メートルに地山を削り出した土壇状遺構（建物1）と、これに平行する建物2、Ⅰ区を囲む溝1が確認された。建物1の土壇状遺構上面には花崗岩製の礎石が確認されており、南北2間×東西4間の建物があった。建物2は建物1の一・五メートル程の低い位置にある南北三間×東西六間の建物である。溝1は、建物1・2の北・東・南を巡る、幅一メートル、深さ一メートル程の小規模な溝で断面薬研堀状のものである。

［Ⅱ区］Ⅰ区とⅢ区の間に残る大規模な土塁の調査のために設定された調査区である。空堀はⅡ区で途切れ、Ⅰ区とⅢ区を結ぶ土橋1が確認された。土橋1は地山を削り出して基盤とし、その上に約一メートルの盛土をしていた。

［Ⅲ区］D郭の中で最も広く最も高い位置にあり、面積は七〇〇㎡ほどある。平坦面の周囲に内土塁、空堀、外土塁を巡らす。内土塁は、北側が二メートル、南側が一メートルと北側の方が高い。北側の堀は、幅八メートル程、深さ八メートル程の薬研堀である。南側の堀に比べて遺物の出土が少ない。南側の堀は、幅一三メートル程、深さ四・五メートル以上で断面が毛抜状となる。北側の堀とは異なり、瓦、土器類、面をもつ平らな石が多量に出土している。これらは、Ⅲ区から投棄されたような状況で出土しており、Ⅲ区には瓦葺き礎石建物があった可能性が指摘されている。Ⅲ区北東のⅢ区とⅣ区のくびれ部では、Ⅴ区で後述する旧空堀が断面で確認されている。なお、この調査区

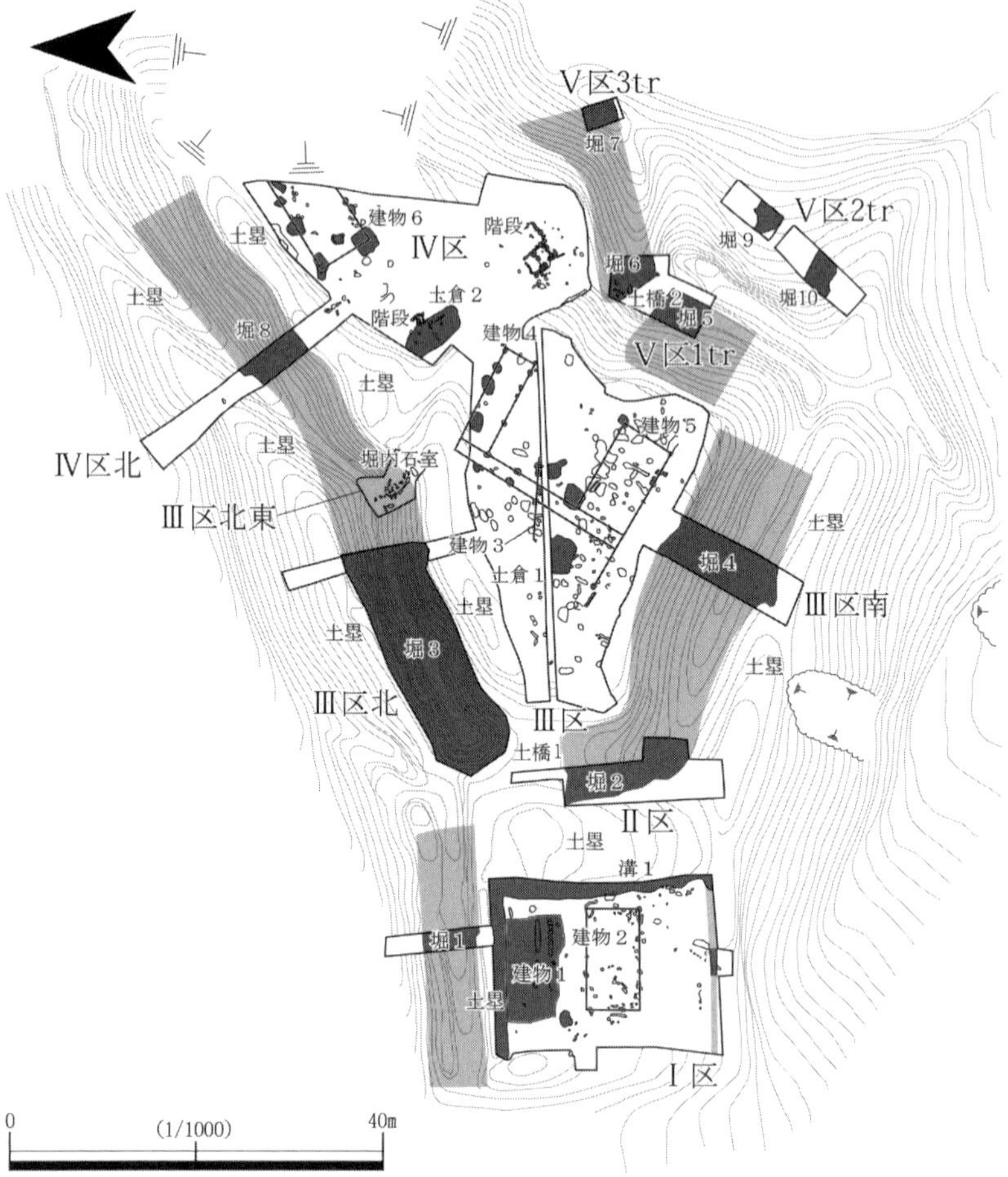

図１　立野城Ｄ郭平面図　橿考研 1981 を再トレース

では旧空堀埋没後に、幅一・四メートル、長さ二・六メートルの空堀に直交して開口する貯蔵庫と考えられる石室（堀内石室）を設置している。

平坦面では、土倉、柱穴が多く確認されている。柱穴群は建物と考えられるが、礎石等が抜かれており詳細は不明である。現状では、北を主軸とする建物3と、この建物よりも約120度角度の異なる建物4・5が確認でき、建物は二時期があったことがわかる。また、建物4・5は東で回廊状建物とつながっていた。

[Ⅳ区]　Ⅲ区から続く内土塁、空堀、外土塁が巡る。東側は削平を受けており、東側の空堀等の状況は不明である。内土塁は高さ三メートルほどある。堀は幅八メートル、深さ七・五メートルあるが、Ⅲ区北のような薬研堀ではなく箱堀となる。

平坦面では、土倉・建物・階段などが確認された。土倉2は短軸三メートル、長軸七メートル、深さ〇・七メートルの平面隅丸方形である。内部北東辺中央には自然礫を五段に積んだ下り階段が設置されている。遺物はほとんど出土しなかった。建物6は東西二間以上×南北一間で土塁に平行して建てられていた。階段は南東から北西方向の上り階段である。一部抜き取られているが、面を持つ自然礫を並べて、幅一・四メートル、長さ三メートルの四段分が確認された。階段の南東は堀となっているため、後述するⅤ区で確認された土橋2と食い違って接続するのであろう。

[Ⅴ区]　Ⅲ・Ⅳ区南東の空堀、土橋、土塁を調査するために設定された地区である。空堀は深さ四メートルの薬研堀である。空堀下層からは古い段階の断面U字の空堀（旧空堀）が確認された。旧空堀はⅢ区とⅣ区の間のくびれ部に向かっている。Ⅲ区北東において同様の旧空堀が断面で確認されており、旧空堀はⅢ区の東を巡っていたことが明らかになった。土橋2は、空堀を掘削したのちに二・四メートル程盛土したもので、北側では土留めのための人頭大の自然石が崩落していた。土橋南東では、幅三メートルほどの竪堀二条（堀9・10）を確認している。

[まとめ]　発掘調査成果から、Ⅲ区を底がU字形の浅い堀が巡る一期と、Ⅲ区とⅣ区の周縁を土塁に挟まれた深い堀が巡る二期の二段階の遺構が確認された。これに対応するように、Ⅲ・Ⅳ区で確認された建物は、空堀と同様に二時期ある。Ⅲ区南の堀内から瓦や礎石、束石に使用されたと考えられる平らな石が多量に廃棄されていることか

ら、Ⅲ区における二期の建物は礎石瓦葺建物と考えられる。一方、Ⅳ区の建物は二期に設置される土塁、空堀と平行して建てられることから二期の建物であるが、周辺での瓦の出土がないことから掘立柱建物と考えられる。郡山城築城以前の大和の城郭で、瓦が出土する事例は多聞城、筒井城、古市城などがあるが、多量に瓦が出土する事例は多聞城と立野城のみである。ともに松永久秀に関係する城郭であることが共通している。

Ｄ郭の遺構面から十六世紀の陶磁器が出土することから、この時期には城郭として機能していたことがわかる。また、内堀内から天文五年（一五三六）銘の宝篋印塔や、享禄元年（一五二八）以前の年代観を持つ軒平瓦（法隆寺２６８Ｇか）が出土し、これらは明らかに二次利用されたものであることから、Ⅱ期の年代はこれ以降と考えられる。発掘調査では火災の痕跡は確認できなかったにもかかわらず、瓦、礎石、束石が南側の堀に大量廃棄されていることなどから、天正五年（一五五七）の信貴山城落城時ではなく、天正八年（一五八〇）の織田信長の破城令により破却された可能性が指摘されている。

二、小山戸《おやまと》城跡

奈良市都祁《つげ》小山戸（旧山辺郡都祁村大字小山戸）に所在する、東山内衆のひとつである小山戸氏（北氏）の城郭である。小山戸城は南から北へ舌状に張り出した丘陵先端部に位置する。当該地には、「シロ」「マトバ」「ホリ」などの小字が残る。中央平坦部を頂点に、東・北・西の各面をひな壇状の細長い水田が取り巻いている。中央平坦部は台地の頂部を造成してつくり出した南東部に張り出しをもつ五角形であり、主郭にあたると考えられている。主郭の周縁には急傾斜の切岸と内堀がある。内堀の外側には、主郭よりも一段低い位置に高さが異なる腰曲輪や帯曲輪状の

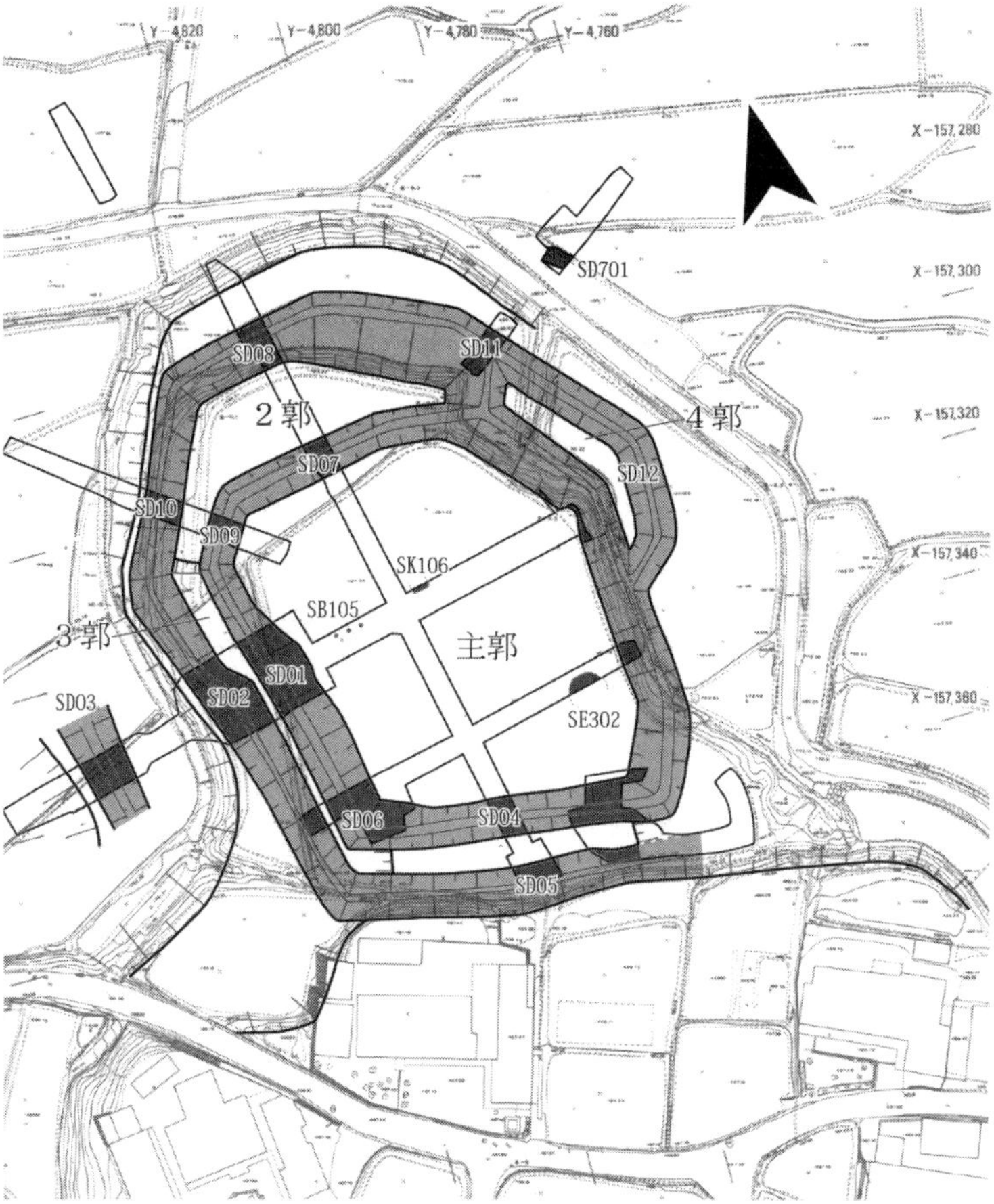

図２　小山戸城平面図　橿考研 1998 に追記し転載

平坦面（２～４郭）が形成され、その外には外堀が二条に巡る。

［主郭］面積は二二〇〇㎡で、平面五角形となる。周縁は少しずつ方向を違えた直線で構成されている。主郭部周縁には土塁が廻っていた可能性が高いが、後世の削平によりその痕跡は確認できない。建物は主郭西側でＳＢ１０５の１棟のみ検出された。東西二間ほどの小規模な掘立柱建物であることから、主要建物ではない。主要建物は礎石建物であった可能性が高く、削平によりその痕跡が残っていないと考えられている。主郭部中

央のＳＫ１０６から焼土化したスサ入り粘土塊の出土があり、これが削平された建物の壁材の可能性がある。ＳＥ３０２は主郭部で確認された井戸である。直径五メートル、深さ三・七メートルある。井戸枠は抜き取られており残っていない。井戸内からは多量の遺物が出土した。遺物には、土師器や瓦質土器などの日常雑器類、風炉や天目茶碗などの茶道具類、白磁や青花鉢などの輸入品などがある。

［２〜４郭］後世の水田造成により削平され、遺構は確認できていない。２郭は、主郭部の北側に位置する内堀と外堀に挟まれた台形の平坦面である。附属する郭では最も大きく高い位置にあり、主郭部よりも一メートル低い。面積は四〇〇㎡ほどある。３郭は、主郭部西側に位置する内堀と外堀に挟まれた南北に細長い平坦面である。主郭よりも三メートル低い。面積は七〇㎡ほどある。４郭は、主郭部東側に位置する内堀と外堀に挟まれた三日月形の平坦面である。主郭よりも四メートル低い。面積は一〇〇㎡ほどある。

［堀］主郭の外に内堀が、２〜４郭の外に二重の外堀（以下、外堀内・外堀外とする）がある。内堀は幅が最大六メートル、深さ最大三・三メートルある。南に比べて北は幅が狭く浅い。北側では改修の痕跡が確認されており、幅三メートル、深さ二・八メートルの薬研堀を、幅四・五メートル、深さ一・三メートルの箱堀に改修している。外堀内は幅が最大八メートル、深さが最大三・五メートル以上ある。南に比べて北は幅が狭く深い。外堀内は北東では内堀と接続するが、南東では内堀と接続するかは不明である。内堀と接続せず、南東の落ち込みに沿って東に進むのなら、ここが虎口となる可能性もある。また、４郭東の地形が堀の痕跡とすれば、渦巻き状に堀が廻り、外堀外に接続する可能性もある。外堀内（ＳＤ０２）西では基底部が幅四メートル、外堀内底から比高差一・六メートルの土塁が確認されている。外堀外は、西側でのみ確認されており、幅七メートル・深さ一・二メートルある。

［まとめ］発掘調査成果から、小山戸城は小規模な城郭であるものの三重の空堀や土塁を備え、主郭に腰曲輪や帯

曲輪を附属させた本格的な防御機能を備えている城郭であることが明らかになった。

また、発掘調査では築城以前の主郭部において、十五世紀後半～十六世紀初頭の館跡が確認されている。これにより、小山戸城はもともとあった小山戸氏の館を改変して、十六世紀前半に築城したということになる。城郭として機能するようになった後も、主郭部ＳＥ０２から日常雑器類や茶道具が多く出土していることから、小山戸氏の生活空間としても機能し続けていたことがわかる。つまり小山戸城は、小山戸氏の生活空間である「館」としての側面と、「城」としての側面をあわせもった城郭であったと評価されている。小山戸氏は近世以降も没落せず、豪農として勢力を保っていたため、多くの文献史料が残されている。そのため、信長の破城令以前に落城したとは考えにくく、他の城郭と同様に、破城令により廃城となったと考えられている。

三、古市城跡

奈良市古市南町に位置する、十五世紀の大和において全盛期をむかえる国人・古市氏の城郭である。谷によって区切られた舌状の台地にあり、その台地の字名は、北から「古城」「上ノ段」「高山」「城山」と呼ばれている。「古城」「上ノ段」は比較的広い平坦面が残ることから、古市氏の居城が存在すると推定されている。一方、「高山」「城山」は出郭と考えられている。発掘調査は、「上ノ段」・「高山地区」の舌状台地の南端部で一部おこなわれているが、広範囲で発掘調査がおこなわれた「城山地区」について述べていく。

城山地区は、Ａ～Ｆの六つの平坦面を造成した城郭で、東と南に流れる藤原川の支流を外堀に利用している。［郭Ａ］丘陵の西端に位置する郭で、東西一二メートル、南北三六メートルある。西側の水田面よりも三メートル高い。

東端で幅四・四メートル、深さ一・六メートルの箱堀を呈する空堀（ＳＤ０１）が確認された。郭Ｂ南で確認されていないことから、南の堀に接続する可能性がある。

［郭Ｂ］郭Ａの東に位置する東西一二メートル、南北四〇メートルの郭で、郭Ａより三メートル高い。遺構は溝、土坑がある。郭東端には段差に沿って郭Ｃ・Ｄからの排水を受ける深さ〇・二メートルの溝（ＳＤ０２）がある。その西には、〇・三メートル大の川原石を側石とし、その内側に瓦質土管を埋設した溝（ＳＤ０３）がある。東西が壊されているが、ＳＤ０１・０２に接続し、ＳＤ０２が受けた排水をＳＤ０１へ排出するための排水溝と考えられる。郭南端では底がほぼ平らであり、貯蔵施設の可能性が指摘されている大型方形土坑（ＳＫ０１）がある。埋土から五輪塔などの石造物が多量に出土した。

［郭Ｃ］郭Ｂの東に位置する東西一六メートル、南北二〇メートルの郭で、郭Ｂよりも五メートル高い。遺構は、溝・建物がある。郭中央には深さ〇・一メートルの南北溝（ＳＤ０４）があり、北で東に曲がる。ＳＤ０５はＳＤ０４に接続する深さ〇・一メートルの東西溝である。ＳＫ０２はＳＤ０４東側で確認された深さ〇・一メートル程の土坑である。土坑内には五輪塔火輪・一石五輪塔・小礫が並べられていることから、建物礎石の可能性がある。ＳＫ０１が建物礎石とすると、郭のほぼ中央に建物があり、建物の周囲は溝で囲まれていた可能性が高い。

［郭Ｄ］郭Ｃ北側で確認された東西三六メートル、南北一〇メートルの郭で、郭Ｃよりも一・五メートル低い。遺構は溝・土坑・埋甕などがある。遺構の重複から二時期の遺構が確認された。郭南端には、段差に沿って郭Ｅからの排水を受ける深さ約〇・一メートルの東西溝ＳＤ０６・０９がある。ともに郭中央付近で深さ約〇・一メートルのＳＤ０８に接続する。ＳＤ０６の西側は平瓦を蓋に利用した暗渠となる。西端で北に直角に屈折しており、ＳＤ０７に接続する。ＳＤ０７はＳＤ０６の三メートル北側で平行する深さ〇・一メートルの東西溝である。東端はＳ

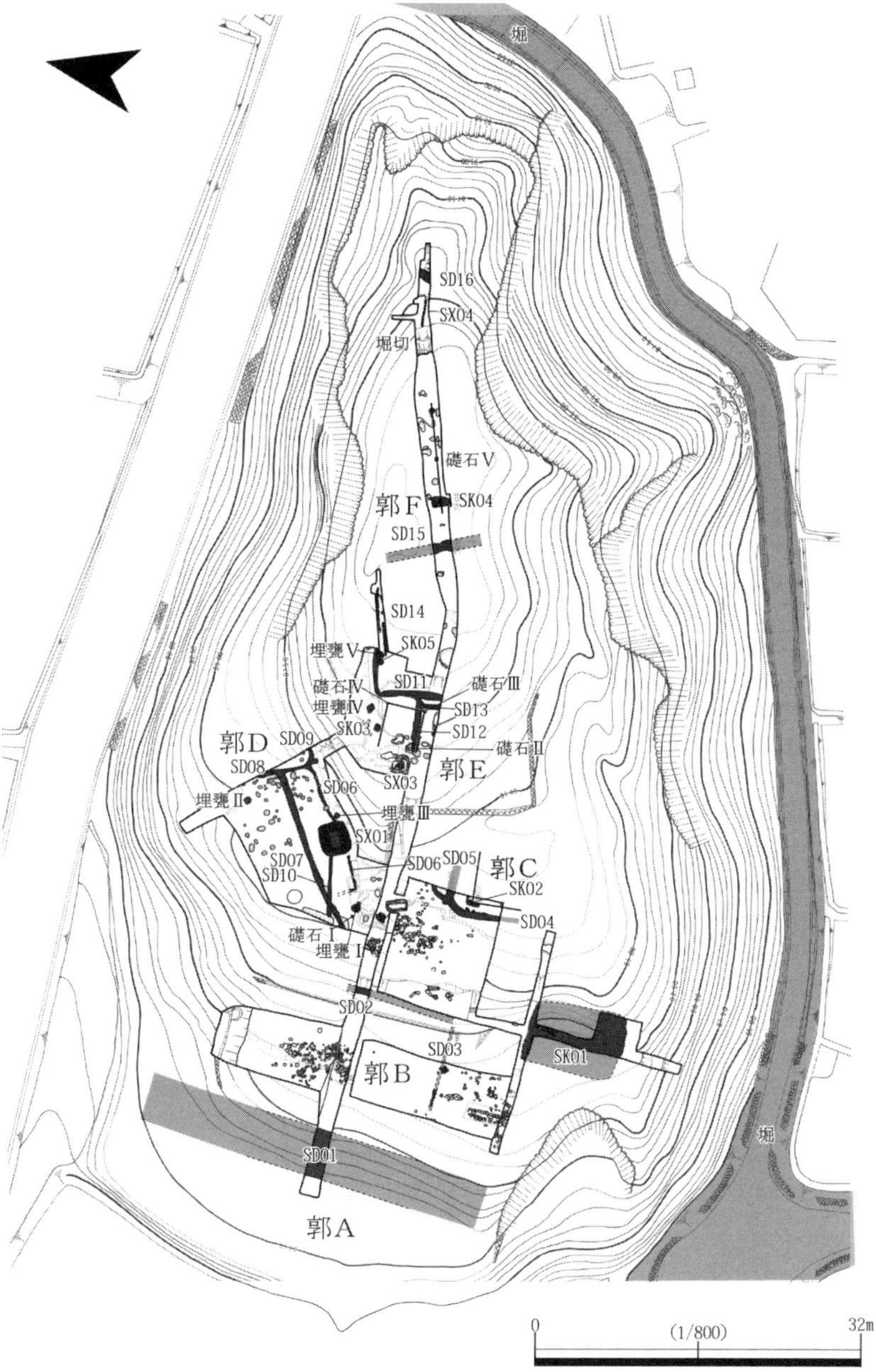

図３　古市城跡平面図　奈良市 1980 に追記し転載

Ｄ０８に接続する。西側は瓦質土管が設置され暗渠となる。ＳＤ１０はＳＤ０６・０７の間を斜めに流れる深さ〇・一メートルの溝で東端はＳＸ０１に接続する。ＳＤ０７よりも新しい溝である。ＳＸ０１は縦〇・九メートル、横一・八メートル、深さ〇・七メートルの石組み土坑でＳＤ０６よりも新しい。石組みは〇・三〜〇・四メートルの川原石および五輪塔地輪・石仏を石材として利用し、それぞれの平坦面を内側にそろえて壁としていた。ＳＤ１０と接続していることから、貯水施設の可能性がある。

［郭Ｅ］郭Ｃ・Ｄの東で確認された東西一〇メートル、南北二〇メートルの郭で、郭Ｃよりも四メートル高い。遺構は溝・土坑・埋甕が確認された。郭東端には、段差に沿って郭Ｆからの排水を受ける深さ〇・一メートルの南北溝ＳＤ１１がある。北側で東に直角に屈折する。ＳＤ１２はＳＤ１１に接続する深さ〇・一メートルの東西方向の溝である。ＳＤ１３はＳＤ１１の西一メートルに並行して流れる深さ〇・一メートルの南北方向の溝である。北端でＳＤ１２に接続する。郭中央の西へ張り出す地点の礎石Ⅱ〜Ⅳは、一つの建物を構成していたと考えられる。礎石Ⅱは土坑内に五輪塔火輪と長方形石材を、礎石Ⅲは土坑に五輪塔地輪を、礎石Ⅳは宝篋印塔基台を直接地面に据え付けている。礎石間の距離は三・九メートルである。

［郭Ｆ］郭Ｅの東で確認された東西三一メートル、南北一二メートルの郭で、郭Ｅよりも一メートル高い。遺構は溝・土坑・埋甕が確認されている。郭東端には幅一一メートル、深さ三メートルの南北方向の堀切がある。郭北端には深さ〇・六メートルの石積み東西溝（ＳＤ１４）がある。石積石材には五輪塔台座・火輪・地輪・石仏などを転用し、平坦面を内側に揃えていた。石積みは南側では二段分が確認された。本来は、郭Ｅで確認されたＳＤ１１が郭北を巡っていたが、郭Ｆ拡張に伴いＳＤ１１が埋没し、ＳＤ１４が新たに設置されたと考えられている。ＳＤ１５は郭中央で確認された深さ〇・四メートルの南北溝で、北でＳＤ１４に接続する可能性がある。ＳＫ０４は方形土坑で、

多量の土師器皿が完形で出土した。礎石Ｖは地面に五輪塔地輪を据えつけたものである。東側で確認された自然石と一・八メートルの距離があり、西のＳＫ０４とは二・一メートルの距離がある。これらは東西並ぶことから建物となる可能性が高い。

［まとめ］発掘調査から、城山地区は築城直前まで墓地として利用されており、礎石・土坑・溝などに使用されていた五輪塔などの石造物は、この墓地から転用されたことが判明している。このように、築城以前にあった墓地等の宗教・祭祀空間を破却して築城した他の事例に、多聞城（奈良市）や大塩城などがある。多聞城では、築城以前にあった墓地と眉間寺《みけんじ》を破却し、石造物や瓦などを築城時に転用していることが、発掘調査や文献史学の成果で判明している。大和において墓地や寺院等を破却し築城する行為がこの時期に増えてくることは、従来の宗教観がこの時期に否定されはじめ、新たな宗教観の萌芽が始まってきた可能性を示唆している。

墓地は、十四世紀末～十六世紀前半まで一五〇年ほど利用されていたことから、発掘調査で確認された城郭は、古市氏全盛期の十五世紀の城郭ではないことが明らかになった。直前まで墓地として利用していたことから、築城は十六世紀中葉の可能性が高い。また、城山地区には「永禄元年の新城」といった伝承が近世に残されており、この年代観を補強している。天正八年（一五八〇）の織田信長の破城令により破却された可能性が高い。城山地区が古市氏全盛期の十五世紀に墓地として利用されていた以上、古市氏全盛期の城郭は「古城地区」・「上ノ段」・「高山地区」にあったと考えられる。

おわりに

奈良県の城郭についての考古学的な調査・研究は、多聞城跡、筒井城跡（大和郡山市）、郡山城跡（大和郡山市）、宇陀松山城跡（宇陀市）、高取城跡（高取町）などの石垣や瓦などの城としての痕跡が比較的残りやすい、いわゆる織豊期の城郭についてのものが多い。一方、織豊期以前の城郭については発掘調査事例が多いが、それらを取り扱った研究はさほど多くない。また、時期に関係なく山間部の城郭は開発が少ないことから発掘調査された事例が少ない。

城郭の発掘調査は、地表面観察や文献史料ではわからなかった新たな知見を示すことができるため、城郭研究を進めていくうえで重要な手法といえる。筆者の力量不足により本稿で反映させることはできなかったが、近年奈良県では、今まで知られていなかった城郭の発掘調査や郡山城天守台などの発掘調査事例が増加してきている。

奈良県内では、発掘された城郭の調査成果を概観し総括した研究はさほど多くなく、発掘調査された城郭単位でまとめられている現状がある。これは、『日本城郭大系』以降、県内に城郭がどれぐらいあり、どの程度が発掘調査されているかなどについて正確に把握されていないことが要因であろう。奈良県内の城郭の発掘調査などの考古学的な成果を城郭研究に活かしていくためにも、県内にどれくらいの城郭があり、どの程度発掘調査されているのかといった基礎的な資料を得るための悉皆分布調査を進めていく必要がある。

【参考文献】

奈良県立橿原考古学研究所編『立野城跡　生駒郡三郷町立野所在中世城の調査』、一九七五年
寺沢薫「立野城跡Ｄ郭」『奈良県遺跡調査概報（第二分冊）一九七九年度』、奈良県立橿原考古学研究所、一九八一年
森下恵介編「古市城跡」『奈良市埋蔵文化財調査報告昭和55年度』、奈良市教育委員会、一九八一年
奈良県立橿原考古学研究所『小山戸城跡』（奈良県文化財調査報告書　77集）、一九九八年
太田三喜「奈良県における中・近世城館の調査」『研究紀要』（第10集）、由良大和古文化研究協会、二〇〇一年
下高大輔「奈良県の中近世城郭遺跡―調査・研究の現状と課題―」、城郭談話会、二〇〇九年
奈良市教育委員会『平成二七年度　秋季特別展　近世奈良の開幕―多聞城と郡山城―』、二〇一五年
織豊期城郭研究会『織豊期城郭瓦研究の新視点』（織豊期城郭研究会　二〇一八年度　京都研究集会資料集　付織豊期城郭集成Ⅳ）、二〇一八年

Ⅲ　縄張りから見た奈良県の城郭

内野和彦

はじめに

奈良県内の城郭は、所在不明および消失したものを含め、その数は五〇〇以上にのぼる（『図解 近畿の城郭』Ⅴ巻末城郭一覧）。そのうちの一四三城が、『図解 近畿の城郭』シリーズ（以下、『近畿』と表記）にて紹介された。しかしながら、それらの城郭を俯瞰して奈良県特有の縄張りを見つけ出すのは難しい。むしろ、他の近畿各府県に所在する城郭の特徴と大きく変わらないと筆者は考える。

これらの城郭が築城される背景となった中世の大和国について簡単に述べると、摂関家の氏寺・氏神であった興福寺・春日社の勢力が強く、守護不在の国であった。興福寺は在地土豪である国人衆を衆徒《しゅうと》・国民《こくみん》としてその組織に組み込み、国内全域に広がる自領荘園の荘官に任じた。また、衆徒・国民となった国人側も興福寺の権威を自らの勢力伸長に利用したが、組織の中での伸長は限界を生じた。十四世紀中半に起こった興福寺一乗院と同大乗院門跡の対立は、衆徒・国民である国人衆を二分する内乱に発展し、その中から越智氏・筒井氏・十市氏・古市氏・箸尾氏などが有力国人として頭角を現す。永享元年（一四二九）に起こる大和永享の乱以降の国人衆は、おおかた越智派、筒井派に収束されて相争う形となるが、その形態は中央政局の混乱に同調し、畠山氏の内訌も重なり、対立は熾烈を極めた。十五世紀末以降に国人衆は和睦し、国人一揆を二度結ぶが、十六世紀に入って赤沢朝経・長経父子、柳本賢治が相次いで京都より乱入、その試みは破綻する。これら一連の動向のなかで、他の有力国人も頭角を現す。東山内《ひがしさんない》（大和高原）では多田氏・吐山《はやま》氏・山田氏・福住氏・小夫氏などが、葛城地域では片岡氏・岡氏・高田氏・万歳氏・布施氏・楢原氏・吐田《はんだ》氏などである。宇陀地域では南北朝期に北畠氏のもと南朝方として働いた、沢・秋山・芳野の三氏が依然、有力な地位を保持していた。その後も外部勢力の侵入は相次ぎ、天文五年（一五三六）の木沢長政、永禄二年（一五五九）の松永久秀と続く。

現在奈良県に残る城郭は、大和永享の乱以降に築城されたものがほとんどであると思われる。もちろん、それ以前に築城された城郭の現存を否定するわけではないが、それらは在地小領主の館を兼ねた城郭の一部に痕跡を残す程度と思われる。戦術的な縄張りにより構成される軍事色の強い城郭は、大和永享の乱以降の絶え間ない戦乱の中で築城され、あるものは改修し再利用されたと考えられる。本稿では、これら奈良県に所在する城郭の縄張りについて考察していきたい。

一、十五世紀の縄張りの特徴

西方院山城《さいほういんざん》（『近畿』Ⅱ）は文安元年（一四四四）に築城され、文明十年（一四七八）に改修、再利用された（村田修三『近畿』Ⅱ「西方院山城」）。とくに東尾根続きを遮断する二重堀は、文安元年に造られた遺構が残るとされる。大和では、文安期においてすでに多重の堀による遮断が意図されていたことが知られる。

また村田氏は、西の丘陵上に隣接して位置する鬼薗山《きおんざん》城の西端堀切と、西方院山城の多重堀が平城京の区割りに沿った境界に制約されていたとする。そして、西方院山城の主郭西の土橋を伴う堀切と、方形の小曲輪を文明期の

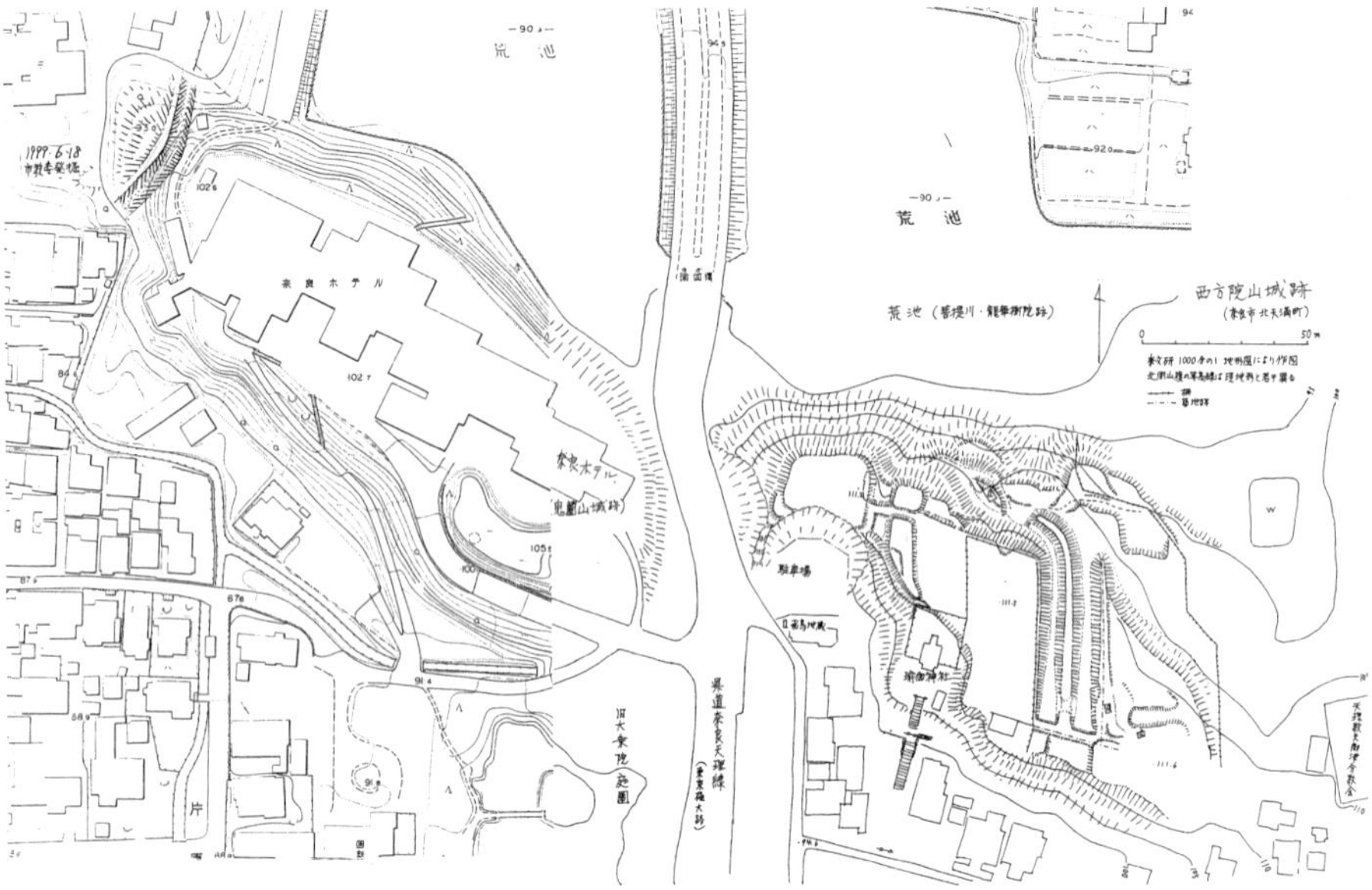

図１　西方院山城（『近畿』Ⅱ）　作図：村田修三

縄張りであるとし、小曲輪をルート上に設けられた馬出状の堡塁と評価した。両城の堀切は斜面部を遮断する意図のもと竪堀状になって麓まで延び、十五世紀において尾根部には多重堀、斜面部には竪堀による遮断がすでに施されていたことを表す。また、土橋の存在から、敵の侵入ルートを完全に遮断する意図は持たず、その対処として馬出状の堡塁を設ける縄張りがすでに存在していた事も示している。

二、小規模城郭の特徴

奈良県の各地には、小規模な城郭（最長部二〇〇メートル以下、最幅部一五〇メートル以下）が点在する。おおむね県内全域で確認可能だが、その分布には偏りが見られる。

かつて東山内《ひがしさんない》と呼ばれた奈良県東部の大和高原は、小規模な城郭が数多く分布する。集落に近い尾根先に立地し、集落との繋がりの深い在地領主の居館を兼ねた城郭とされる（村田一九八〇）。縄張りは方形プランによる単郭を主体とし、水間城（『近畿』Ⅱ）、下垣内城（『近畿』Ⅳ）のように曲輪を空堀と帯曲輪で囲むものや、別所城（『近畿』Ⅴ）のように土塁と切岸による遮断を主とするものなどが多く存在する。ともに居住性を重視した単調な縄張りで、南方に土塁を設けない等の共通点が見られる。

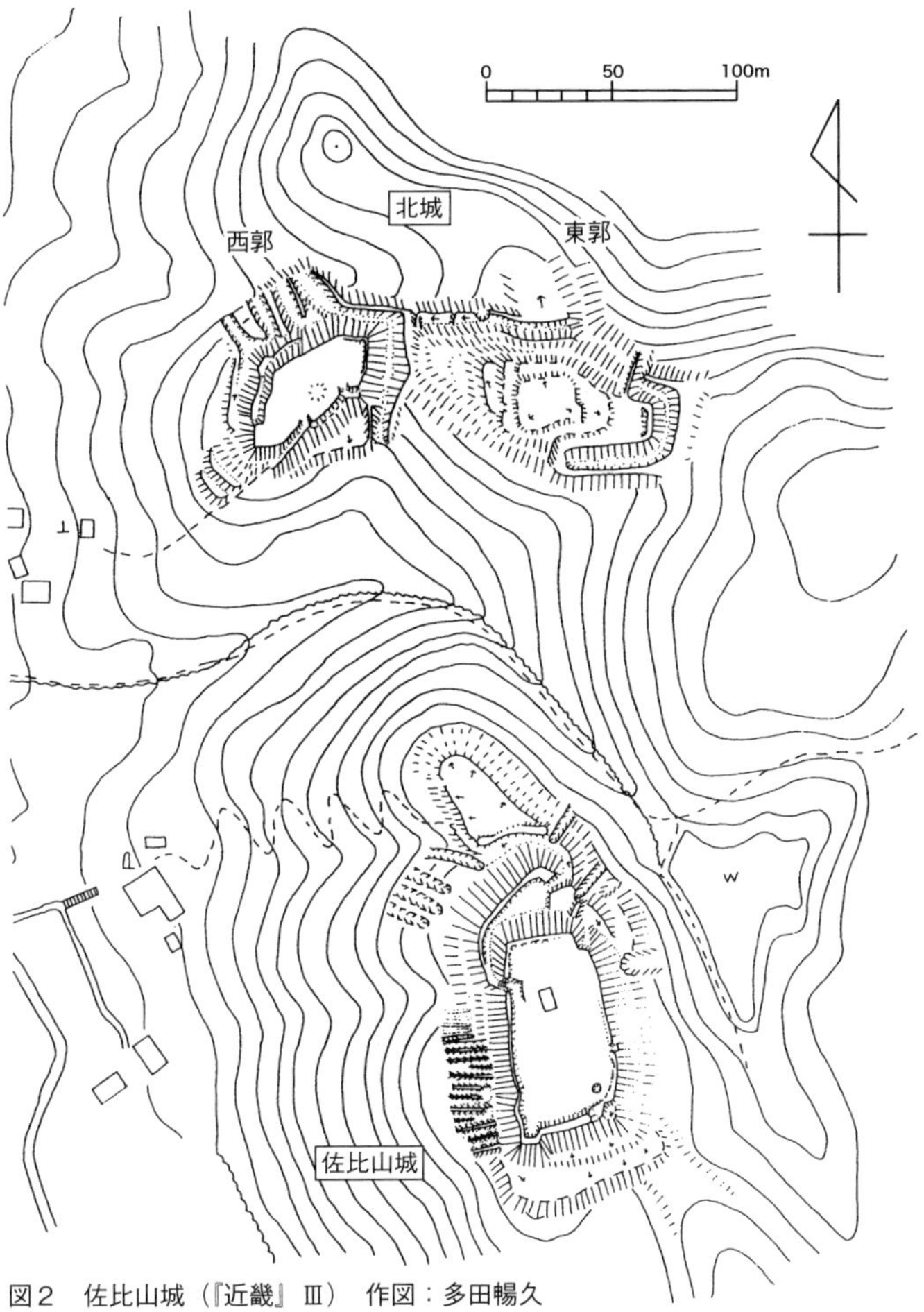

図２　佐比山城（『近畿』Ⅲ）　作図：多田暢久

一方、上狭川城（『近畿』Ⅱ）は方形の曲輪の四周を土塁で囲み、土塁によって巧みに構築された虎口を二重に持つ。また、佐比山城（『近畿』Ⅲ）にも土塁で囲まれた虎口曲輪が設けられ、横矢を可能とする張り出しと、張り出しに対応した畝状空堀群が見られる。福住中定城（『近畿』Ⅰ）にも張り出しが見られ、畝状空堀群は山田城（『近畿』Ⅲ）にも使用されている。

これらの城郭は方形プランの影響を残しながらも、軍事的に発達した城郭として評価される（多田一九九〇）。そのうち佐比山城と山田城には、削平不十分なタイプの違う城郭が隣接し、外部勢力の駐屯も推測されている。

また、須川城（『近畿』Ⅳ）や、天正伊賀の乱時の陣城とされる頓《とん》比《ひ》屋《や》宇《う》峯《みね》営《えい》址《し》（「峠の陣城群」『近畿』Ⅱ）にも、土塁の折れを伴う張り出しが設けられ、両者ともに外枡形状虎口などの発達した縄張りが見られる。

小規模城郭は明日香城塞群（『近畿』Ⅱ）をはじめ、奈良県南部にも集中する。特徴としては、堀切や横堀などの堀で城域を画し、比高を持つ曲輪が中心部に聳える岡城（「明日香城塞群」『近畿』Ⅱ）や佐田城の口城（『近畿』Ⅳ）、竪堀・横堀・土塁などを組み合わせ、防御ラインの形成を目的とする縄張りの奥山城（「明日香城塞群」『近畿』Ⅱ）、畝状空堀群を縄張りに取り入れ、ひときわ軍事性の高い祝戸城（「明日香城塞群」『近畿』Ⅱ）などが存在する。

宇陀地域にも平井城（『近畿』Ⅲ）、古市場城（同）、三宮寺城（『近畿』Ⅳ）などに代表される小規模城郭が存在する。平井城と三宮寺城は土塁囲みの小さな主郭を持ち、尾根続きは複数の堀切で遮断される。古市場城は曲輪の周囲を土塁と横堀で囲み、土塁には折れと張り出しが見られる。これら宇陀地域の城郭は、永禄三年（一五六〇）から永禄十年に宇陀地域へ侵攻した松永氏の関与が推測されている（金松二〇〇八）。

三、大規模城郭の特徴

奈良県の代表的な大規模城郭（最長部二〇〇メートル以上、最幅部一五〇メートル以上）としては、有力国人の「山《やま》ノ《の》城《しろ》」が挙げられる。「山ノ城」は有力国人の広域勢力圏全体の詰城であり、後背地と国中《くんなか》盆地（奈良盆地）との境目である山地に築城された。当然、軍事性の高い城郭となるが、政庁的役割も持ち合わせていた（村田一九八五）。

筒井氏の椿尾上城（『近畿』Ⅰ）、十市氏の龍王山城（『近畿』Ⅰ）、古市氏の鉢伏城（『近畿』Ⅳ）がそれにあたる。ともに曲輪の配置は幾重にも及び、大勢の軍勢の駐屯を可能とする形態である。また、広い城域の防御の集約、通行の制限、進路の制約を目的とし、畝状空堀群が要所に使用される点も共通する。

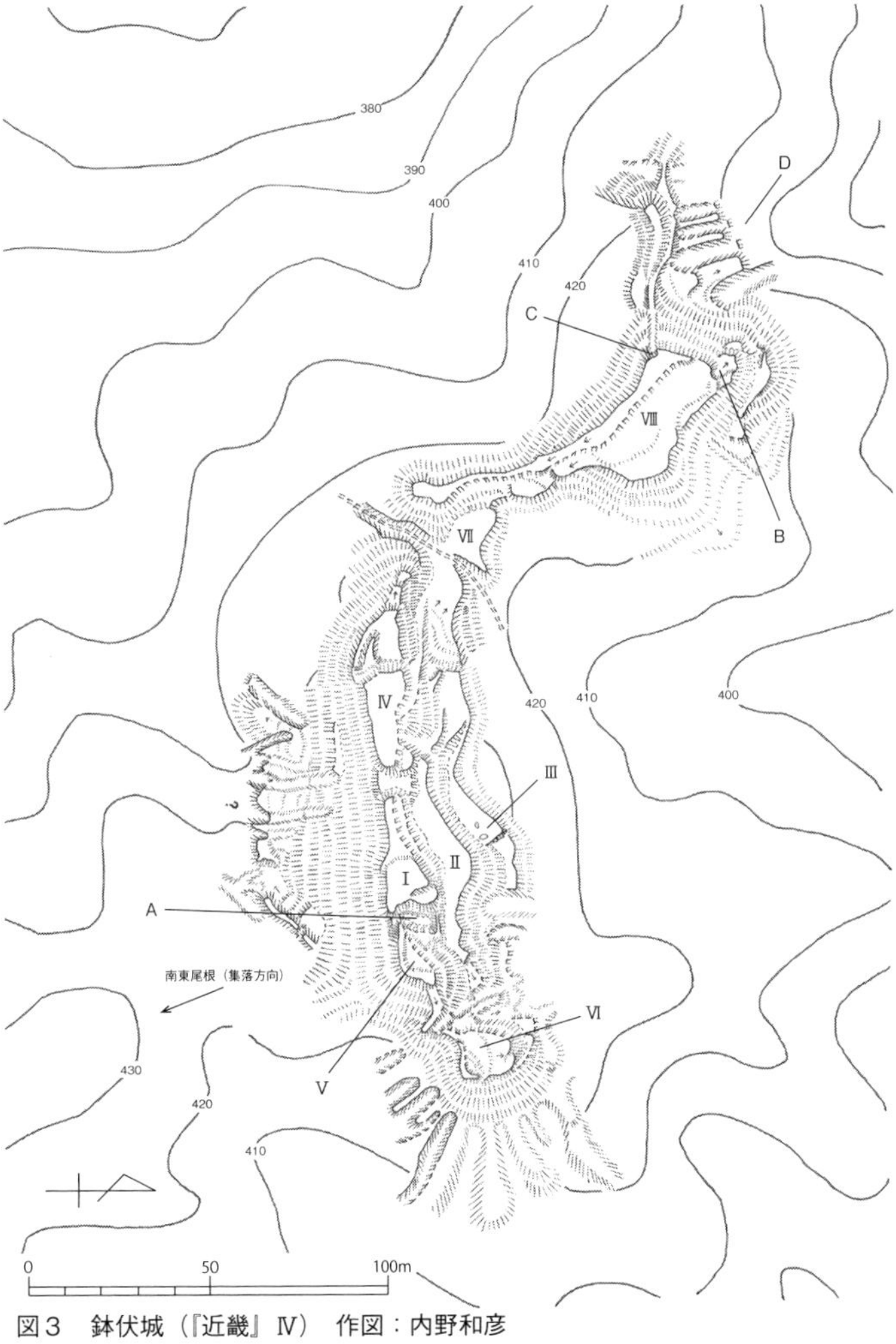

図３　鉢伏城（『近畿』Ⅳ）　作図：内野和彦

そのなかでも、永正期（一五二〇頃）に築城されたとする鉢伏城（村田一九八三）は、削平が不十分で臨時の城郭に近い形態を残す。縄張りの特徴としては、防御正面に高い曲輪と土塁を一直線に並べ、ラインの構築を意図したものとなる。永正期にすでに土塁のライ

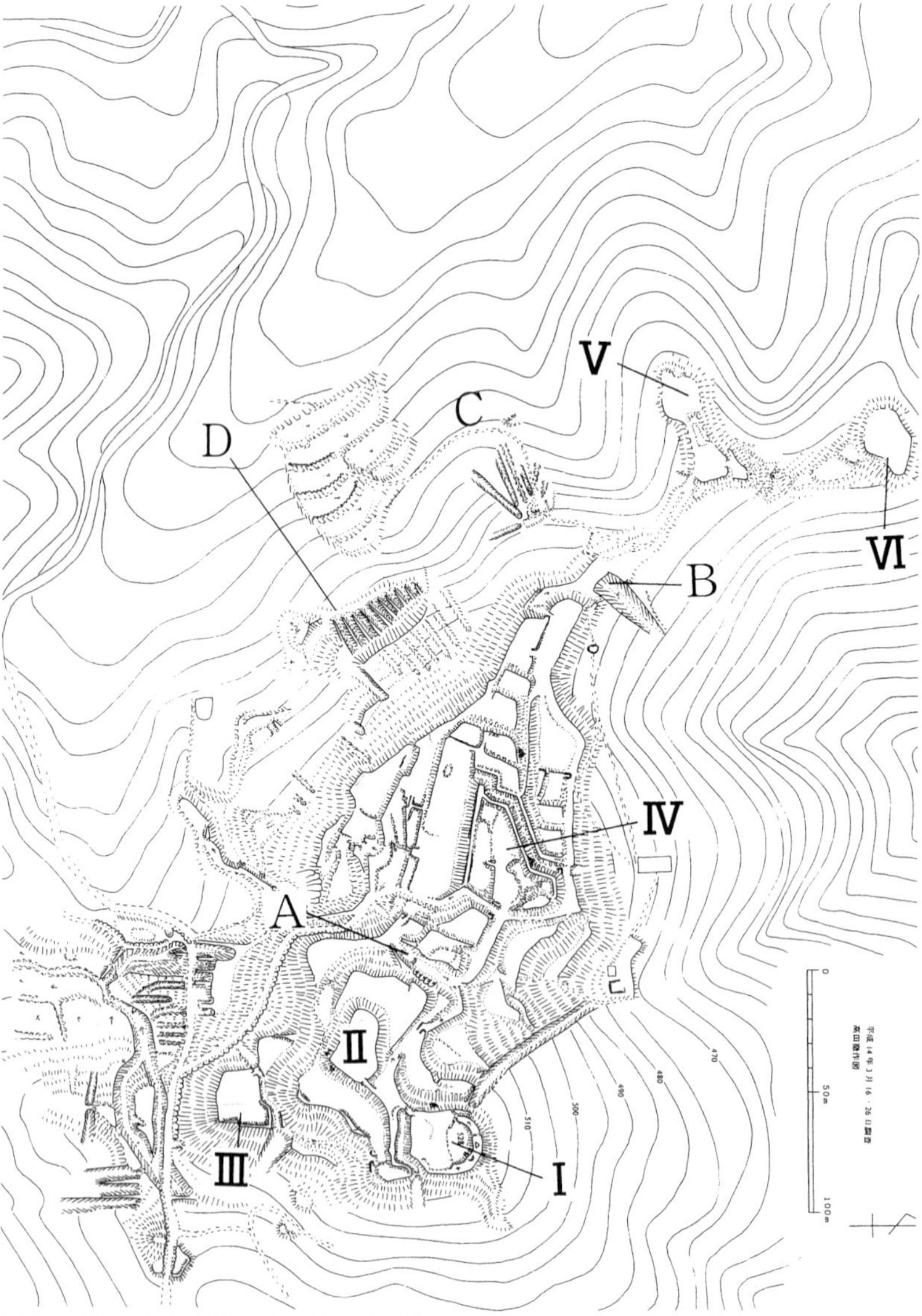

図４　椿尾上城（『近畿』Ⅰ）作図：高田徹

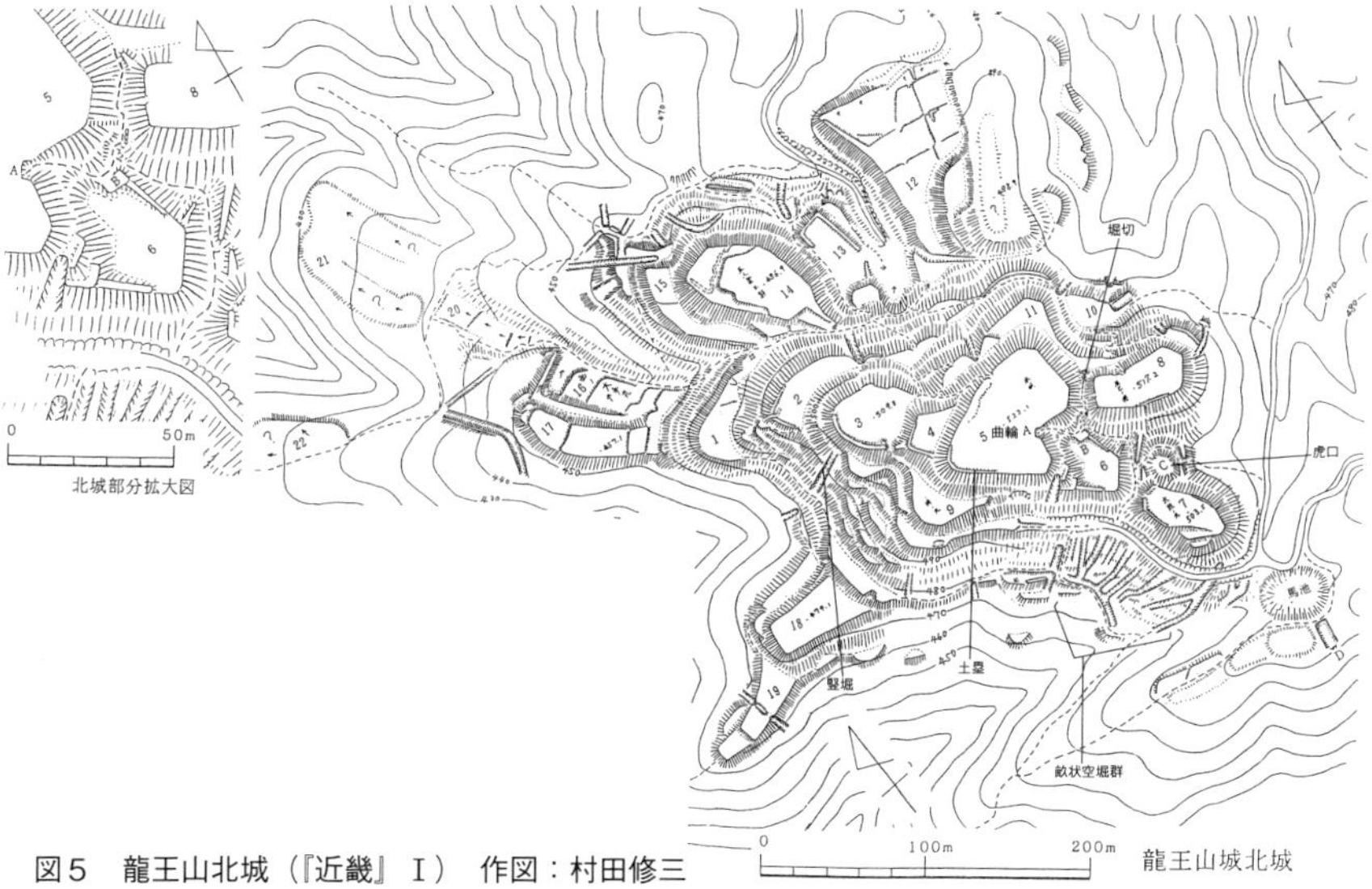

図５　龍王山北城（『近畿』Ｉ）　作図：村田修三

ンを意識した縄張りと、畝状空堀群の使用があったことがうかがえる。

椿尾上城では、曲輪が幾重にも並ぶ幅広の尾根を防御する要として、主郭のある主要部前面の尾根中央部に土塁で囲まれた曲輪が配置されている。この曲輪の前面には折れを伴う堀が設置されるが、堀は幅広な尾根を完全に断ち切らず、家臣屋敷などの駐屯部と思われるメリハリのない平坦地が両脇に並ぶ。畝状空堀群を一部伴う急峻な切岸内部に、軍事性の強い曲輪と駐屯部との機能分化があったと考えられる。

龍王山城には南・北両城が存在するが、北城は松永氏の関与が指摘される。北城では主郭を頂点として屹立する山容部に帯曲輪や腰曲輪が配置され、山裾部の放射線状に延びる幾筋もの尾根上に駐屯部が設けられている。主郭を頂点とする山容部と、山裾尾根上の駐屯部はルートを兼ねた堀によって区分されており、各尾根の駐屯部は独立的となる。さらに、駐屯部の尾根に挟まれた谷部の虎口には、国中平野（奈良盆地）から延びるルートが繋がる。

この全体的な構造は、同じく松永氏の拠点城郭であった信貴

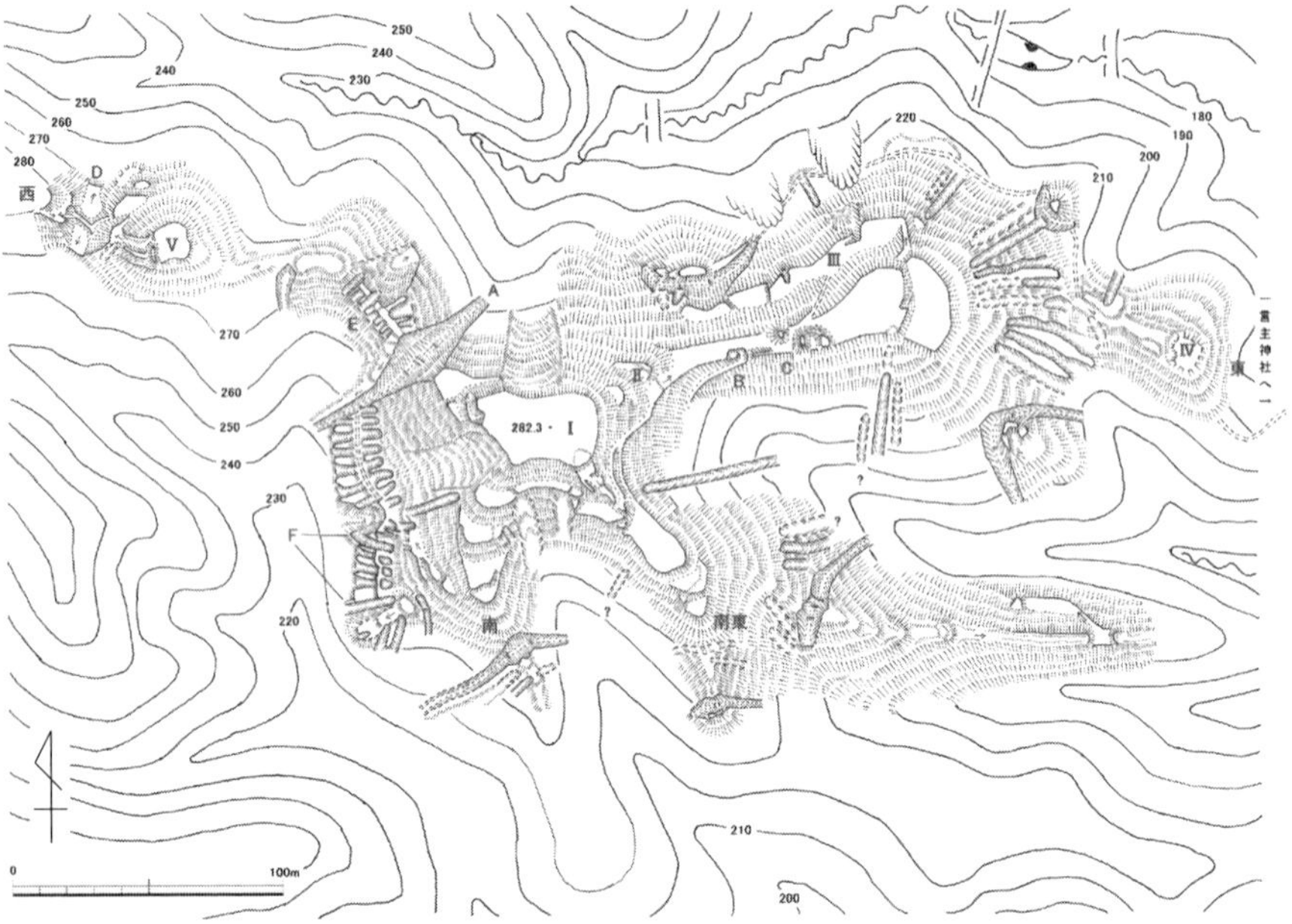

図６　吐田城（『近畿』Ⅲ）　作図：内野和彦

山城にも共通して見られ、本城部と家臣屋敷などの駐屯部を分化する意図が見られる。また、信貴山城では駐屯部のある同一の尾根上に、自然地形を挟んで独立的な曲輪が続くケースが見られる。これらの曲輪は狭義の城域外、もしくは駐屯部の拡張とみることができる。しかし、虎口が城域中心方向を向くなどの独立性を持ちながらも、高さのある城域中心方向に対しては自然地形を介するだけであり、防御の工夫はまったく見られない。このような構造は、同じ城郭に駐屯する集団内の階層的な区分を示しているとも考えられよう。また、龍王山北城の主要部である主郭周辺は、各曲輪がルートを兼ねた堀で仕切られるものの、高低差が少なく並立的で、主郭が圧倒的な優位性を持たない。

　このような主要部の構造は、播磨守護赤松氏の本城であった置塩《おじお》城に共通点を見出すことも可能で、守護所の概念を引き継いだ構造とも言える。筒井氏の椿尾上城でも主郭周辺の主要部は、深い堀切と高い切岸により城内での差別化の評価は可能である。しかし、同じく主要部内での主郭が占める優位性は乏しいと言える。また、松永氏の大和国統治の中心的役割を担った多聞城は、深い堀切や山裾に長大な横堀を持つものの、山頂部は平坦な単郭構造で、作事により山頂部が区分けされていたとも推測されている（中川貴皓『近畿』Ⅱ「多聞城」）。

奈良県中西部に位置する葛城地域は、県内最大の大規模城郭密集地域である。北から片岡城（『近畿』Ⅰ）、岡城（『近畿』Ⅱ）、万歳山城、布施城（『近畿』Ⅱ）、楢原城（『近畿』Ⅰ）、吐田《はんだ》城（『近畿』Ⅲ）、佐味城（『近畿』Ⅰ）と並ぶ。いずれの城郭も広大な城域の中に曲輪を幾重にも重ね、多くの軍勢の駐屯を可能とする形態となる。

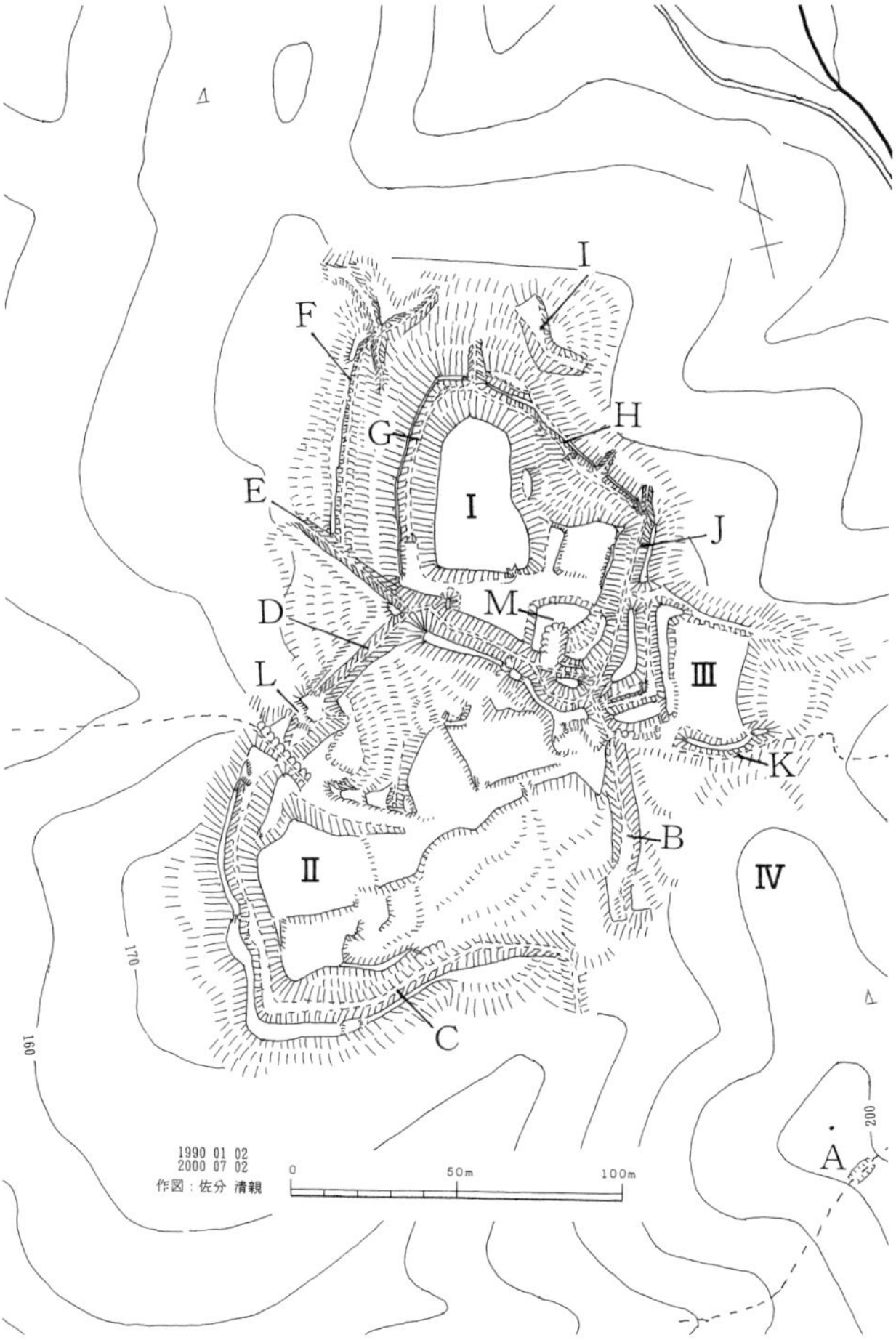

図７　豊田城（『近畿』Ⅰ）　作図：佐分清親

　片岡城以外の城郭は葛城山系に位置しており、それらの城郭には共通して大規模な畝状空堀群が使用され、堀切との連動、緩斜面の攻城利用の阻止、ルートの制約などに用いられる。畝状空堀群を使用する城郭は県内各地で見られるが、これだけ一地域の城郭に集中して使用されるのは特異である。このことから、葛城地域は大規模城郭密集地域でもあり、畝状空堀群の集中使用地域とも言える。

もっともこれら畝状空堀群は、それ自体が防御ラインとはならず、その組成の一部に過ぎないとされる（藤岡二〇〇〇）。また、岡城や楢原中城には一部に土塁によるラインが使われるものの、葛城地域での防御ラインの主体は切岸で、佐味城においては横堀が使用される。佐味城は内部に細分化された小区画を持ち、寺院との関係性が指摘されている。横堀の使用は緩斜面に限られ、切岸造成の一手法と見てよいだろう。

横堀については、奈良県中部の天理市に所在する豊田城（『近畿』Ⅰ）に大規模に使用される。横堀は一部でルートを兼ねており、主郭部と下位に位置する駐屯部をそれぞれ囲む。また、それぞれを囲む横堀は斜面に設けられた竪堀で連結する。豊田城の横堀は城域を完全に囲むことを目的としており、その使用は緩斜面に限らない。また、横堀は一部に折れを持ち、曲輪上の土塁に正対する工夫も見られる。この工夫は、奈良県南部高取町に所在する佐田城（『近畿』Ⅲ）にも見られる。

おわりに

以上、奈良県の縄張りの特徴について述べてきた。十五世紀の縄張りとされる西方院山城に使用された、堀外のルート上に土橋を介して設置される堡塁状の曲輪の事例は県内でいくつかみられる。十五世紀の築城であるかはさておき、宝来城（『近畿』Ⅰ）、楢原城（同）、赤埴城（同）、三ケ谷城（『近畿』Ⅴ）などである。立野城（三郷町）にも同様の遺構が存在したが、残念ながら開発により消滅した。また、上位の曲輪を隔てる堀に、土橋ではなく木橋を用いたルートの想定ができるのなら、黒木東城（『近畿』Ⅲ）、北村城（『近畿』Ⅳ）、吐山《はやま》城（同）などが同例の候補となり得る。

これらのうち、堡塁状の曲輪の前面に堀があるのは宝来城、楢原城、赤埴《あかばね》城、吐山城で、他の城郭は西方院山城と同じく前面が切岸となる。この違いは立地する地形による違いであり、前面に高い切岸を造るため、佐味城の横堀と同じく緩斜面では堀が用いられたと考えられる。これらの遺構の中には馬出とまでは言えないものもあるが、それと同様の機能を持っていたと推測される。「山の城」を含む拠点城郭に共通して推測できる本城部と駐屯部の差別化は、興味深い共通点である。特に松永氏の信貴山城、同じく松永氏が関与したとされる龍王山北城などは、城郭の構造に階層的な分化があったと考えられる。

また、政庁としての機能を持ち得た主要部全体が、差別化され優位性を持つことに意味があり、主要部内での主郭の優位性は必ずしも必要でなかったと考えられる。政庁を頂点とした階層性を持つ城郭とみなすこともできるだろう。河内国との国境沿いである葛城山系に、大規模な畝状空堀群を持った大規模城郭が集中することは偶然とは言い難い。河内国との関係性の深い当地であることを考えると、多くの軍勢を駐屯可能とする軍事的な城郭の集中は、十五世紀中半より大和国に大きな影響を与えた両畠山氏の動向を考慮する必要があるだろう。最後に、紙面数の都合上取り上げた内容が奈良県の縄張りのうち、限られたものとなったことをお詫びする。

【参考文献】

金松　誠二〇〇八「戦国期における大和口宇陀地域の城館構成と縄張り技術」『城館史科学』第六号、城館史料学会

多田暢久一九九〇「城郭分布と在地構造」『中世城郭研究論集』新人物往来社

中井均監修・城郭談話会編　二〇一四〜二〇一八『図解 近畿の城郭』Ⅰ〜Ⅴ、戎光祥出版
中西裕樹二〇〇四「大規模城郭の展開と後背地―大和国東山内周辺の城館群」（『筒井城総合調査報告書』大和郡山市教育委員会・城郭談話会）
藤岡英礼二〇〇〇「奈良盆地周辺における拠点的山城の縄張構造―城郭外縁部（防御ライン）の構成を中心として」（『中世城郭研究』第一四号、中世城郭研究会）
村田修三一九八〇「城跡調査と戦国史研究」（『日本史研究』二一一、日本史研究会）
村田修三一九八三「大和の城郭（13）鉢伏城（古市山ノ城）」（『月刊奈良23‐3』）
村田修三一九八五「大和の『山ノ城』」（『日本社会史研究』下、塙文庫）

第4部　大阪府の城郭の特徴

Ⅰ　文献から見た大阪府の城郭

天野忠幸

はじめに

現在の大阪府は、旧国名で言うと、摂津の東部、河内、和泉から構成される。山城・大和・摂津・河内・和泉の五ヶ国は、古代律令制下では、天皇の直轄地として畿内と呼ばれ、戦国時代には天皇だけでなく将軍も住む京都とその周辺の地として、「天下」と称された。現代でいう首都圏の半分を占めた大阪府は、首都京都の玄関口として、中世、特に室町時代の政治や経済だけでなく、築城の契機である軍事においても重要な地域であった。

大阪平野は西の大阪湾に向けて大きく開かれているものの、関東平野と比べるとはるかに狭く、北は六甲山地や北摂山地、東は生駒山地と金剛山地、南は和泉山脈に囲まれている。その上、巨大な二本の河川が乱流して流れ込んでいた。奈良盆地の水を集めて河内に流れ込む大和川は、河内南部を北流する石川と合流すると、宝永元年（一七〇四）の付け替え以前は、流れを西から北に変え、玉櫛川（玉串川）や久宝寺川（長瀬川）、平野川などに分流し、古代の河内湖に淵源を持つ深野池や新開池といった湖を経て、大坂へ向けて流れていた。また、琵琶湖を主な水源とする淀川は、吹田や尼崎へ向かう神崎川や中津川、大坂城の北で大和川と合流し、大阪湾に注ぎ込む現在の大川に分流しており、明治四十三年（一九一〇）に新淀川の開削工事が完成するまでは、たびたび洪水をおこして流れを変えていた。

そのため、現在の大阪市及び、四條畷市から柏原市に至る河内中部は、水上交通が発達した世界で、町場は発展するが顕著な城は築かれなかった。一方、北摂山地の芥川山城（高槻市）や生駒山地の飯盛城（大東市・四條畷市）などの山城が発達し、特に飯盛城では石積や石垣が城域全面に使用されている。主要な街道は、山麓の頑丈な地盤の上に設定された。大山崎から兵庫津へ向かう西国街道（山陽道、播磨大道）は北摂山地や六甲山地の南麓を東西に貫通し、国人の茨木氏や池田氏の居城は、西国街道より一定の距離をとって築かれた。それに対して、守護細川氏は西国街道を取り込む形で越水城（兵庫県西宮市）を築く。

八幡と高野山を結ぶ東高野街道は、生駒山地と金剛山地の西麓を南北に貫通した。河内南部では東高野街道が、守護畠山氏が築いた高屋城（羽曳野市）の城内や、烏帽子形城（河内長野市）の麓を通る。大川と大阪湾の結節点となる渡辺津を起点とし、上町台地を通って紀伊へ向かう熊野街道には、和泉の府中があるものの城自体は築かれなかった。ところが、戦国時代になると、より海側を通過する紀州街道が発展し、岸和田城（岸和田市）が築かれるようになる。

こうした城の築城・維持主体である武士の文献から、大阪府の城の展開を見ていく。(1)

一、畠山氏と河内

鎌倉時代末期、幕府の執権を務める北条得宗家の被官であった楠木正成は、後醍醐天皇に味方し和泉国若松荘を押さえると、幕府に背き挙兵した。(2)元弘元年（一三三一）九月、笠置城（京都府笠置町）の後醍醐天皇を援護するため、正成は下赤坂城（千早赤阪村）を築き籠城する。急拵えの山城の防備を補うように、正成はゲリラ戦術を駆使し、幕府軍に熱湯や岩石を浴びせて奮戦したが、兵粮攻めにより約一ヶ月で落城した（『太平記』）。

ところが、正成は元弘二年（一三三二）に下赤坂城を奪還すると、四天王寺で六波羅探題の軍勢を破った。そして、金剛山に築いた千早城（千早赤阪村）で、鎌倉から攻め上って来た幕府軍を迎え討つ。正成は幕府軍に油を浴びせ火をかけるなどして抗戦し、護良親王の命を受けた吉野や十津川の野伏が、幕府軍の補給路を分断した（『太平記』）。五ヶ月に及ぶ籠城戦の間に、幕府から離反した足利尊氏が六波羅探題を攻略したため、幕府軍は奈良へ退却する。

千早城の戦いが、モンゴル・高麗連合軍さえ打ち破った鎌倉幕府を崩壊させる嚆矢となったのである。

河内は、その後も南朝を支えた楠木氏の牙城であったが、永徳二年（一三八二）に北朝・室町幕府は足利一門である畠山基国を守護に任命し討伐させた。その後、基国は管領に就任し、三管領家としての基礎を固める。ただ、幕府は守護在京制を採っていたため、支配拠点となるような城郭は築かれなかった。

享徳四年（一四五五）、畠山持国が死去すると、実子の義就と甥の弥三郎・政長兄弟の間で家督争いが勃発した。長禄四年（一四六〇）九月、失脚した義就は京都から若江城（東大阪市）へ向かい（『経覚私要鈔』）、さらに南下して千早城に程近い嶽山城（富田林市）に籠もると、金胎寺城（富田林市）と連携しながら（『大乗院日記目録』）、時には大和へ出陣するなどして、幕府軍に対抗した。寛正三年（一四六二）五月、政長を支援する大和の筒井順永の計略によって金胎寺城が落城すると（『尋尊大僧正記』）、義就は劣勢になり、翌年大和へ逃れた。

しかし、幕府軍を二年半にわたって翻弄した義就の武名は轟いており、文正元年（一四六六）九月、将軍足利義政と共に守護を弾圧してきた政所執事伊勢貞親が失脚した文正の政変を尻目に、大和から河内に乱入すると、千早城を経て金胎寺城に入り、押子形城（烏帽子形城）を攻略し、嶽山城を奪還した（『経覚私要鈔』）。そして、上洛し家督に返り咲いたことで、応仁の乱が勃発する。

約十一年続いた応仁の乱は、形式上、西軍が東軍に降伏するが、これに不服な畠山義就は、文明九年（一四七七）九月末に東高野街道を進軍して河内に下り、畠山政長の守護代遊佐長直が守る若江城を包囲すると、生駒山地の西麓にある往生院城や客坊城（ともに東大阪市）を落とし、大和との交通路を遮断した（『尋尊大僧正記』）。さらに河内南部の誉田城（羽曳野市）や嶽山城を攻略して、紀伊方面への退路も断つと、若江城を攻略し、わずか半月で河内を平定した。義就は幕府に復帰することなく、河内を実力で支配し続けることから、「河内王国」とも評価される[3]。義就は文明十一年に内衆の誉田氏の本拠地である誉田に「新造之屋形」を構えた（『尋尊大僧正記』）。誉田には誉田氏をはじめ、遊佐氏・谷氏・吉原氏・小倉氏・田井氏・御厨氏などが集住し（『東寺百合文書』）、文明十五年に蓮如が慈願寺の門徒に与えた阿弥陀仏画像の裏書によると、浄土真宗の門徒も進出していた。

畠山義就が延徳二年（一四九〇）に没すると、義豊が跡を継いだ。これを好機と見た畠山政長と将軍足利義材は、明応二年（一四九三）二月に摂津と河内の国境にある橘島正覚寺に兵を進めた。迎え撃つ畠山義豊は、誉田城の後詰である高屋城に籠もる（『尋尊大僧正記』）。幕府軍が圧勝するかに見えたが、義豊と結んだ細川政元が京都でクーデターを起こし、足利義澄を新たな将軍に擁立すると、兵を河内に差し向けた。閏四月二十四日、細川軍は政長と義材が要害化した正覚寺城（大阪市平野区）を攻めると（『後法興院記』『晴富宿禰記』）、政長は自害し、義材は捕虜となった。

その後、河内や紀伊、大和では、義就流畠山氏（義豊・義英・義堯・在氏・尚誠）と政長流畠山氏（尚順・稙長・長経・晴熙・弥九郎・政国・高政・秋高）の抗争が続く。その中で、河内一国の政治拠点としての地位を確立したのが、高屋城であった。大永三年（一五二三）には畠山稙長の館をはじめ、百八十軒が焼ける火事があったが、守護代遊佐氏の館は離れていたためか、延焼を免れたという（『経尋記』）。東高野街道が城内を南北に貫通しており、町場の発展もあったのであろう。

畠山氏は摂津の守護である細川氏や、淀川左岸の荘園を料所とする幕府との軋轢を避け、分国である紀伊や、大和永享の乱以降に勢力を扶植してきた宇智郡など大和西部と連携するため、河内南部に本拠を置いてきた。特に誉田八幡宮は河内源氏の棟梁である源頼朝が修復した源氏の氏神であり、畠山氏の正統性を示すものと言える。北の誉田城と南の高屋城をはじめ多くの古墳に守られ、東高野街道と国際貿易港である堺と大和を結ぶ竹内街道が交差する古市は、石川の水運も利用できる交通の要所として繁栄した。在京することなく、南近畿を支配した畠山氏にふさわしい本拠地であった。

二、細川氏と摂津

応仁の乱や明応の政変により守護在京制が崩壊していき、多くの守護が下国する中、在京を続けたのが細川政元である。政元は畿内近国においては摂津と丹波の守護であったが、その両国を繋ぐ最短ルートが京都であった。その一方、応仁の乱後に寺社本所領を押領した茨木氏を中心とする摂津の国人一揆を鎮圧した政元は、延徳二年（一四九〇）に狩りと称して、若衆を連れて茨木に下向したのを手始めに（『晴富宿禰記』）、たびたび茨木に滞在すると、付近の武士を被官化していった。また、文亀元年（一五〇一）には摂津守護代の薬師寺氏を配置している（『言国卿記』）。永正四年（一五〇七）までには城郭も築かれていた（『多聞院日記』）。政元は在京を基本としつつ、茨木以外にも神崎川の川港である吹田や、西国街道の宿場町である芥川への支配を強めていた。

永正四年、細川政元が内衆に暗殺されると、細川氏は京都を拠点とする高国流細川氏（高国・氏綱）と、阿波を本拠とする澄元流細川氏（澄元・晴元）に分裂した。おおむね高国流細川氏は政長流畠山氏と結び、澄元流細川氏は義就流畠山氏と手を組んで、半世紀近く対立することになった。その中で摂津における築城の画期となったのが、高国の時期である。高国は、畠山尚順や大内義興と連立政権を組んで澄元を圧倒するが、四国に攻め下ることはできず、阿波で力を蓄えた澄元の来襲に備えなければならなかった。永正十三年正月に興行された連歌会の記録である『那智籠』によると、高国は能勢頼則に命じて、北摂山地に芥川山城を、瓦林政頼に西宮を押さえるように越水城を、新城として築かせていた。これは室町中期以来、形作られてきた摂津の新しい地域である「上郡（高槻市や茨木市）」、「下郡（神戸市から吹田市）」、「闕郡《かけぐん》（大阪市）」のうち、芥川山城は上郡、越水城は下郡に対応したものであった[4]。

然るべき大山に芥川山城を築くため、昼夜を問わず、五百人の人夫が動員され普請に従事した。西宮の北にある小山には越水城が構えられ、毎日百人が堀を掘り、壁を塗って、矢倉を建てるため、鍛冶・番匠・壁塗・大鋸引が忙しく働いたという（『瓦林政頼記』）。

芥川山城は宿場町の芥川宿や交通関である芥川率分所から三キロメートル以上離れており、経済的な機能よりも軍事的な機能や丹波との交通を優先したと言えよう。一方、越水城は港町で西宮神社の門前町でもある西宮と一キロメートル程の距離にあるが、西国街道によって繋がっていた。また、西宮には徴税に携わる豪商橘屋が居住している。弘治二年（一五五六）に来日した中国人鄭舜功は、西宮を「摂津司牧居処」と認識していた（『日本一鑑』所収「天使紀程」）。

さらに、高国は澄元の上陸地点を防御するため、永正十六年二月に尼崎城（兵庫県尼崎市）を築いた（『如来院文書』）。大永六年（一五二六）には、淀川下流の西成郡を知行する庶流典厩家の細川尹賢に大規模な改修を命じている（『続応仁後記』）。尼崎は海港尼崎と川港大物からなる港湾都市で、神崎川をさかのぼると淀川に合流し、京都へ向かえるため、首都の玄関口と位置付けられていた。ただ、高国であっても港湾都市尼崎の中に強制的に築城することはできず、尼崎城は大物の周縁部に置かざるを得なかった。

この細川高国を破ったのは、阿波から堺へ渡海した細川澄元の子晴元であった。晴元は阿波の三好元長と河内の木沢長政の軍事力によって支えられていた。木沢長政は義就流畠山氏の被官であったが、享禄三年（一五三〇）頃までに畠山氏の影響力が及びにくい河内北部の生駒山地の西側に飯盛城を築城し、晴元の側近衆となっていた[5]。

また、晴元は長政と同様に、外様で近江の国人である山中藤左衛門と山中橘左衛門を登用し、天文五年（一五三六）に闕郡へ入部させた。彼らの拠点は「天王寺山中城」と呼ばれており（『細川両家記』『二條寺主家記抜萃』『私心記』）、四天王寺の門前町である天王寺に付随する城郭であったようだ。

細川晴元は細川高国を滅ぼした後も、一向一揆の勃発により上洛できず、芥川山城に滞在した。ようやく一向一揆や法華一揆を抑え込み、六角定頼と結んで足利義晴の幕府に参画することで上洛を果たし、淀川以南への勢力拡大を果たしていった。

このように、細川氏は摂津や近江の国人を起用し、摂津で新たに形成された地域に対応するように築城していく。ただ、細川氏の当主自体は在京して、摂津・丹波の両国を支配することを基本方針としていた。

三、三好氏と摂河泉

細川晴元の側近として威勢を振るった木沢長政は、晴元が動員した一向一揆と結んで、細川高国を滅ぼすのに功績のあった三好元長や旧主畠山義尭を自害に追い込んだ。長政は天文五年（一五三六）に生駒山地に信貴山城（奈良県平群町）を（『天文日記』）、ほどなくして金剛山地に二上山城（同葛城市）と、河内と大和の国境に築城していき、笠置城を築いた山城南部と合わせて、三ヶ国を勢力下においた。しかし、細川晴元や三好元長の子の長慶、河内守護代の遊佐長教に攻められて、天文十一年の太平寺の戦いで滅んだ。

三好長慶は父の仇である細川晴元に服属し、畿内各地を転戦しながら力を蓄え、天文八年に越水城主となってていた。長慶は曾祖父の之長や父の元長と異なり、畿内で劣勢になっても阿波へ帰国することはせず、摂津を本国化していく方針を取り、摂津出身の松永久秀や鳥養貞長、野間長久を積極的に登用していく。そして、長慶は澄元流細川氏を擁立してきた伝統的な三好氏の方針を転換し、高国流細川氏の細川氏綱や政長流畠山氏の守護代遊佐長教と結んで、天文十八年の江口の戦いで細川晴元を破った。

ところが、天文二十一年に遊佐長教が突如暗殺された。長教の娘婿である長慶の仲裁も空しく、高屋城にあって上郡代を務める萱振賢継と、木沢長政の滅亡後に飯盛城主となり、下郡代を務める安見宗房に分裂した（『興福寺大般若経〈良尊一筆経〉奥書』）。宗房は高屋城に住む萱振氏・野尻氏・中小路氏を急襲して殺害するも、長慶との同盟を引き継いだ。また、弘治三年（一五五七）から永禄元年（一五五八）にかけては、大和を追われた筒井順慶を飯盛城に庇護し、その後見人となって大和に勢力を伸ばした（『弘治三年之記〈祐磯記〉』『享禄天文之記』）。

摂津や京都では、三好長慶が細川晴元に味方した将軍足利義輝との戦いを優位に進めた。天文二十二年七月、長慶は晴元方の芥川孫十郎が籠城する芥川山城を囲み、標高が高い東の帯仕山に付城を築く（『細川両家記』）。八月になると、足利義輝が近江国朽木に敗走し、孫十郎も城を明け渡して降伏した。芥川山城に入城した長慶は、戦国時代で初めて足利将軍家を擁立することなく、首都京都を支配する政権を樹立する。そして、代々の細川氏とは異なり、在京せずに、芥川山城を政庁と位置付け、朝廷や村落の裁許を執り行った。弘治二年正月に芥川山城内の長慶の嫡子義興と松永久秀の陣所が火事により焼失したため、久秀はその跡地に醍醐寺より金剛輪院殿御厨子所を移築し、再整備を行っている（『厳助往年記』）。

三好長慶は、永禄三年に家督を義興に譲ると、河内と大和を平定し、安見宗房が明け渡した飯盛城に入城した。その直後には、祖先である源義光が元服した由緒を持つ園城寺の新羅社を勧請しようとする（『兼右卿記』）。大御所たる長慶は、居城の飯盛城を三好氏の聖地化することで、三好氏が、義興に譲った芥川山城を築城した細川氏や、長弟実休を配置した高屋城を本拠とした畠山氏を越える存在であることを可視化しようとしたのであろう。

三好実休の居城となった高屋城の城内には、大日如来を置く「大タウ」（『尋憲記』）や、堺の会合衆の一人である油屋伊達氏を出自とし、実休が深く帰依した日蓮宗僧の日珖が設けた「寺内」（『己行記』）といった宗教施設が存在した。

また、長慶は三弟十河一存の次男松浦萬満に和泉支配を任せ、養父松浦盛と実父一存に後見を命じた。松浦盛は守護代である松浦氏に敵対し、浄土真宗の貝塚寺内町を取り立てた岸和田氏の名跡を継ぐ。そして、十河一存だけでなく、松浦萬満や岸和田盛の他、寺田氏などの年寄衆が岸和田城に居住し（『細川両家記』『法隆寺文書』）、紀伊の根来寺《ねごろでら》に備えた。

しかし、三好長慶が死去すると、後継者となった十河一存の長男三好義継は被官らをまとめきれず、三好氏は分裂した。三好義継と松永久秀は足利義昭や織田信長と同盟して、三好三人衆を京都や摂津から追い落とす。永禄十一年九月、畿内に攻め入った義昭と信長は入京せず、芥川山城を確保することを優先した（『信長公記』）。そして、芥川山城において畿内の仕置を定めた後に、京都に入り、義昭が将軍に就任する。信長は、畿内の政庁は芥川山城であると認識していたためであろう。

義昭は摂津を自らの分国とし、側近の和田惟政を芥川山城に配した。ところが永禄十二年から翌年頃に、惟政は芥川山城を放棄し平城の高槻城へ、三好義継も飯盛城から平城の若江城に居城を移す。義昭が将軍を圧迫した三好政権の拠点城郭を忌避し否定したかったのか、畿内を制した三好氏の巨大城郭を一国ないし半国規模の支配者に過ぎない和田惟政や三好義継が維持できなくなったのかは、判然としない。ただ、天正元年（一五七三）段階で、惟政の息子惟長や義継はそれぞれの居城に「天主」を築いており、整備していたようだ（『兼見卿記』『信長公記』）。

三好氏は、芥川山城や飯盛城に城下町を整備しようとする意向を持っておらず、山麓には居館跡も確認できない。両城とも政治や裁許を行う上で必要な側近や奉行と共に山上の城内に居住しており、飯盛城が力攻めで落とされたことがなかったように、政治的軍事的機能に特化していた。そして、経済的機能は譜代の加地久勝を代官に任命した堺などに担わせた。

長慶が飯盛城に居城を移した要因の一つに、西麓に広がる深野池の存在がある。フロイスの『日本史』をはじめキリスト教宣教師の記録には、深野池など旧大和川水系と渡辺津や堺を繋ぐ、活発な水上交通が記されている。三好氏は渡辺津の渡辺氏や深野池の三箇氏など水上交通に立脚した領主を掌握することで、大阪湾の港町の流通ネットワークに繋がろうとしていたのであろう[6]。

四、大坂本願寺と豊臣大坂城

ポルトガル人のキリスト教宣教師ジョアン・ロドリゲスが、イエズス会より編纂を命じられた『日本教会史』によると、河内には淀川の河口に一向宗という農民の宗派の門跡が住む大坂という都市があった。一向宗が信長と戦った後、大坂は太閤豊臣秀吉の宮廷となり、秀吉は死後、自らが神となるために伴天連追放令を出したとする。また、河内には天下を治めていた三好殿の時代に身分の高いキリシタンが多くいて、その宮廷である飯盛の都市と城があったと記された。

大坂を河内とする認識は、織豊期の日本人にもあった（『柴田合戦記〈金沢市立図書館〉』『天正記〈国立公文書館〉』所収「諸国城ぬし定め事」）。その大坂に、本願寺蓮如が明応五年（一四九六）に坊舎を建立した。この大坂御坊は摂津闕郡や河内中部の大和川水系に拠点を置く坊主たちに支えられており、彼らは「大坂六人坊主」と呼ばれた。その後も本山は山科であったが、天文元年（一五三二）に法華一揆や六角氏の攻撃により焼失すると、本願寺証如は本山を大坂に移して再建に取り組んだ。北町・北町屋・西町・清水町・南町・新屋敷からなる寺内六町が成立し、これらを守るため、堀や要害の普請を繰り返し、多くの櫓を設けて（『天文日記』『私心記』）、町全体を囲繞する惣構が築かれた。こうした要害化を担う専門家として、「城作勾当」や「城作り松田」、蓮如以来の由緒を主張する「十六人番匠」がいた。

元亀元年（一五七〇）から天正八年（一五八〇）まで、本願寺顕如は全国の門徒の支援を得て、織田信長と戦ったが、正親町天皇の勅命による講和を受け入れ、大坂を退去する。この際、「大坂退城」（『兼見卿記』『本願寺文書』）や「大坂城渡了」（『多聞院日記』）と記されており、大坂寺内町は当時の人々から城として認識されていた。

大坂寺内町は本願寺の退去時の混乱で焼失したが、信長は大坂を接収すると、すぐに築城したようで、天正十年の四国攻めの際には、大坂城本丸に丹羽長秀、千貫矢倉には信長の甥の津田信澄が入城した（『細川忠興軍功記』）。本能寺の変が起こると、信長の三男である信孝が大坂城に入り、明智光秀の娘婿であった信澄を討ち取ったことで、河内の武士が従ったという（『十六・七世紀イエズス会日本報告集』）。

清須会議の結果、池田恒興が大坂城と河内十七箇所を得たが（『多聞院日記』）、天正十一年に柴田勝家を破った羽柴秀吉が、恒興をはじめとする多くの領主を移封し、摂津と河内を直轄化して、六月に大坂城に入り全国統一の拠点とした。秀吉は直後の八月に千塚など河内各地より石材の調達を行い（『水谷家文書』『稲木文書』）、慶長二年（一五九七）には「大坂石山御城」と称される大坂城を築き上げた（『宗湛日記』）。巨大な石垣を用いた平地の近世城郭の始祖として、大坂城が成立したのである。(7)

河内では、大坂本願寺の浄土真宗のほかに、キリスト教が広まっていた。キリスト教は京都で法華宗や延暦寺より迫害を受けたため、飯盛城主の三好長慶に保護と布教の公認を求めた。そして、長慶の許可を得たことで、池田教正シメアンなど長慶の被官が改宗し、河内キリシタンが誕生した。彼らは飯盛城の麓の三箇や岡山、田原をはじめ、三好義継と共に移った若江城や、本願寺の大坂退城後に築城された八尾城において布教活動に尽力し、多くの信者を獲得した。

秀吉の大坂築城に伴う摂津と河内の直轄化により、池田教正シメアンら旧三好氏被官は、三好康長の跡を継いだ秀吉の甥秀次（三好信吉）の与力となり、移封された。ただこれは、キリスト教の弾圧が目的であったわけではない。

秀吉は当初、天満に京都より五山禅宗を誘致しようとしていた。しかし、拒絶されると、大坂を退去した本願寺を呼び戻し、大坂城下町を作り上げようとしていた。そうした中、保護者である河内キリシタンを失った岡山の教会が、高山右近ジュストの仲介で大坂に移されることになった。これを聞いた秀吉は喜び、自ら土地を測量し、土地を教会に寄進したのである（『イエズス会日本年報』）。秀吉の大坂城下町は、戦国期の河内に展開した宗教勢力の力を結集したものであった。

おわりに

大阪の城は、「天下」の一角として、南北朝・室町・戦国・織豊時代の政治史に深く関わってきた。それだけでなく、芥川山城は摂津上郡、越水城は摂津下郡、天王寺城は摂津闕郡、高屋城は河内上郡、飯盛城は河内下郡というように地域支配の象徴としても機能した。特に芥川山城は京都や丹波、高屋城は堺や紀伊と大和南西部、飯盛城は京都や大和北部といった国境を越えた広域支配とも連動していた。

そして、大阪の城は首都京都の地位を揺るがしていく。幕府から離脱し河内を支配した畠山氏は、その後復帰して近畿南部を支配するが、もはや在京を志向しなかった。そうした畠山氏の当主は、居城（誉田・高屋・飯盛）を冠した屋形号で呼ばれるようになる。足利将軍家を擁立せず、在京もせずに京都を支配した三好氏の芥川山城は、京都に代わる畿内の政庁と認識され、織田信長にとって京都以上の攻撃目標となった。また、湖上交通を意識し、全面に石積と石垣を配した山城の飯盛城は、琵琶湖と安土城や巨椋池と伏見城の先駆けと言えよう。豊臣秀吉の大坂城下町は、大阪平野に展開した浄土真宗とキリスト教の力を結集し、五山禅宗と法華宗の本拠地である京都をしのぎ、成長していく。

圧倒的な中心性を持つ大坂城が成立したことで、大阪平野の多くの城は廃城となっていった。江戸時代に残されたのは、大坂城を守護する岸和田城や尼崎城と、京都の二条城を守る高槻城と淀城のみであった。

註

（1）最新の成果として、仁木宏・福島克彦編『近畿の名城を歩く　大阪・兵庫・和歌山編』（吉川弘文館、二〇一五年）、中西裕樹『大阪府中世城館事典』（戎光祥出版、二〇一五年）などがある。
（2）生駒孝臣『楠木正成・正行』（戎光祥出版、二〇一七年）。
（3）今谷明『日本の歴史九　日本国王と土民』（集英社、一九九二年）。
（4）天野忠幸『増補版　戦国期三好政権の研究』（清文堂出版、二〇一五年）。
（5）馬部隆弘『戦国期細川権力の研究』（吉川弘文館、二〇一八年）。
（6）天野忠幸「三好氏の本拠地としての河内」（小谷利明・弓倉弘年編『南近畿の戦国時代』戎光祥出版、二〇一七年）。
（7）大澤研一『戦国・織豊期大坂の都市史的研究』（思文閣出版、二〇一九年）。

Ⅱ　考古学から見た大阪府の城郭――中世全般を俯瞰して

遠藤啓輔

はじめに――大阪府の地形

大阪府は、香川県と並ぶ最も面積の小さい都道府県である。しかし、旧国は摂津の東部、河内、和泉の三ヶ国にまたがり、地形は変化に富む。西に海（大阪湾）が面し、残る三方を山に囲まれ、摂津と河内の国境を中心に平野が拡がる。この平野は、有史以前は巨大な入江であった。海に近い上町台地が北に延びる半島状を呈し、その東側は生駒山麓まで海が入り込んでいたのである。これが、北から流れ込む淀川と、南から流れ込む大和川（現在の西へ流れて大阪湾にそそぐ流路は、江戸時代に付け替えられたもの）が運び込む土砂で徐々に埋まり、平野が形成された。

大阪府の地形を詳細に把握するために、インターネットの『地理院地図（電子国土Ｗｅｂ）』を活用して図1を作成した。これは、標高二メートルから五メートルまでを「低地」、二五メートルまでを「平地」や「台地」、六五メートルまでを「高台」、一〇〇メートルまでを「丘陵」、そして一〇〇メートル以上を「山地」と見做して、それぞれを色分けした地図である（二メートル以下は白抜き）。この標高の区分は、傾斜変換点や城郭の分布を勘案して筆者が設定したものだが、大阪府の地形の特徴がよく表れていると考える。これを見ると、上町台地の北東に有史以前の入江に由来する低地が広がる。摂津東部（府域北側）は千里丘陵が南にせり出し、断層を境に北側が急峻な山地になる。河内（府域東側）は南部を中心に台地や高台が広がる。和泉（府域南西側）は大阪湾に向かってなだらかに傾斜し、西端には海岸線に平行して低地が延びる。これは海沿いに形成された砂堆《さたい》である。

大阪府の地形をこのように把握したうえで、中世城郭の様相を考古学的側面から、『図解 近畿の城郭』（以下、『近畿』）シリーズでの成果を使って概観したい。なお、図や参考文献については、『近畿』各巻をご覧頂きたい。

一、鎌倉から南北朝期を中心とした城館

大阪府では、中世の前半である平安時代末から室町時代前期までの城館の発掘調査成果が蓄積されている。平地や高台では、津堂遺跡（14〈図1・表1での番号。以下同じ〉）、長原遺跡（13）、大和川今池遺跡（12）、和気遺跡（29）、大庭寺遺跡（27）で、おおむね十二世紀から十四世紀にかけて出現した集落が、堀で方形に囲繞されていた様相が確認された。丘陵では十四世紀の池尻城（23）が、山地では十三世紀を初源とする誕生地遺跡（25）があり、やはり堀で方形に区画されていた。中世前半の城館は、堀で方形に囲繞することを基本にしていたようである。

方形を指向した理由のひとつに、条里地割の影響が推定できる。条里地割は、七世紀に初源があるとされるが、十一～十二世紀の土地開発の際に盛行したと考えられる[1]。また、堀が用水を兼ねていたとみられる事例の存在や、池尻城が南河内の高台の水源である狭山池を押さえる位置にあることから、城館が灌漑と関係していたことも考えられる。よって、これらの城館の築造主体者に、土地開発者としての性格がうかがえる。なお、これらには防御施設として不可解な点もある。たとえば、長原遺跡の堀は四周を完全には囲繞していない。また、誕生地遺跡は、城館に隣接する小山を未利用のまま放置している。よって、これらを「城」ととらえることには問題があるかもしれない。しかし、たとえば長原遺跡の堀は最大で幅四・六メートル、深さ一・六メートルを測り、防御施設として遜色

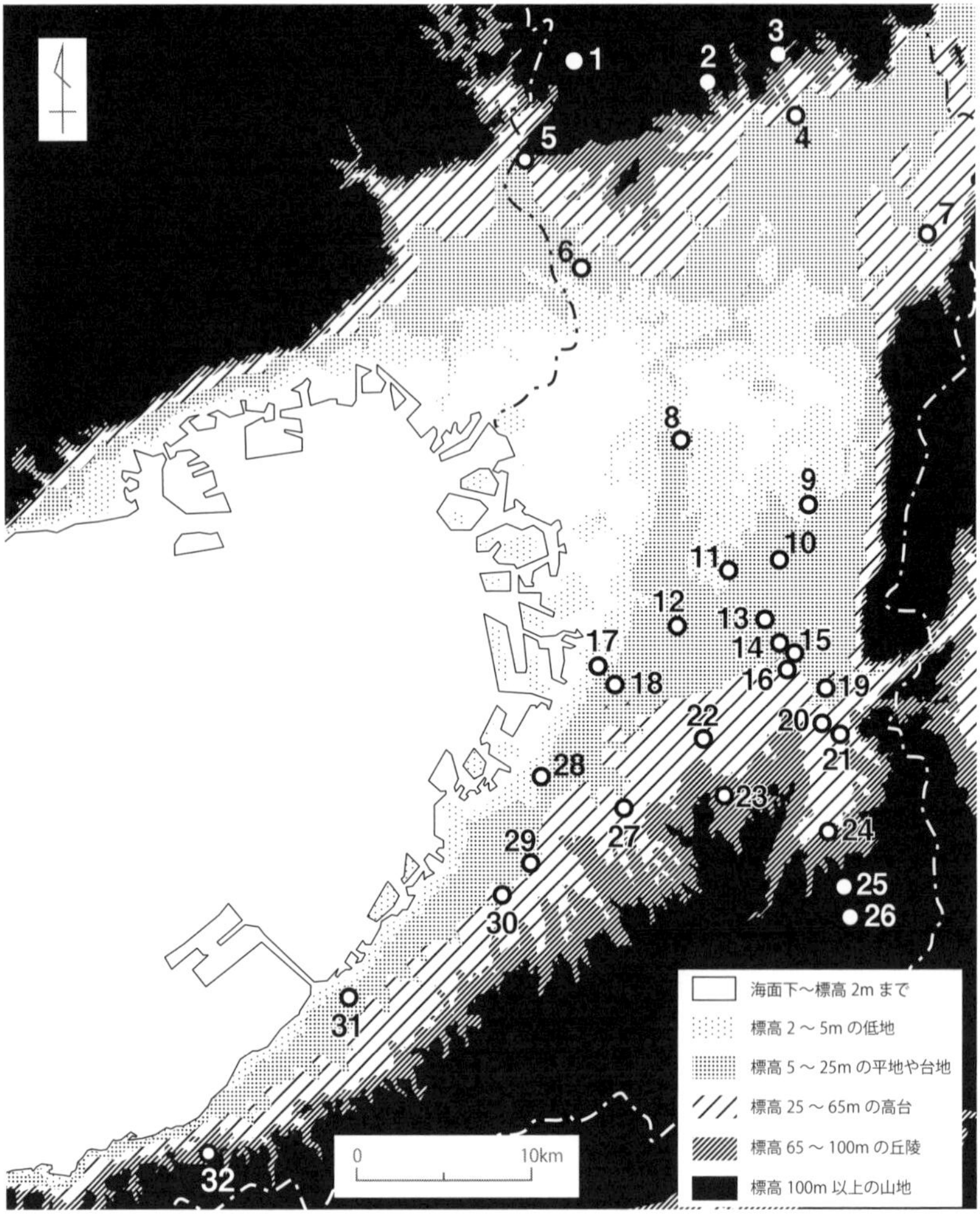

図１　本文で取り上げた城郭の分布図（番号は表１に対応）

がない。これらが「城であるか否か」にかかわらず、城郭史的検討が必要であろう。

なお、十四世紀前半から中頃に築城されたことが出土遺物から推定されている事例に、山中《やまちゅう》田《だ》城（24）がある。この城は尾根に複数の堀切を設けて連続する曲輪を形成しており、方形を指向していない。そして、主郭をほぼ全周する横堀は、むしろ十六世紀の戦国期城郭に類似する。

出土遺物から推定さ

図中の番号	城名（所在地）	『近畿の城郭』掲載巻（執筆者）
1	土々呂美城（箕面市）	『近畿Ⅲ』（村田修三）
2	佐保栗栖山砦（茨木市）	『近畿Ⅰ』（市本芳三）
3	芥川山城（高槻市）	『近畿Ⅰ』（村田修三）
4	今城塚古墳（高槻市）	『近畿Ⅰ』（中西裕樹）
5	池田城（池田市）	『近畿Ⅱ』（堀口健弐）
6	原田城（豊中市）	『近畿Ⅱ』（堀口健弐）
7	私部城（交野市）	『近畿Ⅰ』（中西裕樹）
8	大坂本願寺（大阪市）	『近畿Ⅴ』（石川美咲）
9	若江城（東大阪市）	『近畿Ⅳ』（岡本健）
10	久宝寺寺内（八尾市）	『近畿Ⅰ』（福島克彦）
11	平野郷（大阪市）	『近畿Ⅲ』（遠藤啓輔）
12	大和川今池遺跡（堺市・松原市）	『近畿Ⅴ』（藤岡英礼）
13	長原遺跡（大阪市）	『近畿Ⅴ』（遠藤啓輔）
14	津堂遺跡（藤井寺市）	『近畿Ⅴ』（北畠俊）
15	小山城（藤井寺市） （津堂城山古墳）	『近畿Ⅲ』（嶋野恵里佳・遠藤啓輔）
16	北岡遺跡（藤井寺市）	『近畿Ⅳ』（遠藤啓輔）
17	堺環濠都市遺跡（堺市）	『近畿Ⅴ』（岡本健）
18	大仙遺跡（堺市）	『近畿Ⅳ』（遠藤啓輔）
19	誉田城（羽曳野市）	『近畿Ⅴ』（遠藤啓輔）
20	高屋城（羽曳野市）	『近畿Ⅰ』（中西裕樹）
21	大黒遺跡（羽曳野市）	『近畿Ⅴ』（遠藤啓輔）
22	余部日置荘遺跡（堺市）	余部城『近畿Ⅱ』（堀口健弐） 日置荘遺跡『近畿Ⅳ』（廣富亮太）
23	池尻城（大阪狭山市）	『近畿Ⅳ』（河本愛輝）
24	山中田城（富田林市）	『近畿Ⅱ』（堀口健弐）
25	誕生地遺跡（千早赤阪村）	『近畿Ⅲ』（遠藤啓輔）
26	上赤坂城（千早赤阪村）	『近畿Ⅲ』（中西裕樹）
27	大庭寺遺跡（堺市）	『近畿Ⅰ』（村井毅史）
28	綾井城（高石市）	『近畿Ⅴ』（遠藤啓輔）
29	和気遺跡（和泉市）	『近畿Ⅳ』（北畠俊）
30	久米田貝吹山古墳（岸和田市）	『近畿Ⅰ』（遠藤啓輔）
31	上町遺跡（泉佐野市）	『近畿Ⅴ』（遠藤啓輔）
32	井山城（阪南市）	『近畿Ⅲ』（堀口健弐）

表１　本文で取り上げた城郭一覧と『図解　近畿の城郭』での掲載巻

れる年代、史料や伝承に現れた年代、縄張りから考えられる年代、が乖離する城郭があるが、これもその一例と言える。山城は遺物の出土量が少ないということもあり、考古学的に山城の年代を決めることの難しさを考えさせられる。

二、戦国期を中心とした城郭

十五世紀後半からは戦国時代となるが、それを反映して城館もより実戦的なものになる。河内では、平地城館の考古学的研究が進んでいる。十五世紀末の河内の有力者・畠山義就《よしひろ》の拠点は南河内の誉田城《こんだ》（19）であったが、その後、高屋城（20）が河内の守護所となる。誉田城の所在地は確定していないが、河内一浩氏が茶山遺跡を誉田城に比定したうえで、十五世紀末から十六世紀初頭は誉田城（茶山遺跡）と高屋城が併用されていたが、十六世紀前半には守護所機能が高屋城に集約された、とした。[2]茶山遺跡が台地にあるのに対し、その南方約一・五キロメートルにある高屋城は、より要害性に優れた高台の突端に立地する。十六世紀の戦乱の激化が、拠点城郭の移動を促したと言える。

中河内の若江城（9）は、低地に面した台地の突端という要害に立地する。十五世紀後半から機能し、さらに三好氏や織田信長によっても利用された。検出された遺構は十六世紀後半のものが中心である。逆茂木《さかもぎ》が打たれた堀のほか、石垣、礎石建物、塼《せん》列建物、瓦葺建物も検出され、戦国期の平地城館の具体的なイメージを喚起させる。

北河内では、平地を見下ろす高台の縁辺に立地する私部《きさべ》城（交野《かたの》城・７）の調査が進んでいる。十六世紀中頃から後半に、既存の集落に寄り添いながらも、大規模な土木工事で土地を造成して築城されたようである。[3]

摂津東部でも、平地城館の調査成果がある。原田城（６）は、低地に面した台地の縁辺という要害にある。ここでは、国人原田氏の時代の堀と、織田信長と荒木村重の抗争時に掘られたとみられる堀とが検出された。前者が幅五メートル、深さ二メートルなのに対し、後者は幅一七メートル、深さ六・四メートルという巨大なものであった。

大きな戦乱が巨大な防御施設を生み出したことを雄弁に物語る。上町台地の北端でも、幅九メートル、深さ四メートルの巨大な薬研堀が検出されており、十六世紀中葉以降に城砦化した大坂本願寺（8）の堀と考えられている。

そしてこの摂津東部では、山城の発掘調査成果の蓄積が目覚ましい。大規模な山城では、十六世紀後半の有力者・三好長慶の芥川山城（3）で、山頂の主郭から礎石建物が検出された。十六世紀中頃以降に山城が居城の機能を持ち、合戦のない平時においても山上が政務の場となっていたことが、文献史学の研究から指摘されてきた。[4] 考古学的にその説が補強されたことになる。平山城の池田城（5）の主郭でも、礎石建物が検出されたほか、庭園も見つかっている。

また、小規模山城の発掘調査成果もある。土々呂美城（1）では、城から二百メートル以上離れた尾根筋上で二本の堀切が検出され、麓の集落の住民が外敵を防いだ「路次止め」の可能性が指摘されている。個別の城郭の分析が、地域史の研究へと発展する可能性を示したと言える。

特筆すべきは、全面発掘調査で山城の全容が明らかになった佐保栗栖山砦（2）である。十五世紀末から十六世紀中葉までの使用期間の中で、単郭構造から複郭構造へと改修されたことが判明したばかりでなく、自然地形を城郭へと普請する際の盛土と切土の様相までも明らかになった。そして、上段の曲輪には礎石建物が、下段の曲輪には掘立柱建物が建てられており、曲輪間の階層差あるいは機能分化も推察できる。瓦が出土しなかった点も逆に注目される。大阪府は、中世前半の居館も含めて、瓦が出土する中世城館が多い。瓦の出土は寺院と関連付けられることが多く、こうした城館が寺院と一体的であったと言うこともできよう。それらとは異なった成立背景が、瓦を使用しない佐保栗栖山砦にはあったと考えられる。瓦の有無にも城郭の多様性があらわれていると言えよう。

これら摂津東部と河内の城郭を見ると、戦国期の中でも、十六世紀（特にその後半）が画期となり、防御施設が大規模化していることが明瞭である。戦乱の激化が考古学的にもうかがえる。

和泉地域の丘陵では、井山城（32）で礎石建物や塀が検出されている。井山城は南北朝期の城として史料に登場するが、出土遺物から考えられる年代は十五世紀まで下るという。前述の山中田城とはまた異なる年代の乖離である[5]。綾井城（28）では逆に、伝承や史料からうかがえる時期と発掘調査から判断された時期とが一致した。綾井城は南北朝期から史料に登場し、戦国末期の十六世紀後半にも使われたと伝わり、寺院となって現代まで残る。発掘調査で、十三世紀後半・十五世紀・十六世紀後半の各時期の整地層が見つかった。綾井城は、南北朝期から戦国末期までという長期間にわたって存続した城館であるという点も注目される。大阪府域には、次節で紹介するような、中世のほぼ全般を占める長期間にわたって使用された城館の事例が見られるからである。

三、長期間存続した密集する方形館群

前節まで中世の前半と後半に分けて城館の様相を通時的に見たが、一方で、中世のほぼ全般を占める長期にわたって存続した城館も存在する。北岡遺跡（16）、余部日置荘《あまべひきしょう》遺跡（22）、大仙遺跡（18）、上町遺跡（31）などである。これらは、小規模な方形の堀囲いが密集した様相を呈する。筆者はこうした事例を「方形区画集合体」の名称で紹介したことがあり[6]、本稿でもこの名称を使用する。大仙遺跡は十二世紀頃から、上町遺跡・余部日置荘遺跡・北岡遺跡は十三世紀頃から機能し始めた。大仙遺跡・上町遺跡は十六世紀に廃絶したと考えられるが、余部日置荘遺跡・北岡遺跡は現代まで集落が継続する。これらはいずれも、台地や高台の斜面に形成され、堀で囲われた小規模な方形区画が十個前後密集していたと考えられる。面的な発掘調査がなされた上町遺跡では、年代を追って区画が増殖

していった様相がうかがえる。これら方形区画集合体には、次のような特徴を見出せる。

まず、生産・流通の拠点になっていた可能性がある。余部日置荘遺跡では鋳物師《いもじ》が活躍したと考えられる。上町遺跡では、手工業製品の未成品のほか、荷札も出土しており、生産や流通に関与していたことが推定できる。次に、堀が利水の役割を果たしていた可能性も考えられる。大仙遺跡と北岡遺跡で検出した堀は、底面よりも高い位置に排水口を設けるという、常時滞水させるための工夫がなされていた。

そしていずれも、区画の一部は寺院などの宗教施設であったことが、出土遺物や小字名から推定できる。このことから、方形区画集合体は、次節で紹介する寺内町の萌芽として評価できるのではないか、と筆者は考えている。

四、環濠集落・寺内町

環濠集落も、大阪府によく見られる城郭の形態である。堀で囲繞された城郭都市と言え、環濠集落の形態をとる寺内町もある。史料から戦国時代には出現していたと考えられるが、中世の実態はよくわかっていない。その中で堺環濠都市遺跡（17）は、中世の様相が考古学的に解明されつつある。今回検討した城館の中では唯一、海沿いの低地に立地し、文明七年（一四七五）には高潮の被害を受けた。にもかかわらず、海上交通と陸上交通の結節点という利便性のため、堺は現代にいたるまで地域の拠点であり続けている。堺の中世の環濠は、近世の直線的な環濠とはまったく異なる、自然の低湿地を生かしたものだったようである。近世に整然とした町割りがなされた平野郷（11）と久宝寺寺内[7]（10）も、中世段階の町割りが近世のそれとは異なっていたことが発掘調査からわかってきた。特に平野郷は、異なる軸角で地割りされた複数の町を包摂していたようである。

なお、堺環濠と平野郷では、「塼《せん》列建物」が検出されている。これは、瓦質《がしつ》焼成されたタイルを建物周囲の地盤に垂直に並べた建物遺構で、半地下構造になった土蔵のような建物と推定される。大阪府では高屋城（20）や若江城（9）でも見つかっている。高屋麻里子氏は、土蔵と近世城郭の櫓が相互の影響関係の中で発展したと推定する。[8] 塼列建物は、平野郷では環濠内の主要道に面した位置に、若江城では堀外から最も見えやすい位置にあり、近世城郭の櫓と同様に視覚効果が意図されていた。近世城郭への過渡的様相を示す遺構として注目できる。

五、古墳を利用した城郭

巨大古墳が多い大阪府は、古墳を利用した城郭が目立つのも特徴である。高屋城（20）は、安閑《あんかん》天皇陵に治定《じじょう》された高屋築山古墳を主郭とし、さらに複数の曲輪を付加した巨大城郭であった。小山城（15）も同様の巨大城郭であった可能性があり、その中心にある二〇〇メートル級の前方後円墳・津堂城山古墳の城郭利用の様相が若干だが判明している。墳丘上段の斜面には横堀を廻らす一方、墳丘下段では石積みを伴う盛土で墳丘のテラス面を拡張し、幅広い帯曲輪を形成していた。同古墳は痩せ尾根のような形状で、前方後円墳としての当初の形態をほとんど保っていないと考えられる。一見すると、城郭利用に際して膨大な切土がなされたようにも見える。しかし発掘調査で永正七年（一五一〇）のものと推定される地震の痕跡が見つかった。したがって、墳丘は地震で崩壊した可能性もある。十五世紀後半から城郭利用され、地震の後にも再度普請がなされたと考えられる。

地震考古学との関連では、墳丘長約一九〇メートルの前方後円墳・今城塚古墳（４）も有名である。同古墳には城郭利用された伝承があり、墳丘上には多数の堀状の窪みが走っている。しかし、これらの「堀」の形状に縄張りの論理性を見出しづらく、城郭研究者を悩ませてきた。例えば村田修三氏は、個々の「堀」について分析するのを避け、これらを模式的にまとめて「阻塞《そさい》」として把握することを試みた。[9]しかし、これらの堀状の地形は、発掘調査によって、地震で墳丘が崩壊してできたものだと判明した。この地震は、指月伏見城（京都市伏見区）を倒壊させた文禄五年（一五九六）の地震だと考えられており、[10]墳丘上に築かれた城郭もろとも崩壊したと思われる。今城塚古墳を城郭として分析する際に城郭研究者たちが困惑した事実は、城郭と自然地形とを分別できるまでに城郭研究の質が成熟したことの証左と評価できる。

一方、前方後円墳の形態をよく残した古墳利用城郭の事例では、久米田貝吹山古墳（30）の発掘調査成果がある。平地を見下ろす高台に立地する墳丘長約一三〇メートルの古墳を利用し、墳丘の段築を巧みに活かして横堀を掘り、墳丘のテラス面を帯曲輪に、斜面を切岸に見立てた城郭を築いていた。岡ミサンザイ古墳（藤井寺市・『近畿Ⅰ』遠藤啓輔）の測量図を見ると、段築を活用して横堀を廻らしたことがわかり、久米田貝吹山古墳と類似する。これら古墳利用城郭の事例から、戦国期の城郭は、地形を活かして最小限の土木工事で築かれたことが指摘できる。

おわりに――研究手法の限界を超えて

最後に、考古学の限界を補う方法について触れたい。考古学は物を通した歴史の研究であり、その手法は発掘調査に限定されるわけではないが、やはり発掘調査がなされていない対象について考えることは難しい。山城の縄張り研究に代表される地表面観察は、その限界を補う方法として有用である。例えば、佐保栗栖山砦（2）では巨石を用いた石積みが検出されたが、同じ北摂の山地にある平通城（能勢町・『近畿Ⅴ』髙田徹）でも巨石を用いた石列が地表面観察できる。これらを比較検討すれば、巨石使用の地域性や時代性が明らかになってくる可能性がある。

それでは、都市開発が進んでしまった平地の城館ではどうだろうか。平地には防御施設を備えた集落が存在したと考えられるが、十五世紀以降の集落遺跡は考古学的に実態がつかみづらいことが知られている。それらは現在でも集落として機能しているために、発掘調査がなされにくいからである。

ここで考古学の限界を超える材料となり得るのが、地名への着目である。例えば余部日置荘遺跡（22）には、「城ノ山」「城の前」「城ノ西」「馬場の脇」などの小字名から城館の存在が指摘されてきた一画があったが、発掘調査によって堀と土塁で囲繞された方形城館（余部《あまべ》城）が実際に見つかった。また、大黒《おぐろ》遺跡（21）の中にある集落には、「垣《かい》内《と》」「堀ノ前」「堀ノ内」といった城郭関連地名があり、戦国時代の遺物を伴う堀が発掘調査で検出された。これらの事例は、城郭関連地名が実際に城館が存在したことの傍証となることを示したものとして注目される。

今回の検討を通して、中世城郭は集落・信仰・生産や流通などとも深く関連した考古学的研究対象であることがわかった。そして城郭研究は、地表面観察や地名の検討が得意であり、考古学の限界を超克する研究手法が備わっている。中世城郭の研究は、研究手法の枠を超えて、中世史の重層的・網羅的研究へと発展する可能性がある。

註

（１）井上和人『古代都城制条里制の実証的研究』（学生社、二〇〇四年）、岸本直文「７世紀史としての条里制」（和泉市史編さん委員会『和泉市史紀要第１９集　和泉郡の条里』和泉市教育委員会、二〇一二年）など。

（２）河内氏の説は、福島克彦「戦国期畿内近国の都市と守護所」（内堀信雄他編『守護所と戦国城下町』高志書院、二〇〇六年）で詳しく紹介されている。

（３）吉田知史「発掘調査成果からみた私部城」（仁木宏他編『飯盛山城と三好長慶』戎光祥出版、二〇一五年）。

（4）村田修三「大和の「山ノ城」」（『日本政治社会史研究　下』岸俊男教授退官記念会、一九八五年）。
（5）同様の年代の乖離は南北朝期の城郭として著名な河内の上赤坂城（26）でも見られ、十四世紀から十六世紀の遺物が出土している。
（6）遠藤啓輔「密集した小規模方形郭群の事例紹介と検討―近畿地方の中世遺跡を中心に―」（『第35回　全国城郭研究者セミナー（発表資料集）』中世城郭研究会、二〇一八年）。
（7）小谷利明「久宝寺寺内町の再開発と融通念仏宗」（『研究紀要』一一、八尾市歴史民俗資料館、二〇〇〇年）、小谷利明「久宝寺寺内町の成立と再編」（『八尾市立歴史民俗資料館報（平成二十四年度）・研究紀要第二四号』、二〇一三年）。
（8）髙屋麻里子「近世土蔵造の成立―建築史の立場から―」（千田嘉博・矢田俊文編『都市と城館の中世―学融合研究の試み―』高志書院、二〇一〇年）。
（9）村田修三「「陵墓」と築城」（日本史研究会・京都民科歴史部会『「陵墓」からみた日本史』青木書店、一九九五年）。
（10）寒川旭『秀吉を襲った大地震　地震考古学で戦国史を読む』（平凡社新書、二〇一〇年）。

【付記】一七〇頁で塼列建物について言及したが、本稿脱稿後、大阪府北東部の山地にある飯盛城（四条畷市・大東市）でも、発掘調査によって塼列建物が検出されていたことを知った。飯盛城は十六世紀の巨大な山城で、石垣を先駆的に使用したことでも注目されている。塼列建物が見つかった「御体塚曲輪」は、当城で死去した三好長慶の遺体を仮埋葬した場所と言い伝えられる（村上始・實盛良彦ほか「飯盛城跡発掘調査の最新成果」〈『大阪春秋』一七五、新風書房、二〇一九年〉）。この事例からも、塼列建物にシンボル的性格があったことがうかがえる。

Ⅲ　縄張りから見た大阪府の城郭

中西裕樹

はじめに

「縄張りから見た大阪の城」にいうテーマについて、過去の作業を通じ、三つの項目から紹介したい。[1]まずは、土塁である。[2]縄張り研究では、虎口などの特徴的なパーツに注目した形態分類や比較作業を通じ、大名系城郭論のような戦国期権力の動向分析や編年という作業を進めてきた。一方で、地域における縄張りを考える際には、特徴的なパーツを切り取るのではなく、多くの城館に共通する縄張りの要素を設定する必要がある。土塁は、その視点になると考える。

次に、惣構という構造である。[3]戦国期の大阪は、寺内町や港町などの多くの都市が成立した地域性を持つ。惣構とは「市街地や村落などの周囲をすっかり取り囲んでいる柵、または、防壁」(『邦訳日葡辞書』)であり、城郭が内部にあるか否かを問わない。大阪は、惣構の都市や集落が城下町以前に成立し、その後に城郭へと展開した地域である。これらは、惣構構造を採用した城郭史上の先駆けでもあり、大阪という地域の縄張りの特徴でもある。この機会に紹介したい。

最後に、豊臣期大坂城である。[4]築城は天正十一年(一五八三)にはじまるが、他地域ではいまだ戦国期の城づくりが進んでいる。この城は平地に出現した総石垣の織豊系城郭であり、近世城郭へと至る城郭史上の大きな画期として評価されてきた。ただし、一方では時期的には戦国期城郭の視点からも理解すべきで、これは縄張りも同じだと考える。良質な絵図が残るものの、前後の城郭史の流れの中から縄張りが検討される機会は少なく、大阪の城郭を扱う上でも課題になるように思う。それでは、項目ごとに述べていきたい。

一、土塁と横堀

土塁には、切岸の高さを補完して城館の遮断性を高めるという機能がある。この点は堀切と同じであり、両者をセットで使用する事例は多い。また、曲輪全体を囲む場合は、切岸のみの曲輪とは異なり、曲輪への出入り口、つまり虎口は土塁の開口部に想定できるケースが多い。切岸のみの曲輪では、現状のルート到達地点が虎口であるとの判断は難しいだろう。この意味では、より虎口への意識が高い縄張りとの理解が可能となる。

曲輪を囲む土塁が認められる城郭について、大阪府下ではいくつかの特徴が指摘できる。まず、芥川城（芥川山城跡。高槻市）と山辺城（能勢町）という大規模な山城では、中心部から独立した単郭において使用されている。芥川城は、摂津・丹波守護細川氏、そして三好氏という畿内全体を影響下に置く権力の拠点で、当主の在城期間は長い。特に三好氏の場合は、権力の居所という利用がなされた。山辺城は、戦国末期の摂津国能勢郡を代表する勢力の大町氏による山城であり、「慶長十年摂津国絵図」（西宮市立郷土資料館蔵）に描かれた五つの城郭の一つである。

芥川城（図1）は、Ⅰ・Ⅱが一体の城郭本体であり、周囲を堀切で画す。その東側外部にⅢがあり、この中心部に竪土塁とセットになる土塁囲みの単郭が存在する。周辺には平坦地が設けられるが、堀切等はない。芥川城は、

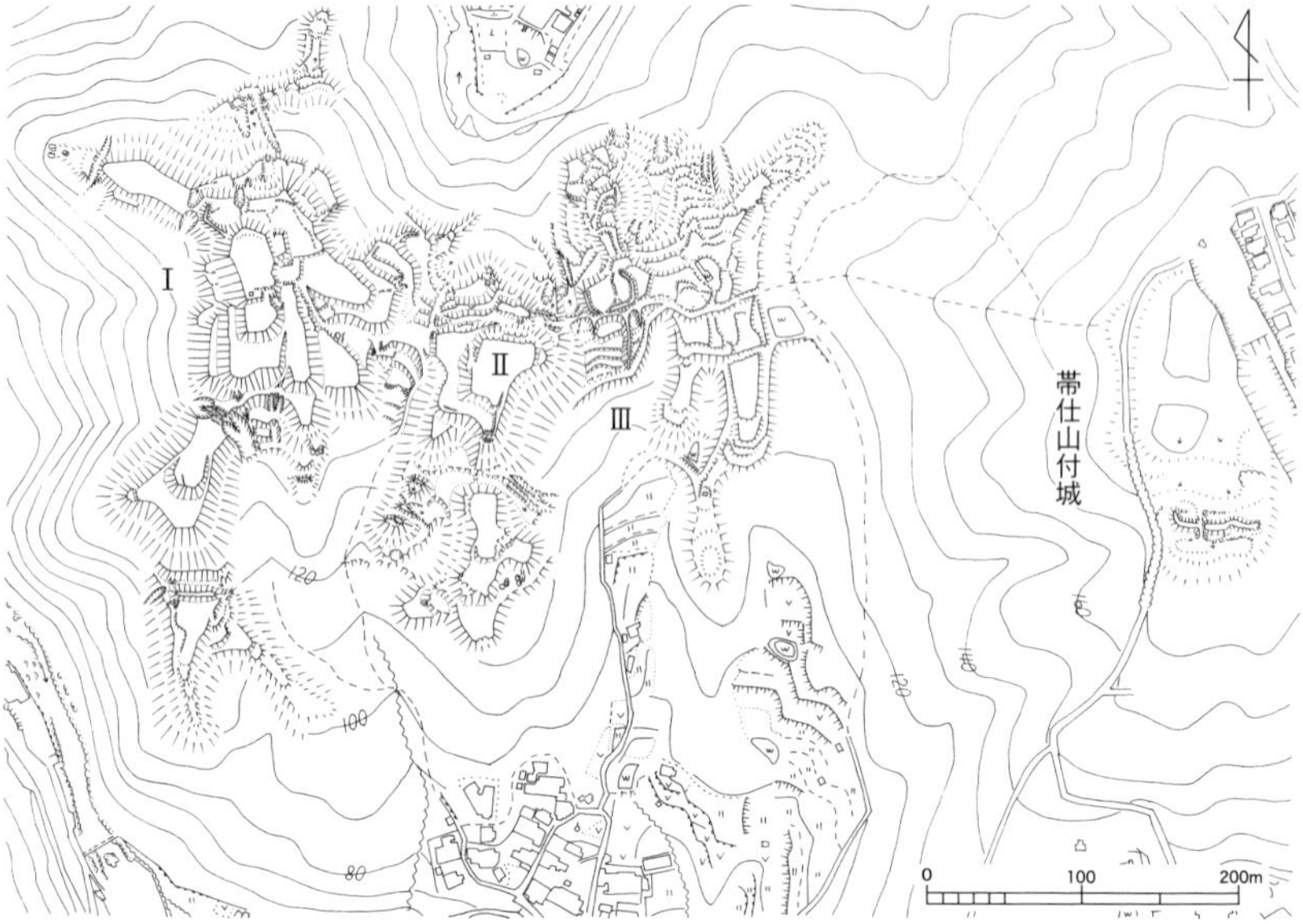

図１　芥川城概要図（中西作図）

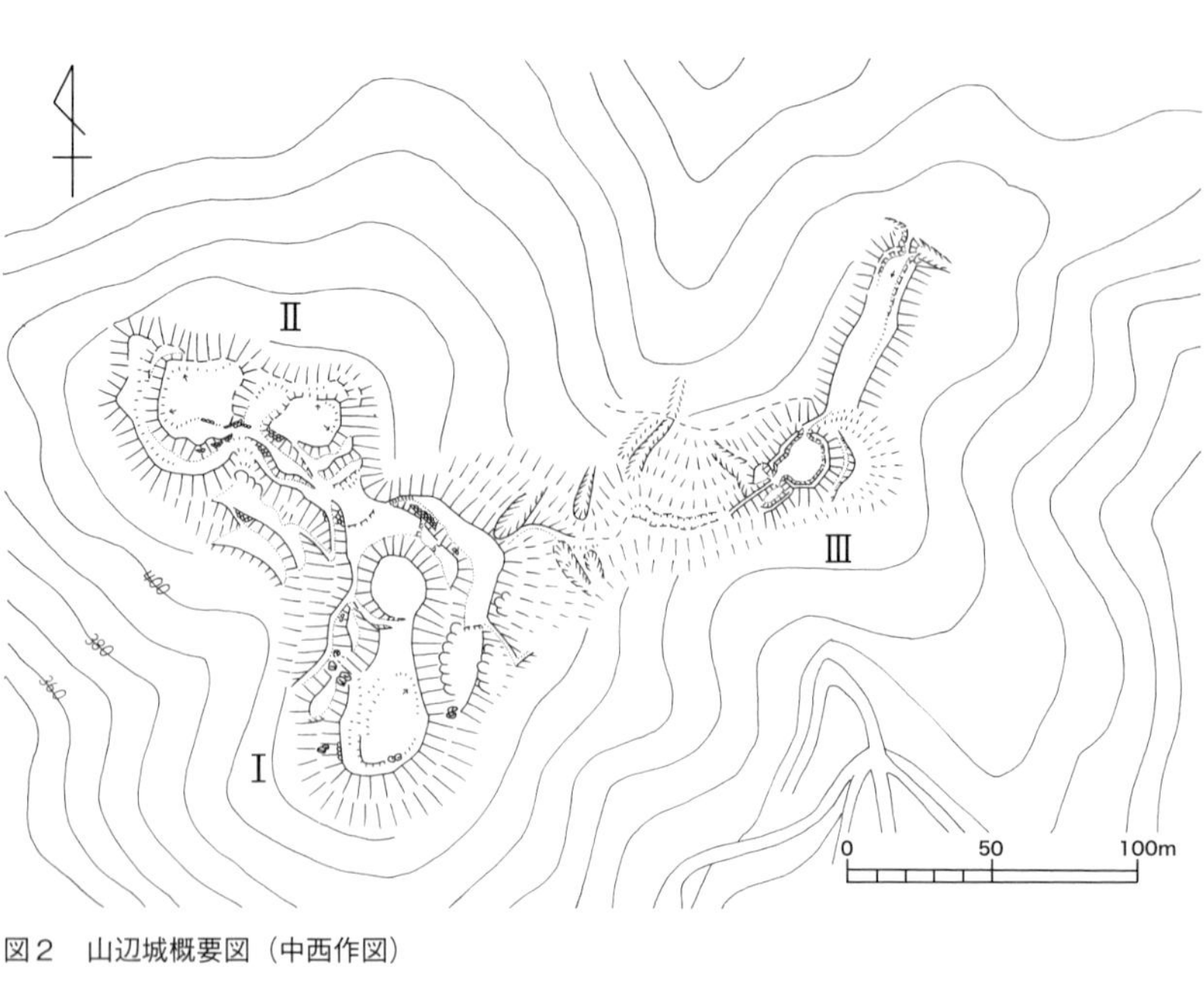

図２　山辺城概要図（中西作図）

東側が城よりも高い地形となるため、いわばⅢは緩衝地帯のような役割を果たしたのだろう。山辺城（図2）は、中心部のⅠ・Ⅱとは堀切を挟み、やや距離を置く東に単郭を核とするⅢがある。

芥川城と山辺城は、そもそも中心部での土塁の使用が顕著ではない。山城の機能としては、中心部に家臣らも常駐するような生活・政庁施設が存在したと考えられる。一方、周縁の土塁囲みの単郭には面積的にそのような機能が想定できない。相対的に軍事性は前者が低く、後者が高いということになるだろう。特に後者は場所的にも、中心部とは堀切等で分離した出城のような位置に所在する。土塁囲みの城郭は、通常の山城の曲輪よりも軍事的性格が強いと考えられる。

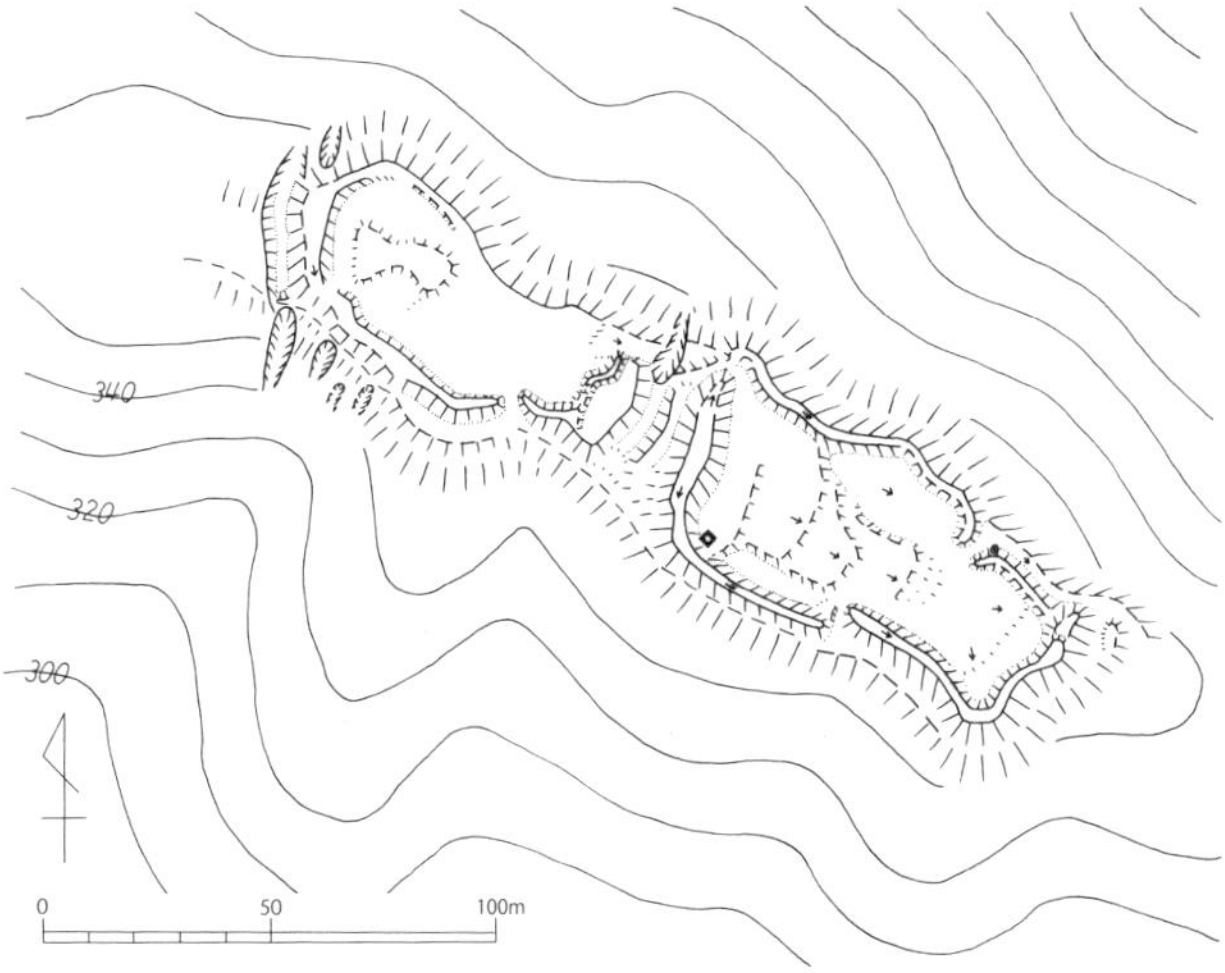

図３　山田城概要図（中西作図）

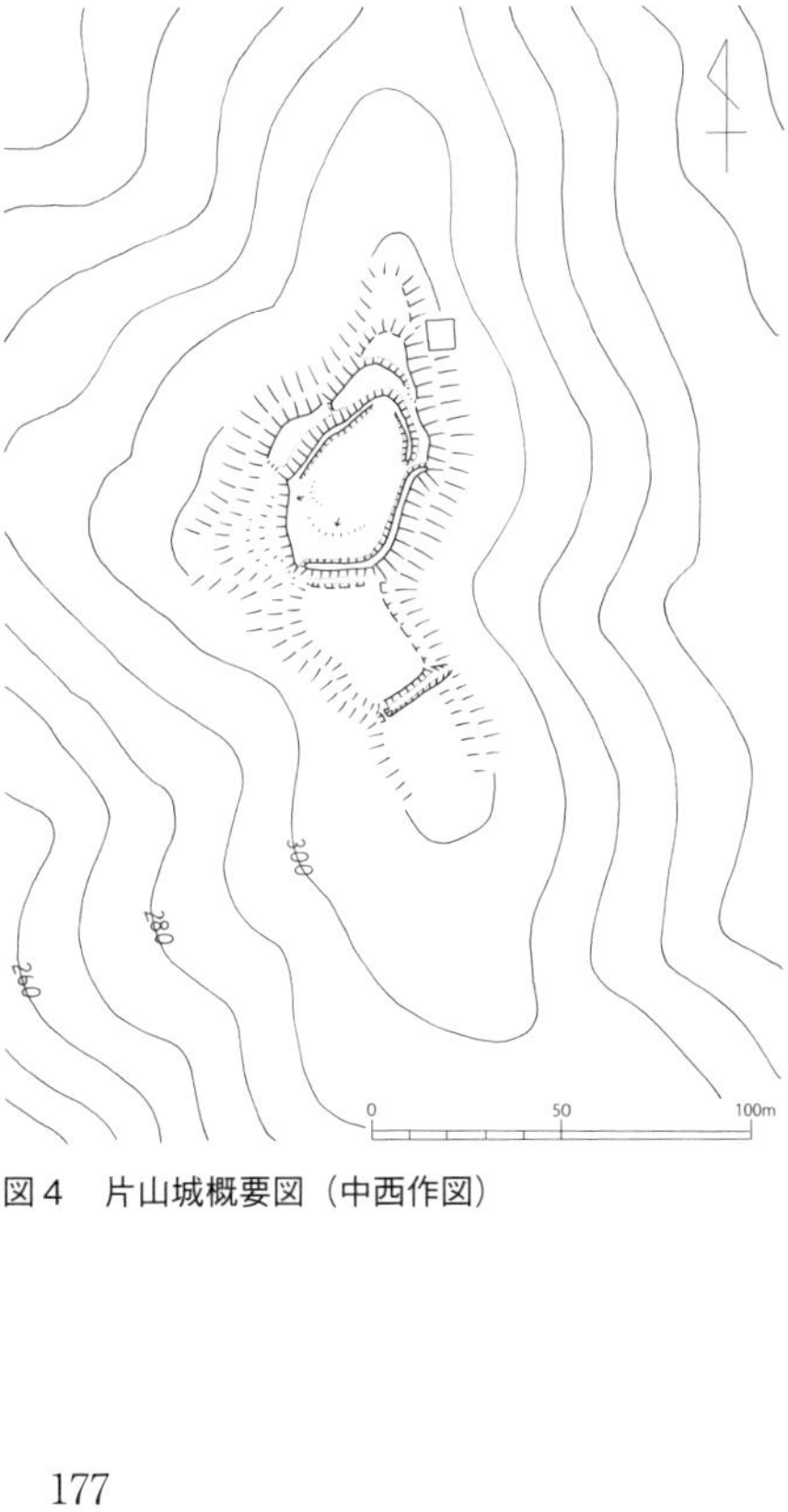

図４　片山城概要図（中西作図）

大阪府下の城郭において、土塁に囲まれた曲輪を持つ山城は多くない。しかし、能勢郡には森上城や山田城（図3）、片山城（図４）などが存在する（いずれも能勢町）。単郭、もしくは複郭を構造のベースとするため、ほぼ曲輪のすべてが土塁囲みの様相を呈する。軍事性の強い山城として機能していたのだろう。

虎口の場所も特定でき、桝形状のテラスを伴うものがある。このため、年代的には戦国時代の新しい時期に縄張

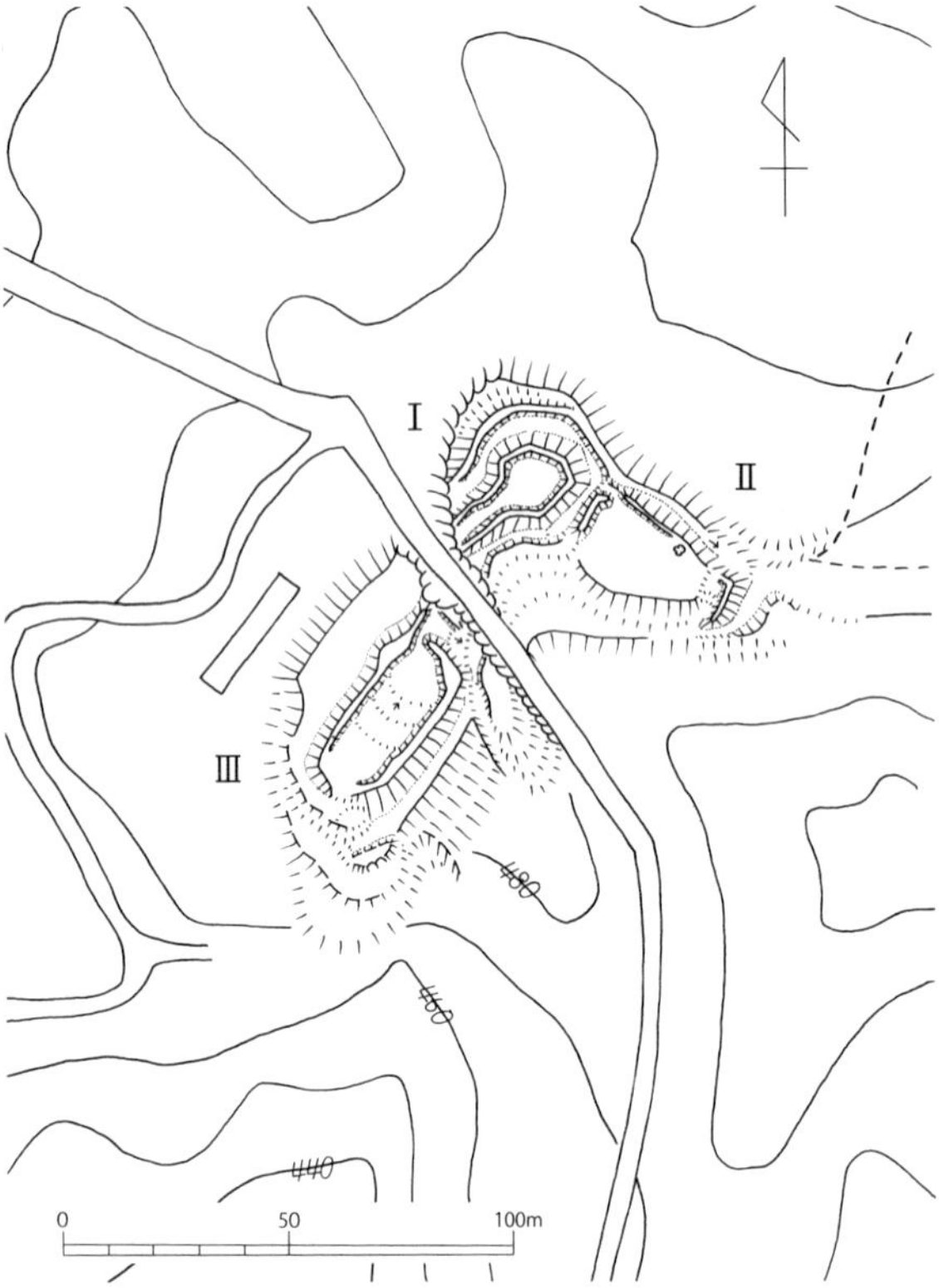

図５　高安山城概要図（中西作図）

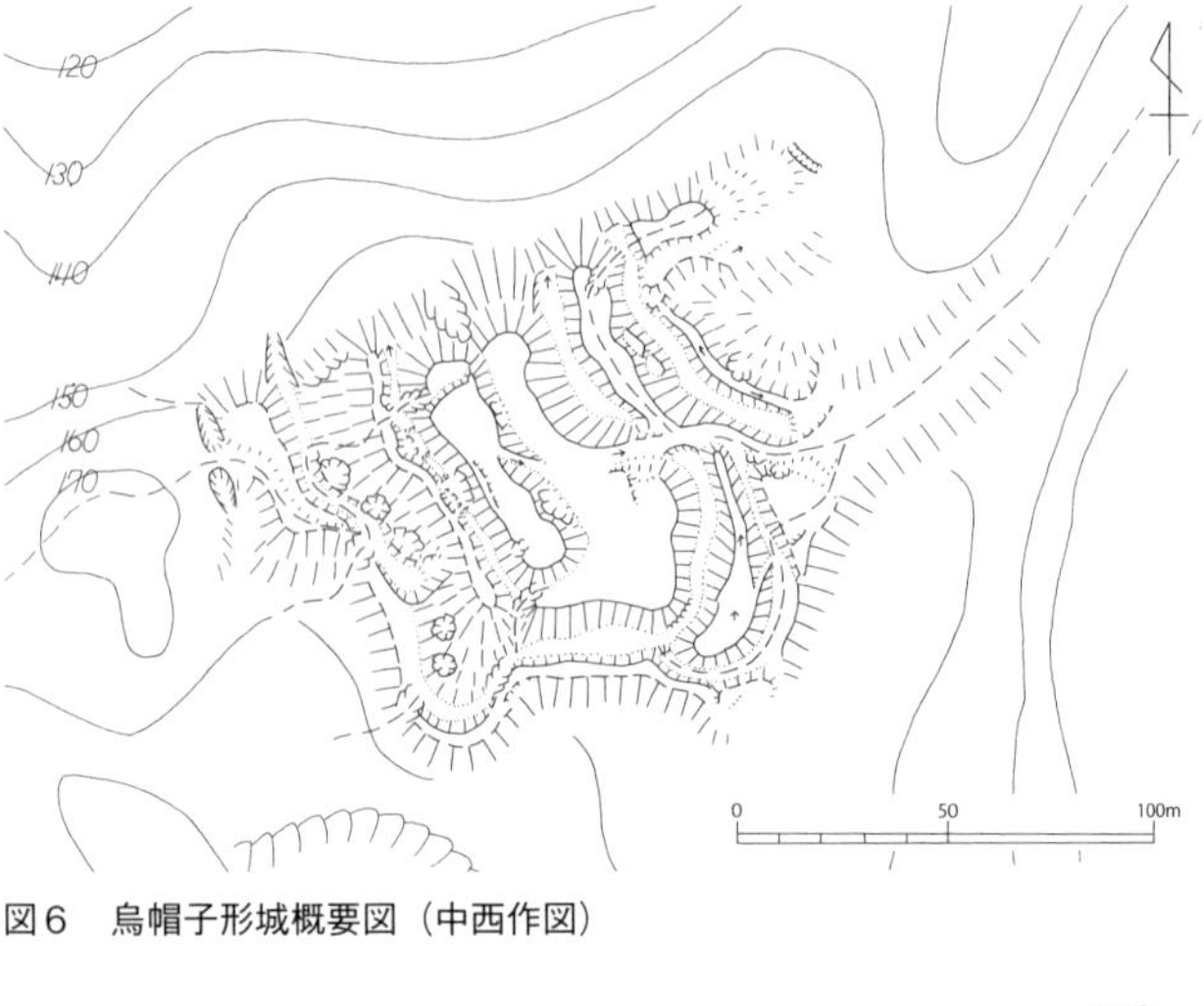

図６　烏帽子形城概要図（中西作図）

りが想定されている。[5] 戦国末期の当該地域の情勢や他地域の事例も勘案し、妥当な評価であると思うが、織豊系城郭の虎口編年のように折れや空間による分類基準が設定できていないため、形式学的な年代観の提示には至っていない。

そこで、土塁囲みの曲輪を持つ他の事例を探すと、高安山城（八尾市）では、さらに外部に横堀を伴っている（図5）。曲輪の遮断性を高めるという意味において、この場合の土塁と横堀は同じ機能を持ち、さらに内部への出入り口のルート（虎口）が貫通するという点でも通じる。高安山城のⅢの虎口には桝形状の小空間が付属し、先の能勢郡の山城に通じる。横堀は、十六世紀半ばには使用されていたと想定されている。[6] この前後の時代に、曲輪を取り巻く土塁や横堀が使用されるのと並行して、虎口への意識が高まったことは間違いない。

文献的には、天正十二〜十三年（一五八四〜八五）の使用が判明する烏帽子形城（河内長野市・図6）と千石堀城（貝塚市）では、土橋を挟んで横堀（土塁）がくい違い、虎口となっている。一つの縄張りの年代を考える目安となるだろう。[7]

二、惣　構

大阪の城郭では、池田城（池田市）や高屋城（羽曳野市）を惣構構造とみる見解があった。しかし、内部には明確な町場が想定できない一方、城郭が既存の町場に隣接している。惣構を構成し、町場を包摂するとされてきた土塁などの囲繞施設は城郭の外郭とみるべきである。

兵庫県域になるが、惣構が城郭に確認できる初期事例は、天正二年（一五七四）に荒木村重が池田城から居城を

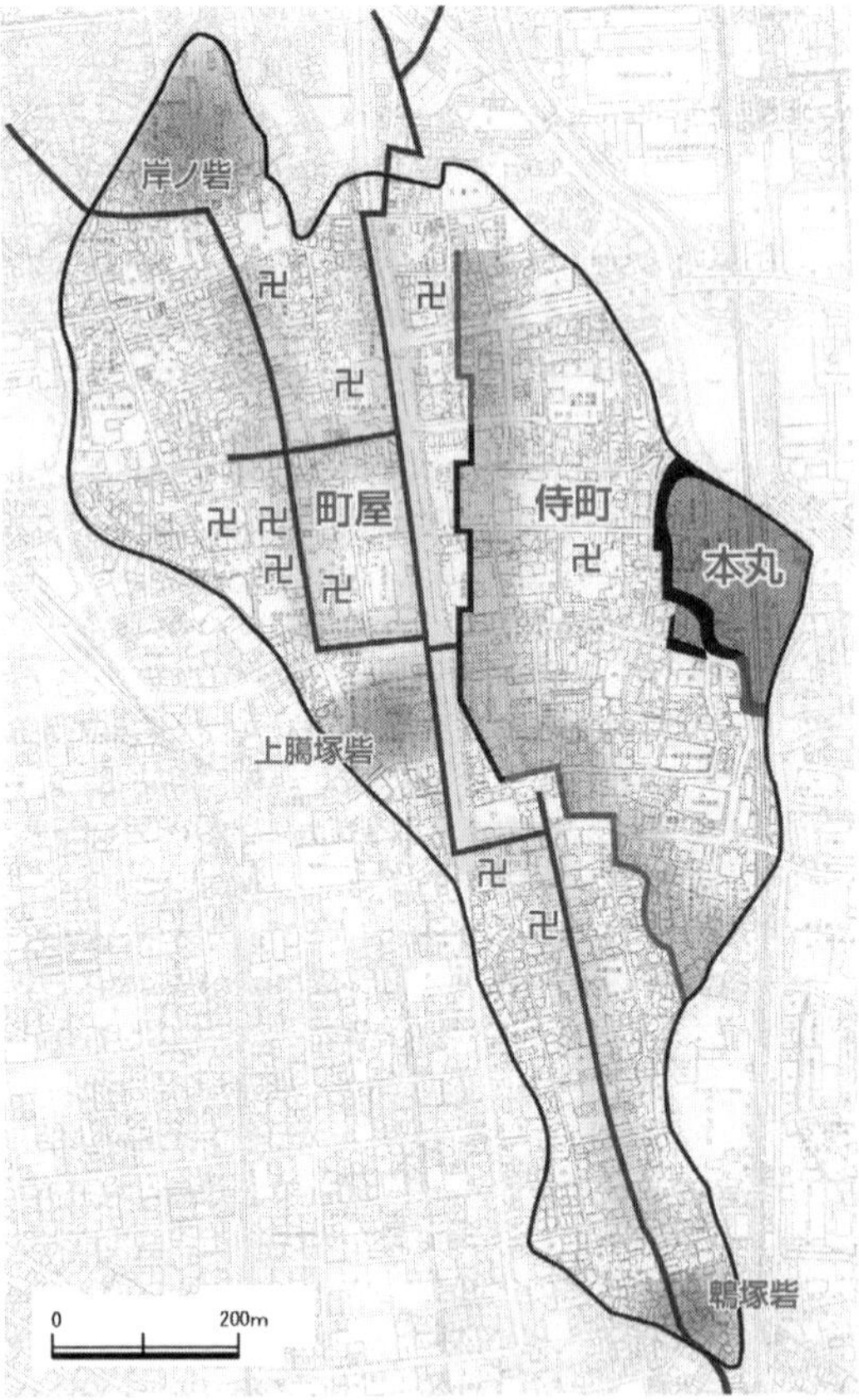

図7　有岡城惣構図　伊丹市立博物館『荒木村重と有岡城』（2006年）より

移した有岡城（旧名伊丹城。伊丹市）である。史料から縄張りをうかがうと、天正五年に村重が「外城」に山王権現を勧請したとの記録がある（『兼見卿記』）。天正六年の村重による反織田信長の挙兵以来、有岡城では一年近い籠城戦が展開した。この外城は、籠城時に配下の武将が入り、今に遺構や伝承地を残す岸ノ砦や上臈塚砦にあたるとみられる。そして天正七年十月の織田勢の攻撃は、町の占拠、侍町の放火の順で進む（『信長公記』）。同月二十四日付の織田信長書状は「外構」を討ち、残るは天守とある（「谷井文書」）。「外構」に町と侍町があり、この内側に城郭が所在したことがわかるだろう。

遺構や地形、発掘調査の成果をふまえると（図7）、段丘縁に方形をベースに石垣を用いる城郭（図では本丸）、その西側に大溝（堀）で画する空間が侍町となる。そして、さらに広く全体を自然地形の高低差で画する外郭があり、その縁辺の砦が外城として把握できる。外郭内に町場を抱える有岡城は、惣構構造に違いない。ただし、惣構は必ずしも人工の堀や土塁を伴わず、すでに村重が入城する以前の伊丹氏段階で段丘上の道沿いには町が存在した。しかし、村重は池田から寺社を移し、付近の市場を有岡へと集約したという。惣構は、意図的に創出されたといえる。

また、天正六年に織田勢が迫った荒木氏与力の高山右近が拠る高槻城（高槻市）は、「水を満たした広大なる堀と周囲の城壁」を備え、織田勢が迫る中でも容易に落ちそうになかったという（一五七九年十月二十二日付けフランシスコ書翰）。そして城内には武士・兵士・農夫・職工らが居住していた。ここから想像できる高槻城の構造も惣構であり、発掘調査でも近世高槻城の三ノ丸堀に先行する幅二四メートルの堀が検出されている。この外側に近世城下町が広がるが、堀跡の伝承や痕跡がない。「水を満たした広大なる堀」とは、検出された堀を示す可能性が高い。

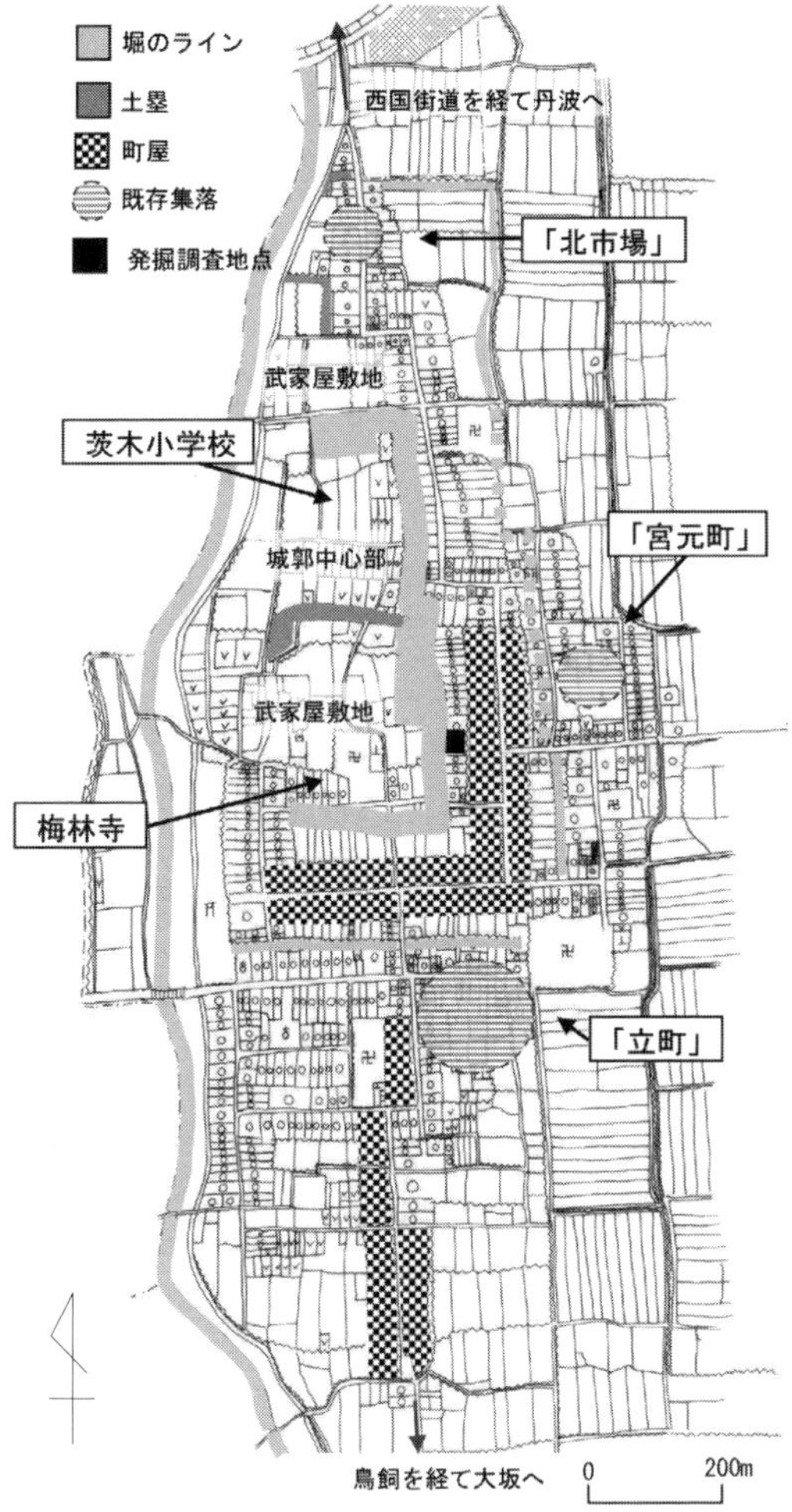

図８　茨木城下町復元図（「茨木町大字茨木全図」をトレース・加筆。『新修茨木市史』8、2004年所収）

また、荒木氏の家臣で、後に独立大名となった中川清秀の茨木城では、地名や絵図、地籍図などから構造が考えられてきた(8)。「天守台跡」が伝承される小字「本丸」周辺の約二〇〇メートル四方の城郭と周囲に武家屋敷地、その東側の道沿いに町屋があり、全体が堀（一部は土塁）で囲まれた構造である。豊臣期に城域は縮小するが、それまでは惣構構造の城郭であったと考えてよいだろう（図８）。

これ以前に確認できる惣構は、大坂寺内町（大阪市）や堺（堺市）などの摂津を含む畿内の都市であった。また、環濠集落も性格的には惣構である。近世城郭への嚆矢となった織田政権の安土城下（滋賀県近江八幡市）に惣構は認められず、戦国時代の近江の町にもその傾向は認められない。城郭史上、先に取り上げた大阪、とりわけ当該期の摂津の城郭が備えた惣構は、戦国の都市と城下町をつなぐ位置となる。その背景には、惣構という軍事施設、防御の発想が民衆や武家を問わずに摂津という一つの地域社会の動きとして起こり、その町や城づくりが後世に影響したとみることができるように思う。

三、豊臣期大坂城

豊臣期大坂城は、天正十一年（一五八三）の築城以降、大規模な工事を四期にわたって実行したが、ここで取り上げるのは後に本丸と呼ばれたエリアの第一期工事である。豊臣期大坂城は、当時の城郭には珍しい複数の絵画資料が残り、この第一期工事の縄張りを記す「豊臣時代大坂城指図」や類図が確認されている。これらの図にみえる縄張りは、発掘調査やボーリング・サウンディング調査の結果とも大きな齟齬がないことが確認されている(9)。

「豊臣時代大坂城指図」を基に第一期工事の平面プランを確認すると、大きくⅠ～Ⅳに構造が区分できる（図９）。このうちⅠ（詰ノ丸）が主郭であり、周囲の石垣塁線は折れを伴うものの北面はほぼ直線である。平面形は真円の上方を直線でカットしたような形であり、西面も直線部分が多い。ボーリング調査では、Ⅱとの間の堀切部分が大きな自然の谷であり、築城時に厚さ一〇メートル以上の盛土がなされたことがわかっている[10]。この地形に沿って東西の塁線は南に向かって湾曲し、下の二段の帯曲輪も並行するなど、縄張りが大きな地形の影響を受けたことは確実である。

縄張り研究では、戦国期の「土づくり」の城館に対し、地形の影響を勘案して縄張りに評価を与えてきた。これは単独事例からの結論ではなく、複数遺構や同一主体の想定事例、城館の地域性、前後の城郭史などをふまえ、共通の歴史的背景や地域性を見通すためである。結論めくが、仮に曲輪の輪郭が正方形ではなくとも、方形という評価を導き出し、城館遺跡を歴史資料とする研究姿勢こそが縄張り研究では必要となる。

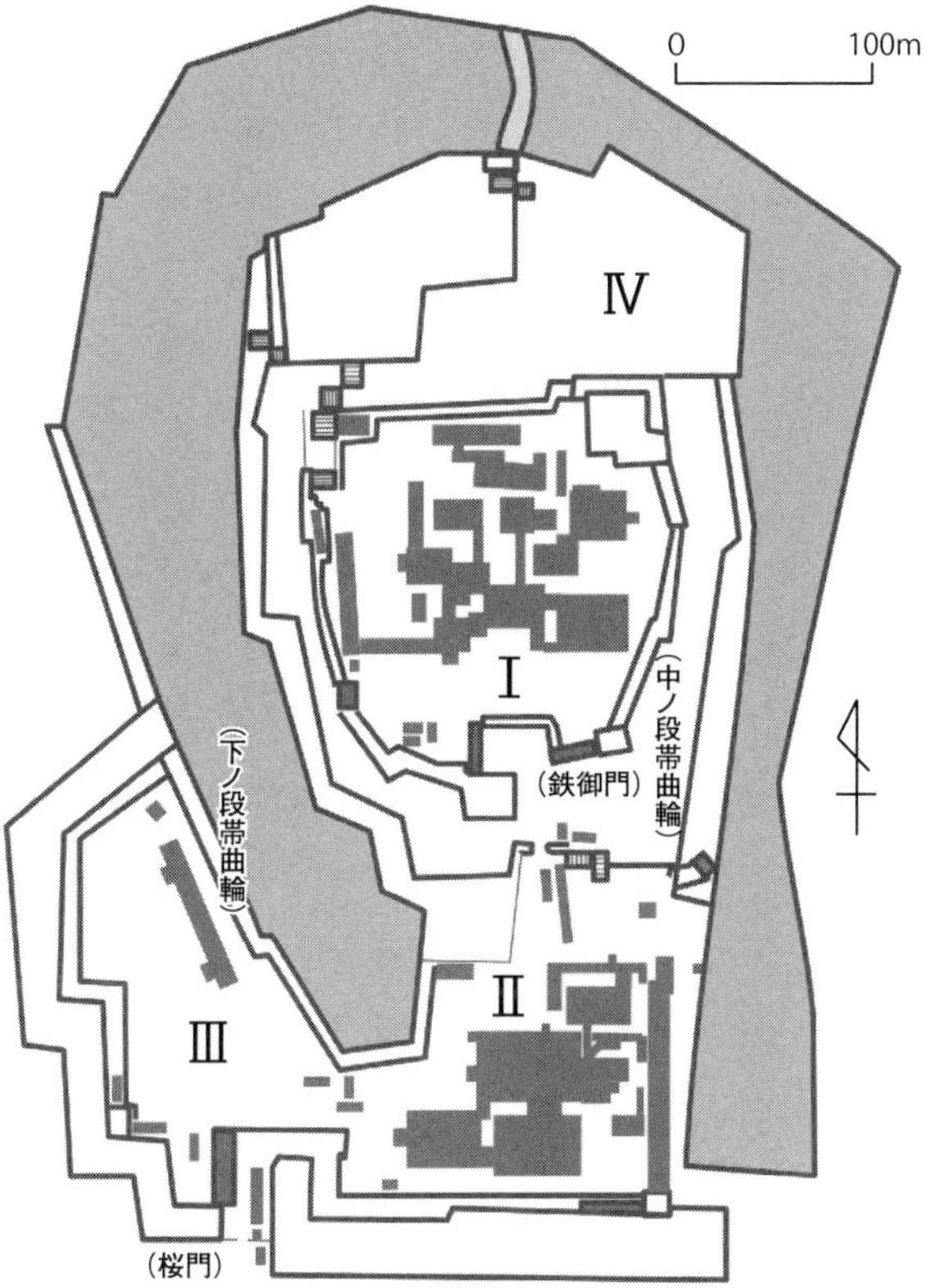

図９　「豊臣時代大坂城指図」（中西トレース）

豊臣期大坂城第一期工事の石垣は、段築による黎明期の高石垣であり、地形を克服する技術ではない。もちろん、近世城郭のような資本と土木量を投じ、地形を無視して机上の縄張りを実現できる内容ではない。この点をふまえると、その縄張りは「土づくり」の城館と同様の視点から評価せねばならない。そこで、戦国期の城郭史に目をやると、武家の政庁は方形を基調とし、これは戦国大名らの拠点山城でも地形の影響を受けつつ志向されていた。また、後の天正十五年から豊臣政権が京都に構えた聚楽第（京都市上京区）も、基調は方形プランであったと評価されている[11]。

豊臣期大坂城のⅠは、半円のような形である。しかし、黎明期の石垣でありながら、直線を意識しており、谷地形を克服していたとの解釈が成り立つ。この視点に立てば、Ⅰは一辺一〇〇メートル以上の石塁をまわす大規模な方形の主郭と理解せねばならないだろう。また、帯曲輪（「中ノ段帯曲輪」）や南に方形の張り出しを持つ外枡形虎口の「鉄御門」を伴う点にも留意しておきたい。

このような方形の主郭は、織田政権の安土城に認められない。一方で、秀吉が天正十八年に築いた石垣山城（神奈川県小田原市）や翌年の名護屋城（佐賀県唐津市）の主郭は明らかに方形を意識している。織田信長に限れば、当初は尾張守護所の清須城（愛知県清須市）を継承し、そこでは方形の居館が複数存在していた。永禄八年（一五六五）に移った山城の小牧山城（同小牧市）では、主郭に方形志向が指摘されている[12]。しかし、後続の岐阜城（岐阜市）、そして安土城では実現していない。

織豊系城郭では、高石垣・瓦・礎石建物などを採用しつつ、全体の平面プランの求心性を発展させてきた。織田信長の居城に限って言えば、この流れが形となりはじめた岐阜城の段階で方形の主郭は「途切れた」。これに対し、羽柴秀吉は従来の格式ある政庁、館の姿を意図し、大坂城以降の城郭構造に反映させたのではないか。信長段階よりは、発展した石垣構築などの普請技術も後押ししたのだろう。そして聚楽第、近世城郭へとこの系譜は続く。この意味において、秀吉の大坂城の平面プランが持つ城郭史上の画期を見出したい。

また、Ⅱも方形の曲輪で、Ⅰとは堀切の土橋で接続するため巨大な馬出の機能を果たす。ⅡとⅢの間には南北から堀が入り込み、南に巨大な外枡形虎口の「桜門」がある。Ⅳ（山里丸）はⅠの帯曲輪が拡張した部分である。これらを一体化し、防御ラインとして相互間を連絡するのが「中ノ段帯曲輪」である一方、最下段の「下ノ段帯曲輪」はⅢ北端で空堀に寸断される。後者は、三段の段築石垣の構築上、生じた空間なのかもしれない。

一方で、これら第一期工事の構造は、天正七年に完成した安土城などの織田政権の城郭との類似点も多い。Ⅰの「鉄御門」で張り出す櫓台状の部分は、位置的に安土城中心部の虎口「黒金門」の外枡形を形成する石塁の突出部の形に近い。天正十一年の賤ヶ岳合戦の陣城である羽柴秀長の田上山城（滋賀県長浜市）、柴田勝家の玄蕃尾城（同上・福井県敦賀市）にも近い虎口構造がみられる。

また、豊臣期大坂城と石垣山城、名護屋城は、「方形＋外枡形虎口＋天守」の（平）山城としてパターン化できる。これを「大坂城型」と呼びたい。これまでは、平城の聚楽第の「方形＋馬出＋天守」の縄張りが「聚楽第型」として近世城郭のモデルになったことが指摘されてきた。[13] この前提、もしくは同じ系統として、大坂城型を提示したい。

繰り返しになるが、城郭史では、特に城郭構造の求心性を追求した織豊系城郭が発展し、安土城が一大画期を成すものの、前代以来の支配拠点の縄張りである方形プランは実現しなかった。また、聚楽第は、戦国最末期の京都で成立した将軍の「城」と織豊系城郭の系譜をあわせ持つ。[14]「大坂城型」の規模を確認すると、一辺約一〇〇メートル以上の規模であり、これは戦国期の守護クラスの方形館と同等となる。豊臣期大坂城では、織豊系城郭の主郭として方形を志向した点で戦国期の城郭や信長の居城と一線を画しつつ、中近世をつなぐ存在となる。城郭史上、その縄張りは大きな意味を持つと考える。

おわりに

紙面の都合やテーマの設定上、充分に論じることが出来なかった部分が多い。今後、機会をあらためて、再度論じなければならないことを課題として、小文を終えたい[15]。

註

（１）大阪府下全般の城館については、拙著『大阪府中世城館事典』（戎光祥出版、二〇一五年）を参照されたい。

（２）拙稿「摂津国における中世城郭構造把握の試み―土塁の使用形態に注目して―」（『中世城郭研究』一四、中世城郭研究会、二〇〇〇年）。

（３）拙稿「城郭・城下町と都市のネットワーク」（『中世都市研究一八　中世都市から城下町へ』、山川出版社、二〇一三年）。他に報告「近畿の城下町と惣構」（惣構シンポ＠岐阜・日本学術振興会科学研究費補助金『城下町における惣構（総構え）の構造と機能』、二〇一〇年）、同じく報告「惣構のはじまりと城下町への展開―畿内近国における都市の個性―」（彦根市教育委員会『特別史跡彦根城跡追加指定記念シンポジウム　彦根城外堀跡と文化財を活かしたまちづくり』、二〇一六年）。

（４）報告「城郭史に占める豊臣大坂城」（大阪市博物館協会他『歴史講座　地下に眠る豊臣大坂城の石垣を探る』、二〇一四年）など。概要は、拙稿「大坂本願寺・大坂城」（註１）でも示した。

（５）岡寺良「摂津能勢郡の戦国期城館にみる築城・改修の画期」（『国家形成期の考古学』、大阪大学考古学研究室、一九九九年）、高田徹「森上城」（中井均監修・城郭談話会編『図解 近畿の城郭』Ⅱ、戎光祥出版、二〇一五年）、同「山田城」（『図解 近畿の城郭』Ⅳ、戎光祥出版、二〇一七年）。

（６）多田暢久「織豊系城郭以前」（『奈良史学』一三、一九九五年）、同「播磨中世の城と城下」（播磨学研究所編『地中に眠る古代の播磨』、神戸新聞社、一九九九年）、拙稿「京都勝軍山城・如意ヶ岳城の再検討」（『愛城研報告』四、愛知中世城郭研究会、一九九九年）など。

（7）拙稿「山城から平城へ――一五七〇年代前後の畿内と城郭」（小谷利明・弓倉弘年編『南近畿の戦国時代――躍動する武士・寺社・民衆』、戎光祥出版、二〇一七年）。
（8）南出眞助「近世茨木町の形成過程」（『追手門学院大学文学部紀要』二七、一九九三年）、豊田裕章「茨木城・城下町の復元案と廃城の経過」（中村博司編『よみがえる茨木城』、清文堂出版、二〇〇七年）、中井均「茨木城の機能と構造」（『よみがえる茨木城』、二〇〇七年）、拙稿「茨木城」（註1）など。
（9）市川創「豊臣期大坂城本丸の石垣と縄張り」（大阪市立大学豊臣期大坂研究会編 大澤研一・仁木宏・松尾信裕監修『秀吉と大坂 城と城下町』、和泉書院、二〇一五年）、同「発掘調査成果に基づく豊臣期大坂城中枢部の復元」（「城下町科研」大阪研究集会資料集『豊臣期における大坂と摂河泉』、「城下町科研」事務局、二〇一七年）。
（10）三田村宗樹「ボーリングデータからみる大坂城本丸地区における地盤の推移」（大阪市立大学豊臣期大坂研究会編 大澤研一・仁木宏・松尾信裕監修『秀吉と大坂 城と城下町』、和泉書院、二〇一五年）。
（11）千田嘉博「織豊系城郭の成立」（同『織豊系城郭の形成』、東京大学出版会、二〇〇〇年、初出は一九八七年）、同「織豊系城郭体制の成立」（同『織豊系城郭の形成』、東京大学出版会、二〇〇〇年、初出は一九九六年）、中井均「聚楽第」（杉山博他編『豊臣秀吉事典』、新人物往来社、一九九〇年）、同「城郭史からみた聚楽第と伏見城」（日本史研究会編『豊臣秀吉と京都 聚楽第・御土居と伏見城』、文理閣、二〇〇一年）。
（12）千田嘉博『信長の城』（岩波新書、二〇一三年）。
（13）註（11）。
（14）筆者による報告「城郭論における聚楽第の評価」（第27回 平安京・京都研究集会「聚楽第の再検討」、二〇一三年）。
（15）註で引用した著者の報告は、活字化したが諸般の事情により公になっていないものが多い。あらためて公になった際には、小文との関係を明示する必要を感じている。

第5部　和歌山県の城郭の特徴

Ⅰ　十六世紀中頃の紀伊の政治情勢と城郭
——湯河氏の動向に焦点を当てて

新谷和之

はじめに

筆者に課せられた役割は、文献史料から紀伊国の城郭の特色を探ることである。しかし、限られた紙数のなかでそのすべてを扱うことはできないので、今回は十六世紀中頃の紀伊の政治情勢と城郭の関わりを論じることにしたい。

紀伊国では、天正十三年（一五八五）の羽柴秀吉の紀州攻めが中世と近世の分水嶺として捉えられ、天正十三年をピークとして築城の技術が発展していくものと考えられてきた。しかし、発達した縄張りプランをもつ城郭を発掘した結果、最終段階の遺構が十六世紀前半にとどまることが報告され(1)、縄張り研究の年代観にゆらぎが生じている。異なる分野の成果を無批判に援用することは厳に慎まねばならないが、どのような契機で城郭の構造が変化するのかは再度検討する必要があろう。その際、政治史との突き合わせが重要となることはいうまでもない(2)。

紀伊国の中世史は、守護畠山氏の動向を軸に据えることで、畿内政治史との連接が可能となり、多くの成果をもたらした。とりわけ、畠山氏の家督や支配機構の移り変わりを同時代史料をもとに解明した弓倉弘年の研究(3)は、畠山家の内紛を軸に紀伊の政治動向をクリアに描き出し、畿内政治史との関わりを示した点で高く評価できる。また、小谷利明は、畠山稙長の存在を軸に永正末から天文中頃の畿内政治史を見直し、紀伊の勢力との関わりについても

触れている。(4)

しかし、こうした成果が、和歌山県下の城郭研究において正当に位置づけられてきたとはいいがたい。すでに述べたように、天正十三年をピークとする従来の年代観では、地表面で観察できる最終段階の遺構は多くが十六世紀後半に比定され、畠山氏の分国支配が確認できる時期はその前史としてしか位置づけられなかったのが一因であろう。だが、畠山氏の内紛時に多くの城郭が利用されていることは事実であり、そのことの意味を考えることは重要である。

もう一つの要因は、畠山氏を軸とした政治史が、将軍家の分裂に起因する畿内の政局との関わりで専ら叙述された点に求められる。このことの研究史的意義は極めて大きいが、一方で紀伊国内の情勢については、関連史料の年代の特定が困難なこともあって、まだまだ不明な点が多い。城郭の歴史的な評価と合わせて、こうした基礎作業を積み重ねていくことが必要である。

本稿で検討する湯河氏は、日高平野を基盤とし、十六世期半ば以降には守護畠山氏を凌駕する勢力を誇った。矢田俊文は、判物発給や城下町経営の実態を明らかにし、湯河氏を戦国領主として位置づけた。(5) また、湯河氏を含めた戦国期紀伊の政治情勢については、惣国一揆研究の立場から湯河氏と畠山氏、雑賀衆の関係を論じた石田晴男の研究がある。(6) 弓倉は著書において石田説を批判し、湯河光春と畠山尚順の関係、奉公衆としての政治的な立場について実証的に検討した。この弓倉の研究が、紀伊の政治情勢のなかで湯河氏の動向を位置づけた現時点での到達点といえよう。

弓倉は紀伊国の守護所の変遷を探るなかで、永正十七年（一五二〇）の畠山卜山（尚順）追放の後、守護所が広（広川町）から鳥屋（有田川町）へ移転し、広は湯河氏の勢力下に入ったとする。(7) ここからは、守護の支配が後退し、地域権力が台頭するドラスティックな変化をみることができる。しかし、旧稿で述べたように、湯河氏が広の拠点を運用した形跡はうかがえない(8)。卜山追放の後、畠山稙長が国人間の対立の止揚を目指していたとする小谷の指摘を踏まえるならば、稙長期以後の畠山氏と湯河氏の関係については、なお検討の余地があるといえよう。

そこで本稿では、畠山氏と湯河氏の関係を軸に十六世紀中頃の国内情勢を再検討し、そのなかで城郭がどのように運用されたのか明らかにする。具体的には、守護の拠点であった広と大野（海南市）をめぐる戦争に着目し、そこでの両者の関係を問うことにしたい。

一、広城攻めと畠山氏・湯河氏

戦国前期における紀伊の守護所は、広にあった。畠山卜山は、側近の林堂山樹を広城に置き、領国経営にあたった。しかし、大和や紀伊では林堂に反発する勢力が強く、永正十七年六月、林堂は広城で殺害される。卜山も同年八月、湯河氏ら紀伊国人や内衆らにより紀伊国を追われる。大永元年（一五二一）五月、卜山は梶原氏とともに広城を攻めるが、敗北し、淡路へ逃れた。卜山は畠山義英と和睦し、足利義稙方として堺で再起を図るが、稙長に破れた。これ以後、湯河氏の勢力が広に及ぶと考えられている。湯河氏と広城との関わりについて、次の史料から探ってみよう。

【史料一(9)】

今度広古城合戦、於一城戸槍太刀無比類神妙候、屋形御祝著(着)面目候、猶目出候、謹言、

八月二日　(湯河)光春（花押）

林孫四郎殿

史料一は、湯河光春が「広古城」合戦での林孫四郎の軍功を賞した感状である。「一城戸」とあり、城内の施設の名称が文書にみえる、紀伊では珍しい事例である。

本史料は、近世初期に御上ケ知南部組の大庄屋をつとめた堀籠家に伝来したものである。同家に残る由緒書では、九条家が南部荘をおさめていた頃、現地へ下向し、吉田を名乗ったことが家のルーツとされる。その後、湯河宗源が足利義詮に属して有田・日高を安堵されると、湯河氏に属し、林と名乗るようになる。さらに、湯河直春より印南原の堀籠谷を賜り、堀籠と改姓したという[10]。もちろん、これらを安易に史実と認めるべきではない。ここでは、林孫四郎という人物が湯河光春の被官として広城攻めに参加し、軍功を挙げたことのみ確認しておこう。

従来、本史料は永正十七年の畠山卜山追放時のものと考えられてきた[11]。しかし、永正十七年時点では広城は畠山氏の居城として機能しており、それを「古城」と呼ぶのは不自然である。この合戦は、広城が居城としての機能を失った後に起きたものとみるべきだろう。

本史料でもう一つ気になるのは、「屋形」の存在である。広城攻めが首尾よく行われたことが、「屋形」の意に沿うことだったのは文面から明らかである。つまり、この合戦では、湯河光春と光春が「屋形」と仰ぐ人物が同じ陣営にあったことがわかる。

では、この「屋形」はいったい誰なのか。それを考える際に、弓倉弘年が紹介した[12]次の史料が参考になる。

【史料二[13]】

去廿九於広之城攻口心懸尤神妙、并被官人首打捰(採カ)、忠節悦入候、委細丹下備後(盛賢)可申候、謹言、

八月五日　稙長(畠山)判

史料二は、紀州藩士の家伝文書を写した「藩中古文書」のうち、目良家に伝来したものである。目良氏は熊野別当の系譜を引く一族とされ、現田辺市秋津川一帯には目良氏の城と伝わる城館が複数ある。(14)

本史料は、某年七月二十九日の広城攻めでの戦功を賞した感状である。宛所はないが、目良氏に宛てたものであろう。弓倉は、天文三年（一五三四）に稙長が湯河氏打倒と紀州における失地回復、守護支配権の貫徹を目指して紀州へ発向したとする石田晴男の説を踏まえ、これを天文三年の文書と推定した。(15)しかし、この史料だけでは稙長と湯河氏が対抗関係にあったことはうかがえない。

史料一は、八月二日付で広城攻めに言及している。これは、史料二にみえる七月二十九日の広城攻めと時期的には一致する。両者が同じ合戦を指しているとすれば、史料一の「屋形」は畠山稙長と判断できる。すなわち、史料一・二に見える合戦は、畠山稙長と湯河光春が共同で広城を攻めたものと評価できよう。したがって、両者が対抗関係にあった天文三年のできごととは考えにくい。

ここで、小谷利明の研究に拠りながら、畠山稙長と領国内の国人の関係について概観しておく。卜山の追放後、稙長は国人間の対立を止揚し、領国支配の安定化につとめた。しかし、大永六年末より足利義維を擁する四国勢の堺上陸がはじまり、いわゆる「堺公方」が成立すると、稙長は足利義晴方、義堯は義維方として戦った。義堯は大和の越智氏や一向一揆勢と連絡をとり、稙長の権力基盤を弱体化させた。義堯は天文の畿内一向一揆で滅ぼされるが、天文三年には木沢長政と遊佐長教が畠山長経を河内守護に擁立し、稙長と対立する。この頃、湯河光春は遊佐長教とともに足利義晴の軍事動員に従い、細川晴元と行動を共にした。だが、天文七年には稙長と光春は尼子氏と連携して上洛を計画しており、稙長が紀伊国全体の軍事指揮権を掌握しつつあったことがうかがえる。天文十一年、稙長は紀伊国内の諸勢力を広範囲にわたり動員し、木沢長政を敗死させた。

このようにみると、稙長と光春は天文初年頃には対立していたが、その前後では必ずしも敵対的な関係にあったわけではない。特に、稙長は天文七年頃には紀伊国内の諸勢力間の対立を止揚し、彼らを軍事動員できる体制を整えていった。先の広城攻めは、まさにこうした歴史的背景のもとで行われたのではないだろうか。

弓倉は著書において、永正十七年の卜山追放後、広は湯河氏の勢力下に入ったとする。大永二年三月、湯河光春が能仁寺へ東広庄善覚田四十町を寄進したことがその根拠であるという[16]。光春は天文十三年十一月にも、広之庄中野村法蔵寺へ年貢米三石を寄進しており[17]、広荘内の土地をある程度差配できる立場にあったことは間違いない。一方で、畠山氏の被官とみられる長光が、小山経次へ「広之代官半分」の宛行を約束している事例もある[18]。これがどこまで実態を反映したものかは検討を要するが、湯河氏が広の権益を一元的に掌握したわけではないことには注意が必要である。

今回の合戦において、湯河光春は広城を「古城」と表現している。このことは、当時広城が湯河氏の拠点として使用されていなかったことを示している。広城は守護所としては機能しなくなっても、守護としての畠山氏はいまだ健在であり、湯河氏がこれを占拠できなかったのではないだろうか。こうして「古城」として放置された広城を、稙長に敵対する勢力が押さえようとしたため、稙長は湯河光春らを動員して攻め取った。これが先の広城攻めの実態であろう。いったん「古城」となっても、戦時には再利用される可能性があったことがうかがえよう[19]。

二、大野をめぐる抗争と畠山氏・湯河氏

大野には、十四世紀後半から十五世紀前半頃まで守護所があったとされる。当地は、熊野街道と高野街道が交差

する交通の要衝にあり、有田郡の湯浅氏など南朝方の勢力を押さえる上で戦略的に重要な場所であった。十五世紀中頃には守護所は広へ移るが、山城である大野城は、熊野街道を押さえる軍事拠点として戦国期にも維持されたのではないかと旧稿で述べた。そこでは縄張りプランの分析が中心であったので、本節では具体的な史料に基づいて検討を行うことにする。

（1）畠山稙長の大野攻め

大野の名が戦国期にあらわれるのが、次の史料である。

【史料三】[20]

至大野進発之処、音信祝着候、殊五方令一味、可抽忠節由神妙候、弥馳走肝要候、猶委細玉置与三郎・同兵部丞（正直カ）可申候、謹言、

九月廿三日　稙長（畠山）（花押）

小山三郎五郎（俊次）殿

某年九月、畠山稙長が大野を攻めた際に、小山俊次から音信が届いたことへの礼を述べた書状である。小山氏は、日置川沿いの山間部を基盤とする水軍領主である。小山俊次は、畠山稙長の周旋により式部大夫の官途を受けたことが知られる[21]。天文十三年（一五四四）には式部大夫の名乗りが確認できることから[22]、本史料はそれ以前のものである。

本書状の取次をつとめた玉置氏は、日高郡に勢力をもつ奉公衆である。奉公衆である玉置氏が、稙長の分国支配に協力したことは弓倉が著書で明らかにしている。おそらく、今回の軍事行動にも玉置氏は稙長方として参戦した

のであろう。

ここでは、「五方」が団結して稙長に忠節を誓うことが記されている。「五方」については、次の史料でも確認できる。

【史料四】(23)

三郡之儀、光春可有馳走之由候、被相談属本意者、可為祝着候、委細者丹下備後入道（盛賢）・曽我治部可申候、恐々謹言、

八月十日　　稙長（花押）

五方衆中

稙長が「五方衆中」に対して、湯河光春が三郡（奥三郡＝有田郡・日高郡・牟婁郡か）のことで奔走するので、相談して本意を遂げれば祝着であると述べている。

坂本亮太によると、「五方衆中」は近世の小山家文書では熊野八庄司の異称としてあらわれるという(24)。その当否は措くとして、史料三で「五方」が一味することを小山俊次が稙長へ伝えていること、「五方衆中」宛の史料四が小山家に伝来したことを踏まえると、「五方衆中」は小山氏を含む地域権力のネットワークであると判断できよう。八月十日付の史料四では、小山俊次は湯河光春と相談して稙長に協力することが要請されている。九月廿三日付の史料三で「五方一味せしめ」とあるのは、これに対する返答であろう。したがって、両者は一連の史料とみなすことができる。

坂本は、小谷利明の説を援用し、史料四の年次を熊野三山と稙長の対立状態が解消される天文五～七年頃と推定する。とりわけ、天文七年八月八日に稙長が湯河式部大輔へ宛てた書状(25)があることから、天文七年の可能性が高いのではないかという。従うべき見解であろう。

坂本は、次の二つの史料も史料四と同時に出されたと推定している。

【史料五】(26)

覚悟之趣厳重ニ被申事、尤祝着候、就其両三人一紙感悦候、従是モ三人同前申、弥此時入魂肝要候、猶丹下備後入道《盛賢》・曽我治部可申候、恐々謹言、

八月十日　稙長《畠山》（花押）

湯河宮内少輔殿

【史料六】(27)

乍御返事御懇示給候、仍宮内少輔殿《湯河光春》無二御覚悟、殊御家中御一味之段尤肝要候、被仰遣之趣同心、以直書被申候、然者弥各被相談、御馳走専一候、面向別紙申候、委曲道新可有伝語候、猶使者へ申候、恐々謹言、

八月十日　宗衙《丹下》（花押）

林次郎左衛門尉殿

御宿所

史料五・六は、道湯川（田辺市）の湯川家に伝来したことが確実である。(28)もともと湯河氏は道湯川を本拠としていたが、南北朝内乱を機に日高郡へ進出した。(29)ただし、熊野にも「奥の湯川」と呼ばれる勢力が残り、中世後期にも存在が確認できる。史料五は内容的には惣領家に残るべき史料であるが、「奥の湯川」の系譜を引く同家に何らかの事情で伝わったのであろう。

史料五で稙長は、湯河光春が「覚悟」を伝えたこと、「両三人」から書面が届いたことに謝意を表し、協力を求めている。これを受けて、丹下宗衙(30)は光春被官の林次郎左衛門尉へ史料六を出した。そこでは、光春の無二の覚悟

と、湯河家中の団結を肝要とし、光春からの申し出に稙長が同意し、史料五が発給されたことが記されている。史料六は湯河光春宛ではないので、厳密には副状ではないが、それに近い役割の文書といえる。なお、史料五の「両三人」は、史料六で「御家中御一味」とされていることから、湯河家中の有力者を指すと考えられる。

光春のこうした動きに注目すると、次の史料も関連するものとして浮上する。

【史料七】[31]

雖未申通候、一筆令申候、仍三郡之儀、如先々無事肝要候、御馳走之由候、連々光春（湯河）江宜御異見専一候、内々相心得可申候、猶期後音候、恐々謹言、

八月十四日　　盛賢（円下）判

脇田三郎左衛門殿

御宿所

宛所の脇田家は、中世の在地領主の系譜を引く家で、浅野期には芳養（田辺市）の「公文」として村政の一端を担った[32]。ここで脇田三郎左衛門は、「三郡」の無事のために畠山稙長へ協力する意思を示している。これを受けて、稙長被官の丹下盛賢は、湯河光春へ意見するよう脇田に求めた。

弓倉は、「連々光春（湯河）江宜御異見」から稙長と光春の対立関係を読み取り、本史料を天文三年の稙長の紀州攻めに関連する書状と評価した[33]。しかし、これだけで両者の対立を想定するのは難しい。むしろ史料四と合わせて考えると、光春は稙長と協力し、「三郡」の無事のために奔走しているとみるべきではないか。ここでの「異見」とは、同じ稙長陣営として光春に助言をする程度の意味であろう。

以上の検討を通じて、畠山稙長の大野攻めが天文七年頃に行われたことが明らかになった。そこでは、湯河光春

が奥三郡の調整役として奔走し、小山氏や脇田氏など在地の諸勢力との協議が求められていた。そのようにみれば、前節で触れた広城攻めも、こうした三郡の調略の一環として行われた可能性が考えられる。当該期の稙長は、来るべき上洛戦に向けて、在地の諸勢力を広範囲に動員して紀伊で地盤を固めていた。その際、湯河光春が最も重要な役割を果たしたことがここまでの検討からうかがえよう。

（２）湯河直光の大野攻め

次に、少し話題を変えて、湯河氏が大野を攻めた事例をみよう。

【史料八[34]】

去十五日至大野無比類動、殊首討取候事尤神妙候也、謹言、

六月廿一日　　直光（湯河）（花押）

森助太郎殿

某年六月十五日に森助太郎が大野で軍功をあげたことを賞した、湯河直光の感状である。写真をみる限り、小切紙の極めて簡略な感状である。同日付、同内容の感状が津守孫太郎[35]と中源兵衛にも出されたことが確認できる[36]。ここから、直光が自身の被官や日高郡の領主を動員して大野を攻めたことがわかる。

従来、本史料は天文年間初め頃に発給されたと考えられてきた。石田晴男らの研究により、当該期には畠山稙長の紀州発向、重禰郷（海南市）と「惣国」の合戦があったとされ、それに絡む軍事行動であると理解されている[37]。しかし、天文初年であれば直光ではなく光春が感状を出すはずである。光春の文書発給は天文十三年まで確認できることから[38]、本史料の年次はそれ以降に求めなければならない。

そこで、弓倉の著書を参考にして、直光の動向を探ってみよう。永禄元年（一五五八）十一月、畠山高政は安見宗房と不和になり、紀伊へ没落した。永禄二年八月、高政は湯河直光らの支援を受けて高屋城へ復帰する。その際、高政は畠山中務少輔の家督を直光に与えた。だが、永禄三年に高政が安見宗房と和睦し、三好長慶と対立すると、高政と直光の関係はいったん悪化する。同年八月、直光は足利義輝より高政へ加勢しないようにとの御内書を受け取り、これを承諾した(39)。直光の支援が得られなかったこともあって、高政は三好勢に敗北し、河内を追われる。しかし、永禄四年には高政は河内奪回に向けて再び挙兵する。この時も直光は、三好方につくように足利義輝から命じられたが、最終的には高政に加勢した。翌年の教興寺合戦で直光は討死した。

このように、高政は河内奪回を目指す一連の軍事行動において、直光に多大な期待を寄せていた。それだけ湯河一門の軍事力が強大だったのであろう。これに対し、直光は永禄三年には足利義輝の意向に従い、三好方についた。坂本亮太が永禄三～四年と推定した走井盛秀・安見宗房連署状(40)には「湯河方家中不慮出来」「被対申　御屋形様（畠山高政）、直光（湯河）覚悟連々不相届子細在之」とあり、両者の対立がうかがえる。しかし、直光は最終的には高政につき、永禄五年には高政方の主力の一人として奮戦を遂げた。

史料八の大野攻めがどの局面で行われたのか特定する材料を、現時点では持ち合わせていない。直光が高政と対立していた時期に行われたとすれば、高政にとって大きな痛手となる行為である。逆に、高政を支援していた時期のできごととすれば、高政の紀伊での地盤を固める重要な働きといえる。その場合、高政の紀伊での寓居先は大野であった可能性が高い。いずれにせよ、湯河直光の大野攻めは、永禄前半期の畠山高政の動向との関わりで行われたと評価できよう。

おわりに

本稿では、湯河氏の動向に着目して十六世紀中頃の紀伊の政治情勢を捉え、そのなかで城郭がどのように運用されたのかを、広と大野の事例をもとに検討した。その結果、畠山稙長の在国時、とりわけ尼子氏と連携して上洛戦を画策した天文七年頃に、稙長が広と大野へ梃入れを図ったことが明らかになった。この時の軍事行動は、国内の諸勢力を広範囲に動員して行われる。なかでも、湯河光春は奥三郡のとりまとめを担当し、稙長の意向を踏まえて諸勢力と折衝する立場にあった。天文七年の上洛戦は実現しなかったとみられるが、この時の経験は同十一年の木沢長政攻めに活かされ、稙長は紀州勢を大規模に動員して勝利をおさめた。

また、湯河直光の大野攻めを、畠山高政の動向との関わりで論じた。直光は永禄三年から同四年にかけては、足利義輝の意向を踏まえて高政とは敵対関係にあったが、その前後では高政を支援した。永禄前半期に大野がクローズアップされることから、畠山高政は紀伊在国時の拠点として大野を重要視していたことがうかがえる。大野が紀伊の守護拠点のなかでは北寄りにあり、交通の要衝でもあることから、河内や和泉に進出する際の足がかりとして有用であるとみなされたのであろう。

本稿で検討した十六世紀中頃は、和歌山県下の城郭研究では十分に位置づけられていなかった時期である。しかし、小谷利明が指摘するように、当該期は戦争のパターンが変化し、木沢長政などの新たな権力が台頭する時期でもある。こうした動きは、当然城郭のあり方にも変化をもたらすものと考えられる。畿内の政治動向を視野に入れつつ、紀伊の在地レベルの動向を正しく位置づけ、現存する城館遺構との関連を探ることが必要である。その上でもなお、文献にみえる城館や関連地名と遺構との突き合わせには慎重を期さねばならない。

本稿では、それぞれの城郭をめぐる攻防の背景については十分に論じることができなかった。特に、敵対陣営の構成に関しては、史料的な制約もあって不明な点が多い。この点も含めて、地域史と城郭との関わりを今後も探っていきたい。

註

（1）『平須賀城跡発掘調査報告書』（南部川村教育委員会、一九九六年）、『八幡山城跡』（日置川町教育委員会、二〇〇四年）など。
（2）藤岡英礼の近業は、その一つの取り組みといえる（「紀南地方における十六世紀初頭の築城様相～特に高瀬要害山城とその周辺をめぐって～」『和歌山城郭研究』一七、二〇一八年）。
（3）弓倉弘年『中世後期畿内近国守護の研究』（清文堂出版、二〇〇六年）。以下、弓倉の著書はすべてこれを指す。
（4）小谷利明「畠山稙長の動向―永正～天文期の畿内―」（矢田俊文編『戦国期の権力と文書』高志書院、二〇〇四年）。以下、小谷の見解はすべてこれに基づく。
（5）矢田俊文『日本中世戦国期権力構造の研究』（塙書房、一九九八年）。
（6）石田晴男「守護畠山氏と紀州「惣国」―一向一揆と他勢力の連合について―」（峰岸純夫編『本願寺一向一揆の研究』吉川弘文館、一九八四年、初出一九七七年）、同「紀州「惣国」再論」（新行紀一編『戦国期の真宗と一向一揆』吉川弘文館、二〇一〇年）。以下、石田の見解は、すべて両論文に基づく。
（7）弓倉弘年「紀伊における守護所の変遷」（『南紀徳川史研究』九、二〇一〇年）。
（8）拙稿「紀伊国における守護拠点の形成と展開」（小谷利明・弓倉弘年編『南近畿の戦国時代――躍動する武士・寺社・民衆』戎光祥出版、二〇一七年）。以下、旧稿はすべてこれを指す。
（9）湯河光春書状（「堀籠家文書」4『南部町史　史料編』）。
（10）堀籠家次第（「堀籠家文書」1『南部町史　史料編』）。

(11)『南部町史　通史編　第二巻』(南部町、一九九七年)。
(12)弓倉弘年「「藩中古文書」に見える目良・脇田文書」(『田辺市史研究』四、一九九二年)。
(13)畠山稙長書状写(「藩中古文書所収目良文書」前掲註(12)弓倉論文所収)。
(14)和歌山城郭調査研究会編『戦国和歌山の群雄と城館』(戎光祥出版、二〇一九年)。
(15)前掲註(12)弓倉論文。
(16)湯河光春判物(「勝楽寺文書」『御坊市史　第三巻　史料編Ⅰ』)。
(17)湯河光春判物(「紀伊国古文書」(六)『御坊市史　第三巻　史料編Ⅰ』)。
(18)長光書状写(「神宮寺小山家文書」17『日置川町史　第一巻　中世編』)。長光は、紀伊在国の畠山氏内衆である長宗信が小山俊次に宛てた書状(「神宮寺小山家文書」14)と同内容の書状を小山経次に出している(「善妙寺文書」２『日置川町史　第一巻　中世編』)。なお、本書状写(「神宮寺小山家文書」17)には「天文廿三年」と付年号があるが、同時期と思われる宗信書状(「神宮寺小山家文書」14)の宛所は「小山三郎五郎殿」とある。後述するように、小山俊次は稙長の推挙で遅くとも式部大夫に任官し、少なくとも天文十三年にはそれが確認できることから、これらの書状の年次はさらにさかのぼるのではないかと思われる。
(19)戦国期の「古城」と城の年代観の関わりについては、竹井英文の研究(「戦国期の戦争と古城」高橋典幸編『生活と文化の歴史学５　戦争と平和』竹林舎、二〇一四年、同『戦国の城の一生―つくる・壊す・蘇る―』吉川弘文館、二〇一八年)を参照。
(20)畠山稙長書状(「久木小山家文書」39『日置川町史　第一巻　中世編』)。
(21)『日置川町史　第一巻　中世編』(日置川町、二〇〇五年)。
(22)小山俊次留書(「久木小山家文書」58『日置川町史　第一巻　中世編』)。
(23)畠山稙長書状(「神宮寺小山家文書」８『日置川町史　第一巻　中世編』)。
(24)坂本亮太「熊野水軍小山氏をめぐる史料(２)」(『和歌山県立博物館研究紀要』二三、二〇一七年)。以下、坂本の見解はすべて本論文に基づく。
(25)畠山稙長書状(「湯河家文書(東京)」一二一『和歌山県史　中世史料二』)。
(26)畠山稙長書状(「和歌山県立博物館所蔵文書」館蔵一〇〇六)。

(27)丹下宗衒書状（「和歌山県立博物館所蔵文書」館蔵一〇〇六）。
(28)『紀伊続風土記附録』巻之十一に、「道湯川村湯川氏蔵」として同内容の文書が収録されている（『紀伊続風土記』三、歴史図書社、一九七〇年）。
(29)前掲註（5）矢田著書。
(30)『紀伊続風土記附録』巻之十一では「宗徹」と翻刻されている。また、永正十四年（一五一七）に判物（「中尾家文書」四『和歌山県史　中世史料二』）を出している「宗衡」も同一人物であると坂本亮太はいう。この他、某年四月二十二日に白樫弥四郎に対して稙長へ副状（「古今禾輯」）を出している「丹下備後入道宗徴」も同一人物であろう。
(31)丹下盛賢書状写（「藩中古文書所収脇田文書」前掲註（12）弓倉論文所収）。
(32)『田辺市史　第二巻　通史編Ⅱ』（田辺市、二〇〇三年）。
(33)前掲註（12）弓倉論文。
(34)湯河直光感状（個人蔵）。『きのくにの城と館』（和歌山県立博物館、二〇一四年）26号。
(35)有田郡田村森氏蔵文書（『紀伊続風土記附録』巻之十）。本史料では、「神妙候」の後に「弥忠節肝要候」の文言がつく。
(36)「比井崎村大字比井中栖安松蔵文書」（『日高郡誌』下、一六八八頁）。
(37)『きのくにの城と館』（前掲）。
(38)前掲註（17）など。なお、湯河直光は天文十七年十二月に宮内大輔に任じられた（口宣案「渡部家所蔵文書」（三三）『御坊市史　第三巻　史料編Ⅰ』）。これは、直光の政治的な立場が対外的に承認される一つのきっかけになったと思われる。
(39)この義輝の御内書は、三好長慶の働きかけにより発給された（天野忠幸『三好長慶』ミネルヴァ書房、二〇一四年）。
(40)「神宮寺小山家文書」6（『日置川町史　第一巻　中世編』）。三好方を支援するようにとの足利義輝の御内書が永禄三年八月十六日付で出されていることや（足利義輝御内書写（「雑々書札」『戦国遺文　三好氏編　第一巻』【参考61】）、「連々不相届」といった表現を踏まえるならば、永禄四年の方が適当といえるかもしれない。

Ⅱ　発掘調査から見た和歌山平野の中世城館

北野隆亮

はじめに

和歌山県教育委員会が一九九八年に実施した和歌山県内の中世城館跡詳細分布調査報告書によれば、和歌山県には中世城館が四八一ヶ所存在するとされる。[1]分布の内訳を数えてみると、紀伊北部の紀ノ川上・中流域にあたる伊都郡・那賀郡で一〇〇、同下流域から海南市までにあたる名草郡・海部郡で一二八を数え、紀伊北部地域で二二八となる。有田郡と日高郡の紀伊中部地域で一一九、東・西牟婁郡の南部地域で一三四を数え、おおむね紀伊北部：中部：南部は二：一：一の比率を示し、北部が優勢といえる。

和歌山県における中世城館の研究は、縄張り図と文献史料を用いた城郭史の立場からのものは多く、[2]考古学の立場からの城館に関する資料紹介等の研究も一定量みられる。[3]また、開発行為に伴う埋蔵文化財発掘調査によって、中世城館の一部が調査される事例もみられる。

本稿は、発掘調査が行われた和歌山県北部地域の和歌山平野における中世城館を取り上げ、公表された調査成果を整理することで、その実像にせまりたい。

発掘調査が行われた和歌山平野の中世城館には、太田《おおだ》城跡、西庄《にしのしょう》Ⅱ遺跡、中野城跡（中野遺跡）、木本《きのもと》城跡（城山遺跡）などがある（図1）。特に、戦国時代末期の和歌山平野は雑賀《さいが》荘を中心とした惣的結合がみられることから、雑賀五組（雑賀荘・中郷・十ヶ郷・三上郷・社家郷）などと呼ばれており、いわゆる惣国を形成していたと考えられている。[4] 雑賀惣国とも呼ばれ、紀ノ川左岸の太田城跡は社家郷、紀ノ川右岸の西庄Ⅱ遺跡、中野城跡、木本城跡は十ヶ郷の範囲に位置する。

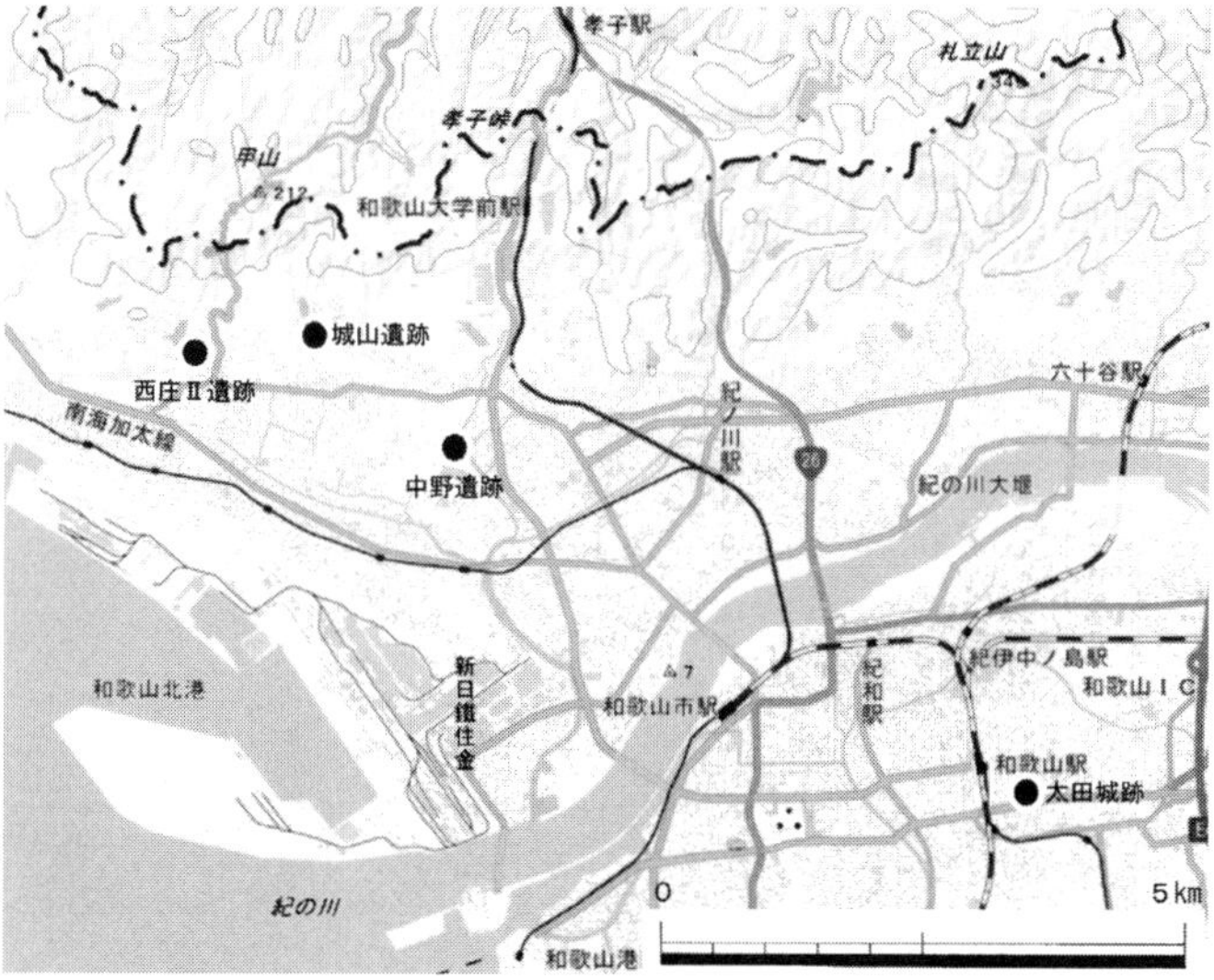

図１　和歌山平野における発掘調査された城館

一、太田城跡

太田城跡は、紀ノ川河口部左岸の和歌山平野に位置する。弥生時代から江戸時代にかけての長期間にわたって営まれた太田・黒田遺跡の中世での一様相として捉えられており、周囲には古代から中世後期にかけての遺跡が濃密に分布している。[5] 紀ノ川の河口から約三キロメートル遡った場所に立地しており、中世の紀伊北部における重要な河川交通及び海上交通の要衝であったといえる。

天正十三年（一五八五）三月、秀吉は紀州を攻め、根来寺《ねごろ》・粉河寺《こかわ》を焼亡させ、雑賀を占領したが、この時の雑賀惣国最後の抵抗拠点が太田城であった。秀吉は巨大な堤を築き、紀ノ川から水を引き入れ、太田城を水攻めにした。太田城は約一ヶ月の後、落城したとされる。

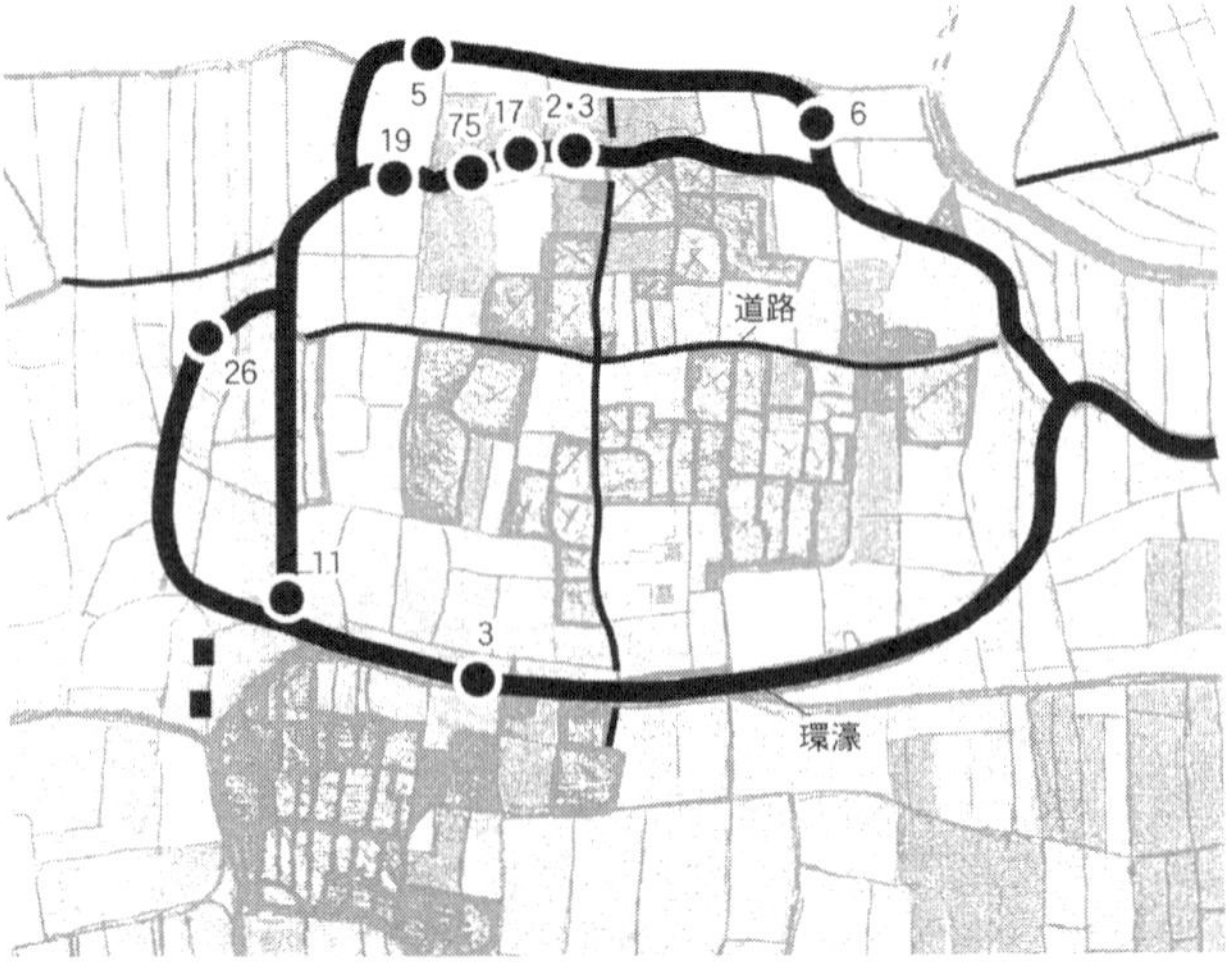

図２　太田城跡推定復元図

写真１　太田城水攻め堤跡（出水堤）

明治時代の地籍図[6]に中世後期の遺構・遺物の分布範囲を合わせて太田城跡の範囲を推定した[7]。その後、環濠とみられる濠状遺構（幅約一〇メートル、深さ二メートル）を複数箇所の調査地点で確認できること、中世後期の遺構・遺物密集分布域の周囲を取り囲むような状況で分布をみせること、地籍図にみられる細長い水田地割にも着目して太田城跡の環濠推定復元図を作成した[8]。

環濠は東西約四五〇メートル、南北約三五〇メートルの範囲を楕円形に囲んでおり、北側及び西側が二重環濠であったと復元することができる[9]（図２）。環濠の東端中央部では東方向からの水の流入先であるとみられる水路の延長を復元できた。なお、環濠の排水先水路は地割りから南西隅部に存在したものと考えられる。環濠内の道路について、地籍図地割りラインおよび発掘調査成果の検討から、集落内部を貫通する東西および南北道路を推定することができ、環濠集落外部の道路と東西南北で接続されていた基幹道路と推定できる。

なお、太田城跡の北東には「太田城水攻め堤跡」が遺跡として位置する（写真1）。これは通称「出水堤《でみずつつみ》」と呼ばれる独立丘陵を中心とした微高地の範囲であり、出水堤の測量及び断面調査を行った結果、盛土を一連の作業で行った大規模な堤防状の人工構造物（最大残存幅三一メートル、最大残存高五メートル、最大残存長四五メートル）であることが判明し、太田城跡に対して約五〇〇メートルの距離を隔てて堤防状の形状の側面を向けていることや、築造された位置・歴史的環境などから、太田城水攻め堤跡であると推定されている。(10)

二、西庄Ⅱ遺跡

西庄Ⅱ遺跡は紀ノ川右岸の扇状地端部に立地する遺跡で、一九七七年に行われた発掘調査の結果、中世城館の遺構が検出された。遺跡は東西二八〇メートル、南北二五〇〜二〇〇メートル、面積約六万㎡の範囲がマークされている。(11)

遺跡は、和泉山脈から南に派生する尾根の先端部分の高台に築かれており、紀ノ川河口部の和歌山平野とその沿岸部を広く眺望することができる。遺跡の東西は小規模な谷に分断された地形となっており、東側の谷を越えた地点から北に大阪府岬町多奈川に至る猿坂峠越えの道が通じる。周囲の中世遺跡は丘陵裾に東西に連なるように分布しており、東約一・五キロメートルの距離にある木ノ本Ⅲ遺跡では集落や墓地、寺院に関わる顕著な中世遺構が発掘調査によって確認された。

西庄Ⅱ遺跡は、遺跡中心部の約三〇〇〇㎡が発掘調査され、中世から近世（十二〜十八世紀）にわたり屋敷地遺構が長期に存続したことがあきらかにされた。

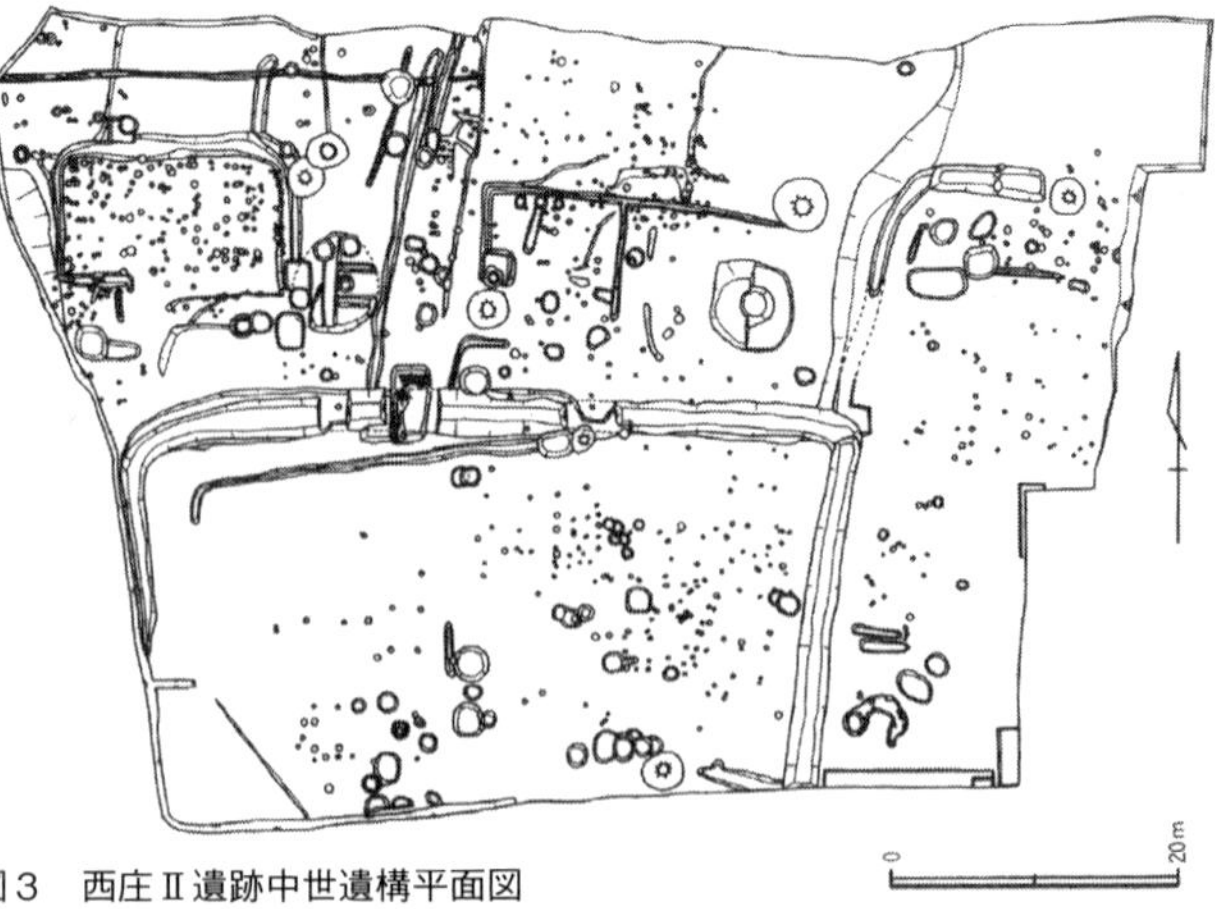

図３　西庄Ⅱ遺跡中世遺構平面図

中世の遺構は東西と南北方向の幅約二メートル、深さ約一メートルの溝で長方形に区画されており、東西に長い区画二単位（北区画・南区画）と、その東に隣接する南北に長い区画一単位（東区画）が調査された[12]（図3）。これらの区画は調査前の水田区画の形状とほぼ一致することから、南に未調査の東西に長い区画一単位が存在し、合計四単位の区画がセットになっていたと推定された。

一区画の規模は、北区画は東西五四メートル、南北二四メートル、南区画は東西四八メートル、南北二四メートルを測る。東区画については区画全体の調査は行われていないが、南北四〇メートル以上、東西一八メートル以上が確認された。以上のことから、一区画はおおむね長辺約五〇メートル、短辺約二四メートルの規模を測るとみられ、長辺は半町規模、短辺がその半分の長さに対応するものと考えられる。区画内には掘立柱建物・石組井戸・土坑・埋甕・区画溝・柵などが検出された。

掘立柱建物は二十棟以上検出されたが、北区画と南区画を二分する東西方向大溝に平行・直交する棟方向のもの、南北方向の東溝と同方向か近似する棟方向のもの、北区画と南区画の区画内にみられる小規模の溝に沿った棟方向のものの三グループに分類された。東西方向大溝は二時期あり、当初は二箇所に橋を架けていたとみられ、その後、改修して橋を架けるための張り出し部を同じ場所二箇所に設けたと考えられている。また、東西方向大溝が埋められた後に西方向に軸が傾く小規模の溝を掘削している。中世城館の遺構は、区画内の施設や区画溝の変遷から遺構の変遷は三時期に区分された。第一期は平安時代末期から鎌倉時代末期（十一世紀後半～十四世紀前半）、第二期は南北朝時代から室町時代前半（十四世紀前半～十五世紀後半）、第三期は室町時代後半から戦国時代（十五世紀後半～十六世紀後半）の時期のものとされた。

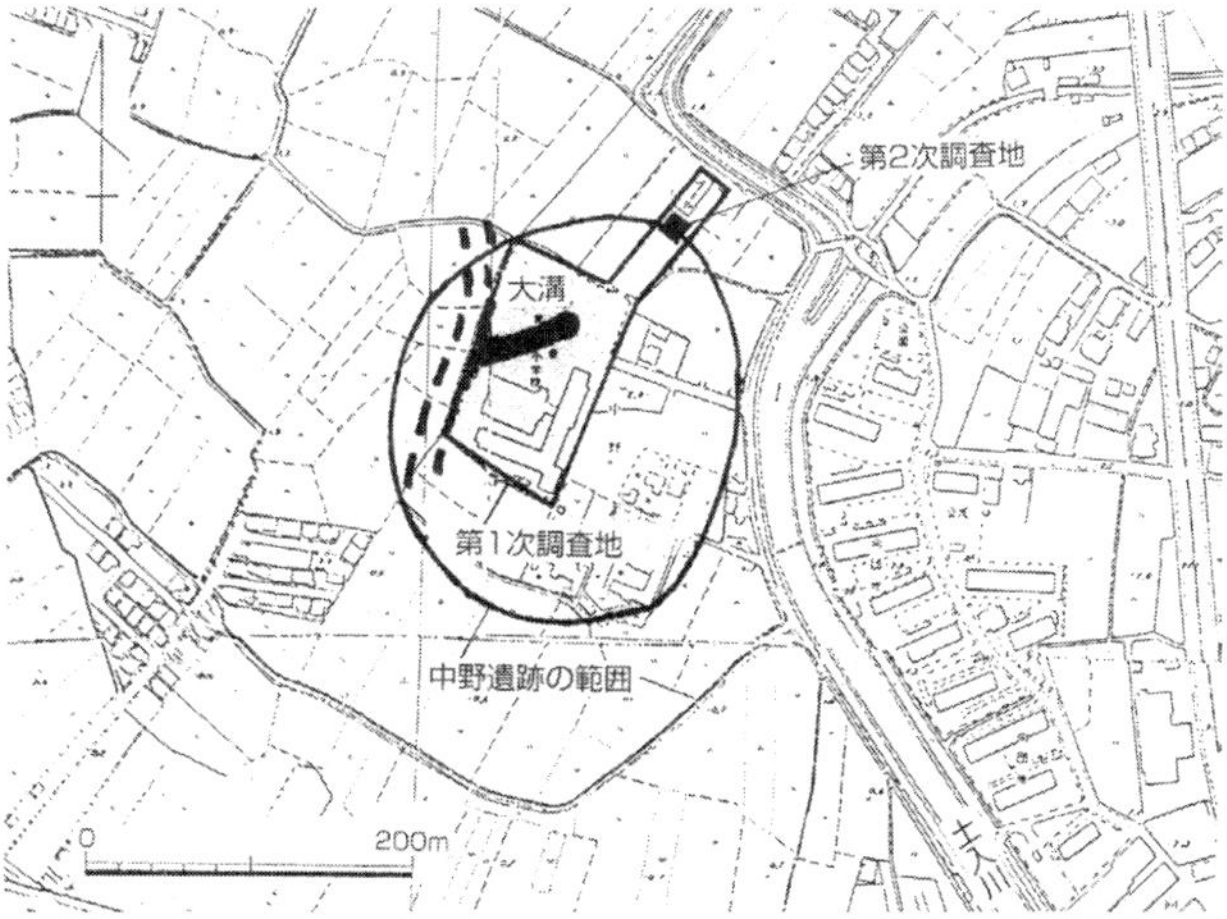

図４　中野遺跡検出中世大溝位置図

西庄Ⅱ遺跡で検出された中世城館は、立地環境や中世文書などから荘園・木ノ本西庄の有力者屋敷地と考えられる。また、周囲の小字名などの検討から、西庄Ⅱ遺跡の周囲に中世集落が展開していたと推定されている。[13]

三、中野城跡（中野遺跡）

中野城跡は、遺跡地図には中野遺跡と記載され、西庄Ⅱ遺跡から東約二キロメートルの距離に立地する。[14]戦国時代の雑賀惣国のなかでは、西庄Ⅱ遺跡同様、十ヶ郷の範囲内に位置する。

遺跡は、天正五年（一五七七）の紀州攻めの際に織田信長方に攻撃され、落城した雑賀衆の中野城跡と考えられている遺跡で、一九八〇年の発掘調査によって十六世紀代に機能したとみられる幅七メートル、深さ約一メートルの大溝が延長約六〇メートル分検出されている[15]

（図４）。

大溝は西側の本流とみられる別の水路から分岐し、約六〇メートル掘られて突然途切れていることから引き込み水路と考えられており、南岸に船着き場とみられる集石遺構一箇所を伴っている。(16)

遺跡の東側には現在でも土入《どうにゅう》川が隣接して流れることから、大溝は十六世紀当時の紀ノ川に繋がっていた河道からの船運による船入遺構と考えられる。また、大溝からは中国製染付や備前焼の陶磁器などの他、瓦が大量に出土しており、大溝の南に接して十六世紀後半の備前焼大甕一個を用いた埋甕遺構一基も検出されている。しかし、第一次調査では、この大溝一条と埋甕一基の他に明確な遺構が検出されておらず、北側の第二次調査では遺構が検出されず、西側は河道であると考えられることから、遺跡の主体は遺跡範囲南東部の現集落周辺に位置する可能性がある。

大溝から出土した瓦には、軒丸瓦・軒平瓦・丸瓦・平瓦・磚瓦・道具瓦などがあり、これらの瓦を葺いた建物が遺跡内に存在したとみられる。(17)

四、木本城跡（城山遺跡）

木本城跡は遺跡地図には城山遺跡と記載され、中世の山城跡とされている。(18)遺跡は和泉山脈から南に派生する尾根の先端部分の標高約四〇メートル地点に築かれており、紀ノ川河口部の和歌山平野主要部とその沿岸部を広く眺望することができる。

また、木本城は、天正五年（一五七七）の織田信長による雑賀攻めの際に、南東約一・五キロにあった雑賀惣国方の中野城を攻める時に築造した織豊系の陣城と考えられている。[19]

発掘調査の結果、尾根頂部に土塁囲みの方形の城郭遺構を東西約六〇メートル×南北約四五メートルの範囲で検出した（図5）。土塁は基底幅約一〇メートル、上面幅約三メートル、外周部との高低差約四・五メートルを測り、断面が台形を呈する。一辺約二〇メートルの内郭の周囲を、一辺約二七メートルの規模で土塁が巡る。土塁は地形的な制約を受けたためか、南東隅を短く屈曲させている。内郭内には明確な遺構はみられず、遺物の出土もわずかなものであった。この内郭中央部の包含層から円錐形鉛インゴットが二点出土している。これらは大きさや重量が類似することから規格性をもって作られたもので、鉄砲玉の原料と推定された。[20]

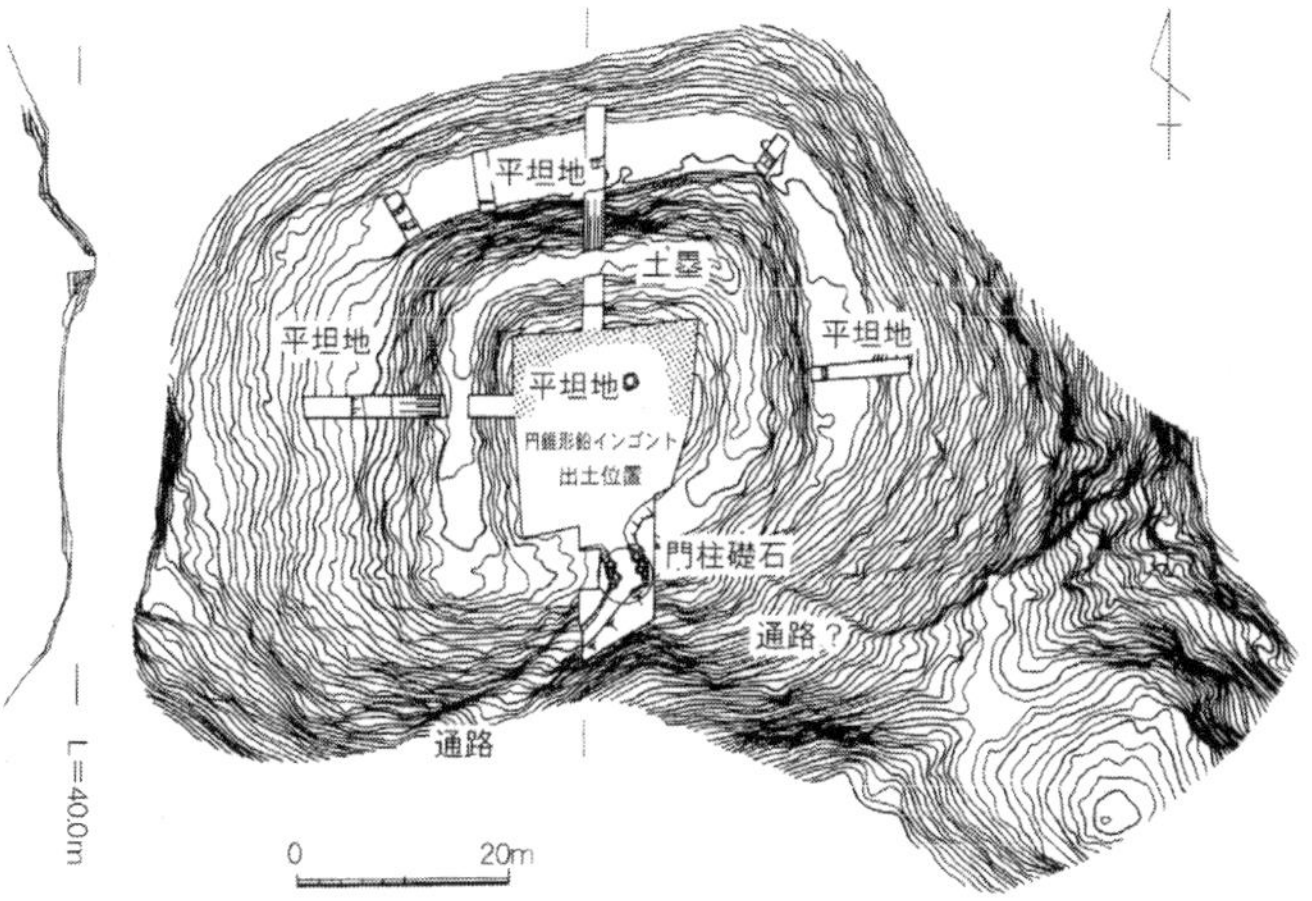

図5　木本城跡（城山遺跡）実測図

土塁の外周部は、出入口のある南辺を除いた三辺に幅約五メートルのテラス状の平坦地を形成し、土塁を取り巻く構造になっている。このテラス状の平坦地は、断ち割り調査で外側に土を補充して空間を確保したものであることが明らかにされている。また、土塁についても断ち割り調査で版築状の構造が確認されており、土塁の南辺中央部に約三メートルの途切れた部分に出入口を設け、外辺に沿って礎石を四基据え付けている。この礎石は櫓門のものと推定されている。[21]出入口部分の外側は南西方向に通路がとりついており、麓に通じる道であると考えられる。

発掘調査された天正年間の織豊系陣城との比較を試みた。三木城付城群（兵庫県三木市）のうち、二位谷奥付城跡で礎石による門跡が検出された。また、天正十年の備中高松城攻めに伴う羽柴方の千引砦跡・名越砦跡（岡山県総社市）は、丘陵上に位置する低い土塁に囲まれた単郭の陣城で、木本城跡同様に内郭には遺構はみられず、出土遺物が皆無であったという。これらの陣城の構造と類似することから、木本城跡は織豊系の陣城の可能性が高いといえる。また、土塁埋土などから出土した備前焼擂鉢や中国製青磁皿など、円錐形鉛インゴット以外の遺物は十五世紀から十六世紀前半のものであることから、織豊系の陣城が築かれる前に、先行する山城が当地にあったことが推定できる。

円錐形鉛インゴットについては、万才町遺跡（長崎市）や大友府内町跡（大分市）など他の出土例と形態が類似し、計測値の範囲も近似するグループがあり、蛍光X線分析の結果が一致することなどから、タイのソントー鉱山周辺が産地であると推定した。[22] その後の鉛同位体比分析により、この推定は確証を得ることとなった。[23]

南蛮貿易をめぐる近年の研究によると、タイのアユタヤ・マカオ・日本の三地域を繋ぐポルトガル船のルートが一五七〇年代～八〇年代に確立し、私貿易商人が主な担い手となった。鉛同位体比分析の結果、長篠の合戦跡地で出土した鉛製鉄砲玉には、タイのソントー鉱山周辺で産出されたものが含まれることが判明した。この戦いで鉄砲を多用した織田信長が、外国産の鉛材を入手していたことがここからうかがえる。信長が南蛮貿易を推進した理由の一つは、鉄砲の使用に必要な鉛・火薬などを得ることにあったという。[24] したがって、当城の円錐形鉛インゴットの流通にはキリスト教宣教師が関わっており、とりわけ信長の要請が背後にあったとみられる。

以上、遺構の構造比較及び出土した円錐形鉛インゴットの分析結果などから、木本城は信長方が築いた陣城であるといえる。

五、和歌山平野の中世城館比較

和歌山平野における発掘調査された中世城館の時期をみると、太田城跡と西庄Ⅱ遺跡は十二世紀から十六世紀後半まで長期にわたり存続し、周辺地域の中核を占める城館であったといえる。中世末に廃絶はするが、十七世紀に入り再び遺構が認められることも共通した特徴である。木本城跡は、十五世紀代から十六世紀前半までの既設の山城が十六世紀後半に織豊系の陣城に改造されたと考えられ、中野城跡は、十六世紀中頃から後半の短い存続時期である。木本城跡と中野城跡の関係は、木本城は天正五年（一五七七）の織田信長による雑賀攻めの際に、雑賀惣国方の中野城を攻める時に築造した織豊系の陣城と考えられており、廃絶した時期はどちらも十六世紀後半である。以上の四遺跡で検出された遺構の共通した時期は、十六世紀後半の戦国時代末期であり、その時期とみられる各遺跡の遺構の状況を比較してみよう。

太田城跡は、東西約四五〇メートル、南北約三五〇メートルの範囲を楕円形に囲む環濠が埋没する時期が十六世紀後半である。秀吉による天正十三年の水攻め攻撃を契機として廃絶したと考えられるが、この時に存在した環濠は幅約一〇メートル、深さ二メートルの規模のものが複数箇所で確認されている。環濠内部には、幅一・五〜二メートル、深さ〇・七メートル、南北に一七メートル以上続く大溝、石組井戸四基、土葬墓一基などが検出されたが、いずれも十六世紀後半に廃絶している。

西庄Ⅱ遺跡の第三期は、室町時代後半から戦国時代（十五世紀後半〜十六世紀後半）の時期で、前段階まで存在した幅約二メートル、深さ約一メートルの東西方向大溝および西大溝が埋められ、やや南側にずれた位置に西方向に軸が傾く小規模の区画溝（幅〇・六メートル、深さ〇・三メートル）を掘削している。建物は、この小規模の区画溝に沿った棟方向の掘立柱建物などに建て替えられ、石組井戸も複数基みられる。最も規模の大きい屋敷地の建物は存続しており、敷地の北西隅に備前焼大甕二個を用いた埋甕が設置されている。

中野遺跡では、直接的な中世城館の遺構は確認されていないが、十六世紀代に機能したとみられる幅七メートル、深さ約一メートルの大溝が延長約六十メートル分検出されている。大溝は、近隣に存在した河道からの船運による引き込み水路とみられ、南岸に船着き場とみられる集石遺構一箇所を伴っている。また、大溝の南に接して十六世紀後半の備前焼大甕を用いた埋甕一基も検出された。

城山遺跡は、尾根頂部に土塁囲みの方形の城郭遺構を東西約六〇メートル×南北約四五メートルの範囲で検出した。土塁は基底幅約一〇メートル、上面幅約三メートル、外周部との高低差約四・五メートルを測り、断面が台形を呈する。一辺約二〇メートルの内郭の周囲を、一辺約二七メートルの規模で土塁が巡る。

以上、四遺跡の十六世紀後半での状況を抽出したが、このなかで雑賀惣国方の中世城館とみられる明確な遺構が検出されているものは、太田城跡と西庄Ⅱ遺跡である。太田城跡の環濠は直線的に掘削された部分も一部にあるが、全体的な平面形は楕円形である。西庄Ⅱ遺跡の第三期の状況は、それまでの区画大溝を埋め、小規模の区画溝を掘削している。一区画は長辺約五〇メートル、短辺約二四メートルを測り、不完全ではあるが方格を意識した形状をしており、長辺はおおむね半町規模、短辺がその半分の長さに対応する規模である。太田城跡の環濠は東西約四五〇メートル、南北約三五〇メートルの広大な範囲を楕円形に囲んでおり、詳細は不明ながら、内部を溝によって多くの区画に分割していたものと考えられ、西庄Ⅱ遺跡と共通性がみられる。おそらくは、西庄Ⅱ遺跡の区画規模程度の多くの小区画に分割されていたものと考えられる。石組井戸を区画内部にもつ点なども共通点としてあげられる。

イエズス会ポルトガル宣教師ルイス・フロイスが日本のことを本国に紹介するために著した『日本史』に、戦国時代末期の雑賀惣国についての記述がある。フロイスは「(紀伊国にある一種の宗教あるいは団体のうち）第四番目の人々がいる地方は雑賀と称せられ、その住人たちは、ヨーロッパ風に言えば、いわば富裕な農民たちであった」と、雑賀惣国の状況を説明している。しかし、ヨーロッパの富裕な農民と異なった点として、「彼らは海陸両面での軍事訓練においては、根来衆にいささかも劣らなかったし、つねに戦場で勇敢な働きぶりを示して来たので、日本では彼らは勇猛にして好戦的であるという名声を博していた」と、鉄砲を用いた軍事集団的な特徴を指摘し、彼らが一向宗の信徒であったことや、大坂本願寺を援護していたことなどを説明している。[25]

この時期に特徴的な鉄砲関係の遺物に、円錐形鉛インゴットと鉛製鉄砲玉がある。円錐形鉛インゴットが出土した木本城跡は、天正五年（一五七七）の織田信長による紀州攻めの際、中野城を攻め落とした時に築造した「織豊系の陣城」であるから、本資料の帰属は信長勢力であるといえる。また、鉛製鉄砲玉五点の鉛同位体比分析が行われ、四点がタイのソントー鉱山産と判定された太田城跡であるが、太田城跡の鉄砲玉は環濠の周辺で出土することから、水攻めに備えてのものと評価でき、出土した鉄砲玉は天正十三年の水攻めで遺棄され埋没していた雑賀惣国方のものであると考えられる。

すなわち、タイのソントー鉱山産の鉛インゴットは、天正五年の織田信長による紀州攻めの際に鉄砲玉原料として信長勢力によって持ち込まれているが、天正十三年の秀吉による紀州攻めの段階に至っては、雑賀惣国方がすでに入手・所有していたとみられ、太田城跡で製作した鉛製鉄砲玉の主体をタイのソントー鉱山産原料が占める状況となる。[26] 以上、南蛮貿易によってもたらされた円錐形鉛インゴットの所有者が短期間に変遷することを指摘したが、その理由は、信長から秀吉へと変遷した畿内中枢部権力と雑賀惣国との関係から考察することが必要であろう。

おわりに

発掘調査が行われた和歌山平野における中世城館を取り上げ、発掘調査の成果から各遺跡の遺構を比較した。その結果、雑賀惣国方の中世城館とみられる太田城跡と西庄Ⅱ遺跡は、十六世紀代には不完全ながら方格を意識した半町規模、あるいはその半分の長さに対応する規模などで城館内部を多くの小区画に分割したと考えられる点などに共通性がみられた。また、この時期に特徴的な遺物の円錐形鉛インゴットと鉛製鉄砲玉の研究成果から、信長方の陣城・木本城跡から雑賀惣国方の太田城跡へと、円錐形鉛インゴットの所有が短期間に変遷することなどを指摘した。

註

（1）和歌山県教育委員会『和歌山県中世城館跡詳細分布調査報告書』一九九八年。
（2）和歌山城郭調査研究会『和歌山城郭研究』第一〜一七号、二〇〇二〜二〇一八年等。
（3）北野隆亮「手取城跡出土の備前焼大甕」（『和歌山城郭研究』第三号、和歌山城郭調査研究会、二〇〇四年）等。
（4）和歌山市史編さん委員会『和歌山市史』第一巻、一九九一年。
（5）和歌山県教育委員会『和歌山県埋蔵文化財包蔵地所在地図』二〇〇七年。
（6）海津一朗編『フィールド・ミュージアム雑賀の惣国 太田城編』（和歌山大学、二〇〇七年）。
（7）北野隆亮「考古学からみた太田城跡」（『中世終焉―秀吉の太田城水攻めを考える』清文堂出版、二〇〇八年）。
（8）北野隆亮「太田城跡の考古学史と景観復元」（『和歌山大学紀州経済史文化史研究所紀要』第二九号、二〇〇八年）。

（9）北野隆亮「太田城跡の環濠復元」（『太田・黒田遺跡第75次発掘調査報告書』公益財団法人和歌山市文化スポーツ振興財団、二〇一五年）。
（10）海津一朗・北野隆亮「太田城水攻め堤跡の調査 ―和歌山市出水堤の測量調査―」（『紀ノ川流域堤防井堰等遺跡調査報告書Ⅱ（那賀郡編）』和歌山井堰研究会、二〇〇四年）。
（11）註（5）文献に同じ。
（12）和歌山県史編纂委員会『和歌山県史 中世』一九九四年。
（13）北野隆亮「西庄Ⅱ遺跡」（中井均監修・城郭談話会編『図解 近畿の城郭』Ⅴ、戎光祥出版、二〇一八年）。
（14）註（5）文献に同じ。
（15）財団法人和歌山市文化体育振興事業団『中野遺跡第2次発掘調査概報』一九九八年。
（16）大野左千夫「中世の主な遺跡と遺物」（『和歌山市史』第一巻　和歌山市史編纂委員会、一九九一年）。
（17）北野隆亮「考古資料からみた雑賀・物国」（『和歌山地方史研究』第四六号、二〇〇三年）。
（18）註（5）文献に同じ。
（19）益田雅司「城山遺跡の発掘」（『定本・和歌山県の城』郷土出版社、一九九五年）。
（20）財団法人和歌山市文化体育振興事業団『和歌山市埋蔵文化財発掘調査年報』三、一九九六年。
（21）益田雅司「和歌山市城山遺跡（木本城）について」（『和歌山地方史研究』第二五・二六号、一九九四年）。
（22）北野隆亮「和歌山平野における円錐形鉛インゴットと鉛製鉄砲玉―城山遺跡の「織豊系陣城」評価と出土遺物の検討―」（『紀伊考古学研究』第一六号、二〇一三年）。
（23）平尾良光・西田京平「和歌山市で出土した鉄砲玉などに関する科学的調査」（『和歌山市埋蔵文化財発掘調査年報―平成二十四年度（二〇一二年度）―』、二〇一五年）。
（24）平尾良光「鉛玉が語る日本の戦国時代における東南アジア交易」（『大航海時代の日本と金属交易』思文閣出版、二〇一四年）。
（25）松田毅一・川崎桃太訳『完訳フロイス日本史4 豊臣秀吉篇1 秀吉の天下統一と高山右近の追放』中央公論新社、二〇〇〇年。
（26）北野隆亮「紀伊における戦国時代の鉛インゴットと鉛製鉄砲玉」（『鋳造遺跡研究資料二〇一八』鋳造遺跡研究会、二〇一八年）

Ⅲ　縄張りから見た和歌山県の城館

――虎口・空堀・横矢から見る

白石博則

はじめに

和歌山県には中世城館（城郭）跡が七九五ヶ所存在するとされる。(1)この中で、遺構が残る、あるいは残っていたもの（縄張りがわかるもの）は、二四〇城程度である。(2)これには平地城館跡も含まれるが、遺構の残るものは山城（丘城）跡が多く、今回考察するのは主に山城跡である。

これらの中世城館跡では、どのような防御技法（パーツ）が使われていたのだろうか。また、その分析から何がわかるのだろうか。本稿では、パーツの在り方や分布から和歌山県の中世城館の特徴を考察してみたい。ここでは虎口、空堀（畝状空堀群・連続堀切・横堀）、横矢掛かりの三つのパーツに分けて検討する。

なお、和歌山県は紀ノ川流域（海南市まで）を紀北、有田郡・日高郡を紀中、田辺市と東西牟婁郡を紀南と呼ぶことが多いが、本稿でもこの地域別称を用いる。

一、虎口の特徴

虎口とは城の出入口のことである。和歌山県下の虎口に早くから注目したのは筆者（白石）で、高野山膝下荘園

（和歌山県北東部の山間地）と他領との境界上や峠を押さえる場所に立地した山城（皮張《かわはり》東・西城、平岩城、津川城など）の虎口が、土塁によって城道（導線。以下導線と呼称）が屈曲することに注目した。その上で、「織豊系城郭の技術を導入しようと試みながらも、それを十分使いこなす段階に到っていない」と評価した。畿内中央で発達した織豊系城郭の虎口の在り方が、隣接した高野山領にも影響を及ぼしたと考えたのである[3]。また、築城時期は信長と高野山が敵対した（結果的には本能寺の変により局地戦で終わったが）「信長高野山攻め」の時期（天正九～十年〈一五八一～八二〉）に想定した。軍事的な緊張が高野山側に築城技法の進化を促したと考えたのである。

これについて、中西裕樹は筆者が織豊系城郭の影響があると説いた皮張東・西城（かつらぎ町）の虎口について、「織豊系城郭の虎口は嘴状の土塁が曲輪面から突出するなど、曲輪とルートが接する地点を重視するのに対し、両城の場合は曲輪面ではなくルートが防御ラインに入る地点を重視する」「当城の虎口は織豊系城郭の技術導入という理解だけではなく、もともと存在した築城技術の発展軸上に位置付ける理解も可能と思われる」と述べた[4]。そこで、以前に筆者が織豊系の影響があると論じた皮張東・西城、平岩城、津川城などの虎口について、織豊系の技術の導入や、その築造時期を中心に再検討する。

皮張東城・西城は、ともに伊都郡かつらぎ町宮本（旧名皮張）の南、高野山の聖地・天野《あまの》盆地と紀ノ川流域を隔てる山塊に位置する臨時的城郭（陣城）で、東城は宮本峠を、西城は渋田峠を眼下に押さえる立地である。高野山勢力の城郭との伝承があるが、立地・遺構からみてその可能性が高い。

両城は、約一〇〇メートル離れてほぼ同じ標高のピークにある（図1）。ともに帯曲輪あるいは横堀で防御ラインを設けて、その塁線に虎口が開口する単郭の陣城である。

皮張東城の帯曲輪の防御ラインの虎口Aは平入りで、導線は一度折れてBから主郭に入る。しかし、Aからは帯

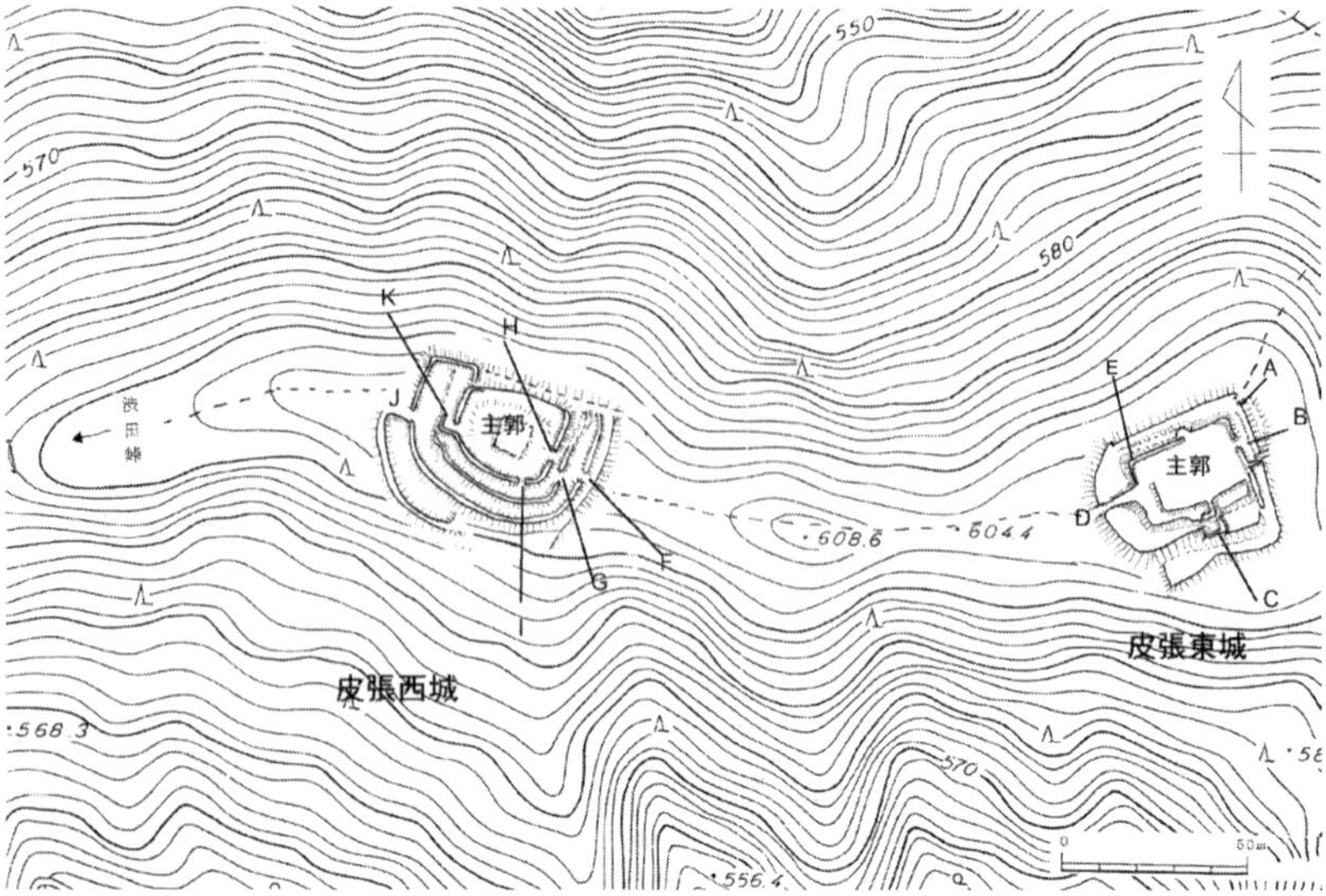

図１　皮張東城・西城縄張り図

曲輪を経る導線も想定できる。Cは主郭からの鉤の手土塁で侵入が制限される虎口で、西の平入り虎口Dからの導線は一折れして主郭に入る。また、Eでも主郭塁線が食い違い、導線が一折れして主郭に入る。防御ラインに開口した虎口A・Dはともに平入りで工夫がないのに対して、その導線が主郭に入る位置にあるB・C・Eでは一折れする。

東城では空堀はまったく使われることはないが、西の切岸は高くなっていて防御性がある。しかし、斜面に竪堀などはない。基本的に方形を意識したプランで、直線的な部分が目立つ。部分的だが石積みも見られる。

西城は、土塁の食い違いによって導線が折れる。Fは平入りだが、次のGでは土塁が食い違う。Gは蔀《しとみ》土塁の役割である。しかし、Gから入ったあと、導線は左右に分かれて右（北）はHに至り、左（南）はIに至る。このような二つの導線があるのは、敵を迷わせる意味もあるが、主郭から出撃した城兵が横堀や城外で戦った後に主郭へ退避する際や、G付近での兵の進退に有効なためであろう。

西辺は、防御ラインに開口するJからの導線が一折れしてK

に入る。Ｋは鉤の手状に食い違いになって導線が折れて主郭に入る。東城や平岩城でも見られる鉤の手状土塁が使われている。

以上のように、この二城は導線を曲げて、曲輪内に敵が入り難くする工夫がなされている。しかし、城外の敵に対して出撃することを企図しているようには見えない。織豊系城郭の特色である出撃への配慮は乏しい。

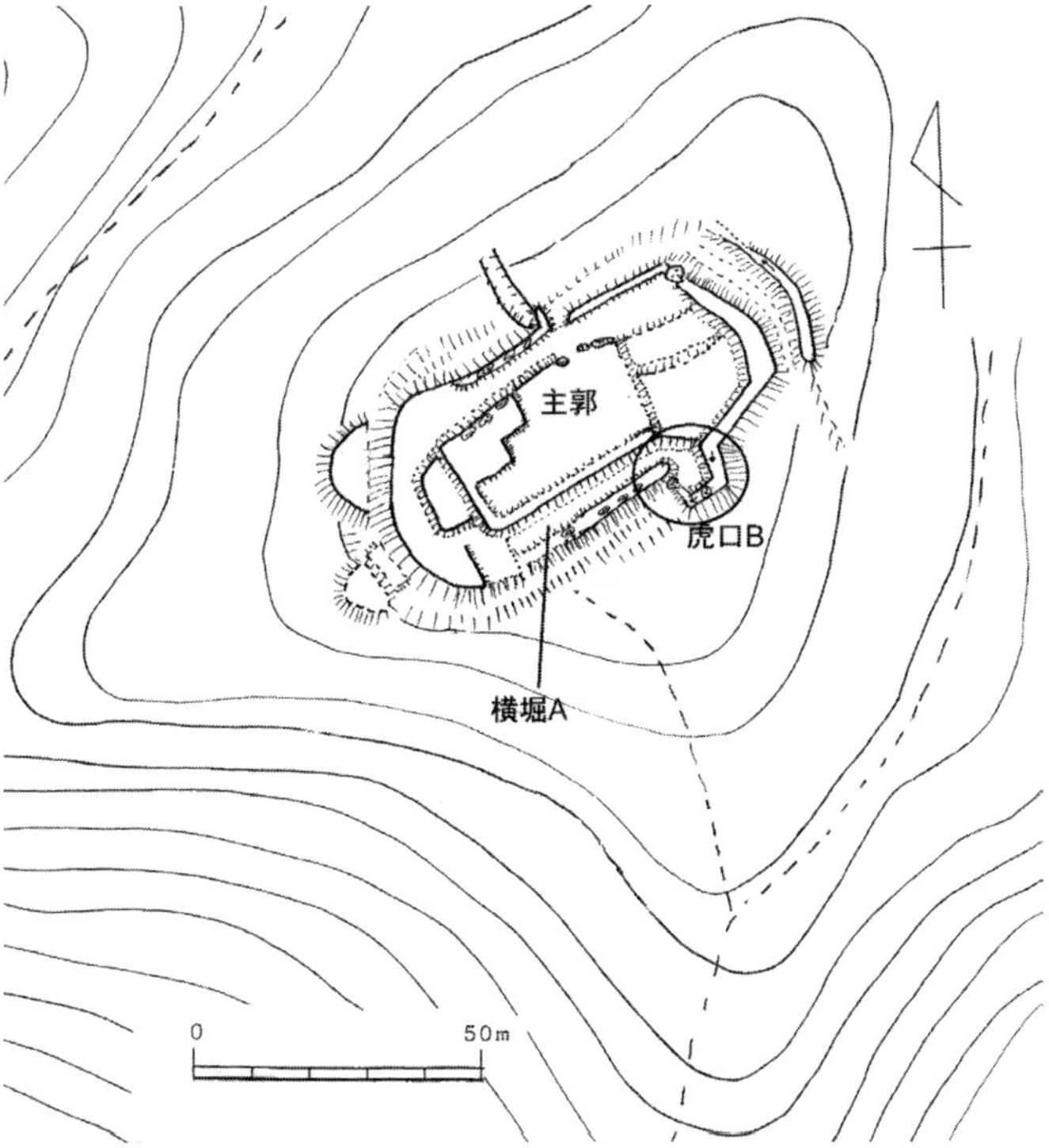

図２　平岩城縄張り図

これらの城は、地形をあまり改変しないで帯曲輪・横堀を回して防御ラインを作っている。横堀内には城兵が入り鉄砲などで斜面から来る敵を撃つことを企図したようだ。鉄砲や弓矢などの飛び道具を多量に使う戦い方を想定した縄張りと言える。竪堀によって斜面防御を行う紀南の城との違いが鮮明である。

また、東城に顕著だが、主郭からの（あるいは主郭への）出入口が複数存在し、面積の割に虎口が多い。さらに、曲輪自体の切岸段差が小さく、平面的で遮断性は見劣りがする。これらは寺院・防院を思わせるような縄張りである。峠を守る局地的・小規模な戦闘を想定した城郭で、城郭作りに手慣れた集団によるものとは言い難い。

平岩城（紀美野町）は、中世の高野山領毛原《けばら》郷と猿川郷の境に位置する山城である。主郭から土塁が南に向いて「鉤の手」状に突出し（図２のＢ）、内部は五×七メートル（土塁を含むと七×九メートル）程度の空間を形成している。筆者はこれを「枡形」状の虎口ととらえ、城内から城外に出撃するための空間（外枡形）としたが（前掲論文）、後に修正して、虎口であるとしても空間の規模の小ささから「虎口機能とともにこの空間に籠り、塁線から東壁面に横矢をかける施設ではないか」と述べている。(5) 藤岡英礼は、鉤の手状の土塁は「ルートの中間地点を占めるに過ぎず、虎口空間とは呼びがたい」とし、虎口であることは認めつつ、この場所が空間に見えるのはルートが折れを伴うことで道幅が広くなったことと、横矢機能を持つためであるとした。(6) この虎口Ｂの内部では直角に導線が折れる。導線を曲げて、敵の侵入を妨げようと考えたのであろう。織豊系城郭の外枡形虎口の要点は、守りと攻めの両面、防御と出撃の両立を可能にした点にあるとされる。(7) 虎口Ｂは、曲輪のラインが外へ張り出して城内への導線を屈曲させて侵入を妨げてはいるが、織豊系の外枡形のように出撃への配慮は乏しい。なお、和歌山県教育委員会の実測図ではＢを開口部（虎口）とせず、横堀Ａの土塁と一続きとなる土塁線としている。(8)

同様に、津川城（上ノ城《じょうのしろ》・紀美野町）の虎口についても導線を受けるための土塁の折れであり、出撃に配慮した外枡形虎口とは異質な機能であると言えよう。(9)

以上のように、高野山領の平岩城・津川城（上ノ城）の虎口は土塁が「Ｌ」字状に折れ、外枡形虎口のように見えるが、城兵が出撃する機能は担保されておらず、導線に屈曲を与えて敵の侵入を妨げる機能が縄張りの要点のように思われる。織田政権の到達点である天正四年（一五七四）の安土城（滋賀県近江八幡市）黒金門の外枡形と比較すると、導線を折る点は共通するが、出撃への配慮が低調である。したがって、高野山領の山城への織豊系城郭の虎口技法の導入は証明しがたい。ただ、鉤の手状の土塁や食い違いの土塁が虎口に使われる事例は、和歌山県においては高野山領に特徴的である。これは高野山領が畿内に近く、織豊系に限らず多様な虎口技法が流入し、実現されたことを示唆していると言えよう。

　高野山領以外の県下の城郭の虎口は、おおむね土塁の一部が開口するいわゆる「平入り虎口」が主流で、その代表格は室町幕府奉公衆で戦国領主・湯河氏の本城、亀山城（御坊市）の主郭北虎口であろう。これは、主郭の周囲を囲む大きな土塁（高さ二メートル。人が乗り移動できる）の一部が開口したものである。同じく奉公衆山本氏の本城・龍松山《りゅうしょうざん》城（上富田町）や水軍領主と目される安宅《あたぎ》氏の本城・安宅八幡山城（白浜町）・安宅勝山城（白浜町）・浜の宮勝山城（那智勝浦町）・虎松山城（図7・串本町）など、主要な国人の居城クラスの虎口は曲輪を取り巻く土塁の一部が開口し虎口となる。守護畠山氏の本城の広城・東の城（湯浅町・広川町）もこのタイプである。奉公衆玉置氏

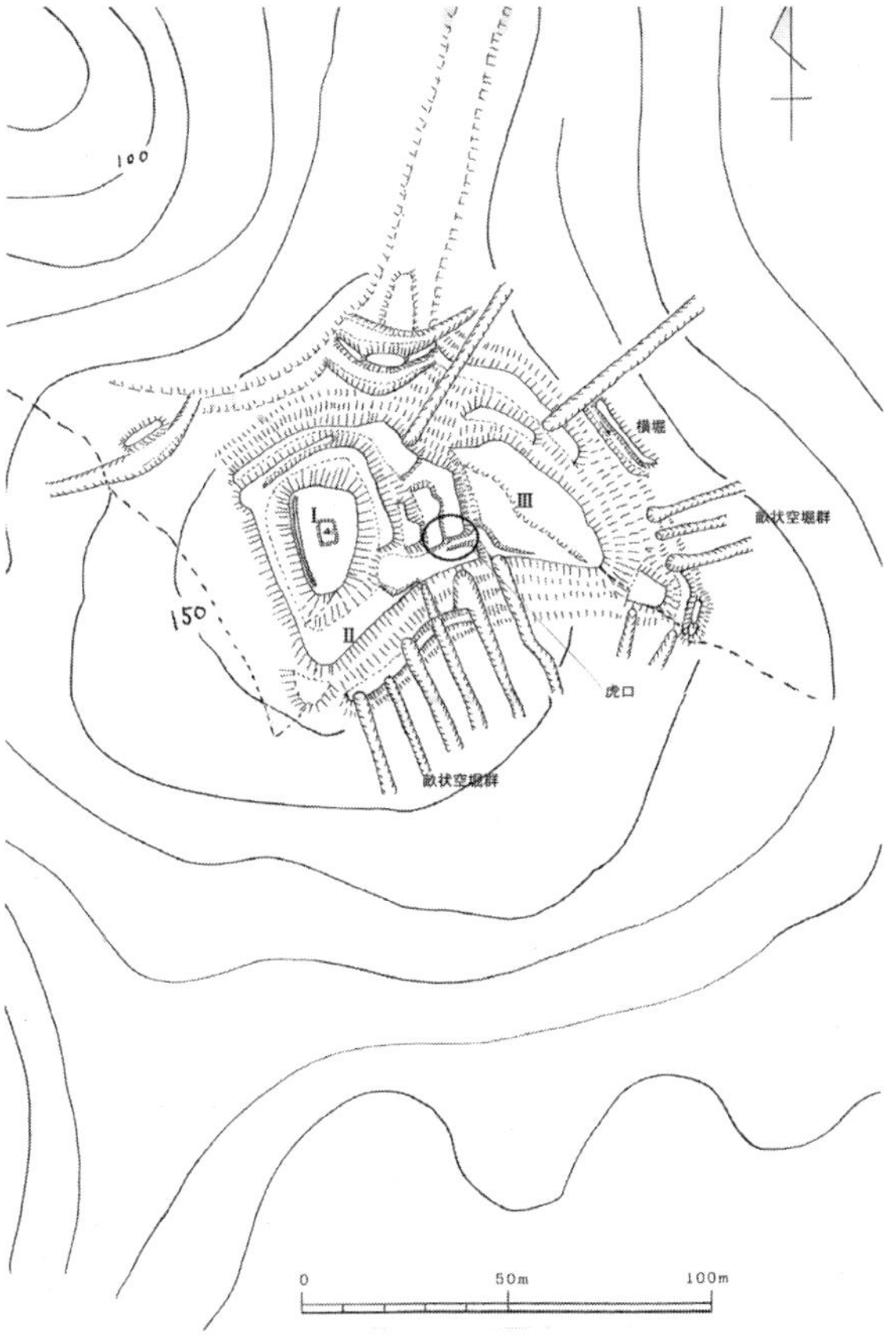

図３　日向山城縄張り図

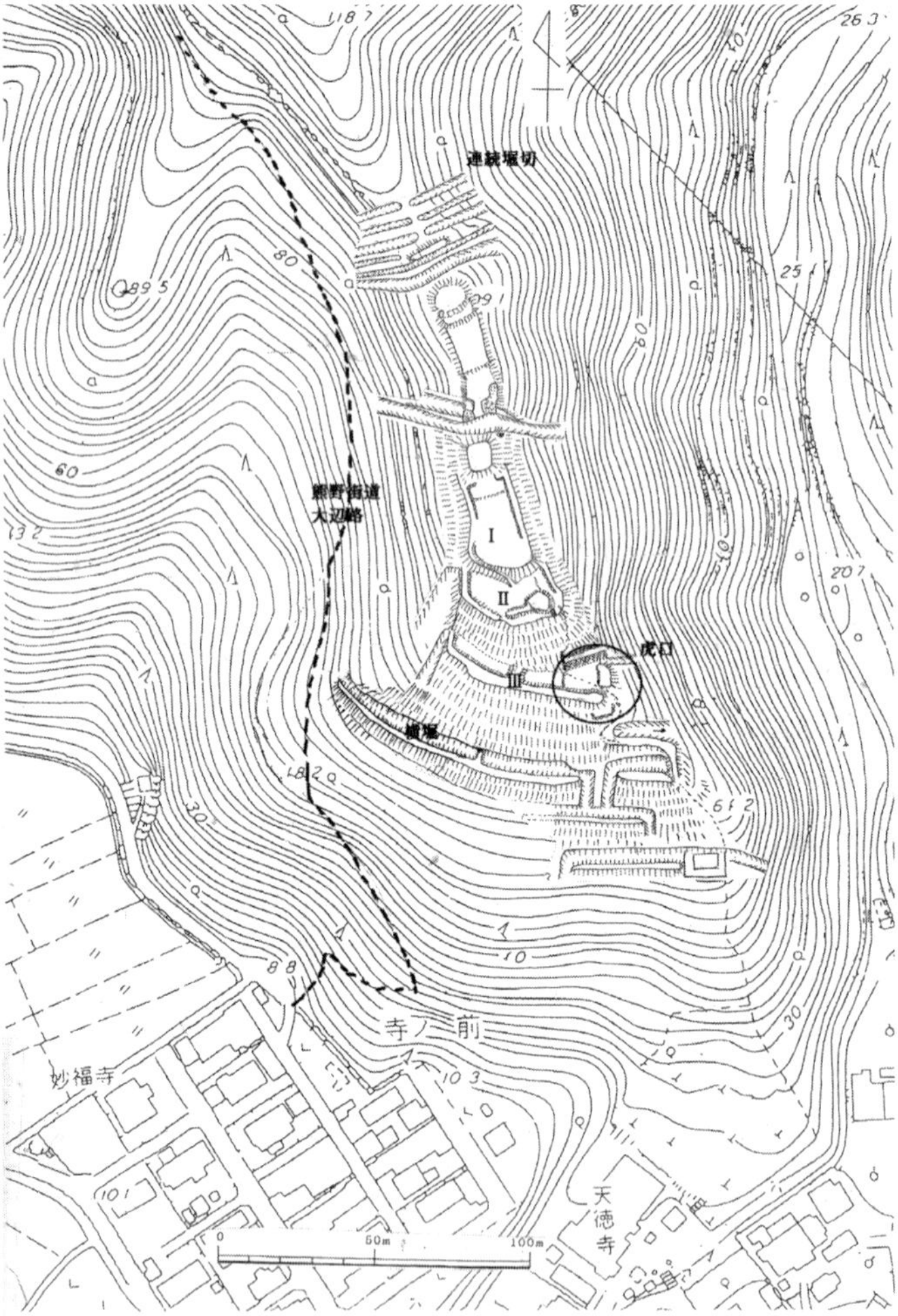

図４　土井城縄張り図

の本城・手取城（日高川町）の大手虎口は曲輪の下に石垣で「虎口曲輪」を設けている。これは、玉置氏が豊臣政権に服属してから改修した可能性がある。守護内衆（後に自立）野辺《のんべ》氏の平須賀《へいすが》城（みなべ町）は主要虎口の虎口部分のみに土塁が使われる。一方で、明らかに出入口であっても土塁で挟み込まない鹿ヶ瀬城（広川町）や鶴ヶ城（田辺市）など、格別の土木工事を伴わない事例も多い。

基本的には平入り虎口ながら、内部に入ると両側から攻撃を仕掛けることができるのが、日向山城（田辺市）の虎口である。[10] これは城の主要部分（Ⅰ・Ⅱ）と最大の曲輪（Ⅲ）を結ぶ重要な虎口で、細いスロープをたどると開

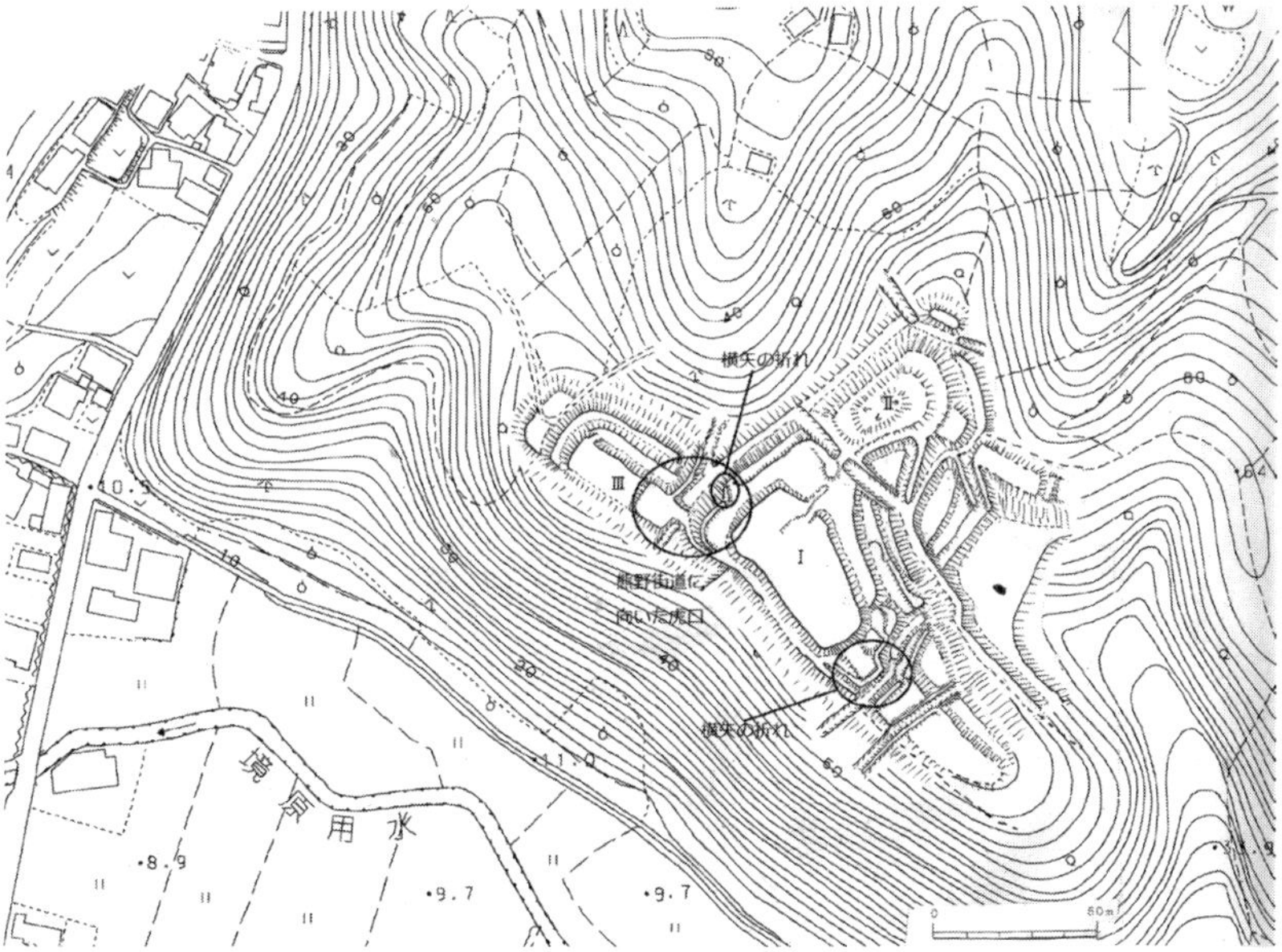

図5　南山城縄張り図

口部に至り、後方が掘りくぼめられている（図3）。開口部に城門を想定すると、Ⅱの切岸と虎口の城門が一体となった強力な遮断ラインが形成される。これは、Ⅰ・Ⅱに拠る人々とⅢにいる軍勢との間を差別化する意味があったのではなかろうか。この城は山麓の居館と目される土井山城という丘城とセット関係にあり、奉公衆湯河氏の庶流家で芳養谷の在地領主湯河式部大夫家の居城と推定される。

土塁開口部の後方に空間が形成されているのが、土井城（白浜町）である（図4）。これは、導線が曲輪に入る横堀（帯曲輪）内の東南部を広げて（掘りくぼめて）八×一〇メートルの空間（後方の横堀を含めるとさらに広くなる）を設けている。この遺構は空間内に侵入した敵を上位の土塁・曲輪から掃射する防御機能だけではなく、兵を溜めて出撃する機能を持ったのではなかろうか。横堀と出入口となる虎口の関係は、横堀に土橋を設けると切り合い関係になり、遮断機能が劣ってしまう。横堀内部に空間を設けることで遮断と導入・出撃を両立させたいという意図があったことが読み取れるのではないか。

以上のように、和歌山県の城郭においては虎口の工夫は低調で、系統的な発展も見通せない。在地への織豊系城郭の影響も明瞭ではない。

ただし、後に述べる横矢掛かりと虎口の関係を見ると、虎口前方に横矢が掛かる事例が三例ある。銭坂城（橋本市）・南山城（和歌山市）・和佐山城（和歌山市）である。特に南山城は主郭部（要害部・図５のⅠ）と軍勢を収容する駐屯部（Ⅱ）という陣城の二重構造の特徴を持ち、[11]天正十三年（一五八五）の羽柴秀吉紀州攻めに関わる陣城説が提唱される。[12]南山城は城の西を通る熊野街道に面した虎口前の土橋に北東の塁線が折れて横矢が掛かる（〇の部分）。また、土橋前面（西）は土橋を守るように切岸で囲まれた二段の曲輪が設けられている。Ⅲは土塁や堀で遮断されているわけではなく、Ⅲから熊野街道方面に出る開口部やルートも明らかではないので、馬出機能としては不完全ながら、虎口を守る「前衛」の役割は認められる。和歌山県下では横矢と虎口がセットになるような虎口構造の城郭は稀有であり、またその分布も紀北の織豊政権方が侵攻した地域に限定されることから、外部勢力（織豊政権）の手になるものと考えてよいであろう。

二、畝状空堀群・連続堀切の特徴

畝状空堀群は斜面に三本以上竪堀が連続するもので、斜面を面的に防御する。斜面の横移動を防ぐのみならず、竪堀に入ると身動きができず、上位の曲輪から攻撃を受ける。敵はこの施設を避けて城攻めを行おうとしたはずであるから、結果的に抑止的な効果もあったであろう。

番号	城名	所在地	竪堀の数	連続堀切の数	築城主体
A　畝状空堀群と連続堀切が併存する事例（竪堀の数は堀切と繋がるものを含む）					
1	手取城	日高郡日高川町和佐	4本	4本	和佐玉置氏
2	平須賀城	日高郡みなべ町西本庄	4本	4本	野辺氏
3	市谷山城	日高郡みなべ町西岩代	16本	3本	岩代氏
4	鴻巣城	西牟婁郡白浜町内ノ川	3本	3本	内ノ川氏
5	古武之森城	西牟婁郡白浜町塩野	5本	4本	不明
6	神田城	西牟婁郡すさみ町神田	10本	5本	神田氏？
7	虎松山城	西牟婁郡串本町和深	6本	5本	伝村上氏
B　畝状空堀群が単独で使用されている事例（竪堀の数は堀切と繋がるものを含む）					
8	大野城東城	海南市大野	8本		守護畠山氏
9	地蔵峰寺城	海南市橘本	6本		？
10	若田城	有田郡有田川町小野	3本		畠山氏
11	清水城	有田郡有田川町清水	6本		保田氏
12	榎城西出城	日高郡印南町島田	4本		？
13	鳶之巣城	日高郡みなべ町土井	3～5本		龍神氏
14	高瀬要害山城	西牟婁郡白浜町高瀬	10本		？
15	日向山城	田辺市日向	2箇所計8本		湯河氏
16	藤倉城	東牟婁郡那智勝浦町川関	3本		実報院米良氏
17	浜ノ宮勝山城	東牟婁郡那智勝浦町浜ノ宮	3～4本		廊之坊塩崎氏
C　連続堀切（三本以上）の単独で使用					
18	亀山城出城	御坊市丸山町		3本	湯河氏
19	入山城（城山）	日高郡日高町美浜町和田		3本	？
20	山野城	日高郡日高川町山野		3本	玉置氏か？
21	安宅勝山城	西牟婁郡白浜町塩野		2箇所①3本②5本	安宅氏
22	土井城	西牟婁郡白浜町田野井		5本	？
23	藤原城	西牟婁郡すさみ町藤原		2箇所①3本②3本	周参見氏か
24	太地城	東牟婁郡太地町太地		3本	太地氏

表1　畝状空堀群・連続堀切使用城郭一覧

県下での事例は、野田理によって十六例が報告されている。(13) 野田は、この施設は連続堀切が築かれた地域に濃く分布し、連続堀切が発展して斜面にも連続性を持たせた結果が、畝状空堀群に繋がった可能性があることを示唆した。

筆者は、畝状空堀群を千田嘉博の分類に従い、(14)（Ⅰ）横堀と繋がらない竪堀群単独のタイプ、（Ⅱ）横堀と噛み合う（横堀と竪堀群と繋がる、あるいは横堀の下に竪堀群）タイプに分類した。(15) 先の野田が抽出した十六例の中で、Ⅱは表1の12榎城西出城（印南町）、13鳶之巣城（みなべ町）、14高瀬要害山城（白浜町）の三例で、その他はⅠとした。Ⅰの築造時期は、紀北では永禄期（一五五八～六九）、紀中・紀南では

地図１　畝状空堀群・連続堀切使用城郭

天正初年としたが、これは、三十年前の編年観を基礎に考察したもので修正が必要である。また、神田城（すさみ町）のように横堀と畝状空堀群が並立する場合があり、この分類は分類法としては成り立っても、時期差の判定には適さないと考えている。

藤岡英礼は、畝状空堀群を持った伝畠山系城郭の8大野城東城（海南市）・9地蔵峰寺城（海南市）などを永禄期頃に築いたと推定している。[16] また、近年の論考でも守護畠山氏の築いた畝状空堀群を天文年間の特徴に近く、永禄年間を下限としている。[17]

さて、堀切が三本以上尾根に連続する連続堀切と畝状空堀群の分布について検討してみる。表１は野田の報告をもとにして、Ａ　畝状空堀群と連続堀切が併存する事例（竪堀の数は堀切と繋がるものを含む）、Ｂ　畝状空堀群が単独で使用されている事例（竪堀の数は堀切と繋がるものを含む）、Ｃ　連続堀切（三本以上）単独の使用例、の三種に分類したものである。これを地図に落としたものが、地図１である。

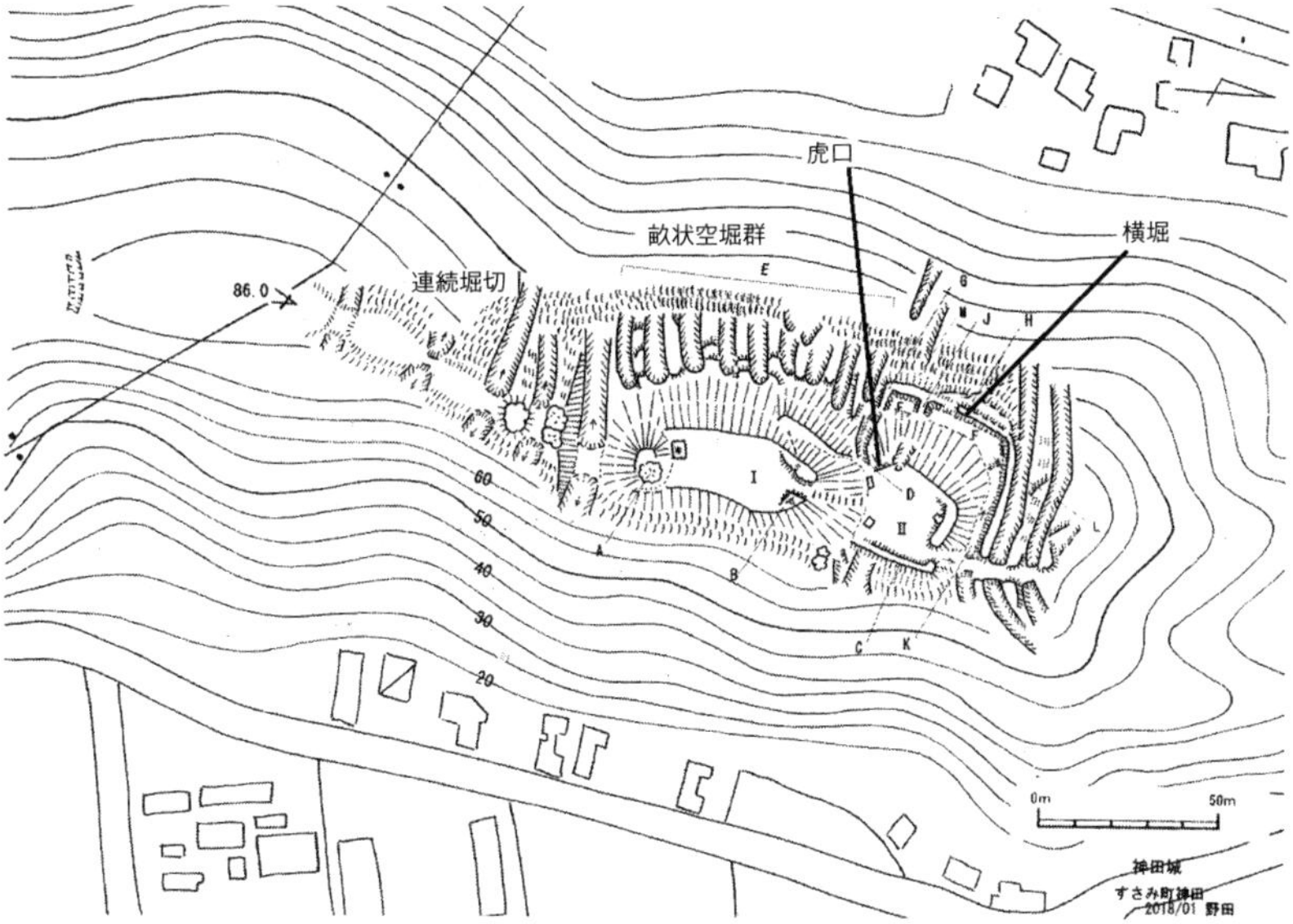

図６　神田城縄張り図　作図：野田理

畝状空堀群と連続堀切の分布を見ると、連続堀切保有城郭は紀北にはなく、紀中・紀南に十一例あり、内七例は畝状空堀群保有城郭と重なる。遮断手段として、連続堀切と畝状空堀群は紀中・紀南において同時期に使用された可能性がある。一方紀北では、大野・地蔵峰寺のような守護畠山系城郭にしか畝状空堀群は見られず、しかもこれらは粗放・原初的印象を受ける。紀北では両施設は盛行しなかったようだ。

日高郡以南に畝状空堀群と連続堀切が密集することから、ある時期、高度な遮断施設を必要とする戦乱が起こったことを示唆しているのではないか。特に、現在のみなべ町から串本町にかけての地域には密集しており、広域にわたる戦乱が想定される。文献的な裏付けは筆者の手に余るが、藤岡英礼は十六世紀前半から中頃までの守護畠山氏の政長流と義就流の争いが、紀南の在地勢力を巻き込んで展開した結果だと論じた[18]。

先に神田城が横堀・畝状空堀群・連続堀切の三つの遮断技法を西の斜面に敷設していることを述べたが、この事例を検討してみたい。図６（野田理作図）の横堀内には障壁土塁が

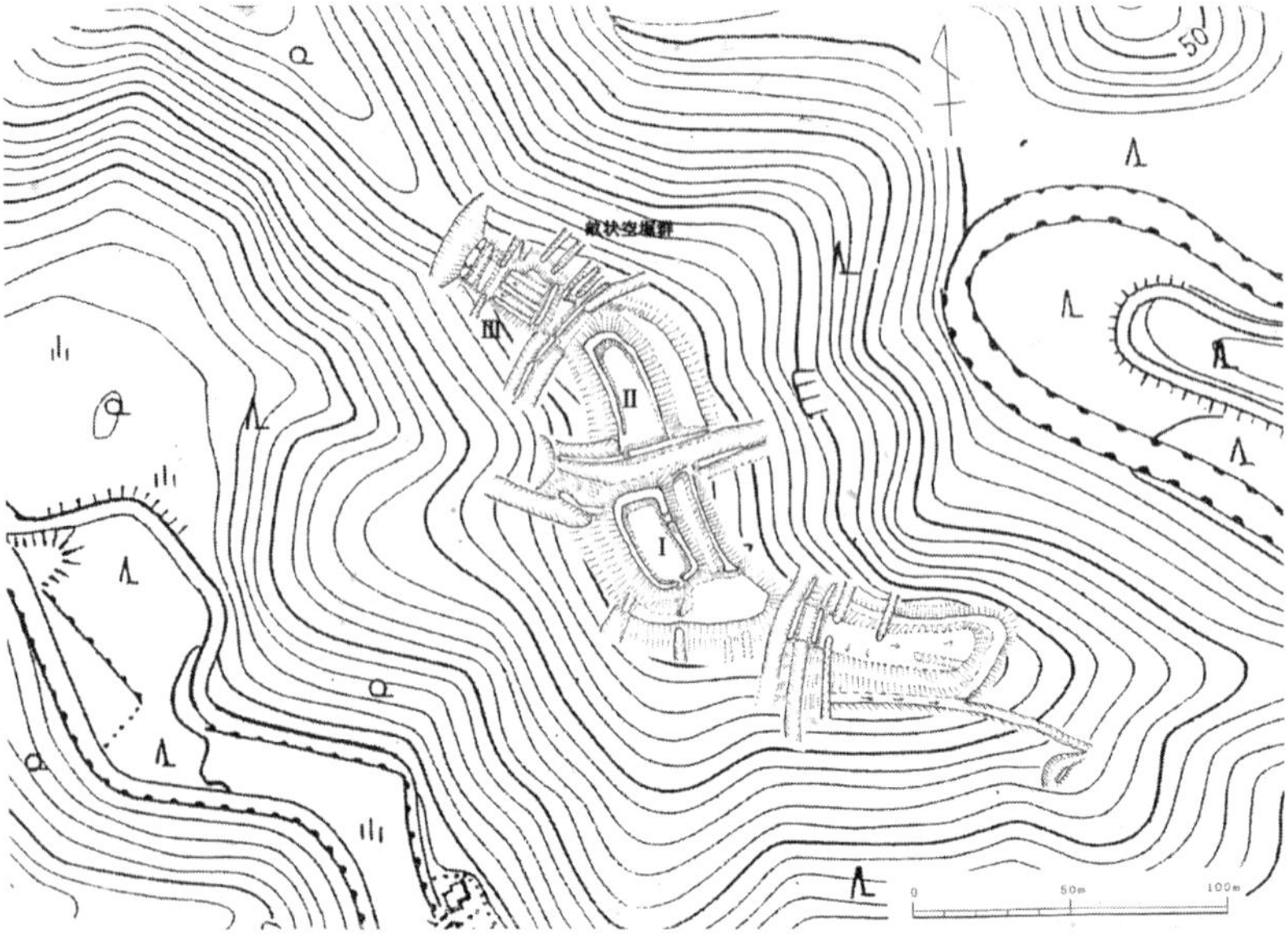

図７　虎松山城縄張り図

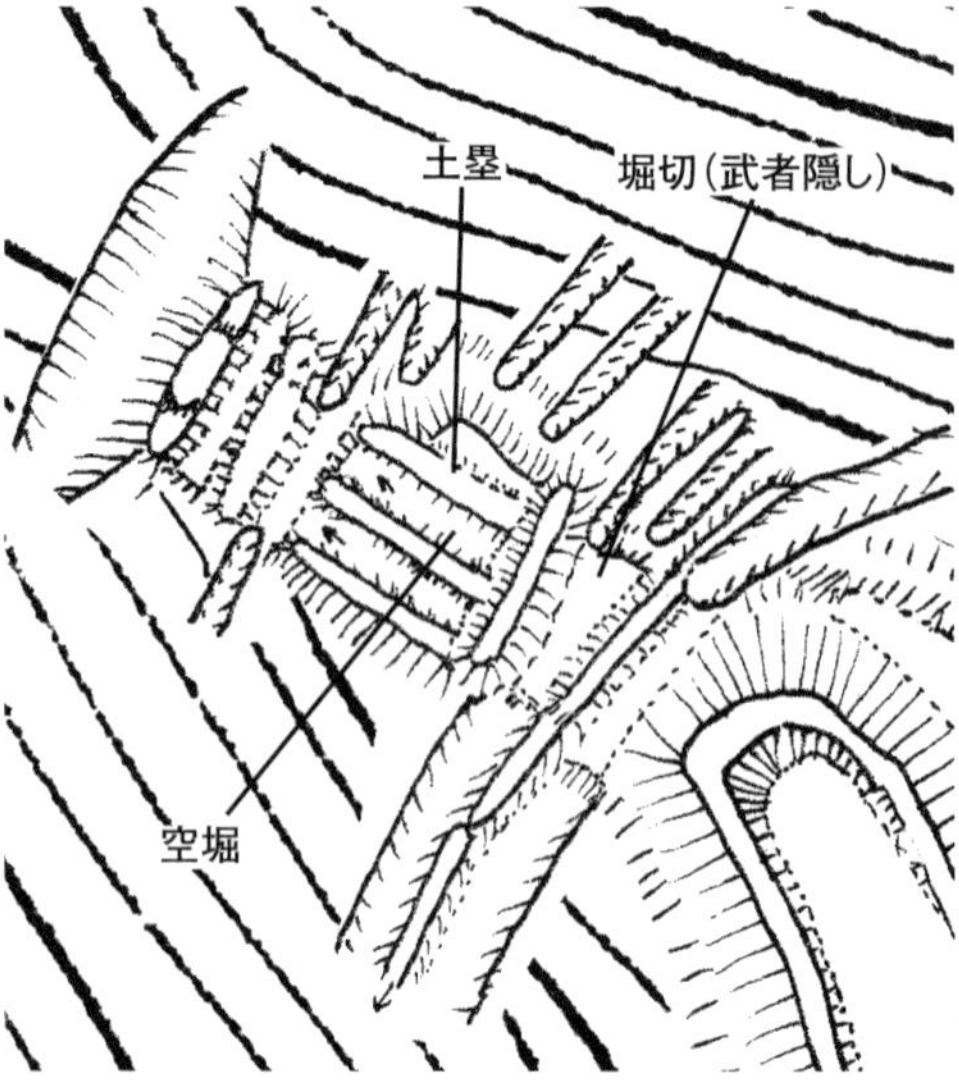

図８　虎松山城Ⅲの拡大図

あり、横堀内に落ち込んだ攻め手の移動を制限する。野田理は、この横堀は虎口に至る導線や虎口を守るために作られたものと考察している。[19] 畝状空堀群との使い分けは、麓からの城道を通すのに面的遮断の竪堀群が邪魔するため、線的遮断の横堀を選択した結果であろうと筆者は考えている。神田城の最終期は、横堀も畝状空堀群も選択できる技術水準だったのだろう。

また、特筆すべき事例として、本州最南端に近い串本町和深の虎松山城の事例を紹介しておきたい（図7）。虎松山城は太平洋に面した和深湊と三尾川などの山間部を繋ぐ矢鱈坂《やたらざか》の南の標高一一〇メートルの山頂部に主郭（Ⅰ）を置き、その南東部に造成不十分な平坦地を、北には堀切で隔絶した二の曲輪（Ⅱ）を置く。

畝状空堀群・連続堀切が使われるのは二の曲輪のさらに北のⅢで、標高三三六メートルの牟礼《むれ》山に繋がる尾根筋を四本の堀切で遮断するだけではなく、堀切と堀切の間の尾根（東西一五メートル、南北一一メートルで南から北に傾斜している）に三本の土塁を入れ、土塁間には空堀が掘られている。尾根に平行に「空堀（竪堀）」を入れたような形状である（図8・拡大図）。これも畝状空堀群の一形態で、筆者は南側の堀切を「武者隠し」のように、城兵が土塁を盾にして「竪堀」内に入った敵を掃射する施設と見ている。このような施設は、県下ではここだけである。地元では在地土豪の村上氏の城と伝わっているが、外部勢力の手になるものという見解もある。[20]

三、横矢掛かりの特徴

和歌山県の山城の横矢掛かりを塁線の折れだけに限定すれば、事例は十六城、二十四箇所になる（表2）。折れの長さは最大で一〇メートル、最小で一メートルで、規模・格差が大きい。横矢によって狙う箇所は、二十四箇所中で虎口（城虎口）が七箇所（二九・一％）、導線が三箇所（一二・五％）、曲輪の接続部（曲輪虎口）二箇所（八％）、堀底が十二箇所（五〇％）である。圧倒的に堀底や壁面への掃射が多い（表2参照）。

地図2は、虎口に横矢が掛かる城と、それ以外に掛かる城を地図に落としたものである。横矢が虎口防御に使われる城は、紀北の城郭に多く、その主体は、銭坂城が織田政権と繋がりのある国人・生地氏、和佐山城が畠山氏（織豊系の可能性も捨て難い）、南山城は織豊系など外部勢力が想定される。

紀南の富田川流域と日置川流域では、堀底や壁面の死角を失くすために塁線を曲げる（折る）技法が見られる。

番号・城名	所在地	横矢が攻撃する箇所			
		１虎口	２城道	３曲輪接続部	４堀底壁面
1 銭坂城	橋本市野	○			
2 和佐山城 A	和歌山市和佐	○			
B		○			
C		○			
3 南山城 A	和歌山市吉里	○			
B				○	
4 来見屋城 A	有田郡有田川町小川				○
B					○
C					○
5 岩室城	有田市宮原				○
6 清水城	有田郡有田川町清水				○
7 広城 A	有田郡湯浅町別所・広川町名島				○
B				○	
8 鳴神城 A	日高郡印南町島田	○			
B					○
9 鳶之巣城	日高郡みなべ町土井			○	
10 龍松山城	西牟婁郡上富田町市之瀬				○
11 安宅八幡山城 A	西牟婁郡白浜町矢田			○	
B					○
12 安宅勝山城	西牟婁郡白浜町塩野				○
13 蛇喰城	西牟婁郡上富田町生馬		○		
14 堅田要害山城	西牟婁郡白浜町堅田		○		
15 日向山城	田辺市日向	○			

表２　横矢掛かり使用城郭一覧

地図２　横矢掛かり使用城郭

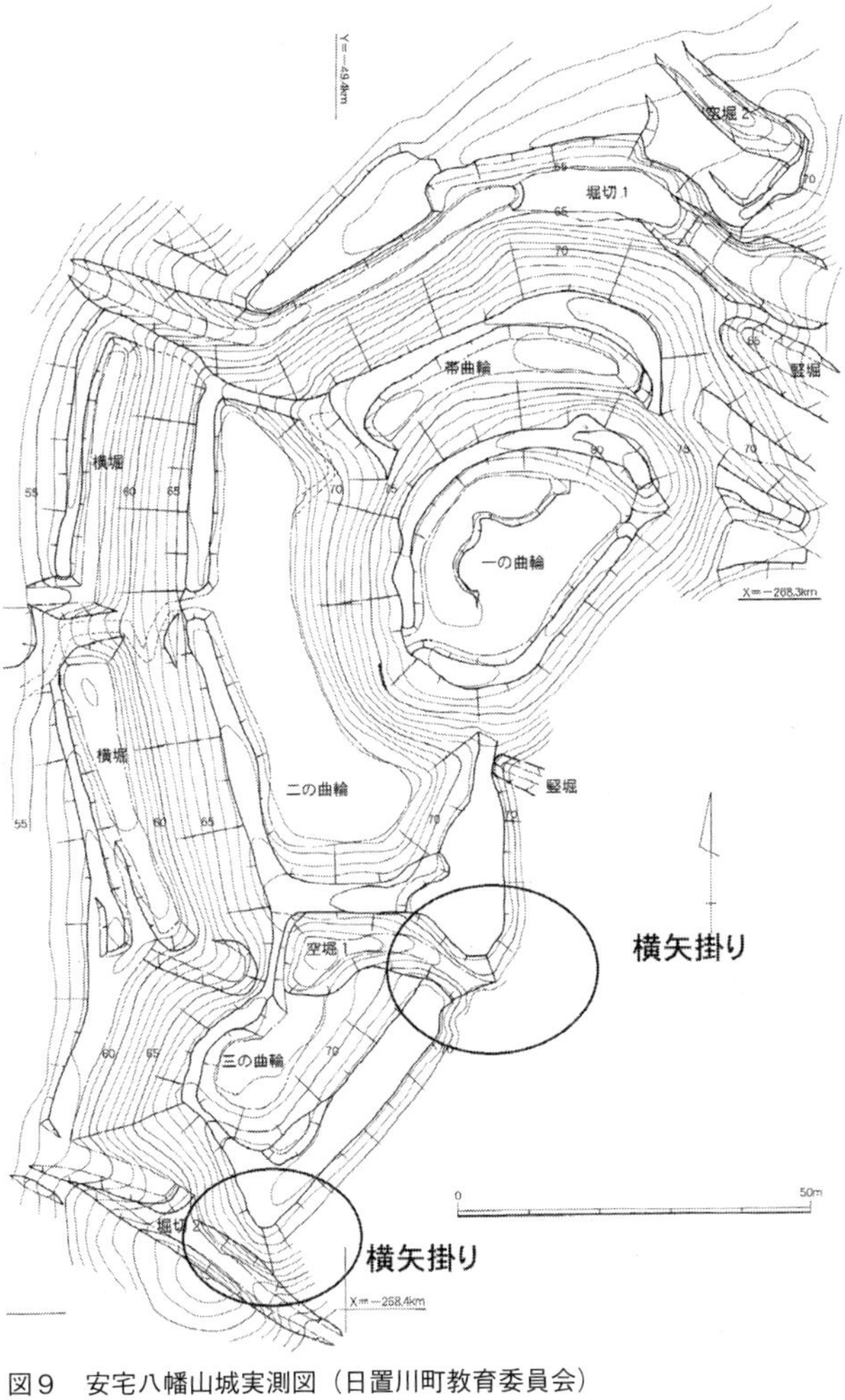

図9　安宅八幡山城実測図（日置川町教育委員会）

石積みを設けて外側に迫り出させるのではなく、空堀を曲げて掘ることによって塁線の一部を掘り残して突出させる。コーナーは鋭角にはならず鋭さに欠けるが、機能は同じであろう。安宅八幡山城[21]（図9・白浜町）や安宅勝山城（白浜町）、龍松山城（上富田町）などが典型である。これらの城郭は、連続堀切や横堀などのその他遮断技法も充実している。

以上のように、横矢掛かりは東牟婁郡（奥熊野）以外の県内全域で確認でき、在地において面的な広がりを持った技法である。ただし、虎口への使用は、表2によると七例中五例が紀北の事例で、その担い手は外部勢力（織豊政権）と推定される。虎口前に塁線を折って横矢を掛けるという技法は、在地では採用されなかったのであろう。

おわりに

和歌山県（紀伊国）は、部分的な蚕食があったものの、近畿では最も遅い天正十三年（一五八五）に統一権力の勢力下に組み込まれた。そのため、地域色溢れる城郭遺構が改修されることなく残存した。

パーツの特徴を見ると、虎口は高野山領では導線を折って敵を入り難くするが、出撃用の空間創設までには至らない。織豊系の技術受容は低調と言えよう。また、高野山領以外の城郭の虎口は食い違いを伴わない平入りで、虎口の後方の横堀に空間を設けた土井城の事例は例外的である。

横矢掛かりの事例は少なくないが、虎口に使われることは限定的で、横矢と虎口がセットとなる事例は外部勢力（織豊）の城の可能性が高い。以上のように、一部を除いて虎口への築城主体の意識は低調であったと言えよう。

一方、遮断は厳重で、特に紀南では畝状空堀群・連続堀切によって面的な遮断が行われた。両技法及び横堀は同時期に使われた可能性が高く、ある時期、この地域が大規模な争乱に巻き込まれた歴史があったことを示唆する。なお、神田城は三つの遮断技法が投入される典型である。虎松山城の独自な遮断技法は、在地の技術発展の軸に位置付けてよいのではなかろうか。

縄張りから和歌山県の中世城館を見ると、質・量ともに紀北と紀中・紀南では違いがあることがわかる。紀北では山城自体が少なく、平地城館・屋敷が点在する。これは、この地域が惣村地帯であり、有力寺院・一揆が上部権力にいて在地武士の成長を制限したからであろう。守護畠山氏や高野山勢力が主導権をとった山城が突出することになる。

紀中は、守護と奉公衆の湯河氏・玉置氏それぞれの居城が充実する。文献的には明らかではないが、勢力間のせめぎ合いもあったようで、郡界などに大規模城郭が存在するのが地域的な特色である。紀南は大規模城郭の少ない地域だが、畝状空堀群・連続堀切・横堀・堀底への横矢など、遮断施設が充実した城が面的に存在する。安宅八幡山城は発掘調査の結果、十六世紀前半の遺構と判定されているが、十六世紀前半から中頃まで繰り返し地域を巻き込んだ、守護の両畠山氏（政長流・義就流）の争乱が遮断性の高い城を生んだと想定される。

註

（1）水島大二「城郭一覧表　和歌山県」（中井均監修・城郭談話会編『図解 近畿の城郭』Ⅴ所収、戎光祥出版、二〇一八年）。
（2）この数字には表面調査で確認できたもの、発掘調査で確認されたものを含む。地名などから推定される遺跡は数えていない。「程度」としたのは、概数であるからである。
（3）白石博則「高野山領における織豊期の城郭」（村田修三編『中世城郭研究論集』新人物往来社、一九九〇年）。
（4）中西裕樹「皮張東城・西城」（中井均監修・城郭談話会編『図解 近畿の城郭』Ⅰ、戎光祥出版、二〇一四年）。
（5）白石博則「平岩城」（中井均監修・城郭談話会編『図解 近畿の城郭』Ⅰ、戎光祥出版、二〇一四年）。
（6）藤岡英礼「高野山領における城内ルートについて―特に平岩城の縄張りを中心に―」（『和歌山城郭研究』六、二〇〇七年）。
（7）村田修三「2織豊系城郭から近世城郭へ」（城郭談話会編『織豊系城郭とは何か―その成果と課題―』サンライズ出版、二〇一七年）。
（8）和歌山県教育委員会文化財課『和歌山県中世城館詳細分布調査報告書』一九九八年。筆者は虎口Bの西辺は低い土塁があるものの、開口していたと見ている。Bからの導線は主郭へとつながっており、Bを中間地点として外部と主郭をつないでいたものと考える。
（9）野田理「8上ノ城」（『和歌山城郭研究』六、和歌山城郭調査研究会、二〇〇七年）。
（10）新谷和之「10日向山城」（『和歌山城郭研究』一五、和歌山城郭調査研究会、二〇一六年）、白石博則「日向山城」（中井均監修・城郭談話会編『図解 近畿の城郭』Ⅰ、戎光祥出版、二〇一四年）。
（11）多田暢久「陣城プランの特徴について―賤ヶ岳陣城群を中心に―」（『近江の城』32、近江の城友の会、一九八九年）。なお、織豊系の陣城については金松誠「織豊系の陣城」（城郭談話会編『織豊系の陣城とは何か―その成果と課題』サンライズ出版、二〇一七年）でまとめられている。

(12) 白石博則「南山城」（和歌山城郭調査研究会編『戦国和歌山の群雄と城館』戎光祥出版、二〇一九年）ほか。

(13) 野田理「畝状空堀群と紀州―その考察―」（『和歌山城郭研究』一六、和歌山城郭調査研究会、二〇一七年）。筆者は、野田が挙げたものに鴻巣城の事例を加えて十七例とする。

(14) 千田嘉博「中世城郭から近世城郭へ―山城の縄張り研究から―」（『月刊文化財』三〇五、一九八九年）。

(15) 白石博則「和歌山県下の中世山城の築城技法」（『くちくまの』一二五、紀南文化財研究会、二〇〇三年）。

(16) 藤岡英礼「紀伊国北部における大規模山城の検討―特に伝畠山系城郭を中心として―」（『和歌山地方史研究』二五・二六、一九九四年）。

(17) 藤岡英礼「紀南地方における十六世紀初頭の築城様相―特に高瀬要害山城とその周辺をめぐって―」（『和歌山城郭研究』一七、和歌山城郭調査研究会、二〇一八年）。

(18) 註（17）に同じ。

(19) 野田理「神田城」（『和歌山城郭研究』一七、和歌山城郭調査研究会、二〇一八年）。

(20) 藤岡英礼「虎松山城跡」（『和歌山城郭研究』一八、和歌山城郭調査研究会、二〇一九年）。

(21)「八幡山城跡測量図」（白浜町教育委員会・安宅荘中世城郭発掘調査委員会編『安宅荘中世城郭群総合調査報告書』、二〇一四年）。

第6部　兵庫県の城郭の特徴

I　鎌倉期播磨国庁直指揮下の武士像

依藤 保

はじめに

兵庫県は摂津・丹波・但馬・播磨および淡路の五国から構成されており、城郭に関連する史料も少なくない。その中でいま最初に思い浮かぶ城は、広峯神社（姫路市）の社家であった広峯氏の系図に記される「廣瀬城」である。私にとってこの城は、播磨国庁直職《ちょうちょくしき》解明のためのキーワードの一つとなっている。

鎌倉期守護の基本的な職務は、管掌国において御家人を支配・監督し、検断権（軍事権・警察権・検察権）を担うことにある。ただし、国司の職掌である行政への干渉や国衙領（公領）への介入を禁じられていた。しかるに、播磨では国衙に庁直職が設置されていた[1]。庁直中原氏は、守護とともに、守護不在のときは単独で、荘園・公領を問わず検断直人として犯罪に対処する。このような役職は他国にはその例をみない。庁直職に関しては石井進氏をはじめ各氏の論考がある[2]。しかし、限られた史料に基づくもので、その実態は明らかとはなっていない。

私は、中原氏ご子孫の後藤幸子氏が所蔵される紀伊「辻文書」に接する機会があり、先年この史料を紹介した[3]。その一通に建暦元年（一二一一）八月三日播磨国守護・庁直連署注進状がある。冒頭部分が欠落しているが、守護後藤基清と庁直中原氏が庁直の指揮のもと検断権を執行する武士を鎌倉幕府に報告した注進状の副本と推定できる。郡ごとに数多くの人名が記載されている。ここに鎌倉期広瀬氏の存在を知る幸運に恵まれた。

さきの拙稿では、史料集という制約もあって断片的な解説にとどまり、広瀬氏など庁直指揮下の武士の素性等について、充分な言及ができなかった。小稿ではこれをもとに、いま少し踏み込んで、鎌倉期に播磨各地の城を拠点として現地で検断執行に携わった武士の具体像の一端を明らかにしたいと思う。

一、宍粟郡広瀬城主広瀬氏

広峯氏の系図は複数ある。小林基伸氏は、播磨揖東郡《いっとうぐん》の開発領主桑原氏の研究にあたって広峯氏の系図について検討し、桑原・広峯両氏の血縁関係について言及された[4]。史料で十三世紀後半の存在が確認できる鎌倉幕府御家人広峯家長を基軸として、男系のもの（系図A）とこれを部分的に含み家長に「外孫」との記載があるもの（系図B）を読み解いて、明解な説明をされている。小林氏によると、松尾大夫《たいふ》貞資が保延四年（一一三八）に多数の国内寺院を動員して大般若経六〇〇巻一日頓写事業を行った庁事散位従五位下桑原宿祢貞助[5]で、阿曽新大夫貞久・同右衛門尉貞泰が建長五年（一二五三）八月三日法隆寺牒[6]に見える桑原貞久（故人）・貞保の父子である。そして、庶流の広瀬信長に嫁した広峯勝賀の女子（娘）の子息家長が男系の絶える広峯氏を継いだとされる。桑原氏は国衙在庁官人であり、上記法隆寺牒によれば平安期以来揖東郡鵤荘《いかるがのしょう》（太子町ほか）支万方の下司であった。

「外孫」の記事はないが、以下に小稿の説明に必要な「広峯系図」の一部を掲げる。小林氏のいう系図Bと同種のものである。家長の事蹟に中原英保氏嫡流が広峯神社に預けた文書からの盗用が確認でき、その成立は近世に入ってからとみられる。疑わしい点もあるが、小林氏の作業によって、父系（男系）の系譜に関しては原系図があったものと推測でき、信頼に足りるものと考える。

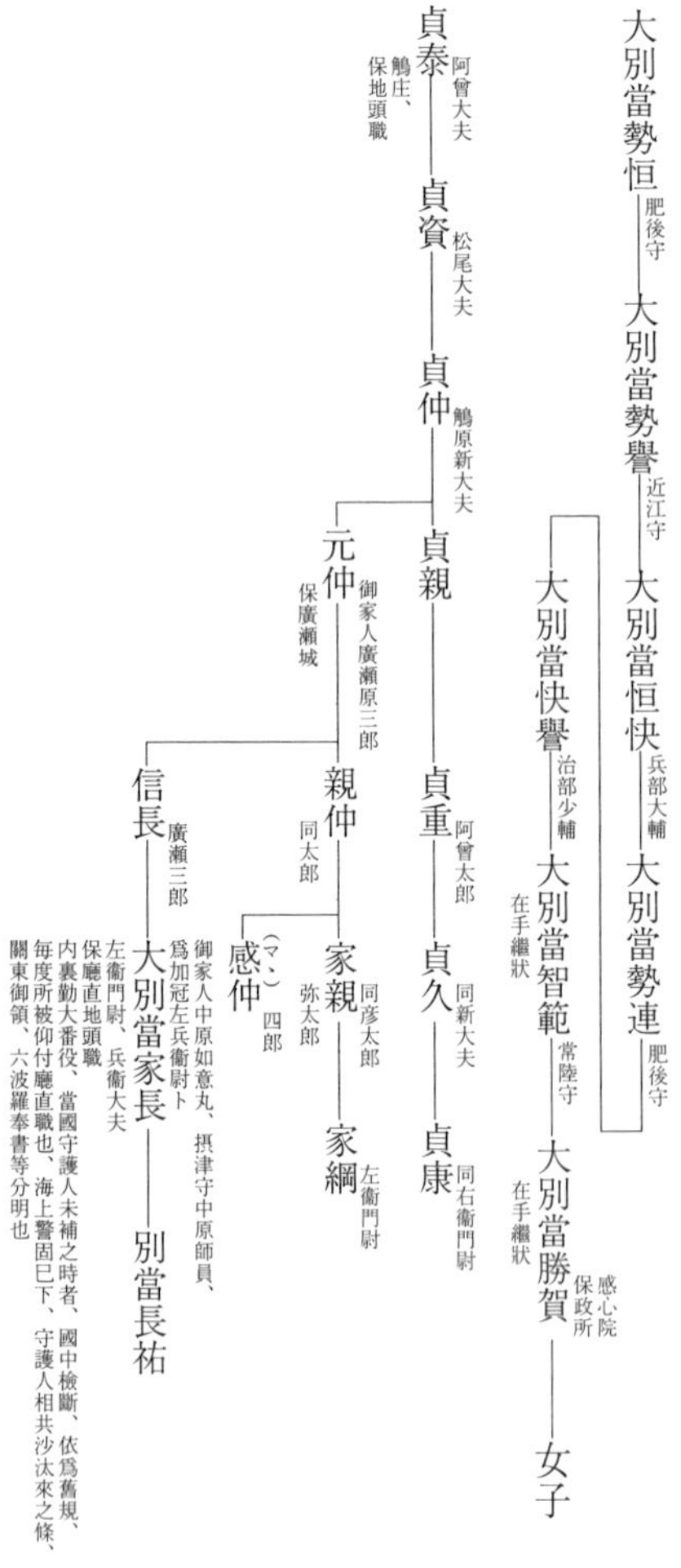

「広峯系図」（部分）　東京大学史料編纂所謄写本

系図には広瀬三郎信長の父である御家人広瀬源三郎元仲の項に「保廣瀬城」との注記がある。「保」は、小林氏も指摘するように「補」の宛字である。「原」も「源」の宛字。つまりは、桑原元仲は広瀬城主に補されて広瀬氏を名乗ったことになる。この広瀬城の所在はどこなのか。播磨の広瀬は、佐用郡《さようぐん》と宍粟郡《しそうぐん》（宍粟市）の地名として史料に登場する。しかし、いずれも消え去った地名である。

さて、「辻文書」の建暦元年注進状の宍粟郡の条に「弘瀬太郎」が見える。管見のかぎり播磨国内に「弘瀬」の地名はない。しかし、宛字であろうから広瀬太郎のことになる。「広峯系図」で「廣瀬城」にいたとされる広瀬元仲の子息親仲は広瀬太郎を称する。桑原貞久が死亡した年は不明だが[7]、建長五年でも四十二年の違いに過ぎない。貞久は親仲には従甥《いとこおい》にあたるから、不自然ではない。また、「弘瀬太郎」が元仲である可能性もある。ともあれ宍栗郡広瀬城主広瀬氏は在庁官人桑原氏の一族で、庁直中原氏の指示を受けて検断権を行使する当地域の執行者であった。そして、御家人身分も兼帯している。

系図の上では広瀬親仲の家系はその孫家綱で記載が終わっている。以後、桑原系広瀬氏は史料に見えない。播磨で新たに登場するのは、佐用郡の広瀬を本貫とする赤松広瀬氏である。

南北朝期以降の宍粟郡広瀬城には西播磨守護代の宇野氏が入ったものと思われる。守護代所は広瀬に置かれていた。[8] これには宍粟郡柏野荘の広瀬にあった宇野氏の城館があてられた。現宍粟市に中広瀬と下広瀬はあるが、上広瀬・広瀬の地名は存在しない。戦国期に宇野氏が本拠地を高家荘《たいえのしょう》（宍粟市）の宇野館・長水《ちょうずい》城へ移したことにより広瀬の地名も移動した。そして、宇野氏の滅亡とともに消滅した。もとの広瀬（上広瀬）は山崎と呼ばれることになる。江戸時代にはこの地に山崎藩が置かれ、山崎城が築かれた。広瀬は山崎断層帯沿いの街道と揖保川沿いの街道が交差する郡南部に位置し、宍粟郡のみならず西播磨の要衝地であった。広瀬城の所在地は、現宍粟市山崎町門前の山崎八幡神社の境内、この一帯がその跡地である。郭の遺構が残り、十六世紀末の遺物も出土している。北の裏山には篠《ささ》の丸《まる》城跡がある。

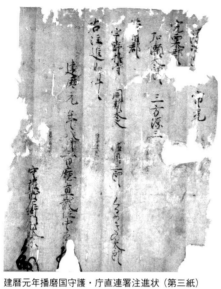

建暦元年播磨国守護・庁直連署注進状（第三紙）

二、飾西郡の飾西大夫

田中稔氏は、承久の乱（承久三年、一二二一）における後鳥羽上皇方武士の史料を収集して、東京大学史料編纂所影写本「飾西系図」の飾西《しきさい》氏所伝を信頼度の高いものと評価されていた。[9] ただし、具体的内容は知るべくもなく、『大日本史料』で同系図の一部を見た限りでは、なんとも知れない代物のように感じた。しかし、前田徹氏はその全文（事歴本文と系図部）を入手して公開し、詳細に検討された。[10] 前田氏はこの系図の成立を室町後期と認定し、飾西氏の伝承について一定の評価を与えられた。初代清真について、『後二条師通記』寛治七年（一〇九三）正月五日条に見える六位外記惟宗清真（注：囚獄正《ひとやのかみ》を勤めた官人）と同一人物である可能性も指摘されている。

「飾西系図」によると、飾西氏は京都から播磨に下着した国衙在庁官人の惟宗氏[11]である。惟宗清真が飾西太郎を称し、以後太郎資清・大夫兼資・太郎左衞門尉延兼・太郎左衞門尉永兼と続いた。そして、永兼が承久の乱に際して京方に与して鎌倉幕府から咎を受け、飾西郡菅生荘《すごうのしょう》（姫路市）公文職等を一時期没収されたという。桑原広瀬氏を例にすると、惟宗清真が飾西郡に派遣されて（所領を得て）飾西氏を称したということになる。

建暦元年注進状は承久の乱の十年前の文書である。八〇〇年以上の年月が経過しているため、料紙にはずいぶんと痛みが生じて破損がみられる。このため、飾西郡の条の筆頭に挙げられた者は「□□大夫」である。しかし、上の字は「餝」の偏「飠」の一部が読みとれる。下の字は完全に欠落しているが、ほかにも神西・揖東・揖西等の郡名を名字とする者が見えるから、彼の者が「餝西大夫」であることは容易に理解できる。「飾西系図」では兼資が飾西大夫を名乗る。その注記はないものの、兼資の子息延兼か孫永兼を建暦元年の飾西大夫とみて大過ないものと思われる。また、飾西氏は播磨国内で検断以下の国務に従事し、御家人でもあったという。ほんらいの出自は別として、惟宗飾西氏は桑原広瀬氏と同様の性格をもつ武士であったといえよう。

菅生荘公文職は飾西氏の本領であったという。長講堂領（後白河法皇の持仏堂長講堂の所領）菅生荘の立荘は鎌倉

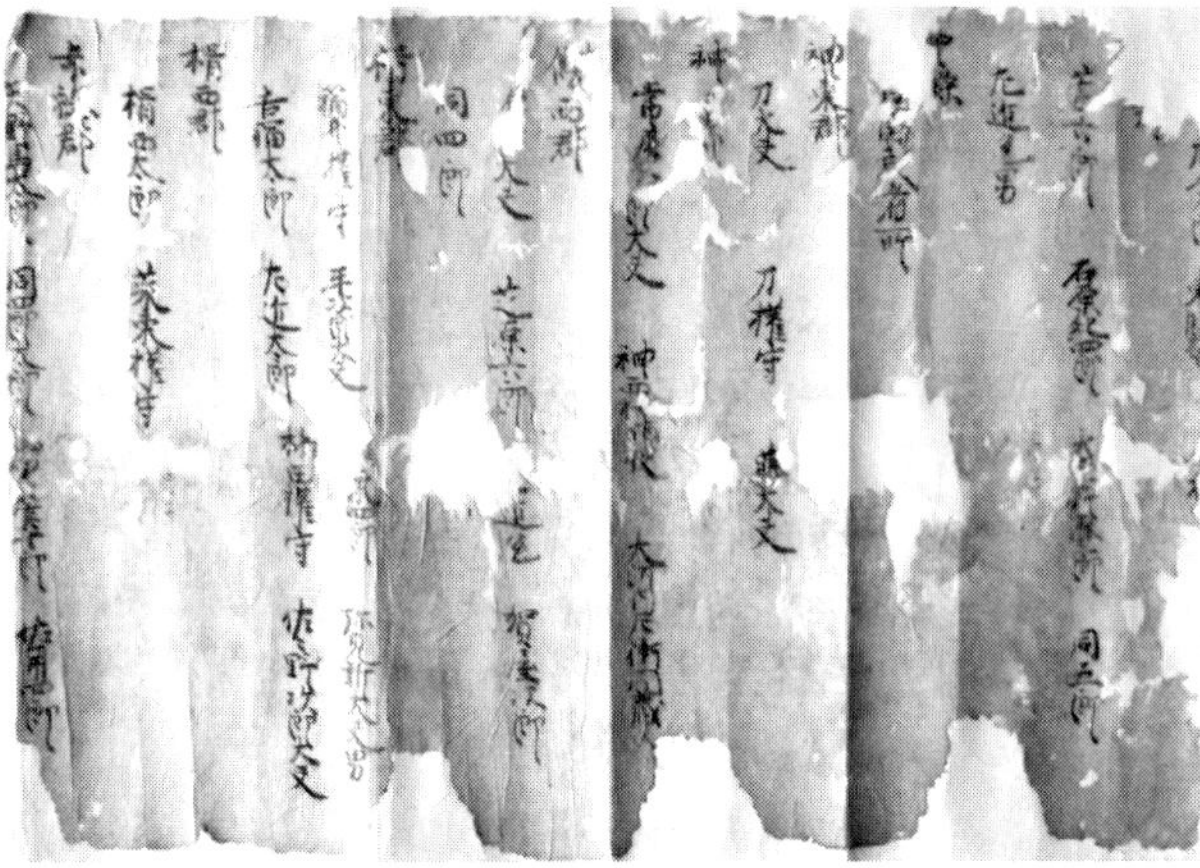

建暦元年 播磨国守護・庁直連署注進状（第二紙）

幕府成立のころなので、国衙領菅生郷であった時代に太郎清真が得た所領である。なお、承久の乱時には長講堂領が京方の戦費と武士の供給源となったため、幕府が皇家から一旦没収したという経緯もある。広瀬氏のいた柏野荘も皇家領（八条院領）荘園であり、幕府の没収するところとなった。また、注進状に「守護所左衛門尉藤原」の署判があるのも興味深い。これは後鳥羽上皇に荷担して処刑された守護後藤基清とみられる。飾西永兼がこの指揮下で戦った可能性も想起される。

　菅生荘は夢前川支流の菅生川流域、旧飾磨郡菅野村の地域にあたる。現姫路市夢前町菅生澗《すごうだに》が遺称地で、かつその中枢地である。当地の善照寺境内は守護赤松氏が置いた菅生代官構の跡地だと伝える。寺院の裏手には侍屋敷と呼ばれる場所もある。時代は違うが、飾西氏もこの城館を拠点としていたのではないかと思われる。

餝西太郎
惟宗清真――資清（餝西太郎）――兼資（餝西大夫）――延兼（餝西太郎左衛門尉）――永兼（餝西太郎左衛門尉）――国兼（餝西兵衛尉）――光兼（餝西左衛門尉）――経兼（餝西左衛門尉）――

承久三年永兼被没収公文職、高井五郎頼平被補之、
元仁元年還補本職、永兼被補之

「餝西系図」系図部（部分）東京大学史料編纂所影写本

三、佐用郡の宇野権守・同新大夫・佐用三郎

天正十六年（一五八八）に得平《とくひら》定阿が記した『赤松傳記』（島原市立島原図書館「肥前松平文庫」蔵）は、子孫に自家の由緒を書き残したものだが、史料としての信頼度は高い。定阿は、後期赤松氏四代の時代を生きた人で、戦国期播磨の生き証人であった。同書には「かくて五代目を則景と申。此人宇野と云所知行し、宇野名字の元祖也。（中略）建久四年七月四日佐用庄地頭職を頼朝の御下文御拝領候也。これより、宇野播广（磨）権守則景と申。其弟二人有。弟一は宇野新大夫則つら（連）。其弟得平三郎（頼景）是也。是ハ佐用庄の内得平名と云ふを取たるにより則得平と名乗る。いまに土井分と申は此処也。」との始祖伝承を載せる。「得平三郎」を「佐用三郎」に読み替えると、建暦元年注進状にある「宇野権守・同新大夫・佐用三郎」と見事に一致する。権守《ごんのかみ》は在庁官人の役職名である。

播磨権守則景は守護赤松氏、新大夫則連は守護代宇野氏の先祖とされる。一次史料に見えないことからその存在を疑われてきた。しかし、諱《いみな》や源頼朝下文はともかく、注進状は宇野権守と宇野新大夫の庁直指揮下の武士としての実在を証明している。定阿が建暦元年注進状をヒントにしたのでなければ、両名の名字は新たに佐用郡宇野荘（佐用町）に本貫所領を得たことに因むもので、もとは佐用氏であったことになる。

宇野荘は、旧南光町南部と旧上月町櫛田附近を荘域とする。現佐用町米田は宇野荘の中核地であった。元禄年間（一六八八～一七〇四）成立の『赤松家播備作城記』（名古屋市立鶴舞中央図書館蔵）によれば、当地の熊見山城は佐用範家が築き、その後宇野氏の居城となり、永禄年中（一五五八～一五七〇）に宇野（熊見）祐清が再営したという。範家を後世の付加とみて、単に佐用氏と読めば符合する伝承である。熊見祐清はのちに宇野氏最後の当主となる。

佐用三郎は得平の名字を併用していたものと考えられる。その本貫地である佐用荘得平名《みょう》は、天正十六年当時に「土井分」と呼ばれた。現佐用町土井がその遺称地で、得平氏の城館等を囲む土居（堀内）に基づく地名とみられる。志文川を挟んで南隣りの大字宝蔵寺《おおあざほうぞうじ》は、かつて所在した禅寺[12]の名称による。宝蔵禅寺は得平宝蔵寺とも記されるから、得平名は川の両岸に拡がる一村規模の名田《みょうでん》であったと推測できる。得平氏がこの地を去った後に二村に分かれ、名田名は消失してしまった。城館跡も忘れ去られているが、吾勝《あかつ》神社のあたりが候補地となる。

なお、往古の美作道は現佐用町末広の新宿から卯の山峠を越えて同町下徳久《しもとくさ》に至る、おおむね国道一七九号沿いとされている。しかし、古代・中世前期には土井まで西進し、現在ＪＲ西日本姫新線《きしんせん》の通る高低差の少ない断層の坂道を北上していたものと思われる。この道は佐用荘得平名と宇野荘の境界線でもあった。

四、守護・庁直連署注進状に見えるほかの武士

建暦元年注進状に記された武士は、欠けている飾東郡《しきとうぐん》を抜きにしても多岐にわたる。郡名を名字とする者が八人（ただし、賀古・佐用は荘園名である可能性もある）。権守が五人。大夫（五位の位を授けられた者）が八人。大夫を父とする者が一人。押領使が一人。ほかの者も各地の地名を名乗る者が多く、国衙を支える国内の有力者である。これら関東（鎌倉幕府）へ注進された武士は、関東武者でなくとも、関東の御家人ということになる[13]。原本と同様この注進状に守護と庁直の花押が据えられたのは、御家人支証とするためと考えられる。

紙幅の都合上すべての者について述べることができないので、以下ではここまでに言及しなかった数件について既出史料との関連にふれておきたい。これ以外はさきの拙稿（註（3）書）をお読みいただきたい。

郡　名	武士の名前
飾東郡	（欠落）
明石郡	太田太郎・平野某・都田太郎
三木郡	高野蔵人
賀古郡	賀古中太・同中四郎・某源三郎・大進房
印南郡	中次郎・中十郎・大□
賀東郡	左京進・王三郎・く□・源次郎大夫 源三郎
賀西郡	某蔵人太郎・東條□□郎
多賀郡	菅六郎・石原紀四郎・大志野源三郎 同五郎・左近允男
中　條	当(ヵ)国武者所
神東郡	刀大夫・刀権守・藤大夫
神西郡	常屋五郎大夫・神西押領使 大河内左衛門蔵人
飾西郡	飾西大夫・芝原六郎・左近允 賀屋次郎・同四郎
揖東郡	福井権守・平次郎大夫・揖東四郎 弥見新大夫男・吉福太郎・左近太郎 林田権守・佐々野次郎大夫
揖西郡	揖西太郎・葉(ヵ)東権守
赤穂郡	矢野馬太郎・同四郎太郎・某管十郎 佐用四郎・源次郎・常光
宍粟郡	弘瀬太郎・三方源三
佐用郡	宇野権守・同新大夫・佐用三郎 くるめきの太郎

表　播磨国守護・庁直連署注進状に見える武士
前欠あり。飾東・明石・多賀の郡名は確認できない。三木郡の前は隣接明石郡であろうこと、庁直中原氏の本拠地たる飾東郡は最初に記載されたものと判断した。

[賀東郡の王三郎]「東大寺文書（真福寺所蔵文書）」建永二年（一二〇七）正月日大部荘公文職補任状案に、同郡大《おお》部荘《べのしょう》（小野市）公文「久清王」が見える。同一人物ではないか。

[多賀郡の菅六郎]延慶本『平家物語』巻九に、寿永三年（一一八四）二月、源義経を一ノ谷まで案内した播磨国安田荘（多可郡多可町）の「下司多賀菅六久利」が見える。この本人または子にあたるか。

[中條の武者所]鎌倉・南北朝期の播磨の様相を記した『峯相記』によれば、播磨の郡は十七郡で飾東・飾西の間に中條郡がある。『性空上人伝記遺続集』八（「書写山円教寺文書」）は、播磨国府（国衙、姫路市）が両郡のいずれにも属さない中條（なかじょ）だと説明する。米国の首都ワシントンD.C.ならぬ中條特別区である。国衙に武者所のあっ

たことがわかる。

［揖東郡の平次郎大夫］治承四年（一一八〇）十二月の平清盛による南都焼き討ち事件に関与し、仏罰による高熱で死んだ播磨国福井荘（姫路市）の「下司次郎大夫俊方」（延慶本『平家物語』巻五）がいる。この縁者か。

［赤穂郡の矢野馬太郎］「海老名文書」矢野荘別名下司職相伝次第に「矢野右馬允盛景」とその弟「矢野馬次郎盛重」が見える。同弘安五年（一二八二）十一月二十五日関東下知状案によれば、盛重は文治二年（一一八六）当時、矢野荘別名（相生市）の下司であったという。馬太郎は右馬允盛景の家系になろうか。

［赤穂郡の常光］「東寺百合文書」承元四年（一二一〇）九月十一日北条義時書状案に「矢野定《ママ》主常光」が見える。注進状の前年にあたる。同一人物とみてよい。

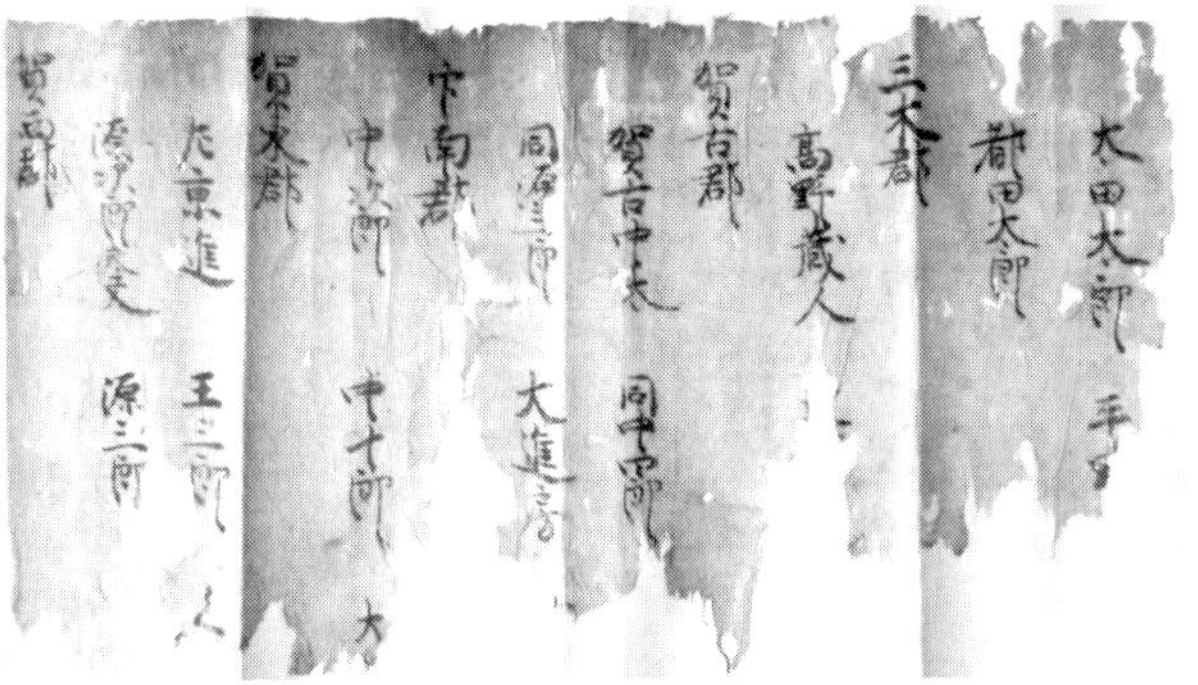

建暦元年 播磨国守護・庁直連署注進状（第一紙）

おわりに

先行研究の恩恵を受け、系譜史料を活用して建暦元年播磨国守護・庁直連署注進状を解き明かしてみた。庁直検断組織の裾野が垣間見られたのではないかと思う。庁直指揮下の武士は、城を構える国内各地の有力者である。

広峯氏の系図に記された「廣瀬城」は宍粟郡広瀬城であった。城主広瀬氏は桑原氏庶流であり、桑原氏は少なくとも平安期まで遡る、いわゆる「富豪の輩」

が在庁官人に登用された氏族の好例といえる。飾西氏は平安期に京都から播磨へ下向して在庁官人となった惟宗氏であった。ほかの者もおおむね両氏の例に当てはまるのではないかと思われる。注進状に記された武士は、各郡内の地名を名乗る者が多い。権守・大夫・押領使という明らかに在庁官人であることを示す者もいる。彼らは関東武者ではなさそうである。平安末期の播磨武士の多くは、源平合戦において平家に与して鎌倉期まで生き残ることができなかったと考えられていた。この通説を根底から覆すことになりそうである。

ここには、守護→御家人（多くは外来の地頭）の命令系統だけでなく、守護・庁直→国人武士という、鎌倉幕府による別途の検断ルートの存在を具体的に示している。播磨庁直の国内での自由な検断活動は中原氏が在庁官人と御家人身分を兼帯していることが一因と考えられるが、その指揮下の武士も御家人であった。

なお、守護後藤基清の手許にも同様の注進状副本が残されていたと思われる。後鳥羽上皇と基清がこれだけの武装勢力を看過するとは考えがたい。注進状は京方武士の動員にも利用されたに違いない。承久の乱は、飾西氏だけでなく、庁直中原氏にも少なからず悪影響を及ぼしたもようである。(14)

註

（1）「広峯文書」承久四年二月八日六波羅下知状写。同正中元年十二月二十一日関東下知状写。
（2）石井進「鎌倉幕府と律令制度地方行政機関との関係」（『史学雑誌』第六六編第一一号、一九五七年。のちに論集日本歴史４『鎌倉政権』、有精堂、一九七六年に収録）。岸田裕之「守護赤松氏の播磨国支配の発展と国衙（一）」（『史学研究』一〇五、一九六八年。のちに『大名領国の構成的展開』、吉川弘文館、一九八三年に収録）。東郷松郎「播磨国の国衙をめぐる諸問題」（柴田實先生古稀記念会編『日本文化史論叢』、柴田實先生古稀記念会、一九七六年）。秋山哲雄「鎌倉期播磨国の守護・国衙・悪党」（兵庫大学附属研究所『所報』七、二〇〇三年）。小林仁水「播磨国庁直職とその相伝関係―中原氏と英保氏を中心として―」（『歴史と神戸』第

四三巻第五号、通巻第二四六号、二〇〇四年）。
（3）依藤保「紀伊「辻文書」について―播磨国庁直中原英保氏文書の紹介―」（宍粟市歴史資料館『播磨国宍粟郡広瀬宇野氏の史料と研究』、二〇一四年）。
（4）小林基伸「播磨国の開発領主に関する一考察―同国揖東郡の桑原氏をめぐって―」（兵庫県立歴史博物館紀要『塵界』創刊号、一九八七年）。
（5）『平安遺文』題跋一四七五ほか。
（6）（7）「春日神社文書」建長五年八月三日法隆寺牒。
（8）「東寺百合文書」嘉慶三年二月十三日矢野荘学衆方年貢等散用状。『建内記』嘉吉元年十月二十八日条。
（9）田中稔「承久京方武士の一考察―乱後の新補地頭補任地を中心に―」（『史学雑誌』第六五編第四号、一九五六年。のちに『鎌倉幕府御家人制度の研究』、吉川弘文館、一九九一年に収録）。
（10）前田徹「「飾西系図」―東京大学史料編纂所影写本より―」（兵庫県立歴史博物館紀要『塵界』第二〇号、二〇〇九年）。
（11）「正明寺文書」建長元年八月日播磨国留守所符案には惟宗姓の在庁官人三名が確認できる。
（12）「醍醐寺文書」文和四年二月十九日得平景宗地頭職寄進状案。同永享二年二月日宝蔵寺住持衆董申状案。
（13）「広峯文書」正中元年十二月二十一日関東下知状写。西国武士は下文を帯びずとも守護が認めれば御家人である。
（14）「広峯文書」承久四年二月八日六波羅下知状写。同貞応二年三月日守護小山朝政所職補任状写。

Ⅱ　考古学から見た兵庫県の城郭

山上雅弘

はじめに

本稿では、兵庫県の考古学研究・調査について、県下の調査・研究史と特徴的な話題を紹介し、考古学における城館研究の展望について考えてみたい。

さて、現在の県下の城館を総攬すると、そのほとんどが戦国時代後半以降のもので占められ、戦国時代初期以前の遺構はごく少数に留まることに気づかされる。これに合わせて（これは全国的な傾向でもあるが）、研究についても戦国時代後半～織豊期に偏る傾向がみられる。一見、各時代の城郭が活発に研究されていると思ってしまいがちだが、実は現在の城館研究は戦国時代後半～織豊期に集中しており、それ以前については忘れられた存在といっていい。今後を展望するなら、城館研究は時代を通した通史的な視点に目を向ける必要があることは喫緊の課題であろう。

また、兵庫県は近畿地方の西端に位置し、地勢的には畿内（摂津）およびその西外縁を占める。このため、畿内との繋がりが強く、様々な意味で政治的・経済的・文化的な影響を受け、あるいは巻き込まれてきた。これは、城郭構造の変遷についても同様といえる。そのことは一義的には軍事的な動向が大きく関わるが、一方で近畿地方からの技術的影響についても、重視しなければならない位置にある。

以上から、本稿では後半において、①南北朝時代の城郭構造と②近畿地方の技術的な影響力と兵庫県下の城館について話題となる成果を紹介して、今後の展望を考えてみたい。

一、調査研究史を振り返る

本論に入る前に、まずは調査研究史について簡単に触れておきたい。兵庫県における城館の発掘調査は昭和四十八年（一九七三）の加茂遺跡（姫路市。秋枝芳・山本博利一九八一）・伝衣笠山のろし台跡（豊岡市。豊岡市教委一九七五）の調査が早い時期のもので、恒常的な城館調査が始まるのは昭和五十年代前半となる。この頃、釜屋城跡（三田市。兵庫県教委一九八三）・福西城跡（香美町。村岡町教委一九七八）などの山城の調査や、御着城跡（姫路市。秋枝芳・山本博利一九七五）、有岡城跡（伊丹市。伊丹城跡調査団編一九七六～一九七九）などの拠点城郭の調査が行われ、それぞれ成果を上げている。

この中で、福西城跡・釜屋城跡の調査は初期の調査として特筆される。両城では斜面（切岸）も含めて城跡の全域が対象とされ、釜屋城跡では郭周囲の土塁の構築過程について横断面の観察を行うなど、この時期の調査としては画期的なものであった。また、兵庫県では初期の例外を除くと、調査対象区を部分的なトレンチ調査で終えた事例は少なく、大半で全面的な調査が行われている。これには、昭和五十年代初頭から始まった大規模調査の拡大によって、遺跡には空間が存在し、それを全面的に調査することで遺跡本来の構造が明らかにできるという経験が、調査員に早くから浸透したことが大きい。

一方、拠点城郭である御着城跡（姫路市）や有岡城跡（伊丹市）では郭内部が調査され、掘立柱建物や礎石建物などの建物群や井戸・方形石組土坑・石組溝などの諸施設が検出されるとともに、多くの陶磁器が出土した。これらの施設や遺物の出土によって、拠点城郭が地域の拠点として本格的な内容を有するとともに、初めて戦国時代遺跡の詳細を確認することができた

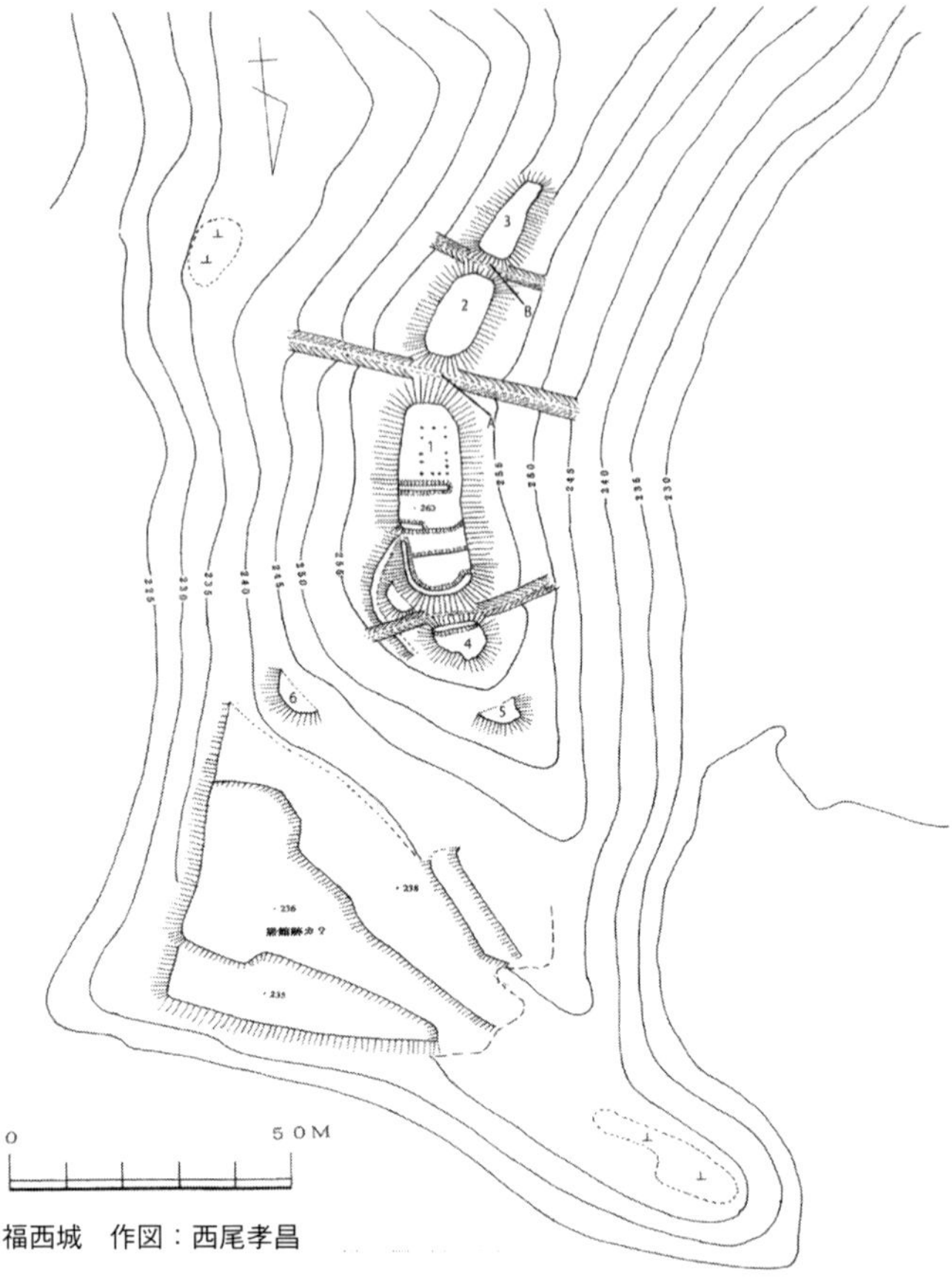

福西城　作図：西尾孝昌

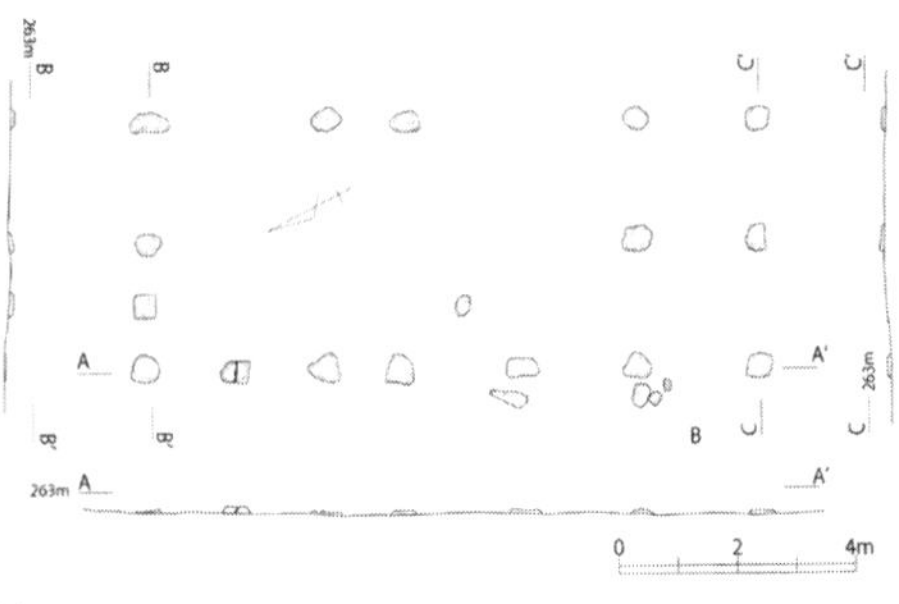

図１　福西城

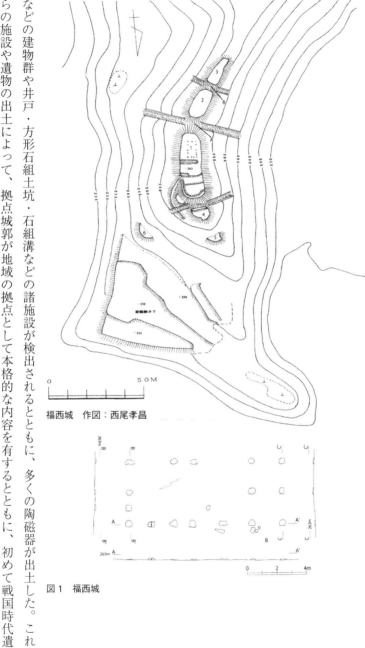

昭和五十年代後半になると、福田片岡遺跡（たつの市。岡崎正雄ほか一九九一）の調査が行われ、中世の宿の内部から中世居館が出現する事例が報告され、居館が地域社会の中で町や集落と相対的な関係を保ちながら存在することを提示した。

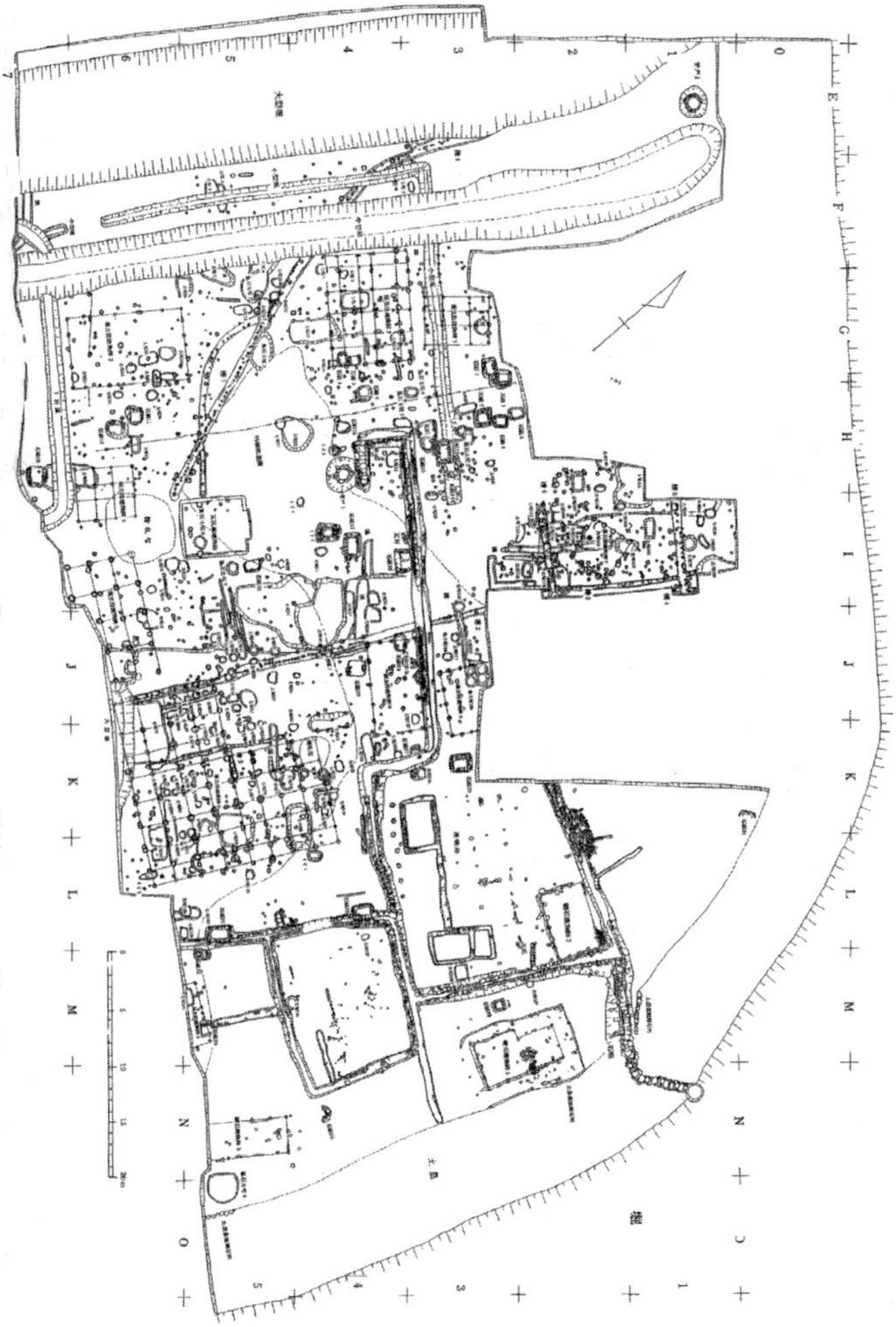

図２　御着城発掘調査遺構図

さらに、姫路城跡をはじめとする近世城郭城下町の発掘調査もこの頃から始まっている、県下では、姫路城での調査が本格的で早いものであろう。このうち、本町遺跡の調査では近世初頭の成果を得ることができ、当該時期の土器組成を明らかにするなど、城下町の考古学的調査に大きな前進をみた。

さらに昭和五十年代

後半以降、明石城跡・赤穂城跡・鹿沢城跡（山崎城跡）・篠山城跡など、各地の近世城郭・城下町の調査が進展した。平成（一九九〇年代）に入ると、縄張り研究による虎口などの遺構編年の確立もあって、城館遺構の発掘調査および研究は遺構論について研究が進展した。

以上のとおりであるが、発掘調査の内容に関してみると、兵庫県の城館発掘調査は近畿府県の中では比較的丁寧に行われてきた。それは、本来の考古学の手法や大規模調査で培った遺跡調査の基本に則ったものであったことが大きく関係している。この点において、兵庫県では考古学の調査に関する基本姿勢の特性がうまく作用したといえる。この伝統は継承すべきであるが、考古学の遺構論研究は縄張り研究の成果を活用することのみで完結しないことも認識しておく必要がある。城跡が同時代社会の中で独自の閉鎖されたものならば話は別だが、発掘調査によって明らかになってきた城郭の構成要素は、明らかに同時代の寺院・町や集落などの構成要素と共通している。したがって、城郭研究において相互に関心を持つべき分野は多岐にわたるべきである。具体的には土木・建築学的な視点や、社会・文化的な視点などいくつかの複合的な要素への目配りは、合理的な判断を行ううえで不可避となる。

また、兵庫県では近世城郭・城下町の調査については平成十年代までに個別には調査が大きく前進し、これらの遺跡・遺構が考古学の世界の中で市民権を得た。しかし、今現在の研究についてみると、県単位で全体を見通し、相互に議論する機運は乏しい。これには遺跡の持つ特性の部分と、現実の調査によって明らかになっている部分の両者があるが、その実態を明らかにするには城館・城下町・集落の相互の議論を強化する必要がある時期に来ている。

二、吉田住吉山城の発見

近年、南北朝期から室町時代の城郭について、吉田住吉山城跡（三木市）の発掘調査が注目された（池田征弘ほか二〇一一）。平成十五年に発掘調査が行われたこの城は、当初、三木城跡を攻めた（天正六〜八年〈一五七八〜八〇〉）付城の一つと見られていたが、そこから出土した遺物のほとんどは十四世紀代に納まり、時期的な混在性も乏しいものであったことから、南北朝時代のものであることが判明した。また、遺物から城跡が長期にわたって使用されていないことも確認された。そのうえ、東側の丘陵中腹の横堀から出土した〝硯〟には、「嘉暦二年（一三二七）明石郡性海寺福智院光王九郎」の銘が刻まれていた。これらの事から、この城は守護赤松氏が南朝方の拠点であった丹生山城を討伐するため（建武三年十月〜暦応三年〈一三三六〜一三四〇〉）の軍陣、「志染軍陣」（暦応二年七月十三日付島津忠兼軍忠状）に比定された。

城跡は主郭周囲を多重の横堀で囲郭するが、主郭北西隅には突出部が見られ、横矢構造をもつことが確認された。一方、立地は谷を塞いで蛇行する美嚢川の南端を押さえる場所にあたり、対陣する丹生山城跡への防御線の要の位置を押さえる（山上雅弘二〇一五b）。このように、横矢構造とともに大規模な造成を行い、城域全体を囲む防御線を構築するなど、本格的な築城を行うのがこの城の特徴である。その規模や構造は、従来の認識からみると西日本では突出するもので、これまでの南北朝時代の粗塞構造とは隔絶したものであった。

つまり、山麓の平坦地や蛇行して流れる志染川を防衛線に見立てた大規模な構造は平安時代末期の阿津加志山防塁（福島県国見町）や鎌倉末期の元寇の防塁（福岡市）などの築城思想に通じる国家的なものである。このように、吉田住吉山城の調査は南北朝時代の城郭を考える上で新たな問題を提起した。この時代の遺構は、千早赤阪城（大阪府千早赤阪村）でいわれるように粗塞構造と広域城塞群が特徴とされてきたが、本格的な築城構造と大規模な防御線思想の遺構は想定されていない。ところが、吉田住吉山城の成果によって、この時期の築城では権力上層が築

図３　吉田住吉山城

城主体となる場合、軍事的に本格的な思想が発動される可能性を示唆したのである。

新たな素材が提供されることは考古学にしばしば起こるが、吉田住吉山城の成果は研究上、未解明な点が多い南北朝時代の遺構に対して、具体的な素材として貴重である。例外的な事例ではあるが、戦国時代以前の城郭構造論について一石を投じるものとして、今後は素材を利用した議論に期待がもたれる。その諸要素や時期などについて建設的な議論が望まれる。

三、石積・礎石・瓦の浸透する兵庫

発掘調査の成果から見えてきた兵庫県南部（播磨・摂津）の特徴として、他地域に先んじて十六世紀中頃以降に石積・礎石などの石材が城郭内で多用され、インフラ構造が大きく変化する点がある。この動向は畿内の内でも大坂湾岸を中心とする地域において顕著であるが、摂津・播磨においても共通する動向を見せる。ここでは礎石構造の建物、瓦葺の導入、石積遺構の出現という項目別にその動向を確認する。

礎石構造の導入では、拠点城郭の御着城（姫路市）の成果が顕著で、十六世紀中頃を境に変化することが確認されている（秋枝芳一九八一・山上雅弘二〇一〇b）。この城では二の丸の盛土造成が十六世紀中頃に大規模に行われ、以降の建物がおおむね礎石構造であるのに対して、それ以前の大半の建物が掘立柱建物となり、劇的な変化を見せる。同じく摂津の有岡城でも、掘立柱建物から礎石構造に変化することが知られている。三田城（三田市。兵庫県教委一九九九）でも戦国時代後半遺構には礎石構造へと変化が確認されている。さらに、但馬ではあるが此隅山城下町である宮内堀脇遺跡（豊岡市。兵庫県教委二〇〇九）では、十六世紀中頃には礎石構造に変遷することが知られている。

このほか、山城では置塩《おじお》城（姫路市）、中道子《ちゅうどうし》山城（加古川市）や端谷《はしたに》城（神戸市西区）などで少なくとも十六世紀後半にはほとんどの建物が礎石構造になることが確認されている。また、段ノ城（多可町）・感状山《かんじょうさん》城（相生市）などでは十六世紀前半段階で礎石建物が登場しており、早い時期から例外的に礎石構造の建物が城郭に導入されて

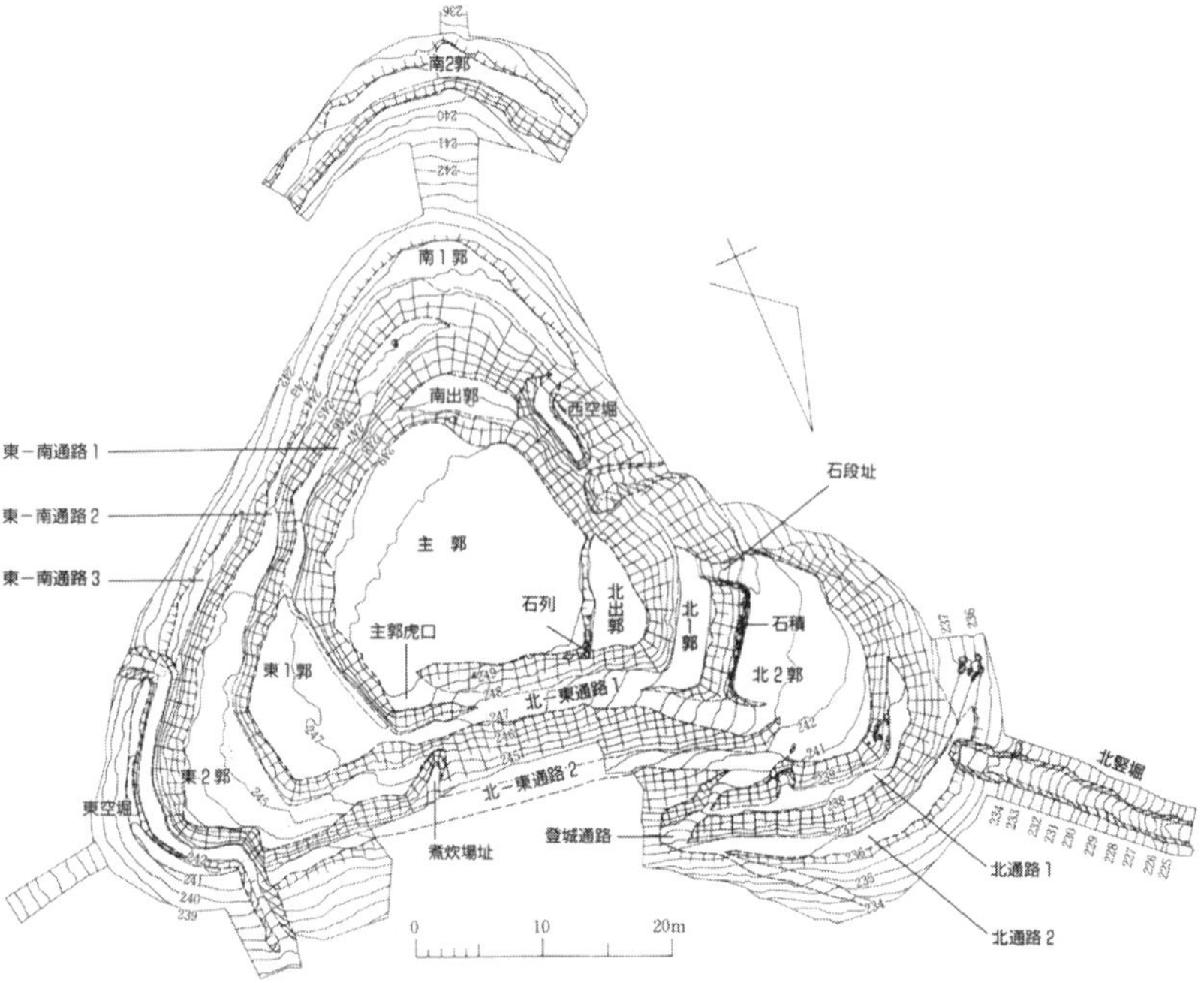

図４　水尾城跡

いる。

その一方、小規模な城郭での礎石構造の変化も特徴的である。水尾城（西脇市）・中尾城（三田市）では、曲輪内部に復元できる建物痕跡が見つからなかった。中尾城では礎石と思われる石材と礎石設置痕跡が検出されたものの、建物の復元はできていない。水尾城ではまったく痕跡が見つからないが、その一方で遺物の出土など生活痕跡は顕著であった。

こういった事例について、多田暢久は恒常的な礎石建物とは違って軽量礎石建物の存在を提起している。軽量礎石建物とは、建物が一定以上の規模をもつものの礎石が小さい建物で、多くの城館で検出されている。そして、この種の建物はプレハブ工法的な方法で建てられ、移動が可能な構造だという。つまり、御殿建築などの重量構造物ではなく、建物構造が軽量で簡易な建物群が広範に存在することを提起したのである（多田暢久二〇〇一）。前記した城郭群の建物と違って、これらは雑舎・番小屋・地域住民の住居などに類するものと推定され、両城の建物は痕跡こそ残さないが、この種のものと考えられる。そして、兵庫県ではこの種の建物についても、中尾城の例でみるなら、十六世紀中ごろにはすでに一般化していることが確認できるのである。

瓦葺建物の登場では、端谷城の出土瓦の検討によって、鶴林寺護摩堂と常行堂の瓦との比較から、永禄六～九年（一五六三～六六）の瓦が本丸の中心櫓とこれと一体に建築された塼列建物に葺かれていることが確認された（黒田恭允二〇一六）。また、置塩城第Ⅱ―1郭の瓦銘では永禄六年（一五六三）ごろまでの瓦が出土している。これらを定点として、播磨では遅くとも永禄年間前半ころには城郭への瓦導入が始まっている。

石積は、感状山城が早い事例だが、中井均（中井均二〇〇二）・乗岡実（乗岡二〇一六）によって兵庫西部の石積導入の動向がまとめられ、基礎的な指摘が行われた。しかし、最近の動向からみると、摂津（兵庫県側）と播磨（近年では淡路・丹波なども含めて）の多くの城郭に多数の石積が確認され始めており、その分布は大阪府側に接続する状況となっている。その上で改めて分布を広域に検討すると、大阪湾岸を核として播磨及び備前東部までの広がりを持つと見たほうが妥当であることがわかる。一方、構築時期を確認すると、感状山城の石積導入が早い事例となるが、置塩城・端谷城などで確認された時期からみると、石積遺構の一般化は十六世紀中ごろ以降とみるのが妥当である。

こういった、大阪湾岸を核とした兵庫の城郭構造の変化を象徴するのが塼列《せんれつ》建物である。この建物は、堺環濠都市遺跡など大阪湾岸の都市遺跡で集中的に検出される。建物の基礎周囲に塼を貼り付けたもので、多くは蔵として利用されている（土山健史一九九一・高屋真理子二〇一〇・山上二〇一〇ａ）。堺環濠都市遺跡では十五世紀後半を初現とし、戦国時代の大阪湾岸および播磨灘沿岸部の都市および城館に広く分布する（續伸一郎二〇一〇）。この遺構

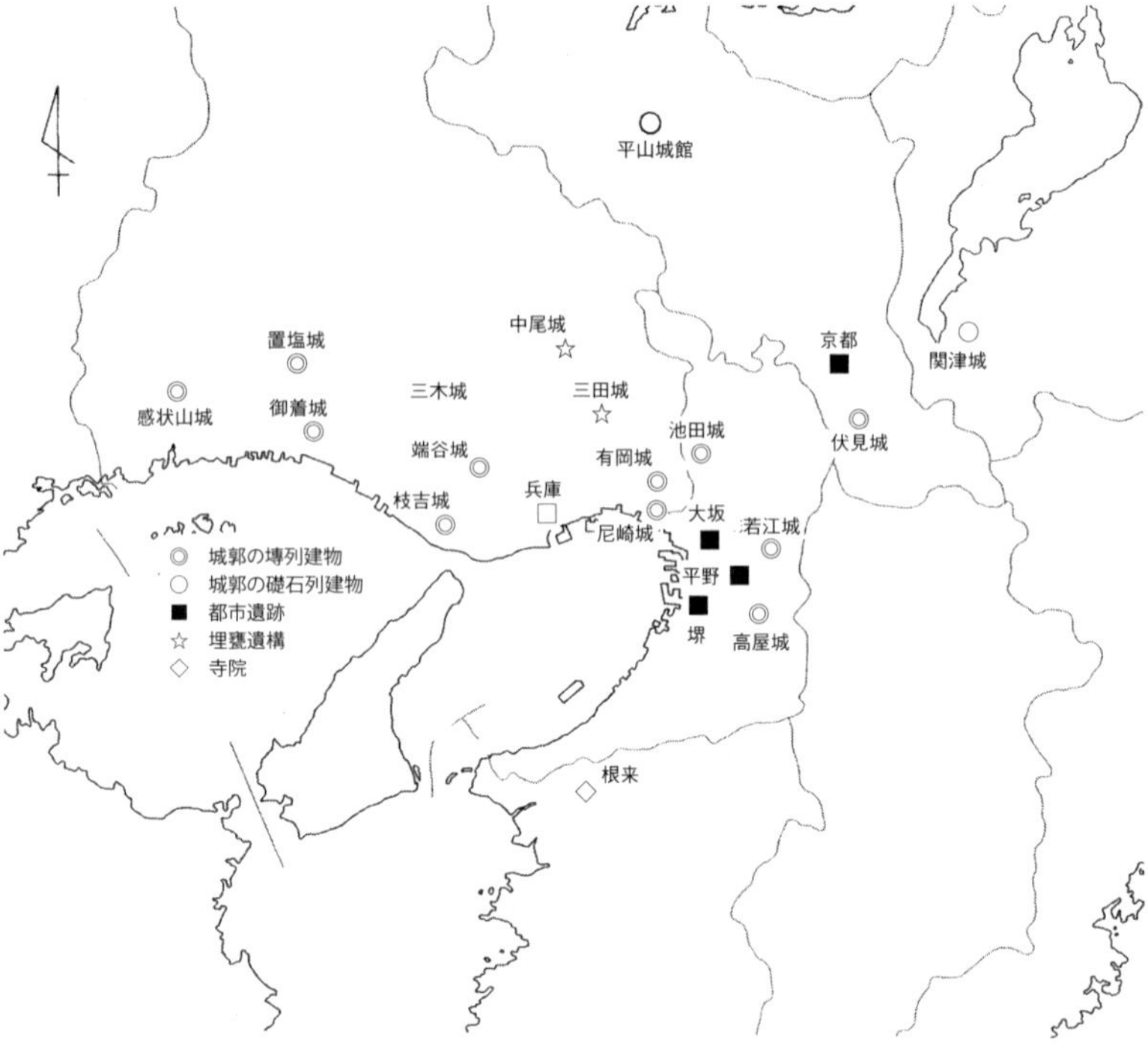

図５　蔵構造建物分布図

は、出現の前後関係から都市遺跡の建築が城館遺構に導入されたものといわれている（山上二〇一〇）。近年では、有岡城跡の城域内及び侍屋敷地区から合計十棟前後が検出されるなど（藤本史子二〇一七）、この種の建物が都市や城郭においてかなり普及したことが知られている。

その分布の西端は感状山城（相生市）に検出例があるほか、宇野構遺跡（宍粟市）でも櫓台と推定される場所から塼の出土が知られており、少なくとも摂津・播磨地方（県域南部）に広がっていたことがわかる。そして、塼列建物は石積や瓦と違ってその技術的な発生が町屋という下層の建物に求められているが、これが城郭という上級権力の建造物に波及した点に特徴がある。また、それはこの時期の兵庫県南部が大阪湾岸と同様の技術的な変遷を遂げていたことを示すものでもあった。

以上の諸要素によって示された点で重要なことは、軍事的な緊張状態の高まりのみが近畿地方の城郭施設の恒常化を可能にしたのではない点である。技術の発展は、むしろ都市域を中心とする広範な建築・土木需要の拡大・恒常化が近畿地方を中心に維持されたことが土台となったのである。そのことによって建築材の流通構造の発展や、技術者の増加が長期にわたって維持されるという、近畿地方特有の社会状況がある点を見逃してはならない。これが急速な技術改変や産業構造の変化の原動力となったのである。

軍事的な緊張状態に対処することを目的とした城郭構造革新への潮流は、この技術的な発展を利用する形で進められた。この筋道が語られなければ、その後に続く織豊系城郭における短期間での技術革新の諸要素を読み誤ることになるだろう。そして、近畿地方のこの基礎技術がなければ、天正期以降の織豊系城郭の変化は、巨大化することはあっても、景観の上で劇的なものではなかった可能性がある。この意味では、戦国時代末期～近世初頭の城郭の変遷は産業構造（土木・建築、さらに社会構造の変化）と軍事面の両面を読み解く必要がある。

おわりに

調査・研究史を振り返り、考古学上の成果から二つの話題を紹介した。最初の話題は南北朝時代における大規模城郭の調査成果であるが、これは西日本でこれまで知られていない遺構である。ただし、確認しておきたいが、出土遺物の時期幅が少なく、遺物量が豊富、出土状況からみて遺物と遺構の共時性が高いこと、さらに年銘資料を共伴することを考えると、吉田住吉山城の成果は土器編年から見ても基準資料となる。したがって、これを一つの定点として、その構造や個々のパーツについての類似性を比較することは、考古学的な手続きとしては基本中の基本となる。一方、古段階の構造研究は戦国時代への変遷過程の初源を確認することでもある。この意味では、その城郭要素の検討は城郭史を見通す貴重な資料であり、現状の遺構論を通時代的な城郭史によって吟味する素材となる。

以上からみると、吉田住吉山城は特殊な遺構ではあるが、今後はこの遺跡を十四世紀社会の中で位置づけてゆく作業が求められるのだろう。そしてこの問題を解決しない限り、近畿地方の十四世紀の城郭史の実像をつかむことはできないのだろう。

一方、後者の話題は戦国時代における摂津・播磨の城館の先進性が畿内（特に大阪湾岸）との影響関係によって生じたもので、これらの地域では建物構造が防御の恒常性を高める上で重要な役割を果たしていた。このことは、同時代の地域性を見る際、都市遺跡などの他の遺跡との比較や城郭の相対的な位置づけを行う上で、今後不可避となることを示したといえる。

以上、発掘調査を通して明らかになった二つの事柄について紹介した。どちらも、軍事的な視点の原理化にはこだわらない視点で見ると、興味深い視点を提供してくれる。このことからは通時代的な視点や、同時代の中での多種の遺構論への目配りによって城館遺構を相対化することこそが、戦国時代後半以降に研究が集中する現状を打破する近道であることを教えてくれる。

ところで、筆者は城館考古学研究の原点は発掘現場にあると思っているが、この意味では現場から得られた成果を通しての考古学本来の議論の高まりが、近年低下しているように思えてならない。発掘現場を既存の研究視点の原理に当てはめるのではなく、現場から研究視点を生み出す議論こそが、今後は必要となると信じている。

【参考文献】

村岡町教委一九七八『福西砦跡　発掘調査現地説明会資料』
豊岡市教委一九七五『伝衣笠山のろし台趾発掘調査報告』
秋枝芳・山本博利一九七五『加茂遺跡』（姫路市教育委員会）
伊丹城跡調査団編一九七六～一九七九『伊丹城跡発掘調査報告書』Ⅰ～Ⅳ
秋枝芳・山本博利一九八一『御着城跡発掘調査概報』（姫路市教育委員会）
兵庫県教委一九八三『北摂ニュータウン内遺跡調査報告書Ⅱ』
山上雅弘一九九〇「戦国時代の山城」（村田修三編『中世城郭研究論集』新人物往来社）
岡崎正雄ほか一九九一『福田片岡遺跡』（兵庫県教育委員会）
岸本一郎ほか一九九二『播磨水尾城の調査と研究』（西脇市教育委員会）
土山健史一九九二「塼列建物について」（『関西近世考古学研究Ⅲ』関西近世考古学研究会）
加古川市教育委員会一九九三「中道子山城跡発掘調査報告書」
多可郡中町教育委員会一九九七『段ノ城遺跡』
兵庫県教委一九九九『三田城跡発掘調査報告書』
多田暢久二〇〇一「織豊期城郭における軽量礎石建物について」（『織豊城郭』第八号、織豊期城郭研究会）
中井　均二〇〇二「Ⅱ．置塩城跡の石垣―播磨・備前地域の戦国期城郭からの検討―」（『置塩城跡総合調査報告書』）
山上雅弘二〇〇二「戦国時代前半の中世城郭の構造と変遷」（村田修三編『新視点 中世城郭研究論集』新人物往来社）
山上雅弘二〇〇六「戦国後期の中規模居館における建物」（『城館史料学』第四号、城館史料学会）
夢前町教委二〇〇六『播磨置塩城跡発掘調査報告書』
兵庫県教委二〇〇九『宮内堀脇遺跡Ⅰ』
山上雅弘二〇一〇ａ「戦国末期における畿内の城郭と蔵構造建物」（小野正敏・五味文彦・萩原三雄編『中世人のたからもの』高志書院）
山上雅弘二〇一〇ｂ「三木城周辺の考古学的成果」（『三木城跡及び付城跡群総合調査報告書』三木市教育委員会）

高屋麻里子二〇一〇「近世土蔵造の成立」（千田嘉博・矢田俊文編『都市と城館の中世』高志書院）
續伸一郎二〇一〇「港湾都市堺における蔵遺構」（千田嘉博・矢田俊文編『都市と城館の中世』高志書院）
池田征弘ほか二〇一一『吉田住吉山遺跡群』（兵庫県教育委員会）
山上雅弘二〇一五「吉田住吉山城跡の調査」（『織豊城郭』第一五号、織豊期城郭研究会）
香美町教委二〇一五『加美町の城郭集成』
黒田泰正二〇一六「端谷城の瓦」『明石の中世Ⅱ―戦国時代の城館―』
乗岡　実二〇一六「兵庫・中国地方における織豊系の城石垣の成立」（『織豊城郭』第一六号、織豊期城郭研究会）
藤本史子二〇一七「伊丹城（有岡城）跡主郭部調査の再検討」（『地域史研究いたみ』第四六号）

Ⅲ　縄張りから見た兵庫県の城郭

多田暢久

はじめに

『図解 近畿の城郭』ⅠからⅤにおいて、兵庫県では一四八項目の中世城郭が取り上げられた。県内には一〇〇〇ヶ所以上の中世城郭の存在が知られているが[1]、縄張りが確認できるのは半数にもみたないので、この点で主要な城郭は網羅されているとみてよい。Ⅰは、二〇〇四年に発行された『近畿中世城郭事典』を二〇一四年に再編集したものであるが、その後、二〇一八年まで毎年発行されており、個別に城郭をとりあげる事典形式とはいえ、城の選択や評価から、県下における最近の縄張り研究の動向を読み取ることは可能であろう。

一、『図解 近畿の城郭』にみる兵庫県の縄張り

項目をみると、織豊勢力に関わるとされた城が約三分の一にあたる四八項目と多い。うち約半数は付城や陣城などの臨時築城で、その多くが、『図解 近畿の城郭』において新たに織豊系城郭ないしその関与した城として見出された。

残りの三分の二は、播磨赤松氏の置塩《おじお》城（姫路市）や白旗城（上郡町）、但馬山名氏の此隅山城（豊岡市）、淡路

細川氏の養宜《やぎ》館（南あわじ市）などの守護拠点や、方形平面を主体とする小規模な縄張りから在地領主の居館と推定された播磨の笹倉城（加西市）や堀井城（小野市）、丹波の大淵館（丹波篠山市）、淡路の湊城（南あわじ市）など。ほかに、播磨の柏尾山城（神河町）や但馬の志馬比《しまひ》城（香美町）、新堂向山城（朝来市）のように畝状空堀群を有する山城などがあり、いわゆる在来勢力（毛利氏など織豊系以外の外来勢力を築城主体として想定するものもあり、必ずしも在地勢力ではない。なお、この在来系という呼称は村田修三氏による）の城である。

ただ、従来はこちらに含まれていた城でも、織豊城郭への読み替えがみられた。土井ノ内城館跡（上郡町）は、一辺約四〇メートルの方形平面から在地勢力の居館とされていたが、[2]織田方と毛利・宇喜多勢力との境目という地理的な状況と南辺のやや複雑化した縄張りから、両勢力の陣城であった可能性が指摘されている。[3]石野館（三木市）についても在地居館とする一方で、立地と櫓台の評価から三木合戦で秀吉方が使用した可能性を示唆する。[4]さらに、道場川原城（神戸市）との類似から「天正年間の在地領主層による築城技術の標準的指標とみてよい」とされていた大原城（三田市）にある、虎口の土塁を前後にずらし、折れて曲輪へ入る通路設定を、[5]山崎敏昭氏は道場川原城を『信長公記』にある「御敵さんだの城」への付城とみたうえで、山口丸山城（西宮市）などとともに織田方の改修と再評価した。[6]

また、在来勢力の城とする場合でも、縄張りに織豊勢力への対抗を読み取り、遺構の時期を下げたものがある。但馬の釣鐘《つりがね》尾《お》城（香美町）について、西尾孝昌氏は様相の異なる南北の縄張りを、『吉川家文書』などの史料とあわせて、織田方との対決のために北城が在地勢力の垣屋氏、南城を毛利方から派遣された吉川勢の普請とした。[7]他に温泉城[8]や高巻城[9]（ともに新温泉町）、楽々前《ささのくま》城[10]（豊岡市）についても対織田の緊張の中で改修されたとしている。

播磨でも明確な虎口を持たず、奥行の狭い小規模な腰曲輪から迎撃するといった駒山城の縄張りを宇喜多勢の特徴とし、新たに八幡山城(11)、(丹波市)や長谷高山城(13)（佐用町）などと合わせて縄張りから織田方への対抗を読みとっている。

つまり、地域で特徴のある技巧的な縄張りを取り上げると、評価が織豊期へ収斂してしまうのである。『図解 近畿の城郭』で織豊系城郭とした再評価された城が、三木合戦のあった三木城周辺や三田城攻めの記録が残る三田地域、織田と宇喜多・毛利方の境目であった赤穂から上郡地域の城に集中したのも、縄張りが地域における中世最終段階の軍事的緊張に結び付けられやすく、結果として多くが織豊期にまで下げられやすいことを示す。

二、織豊系城郭研究と兵庫県の縄張り

関西において、縄張りから織豊系城郭の独自性が注目されるのは一九八〇年代中頃からである。村田修三氏は安土城（滋賀県近江八幡市）の黒金門や能登の七尾城（石川県七尾市）にみられる虎口を「嘴《くちばし》状《じょう》虎口《こぐち》」、また、甲賀の土山城（滋賀県甲賀市）にみられるような正面へ出る馬出を「カニ挟み型」と呼び、永禄期の在来系技術より進化した織田系の縄張りとして注目している(14)。

そのような個別的な型式設定に対し、千田嘉博氏は、それを折れと空間という要素に抽象化することにより、型式的な組列として提示した(15)。これにより、「嘴状虎口」は4A型式、「カニ挟み型」は4B型式となり、織豊系城郭の発展過程の中に位置付けられることになった。ただ、抽象化は遺構を判別する基準をあいまいにする危険性を高めたともいえる。

また、地域からみると一方的に織豊系城郭の技術が導入されたわけではない。福島克彦氏は、織豊系城郭のなか

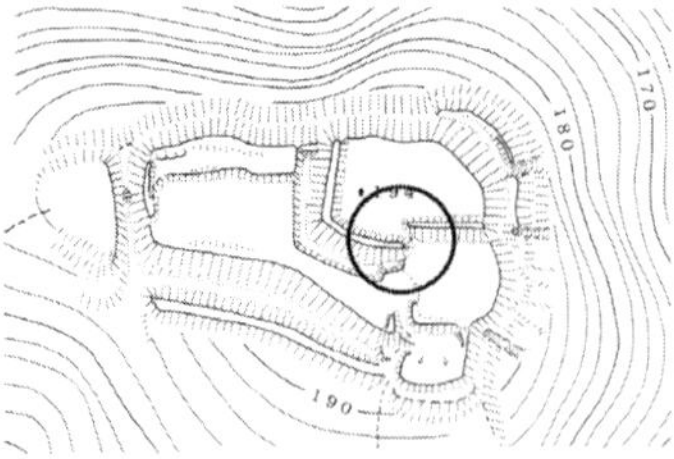

満久城（加西市）（註 20 文献より）

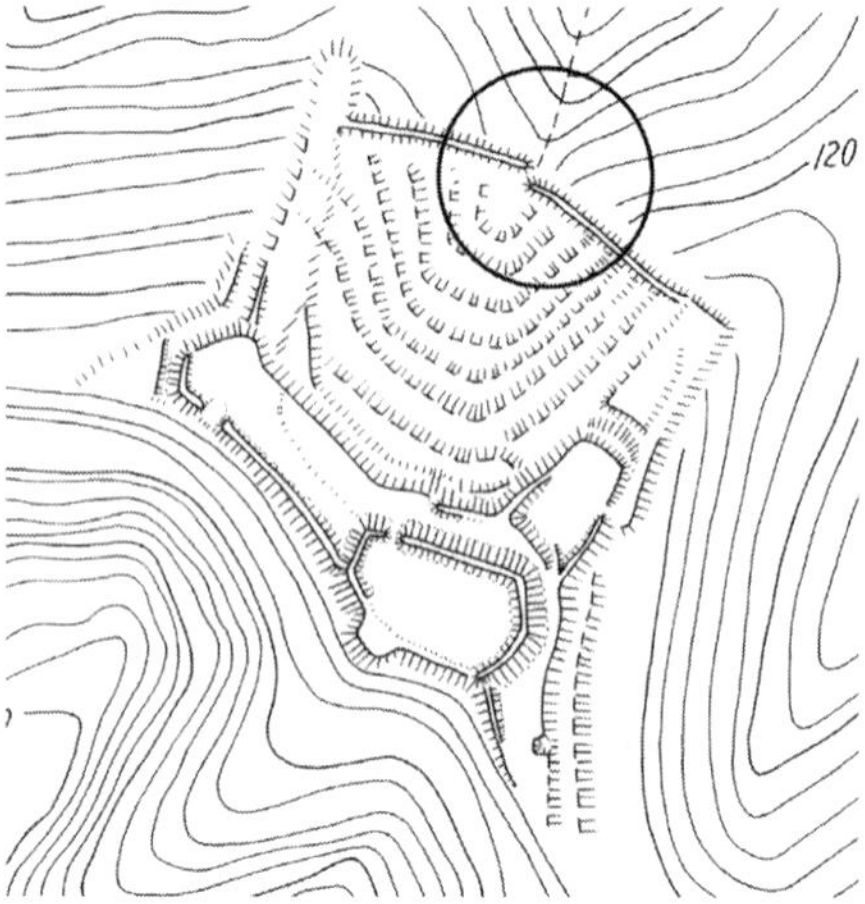

君ヶ峰城（三木市）（註 21 文献より）

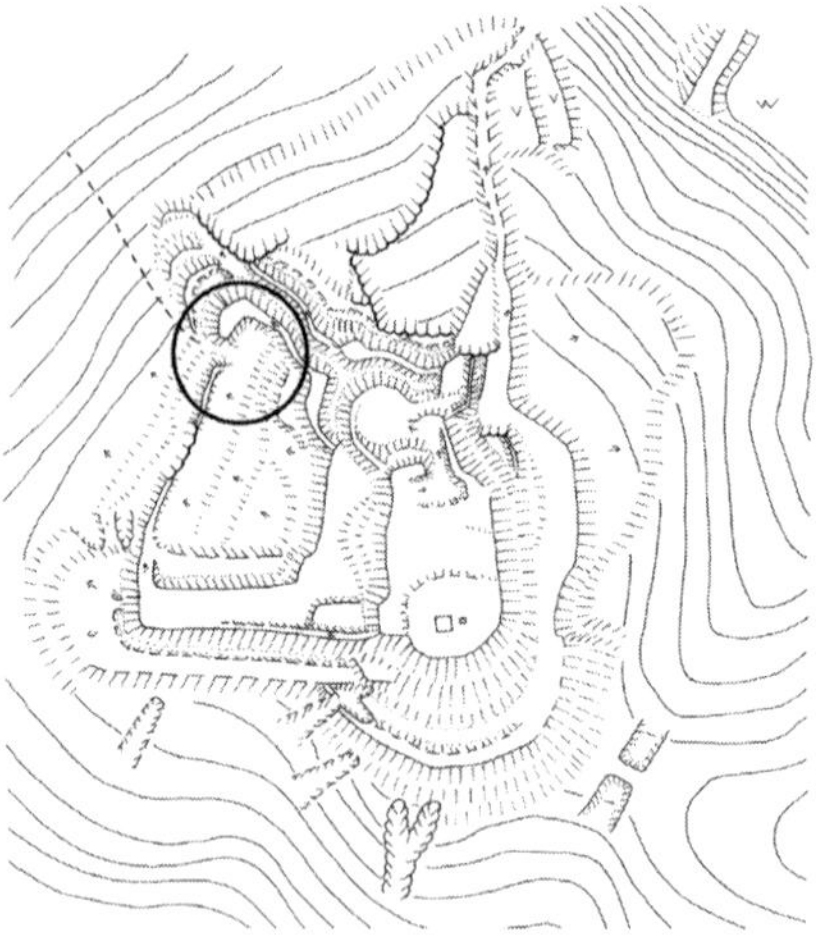

池谷城（神戸市）（註 19 文献より）

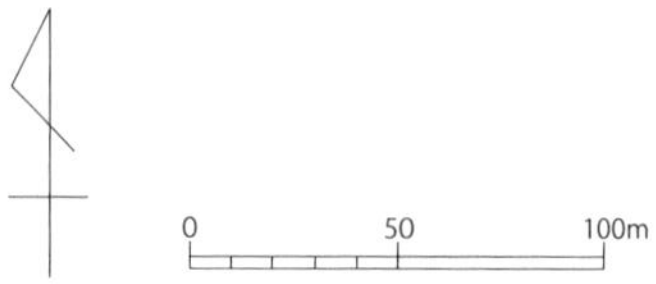

図１　播磨における織豊縄張り

でも本流と傍流のズレがあり、拠点的な城郭に対して支城や陣城においては、一段階古い縄張り型式が使われたり、横堀や竪堀などで築城主体や地域ごとで独自の発達がある可能性を丹波の事例をもとに示した[16]。

これらの成果を受け、一九九〇年代に地域ごとに従来の評価から織豊系への城郭の読み替えがすすむ。但馬では、西尾孝昌氏が、若水城や法道寺城（ともに朝来市）など土塁と横堀を巡らし、それらで防御された虎口や櫓台を有する一見、普通な縄張りの城に織豊勢力築城の技術を見出していった[17]。播磨でも、地誌の記述のみであった三木合戦の付城の遺構が次々と発見されるとともに[18]、当時、確認されていた喰い違い虎口が君ヶ峰城（三木市）

や池谷城[19]（神戸市）など三木城攻めやそれに関連する付城に限定されていたことから、喰い違い虎口が織豊系として導入されたとする説も出された（図1）。そのなかで、在地土豪である内藤氏の城とされてきた満久城[20]（加西市）も織豊勢力の築城とされた。[21]

さらに、技術を受容する在来勢力側の主体性をみるならば、在来の縄張りの指標とされていた畝状空堀群も織豊系城郭との関係が問題とされた。黒井城攻めの付城である朝日城（丹波市）にある畝状空堀群については、まだ在地勢力の荻野氏段階のものとされているが、[22]八上城攻めに築かれた大上西ノ山城（丹波篠山市）では、横矢の掛かる主郭の張り出しとの連携から畝状空堀群も織豊勢力によるものとする。[23]また、播磨でも備前との境目地域において、大聖寺城（上郡町）にみられる畝状空堀群を、織田方に下った宇喜多氏による技術とする見解が示された。[24]

そのなかから、段垣内構居（多可町）のように横矢技術を使用しながらも中途半端な曲輪配置を、別所重棟が「織田の築城術を学んだものの十分に消化しきれず」としたり、[25]鴾《つき》ケ《が》堂《どう》城や鍋子城（ともに赤穂市）などで、多重堀切や櫓台などと虎口との組み合わせまでを、織田方となった播磨国衆の築城とする評価も出てくる。[26]

このように、一九八〇年代後半の動向を受け、九〇年代以降になると、新たな織豊城郭の発見が流行となった。ただ、縄張りからの判別基準はむしろ拡散してしまったといえる。

三、在来系技術と兵庫県の縄張り

一方で、『図解 近畿の城郭』では、技巧的であったり地域で突出した縄張りを織豊系に引き下げることへの疑念も呈されていた。但馬では土塁囲みの曲輪や虎口、横堀などから織豊勢力の築城とされていた長板城[27]（香美町）や浅間城[28]（養父市）について、周辺の城との類似から、その評価に疑問が出されている。また、『図解 近畿の城郭』Ⅱで、松岡進氏は中道子山城（加古川市）を「虎口を曲輪の奥に開口して、上段の塁線から迎撃しつづける長い導線を設定する事例が多く、射撃兵器の効率的利用を意図して塁線を曲げる工夫とは、異なる発想である」とし、「近畿地方の在地の築城と織豊系城郭の関係を考える上で、見逃せない」と、織豊系城郭とは異なる在来勢力による独自の縄張り技術へ注目を促していた。[29]さらに、龍野城（たつの市）では、山上と山麓を結ぶ東側の竪堀を織豊系とする意見[30]に対し、その上にある「土塁囲みの小郭」と連携した遺構として、在来技術と評価しなおしている。[31]

「土塁囲みの小郭」は、山陽地方の戦国期城郭において広範に見られ、織豊系城郭以前における築城技術として注目されてきている。[32]『図解 近畿の城郭』でも、播磨では恒屋城[33]（姫路市）や乙城[34]（たつの市）、三草山城[35]（加東市）の事例が報告されている。特に三草山城で、その前面の斜面を区画する竪堀は、龍野城のものと通じるものといえよう。さらに、丹波の長谷山城[36]（丹波市）や梶間山城[37]（岡山県津山市）で、前面が畝状空堀群となるのは、その発展形（もしくは退化）と評価できるのかもしれない。

そうなると、大聖寺山城の畝状空堀群の上にある短い横堀上の空間も同じように考えることができ、「土塁囲みの小郭」として、畝状空堀群とともに再び織豊系以前と評価することになるかもしれない。時期や築城主体、戦術など「土塁囲みの小郭」がどのような条件において使用されるのかはまだ明確でないので断言できないが、このような在来系の技術の位置づけが、何でもありになりかけているようにみえる、織豊系城郭の再検討のために重要であろう。

おわりに

大名系城郭論批判が猛威をふるう東国と比較して、兵庫県下の縄張り研究が二十世紀末に展開した「織豊城郭探し」の影響をいまだに残すことは否定できない。新発見も増え、個別の具体的な事例の説明はそれなりにもっともらしいが、どのような縄張りであれば織豊勢力が関わったといえるのか、指標としては少しも明確になっていない。

単独の縄張りからはとても織豊系城郭には見えない土塁囲みの小城郭を、山下晃誉氏は分布状況とあわせて検討することで、上月城合戦に伴い織田方が美作街道を押さえるために築いた陣城であった蓋然性を指摘した。このように、単独の縄張りをこえて地域的な傾向の中で総合的にみていく方法論をみがいていく必要があろう[38]。

千田氏による織豊系城郭縄張りの体系化は、いわゆる武田系丸馬出や後北条系角馬出などの指標のなかった近畿において、初めての統一なモデルとして縄張り研究者に受け入れられた。さらに、福島氏により典型的な織豊系縄張りだけでなく、織田方となった在地勢力による変則的な縄張りにまで眼が向けられたのは、視点の深化として評価できる。しかし、本来は在来勢力側の主体性を示すための視点であったものが、結果として、やや技巧的や独特の縄張りであれば、歴史的環境などと合せて織豊系に従属して評価するという風潮を生み出したのは皮肉であろう。

縄張り研究は一種の型式学なので、技巧的なものを最終段階に持ってきたり、臨時的な機能が推定される遺構を地域における軍事的緊張に位置付けることは、仮説として不当とはいえない。しかし、それは在来系の縄張りについての見通しとの比較のなかで位置付けられる必要があり、それがあいまいなままだと、地域の城のほとんどを織豊城郭としてしまうことにもなりかねない。この点は、逆の意味で大名系城郭批判[39]にも含まれる問題といえよう。

縄張り研究の画期となった「城跡調査と戦国史研究[40]」で、村田氏は「今日のすぐれた城郭研究の成果は、戦国大名の大規模な城郭の調査から始まっている」としながらも、大和においては「最も地域に密着した小城郭から考察する途を選ばざるをえなかった」とする。しかし、その中から、地域における全体像の見通しがたてられたことを忘れてはならない。特殊で優れた縄張りを織豊系城郭へ一足飛びに結びつけるのではなく、兵庫県における縄張り研究でも地域の中でそれをいかに考えるのかが今後重要になろう。

註

（1）兵庫県教育委員会『兵庫県の中世城館・荘園遺跡』（兵庫県教育委員会、一九八二年）では、摂津一七七、丹波一一九、播磨五二二、但馬二二四、淡路一〇一ヶ所の合計一一四三の城郭が報告されている。それ以前の『日本城郭大系一二』（新人物往来社、一九八一年）においても、九一二城が立項されている。
（2）荻能幸「船坂・土井ノ内遺跡」（『上郡町史』第三巻、上郡町、一九九九年）。
（3）荻能幸「土井ノ内城館跡」（中井均監修・城郭談話会編『図解 近畿の城郭』Ⅰ、戎光祥出版、二〇一四年）。
（4）宮田逸民「石野館」（中井均監修・城郭談話会編『図解 近畿の城郭』Ⅴ、戎光祥出版、二〇一八年）。
（5）三宅勝「大原城」（中井均監修・城郭談話会編『図解 近畿の城郭』Ⅲ、戎光祥出版、二〇一六年）、多田暢久「三田盆地の中世城館」（『文化財学論集』文化財学論集刊行会、一九九四年）。
（6）山崎敏昭「道場川原城」（中井均監修・城郭談話会編『図解 近畿の城郭』Ⅴ、戎光祥出版、二〇一八年）。
（7）西尾孝昌「釣鐘尾城」（中井均監修・城郭談話会編『図解 近畿の城郭』Ⅲ、戎光祥出版、二〇一六年）。
（8）角田 誠「温泉城」（中井均監修・城郭談話会編『図解 近畿の城郭』Ⅰ、戎光祥出版、二〇一四年）。
（9）西尾孝昌「高巻城」（中井均監修・城郭談話会編『図解 近畿の城郭』Ⅳ、戎光祥出版、二〇一七年）。
（10）西尾孝昌「楽々前城」（中井均監修・城郭談話会編『図解 近畿の城郭』Ⅴ、戎光祥出版、二〇一八年）。
（11）荻能幸「駒山城」（中井均監修・城郭談話会編『図解 近畿の城郭』Ⅱ、戎光祥出版、二〇一五年）。

(12) 荻能幸「八幡山城」(中井均監修・城郭談話会編『図解 近畿の城郭』Ⅲ、戎光祥出版、二〇一六年)。
(13) 荻能幸「長谷高山城」(中井均監修・城郭談話会編『図解 近畿の城郭』Ⅳ、戎光祥出版、二〇一七年)。
(14) 村田修三「高安山城の遺構について」(『城』一一四、関西城郭研究会、一九八四年)、村田修三「戦国期の城郭」(国立歴史民俗博物館『国立歴史民俗博物館研究報告』第八集、第一法規、一九八五年)。
(15) 千田嘉博「織豊系城郭の構造」(『史林』三四二号、史学研究会、一九八七年)。
(16) 福島克彦「丹波における織豊系城郭」(『中世城郭研究』第二号、中世城郭研究会、一九八八年)。
(17) 西尾孝昌「戦国・織豊期の但馬の城」(『中世城郭研究』第九号、中世城郭研究会、一九九五年)。
(18) 宮田逸民「織田政権と三木城包囲網」(『歴史と神戸』一六九、神戸史学会、一九九一年)。
(19) 多田暢久「池谷城」(中井均監修・城郭談話会編『図解 近畿の城郭』Ⅲ、戎光祥出版、二〇一六年)。
(20) 多田暢久「満久城」(中井均監修・城郭談話会編『図解 近畿の城郭』Ⅰ、戎光祥出版、二〇一四年)。
(21) 奈良大学・考古学研究室『満久谷遺跡』(河内城・満久谷遺跡調査会、奈良大学・考古学研究室、一九八九年)。
(22) 福島克彦「朝日城」(中井均監修・城郭談話会編『図解 近畿の城郭』Ⅰ、戎光祥出版、二〇一四年)。
(23) 高屋茂男「大上西ノ山城」(中井均監修・城郭談話会編『図解 近畿の城郭』Ⅰ、戎光祥出版、二〇一四年)。
(24) 荻能幸「大聖寺城」(中井均監修・城郭談話会編『図解 近畿の城郭』Ⅱ、戎光祥出版、二〇一五年)。
(25) 宮田逸民「段垣内構居」(中井均監修・城郭談話会編『図解 近畿の城郭』Ⅱ、戎光祥出版、二〇一五年)。
(26) 荻能幸「鵜ヶ堂城」「鍋子城」(中井均監修・城郭談話会編『図解 近畿の城郭』Ⅲ、戎光祥出版、二〇一六年)。
(27) 高田徹「長板城」(中井均監修・城郭談話会編『図解 近畿の城郭』Ⅲ、戎光祥出版、二〇一六年)。
(28) 谷 伸「浅間城」(中井均監修・城郭談話会編『図解 近畿の城郭』Ⅳ、戎光祥出版、二〇一七年)。
(29) 松岡進「中道子山城」(中井均監修・城郭談話会編『図解 近畿の城郭』Ⅱ、戎光祥出版、二〇一五年)。
(30) 多田暢久「縄張にみる龍野城の性格」(『龍野城物語』、たつの市歴史文化資料館、二〇一一年)。
(31) 松岡進「龍野城」(中井均監修・城郭談話会編『図解 近畿の城郭』Ⅲ、戎光祥出版、二〇一六年)。
(32) 松岡進『中世城郭の縄張と空間』(吉川弘文館、二〇一五年)。

（33）山下晃誉「恒屋城」（中井均監修・城郭談話会編『図解 近畿の城郭』Ⅱ、戎光祥出版、二〇一五年）。
（34）多田暢久「乙城」（中井均監修・城郭談話会編『図解 近畿の城郭』Ⅴ、戎光祥出版、二〇一八年）。
（35）多田暢久「三草山城」（中井均監修・城郭談話会編『図解 近畿の城郭』Ⅱ、戎光祥出版、二〇一五年）。
（36）周藤匡範「長谷山城」（中井均監修・城郭談話会編『図解 近畿の城郭』Ⅴ、戎光祥出版、二〇一八年）。
（37）前掲註（24）。
（38）山下晃誉「高倉山城」（中井均監修・城郭談話会編『図解 近畿の城郭』Ⅰ、戎光祥出版、二〇一四年）、山下晃誉「佐用郡における土塁を有する城郭について」（『城郭研究室年報』一五、姫路市立城郭研究室、二〇〇六年）。
（39）齋藤慎一「戦国大名城館論覚書」（小野正敏・萩原三雄編『戦国時代の考古学』、高志書院、二〇〇三年）。
（40）村田修三「城跡調査と戦国史研究」（『日本史研究』二一一、日本史研究会、一九八〇年）。

第7部　近畿の城郭をめぐるさまざまな論点

Ⅰ　近畿における戦国期城郭の石積み・石垣

乗岡 実

はじめに

石垣は、礎石建物や瓦とともに織豊系城郭の重要な構成要素であるが[1]、それ以前の城館にもあった[2]。天正四年（一五七六）の安土城築城、ないしは各大名領国域などを念頭においた各地域での織豊系城郭の成立に先行する（＝以下、戦国期）とみられる、石積みや石垣をもつ城郭を暫定的に集計（ごく小区間でも築石を二段以上重ねていればカウント）すると、全国では九〇五城にのぼる。この数字には、いっけん戦国様式でありながら、実際には織豊期ないしそれ以降に営まれた石積み・石垣だけで構成される城も含まれている可能性もある。しかし、織豊系城郭の数に比べると圧倒的に多いことは確実で、粗密をもちながらも全国に普遍的に分布する。なかでも近畿二府五県は[3]、全国の約二十七％を占める二四六城が数えられる[4]（表１・図１）。

近畿は他地方にも増して多様なありかたを示し、地域間・城郭間の偏差も著しい場合がある。発掘調査例は乏しく、発掘しても時期特定や背面構造の確認に至らないことも多く、資料的な制約が大きいが、本稿では地域ごとの状況を整理し、織豊系の城石垣との継続と断絶について考える。

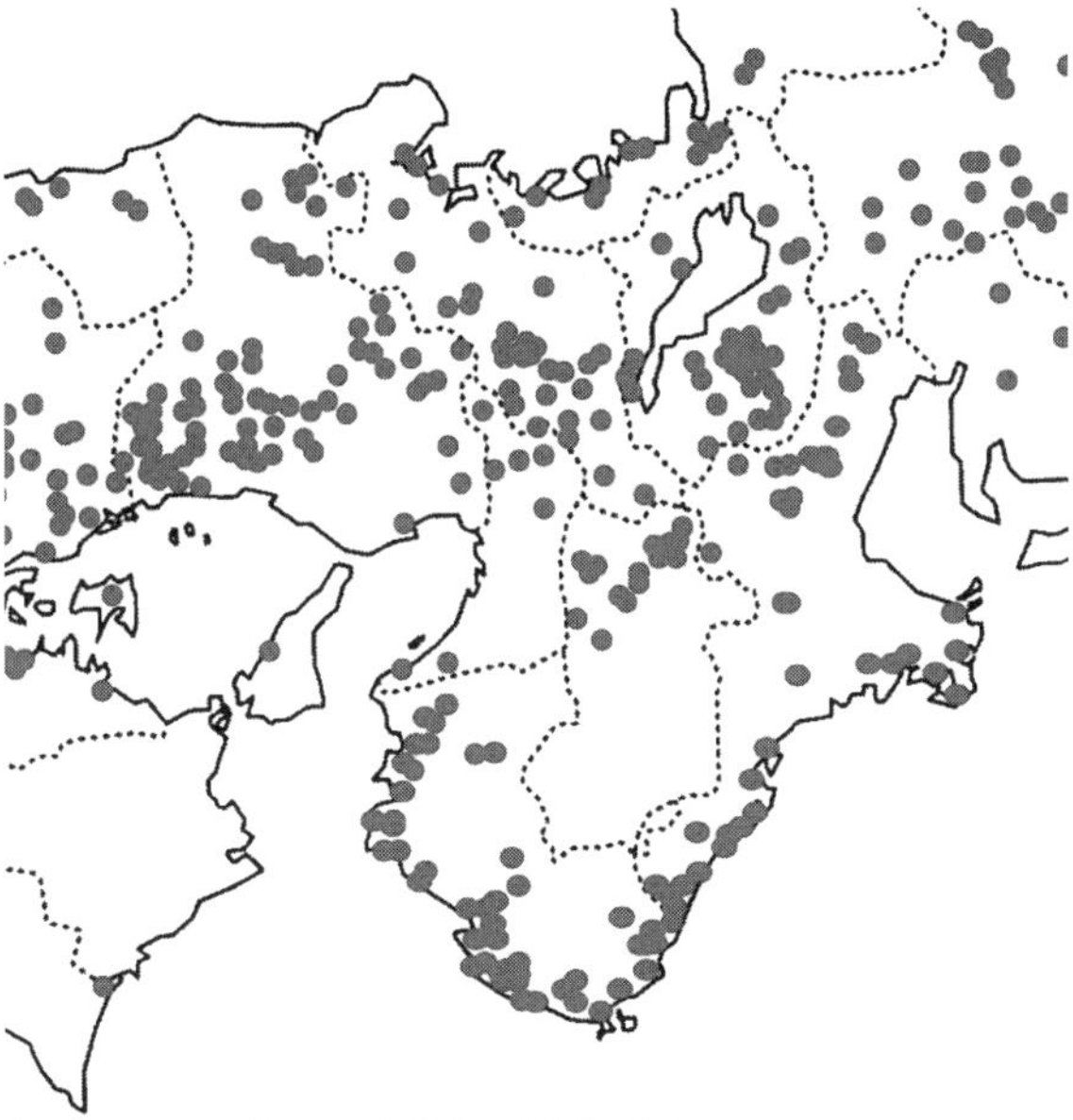

三重	伊勢	16
	伊賀	6
	志摩	4
	紀伊	12
滋賀	近江	32
京都	丹後	3
	丹波	20
	山城	8
大阪	摂津	5
	河内	1
	和泉	2
兵庫	摂津	3
	淡路	1
	但馬	11
	丹波	12
	播磨	46
奈良	大和	16
和歌山	紀伊	48

表１・図１　石積み・石垣をもつ城郭の分布

一、地域的な状況

三重県では三十八城がカウントでき、内訳は伊勢十六・志摩四・紀伊十二・伊賀六である。伊勢では守護系戦国大名であった北畠氏の館[5]（津市）が注目される。敷地（曲輪）を雛壇造成した際の段石垣で、十五世紀前半の構築とみられ、確実に城館に伴う石垣として発掘例中で現状最古である。高さ約三メートルで垂直に立ち上がり、川原石を小口積みにし、裏込石はない。本体前面に低石垣を積んで擁壁とし、見かけは二段となる。いっぽう、背後の詰城である霧山城では石積みは確認できない。鹿伏兎《かぶと》城（亀山市）では城門外方の局所に高さ二メートルあまりで隅角をもたない石垣があり、視覚性をもたせた配置で当地では特異である。志摩では島崎城（鳥羽市）が注目され、最大高一・五メートルの石積みが数十メートル四方の曲輪に廻る。紀伊部では曽根城（尾鷲市）や京《みやこ》城（紀宝町）で主郭の一部の側部に高さ二メートル前後の石垣があるが、他はたいていが局所的に石積みが確認できる程度である。伊賀では田矢伊予守城（伊賀市）で土塁内裾に高さ二メートル前後の石垣が廻るし、福地氏城（伊賀市）でも虎口部に高さ一メートル前後の石積みが残るが、構築時期は織豊期に下る可能性もある。

滋賀県（近江）は三十二城がカウントできるが、十六世紀前半から、多用されるもの、高いもの、堅固な構造のものが顕著である。注目すべきは永禄十一年（一五六八）を下限の目安とする、守護系戦国大名の六角氏関連の湖東・湖南にある城館群で、近江国内での分布集中をなす。本城の観音寺城(6)（近江八幡市・東近江市）では、山麓の館のほか山城部の全域に、城地内外で採れる湖東流紋岩を用いた石垣が累々と築かれている。現存最大高は約七メートルで、明確な隅角をもち、算木積みとなる部分もあり、長辺二メートル近い大石や矢穴痕を残す割石も含んでいる。少なくともその一部は弘治二年（一五五六）に湖東の金剛輪寺（愛荘町）の配下にあった石工が積んだことを示す史料もある。(7)ただし、観音寺城に伴う石垣は山岳寺院に付随して積まれた石垣も交えているらしい。また、同じく戦国大名浅井氏の居城で天正元年（一五七三）年を下限とする小谷城（長浜市）では、主要部の城門脇や曲輪端部に石垣が多用され、高さ三メートルを越えるものもある。佐生城（東近江市）、星ケ崎城（龍王町）、鎌刃城（米原市）などといった両城の支城～与党の城として整備されたとみられる城でも、石垣が多用されるものがある。そのほか信長が元亀元年（一五七一）に森可成に築かせた宇佐山城（大津市）で、織豊系に接近した大石を緩傾斜で積む石垣がある。

写真１　近江・観音寺城の大石垣

京都府では三十一城がカウントでき、内訳は山城八・丹波二十・丹後三である。山城は首都である京を内包するだけあって、高度な技術が投入された石垣の存在が注目される。田辺城[8]（京田辺市）では、主郭部に続く山腹の折れを持つ虎口の通路側部を画する現存高一・五メートル、矢穴を残す割石を少量含む長辺数十センチの花崗岩材を横に積み、ほぼ垂直に立ち上がって裏込石を伴う石垣が検出された。前面埋土の瓦や陶磁器などから十五世紀末から十六世紀初頭に築かれたとみられる。元亀二年（一五七一）に細川藤孝が信長の助力で改修した勝龍寺城[9]（長岡京市）では本丸北門、本丸東北の櫓台となる土塁の内側、本丸南内堀の石垣が発掘された。現存最大高は櫓台基部の三メートルで、そこでは裏込石が分厚く約六十五度の法勾配で積んでいる。南堀石垣の基底では胴木が検出された。永禄十二年（一五六九）に信長が将軍義昭の居城として洛中に築いた旧二条城[10]（京都市上京区）でも、二重の斜面で裏込石と胴木を伴う石垣が検出された。

上：写真２　丹波・数掛山城の石積み
下：写真３　河内・飯盛城の石垣

丹波部では、周山城（京都市右京区）・笑路城（亀岡市）・福知山城（福知山市）などで織豊期に入って間もない石垣が顕著であるが、戦国期では数掛山《かずけやま》城（亀岡市）を典型にごく局所的な土留めの石積みに限られるようである。なお、笑路城では戦国期に遡る石積みも含まれる可能性が強い。丹後ではやはり局所限定であるが、八幡山城（宮津市）が注目される。

大阪府では八城がカウントできる。摂津部では、佐保栗栖山砦[11]（茨木市）で、十五世紀末から十六世紀中葉とみられる石積みが検出された。部位は各断片的で、盛土部に土留めとして積まれたものが主で、最大現存約一・五メートルで、基本的に裏込石がない。山辺城（能勢町）などでも、土留め石積みが散見できる。天文二十二年（一五五三）から永禄三（一五八〇）まで三好長慶の居城となった芥川山城（高槻市）には、谷部の局所限定で高さ二メートル前後の石垣が確認され、視覚性を念頭においた配置とみられる。永禄七年まで長慶の次の居城となった河内の飯盛城（四條畷市・大東市）は一定区間にわたる石垣が多用され、大いに注目される。構築場所は石材供給源となる岩山との接近性がうかがえるいっぽうで、視覚性が加味された配置の可能性が強い。段築された個所もあるが、単体としては高さは三メートル前後までで、腰巻石垣状の個所もあって曲輪の法面全体を覆うものではなく、平面的に直線でなく曲線を描く個所もある。一義的には護岸機能を果たすもので、垂直近くの急傾斜で積まれ、裏込石や間詰石を伴う。

兵庫県では七十三城がカウントでき、うち播磨は四十六城と過半を占める。東・北播磨では、水尾城[12]（西脇市）、小田城[13]（小野市）、中道子山城[14]（加古川市）など、共伴遺物の年代から十六世紀中葉から後半のものが多そうで、曲輪端部の土留め的なもののほか、城門脇に積まれたものや塁線の一部をなすものがある。野間城（多可町）、段ノ城（多可町）なども、多用されていたり、高さ二メートル前後のものを含んでいる。いっぽう、中・西播磨では置塩《おじお》城[15]（姫路市）、白旗城（上郡町）、感状山城[16]（相生市）など石積み・石垣が濃密に築かれた山城があり、そうした状況が十六世紀前半に遡る可能性がうかがえるのが特筆される。稲荷山城（市川町）、柏尾山城（神河町）、楯岩城（太子町）、善坊山城（加西市）なども多用されたり、高めのものを含む。播磨全体として石垣が顕著な城は城地に岩山を含む場合が多く、前提条件が整っていたともいえる。また、多用されるものは雛壇造成された家臣居住区域、あるいは複数の坊院を伴う寺院跡が重複する可能性をもつ大規模山城で目立っており、近江の観音寺城と通じている。

丹波部では織豊期の初期には黒井城、岩尾城（ともに丹波市）など石垣が顕著な城が知られるが、戦国期では局所限定の小規模なものが安口《はだかす》城（丹波篠山市）などで確認できるほか、八上城（丹波篠山市）の石積みの一部は戦国期に遡る可能性がある。但馬では、金蔵寺城（豊岡市）など寺院と一体となった城とみられるものを別にして、顕著なものはなく、たいてい小規模な土留めの類である。摂津部では、天正二年（一五七六）に織田方武将としての荒木村重が築いたとみられる有岡城[17]（伊丹市）の本丸土塁内側石垣は、注目される発掘例である。滝山城（神戸市）

上：写真４　播磨・感状山城の丸い隅角部
中：写真５　播磨・置塩城の垂直石垣
下：写真６　播磨・楯岩城の二段石垣

上：写真７　大和・福定井之市城の石積み
下：写真８　紀伊・安宅勝山城の堀切部石積み

で散見できる石積みも注目される。

奈良県（大和）では、永禄三年（一五六〇）築城の松永久秀の多聞山城（奈良市）で天守や多門櫓が建ち石垣も築かれたと伝わるが、実体不詳である。同じ久秀の居城で天正五年（一五七七）を下限とする信貴山城（平群町）、天正六年を下限とする龍王山城（天理市）でも曲輪側部の一部など限定的に低石垣が残るが、戦国期の大和は全般に石積み・石垣は低調で、椿井城（平群町）、福定井之市城（天理市）でも、ごく局所的な土留めである。

和歌山県（紀伊）では四十八城もカウントできるが、多用されるもの、高いものは少なく、多くが局部限定の曲輪斜面や土塁の内裾などに築かれた土留めである。築城時の地山削平で生じた石の有効利用の結果とみられるものも多い。安宅氏の八幡山城[18]（白浜町）の二の曲輪では、虎口部を含む土塁内裾には現存高約一メートルで、最下段に立石を含み裏込石を伴わない石積みがある。十五世紀後半から十六世紀初頭の陶磁器が共伴する。安宅要害山城（白浜町）にも門脇などに立石が組み込まれるし、安宅勝山城（白浜町）では堀切護岸に高さ数十センチの石積みがある。玉置氏の本城で大規模山城である手取城（日高川町）では多用され、最大高は二メートルほどに達する。鳥屋城（有田川町）、石倉山城（那智勝浦町）、藤倉城（那智勝浦町）、越路城（新宮市）なども局所的とはいえ、一メートルを超える。

二、織豊系城郭に繋がる属性の形成

戦国期の石垣・石積みは、城地内外で採れる自然石を用い、構築部位がこま切れで、高さ二メートル未満、垂直近くに立ち上がるものや、明確な隅角を持たない、裏込石を伴わない、などといった特徴をもつものが全国的に多いが[19]、近畿地方は近江・播磨を中心に、山城・河内のごく一部の強大権力者の居城を加えて、織豊系城郭に繋がる属性を備えた城郭の存在が特筆される。

写真９　近江・観音寺城の矢穴痕

石材について、矢穴を伴う割石材は、十五世紀末以降の山城の田辺城と十六世紀前半以降の近江の六角氏関係の城郭だけで確認できる。寺院では、一四八〇年代の東山殿造営に伴うとみられる慈照寺旧境内[20]（京都市左京区）や十六世紀中頃の摂津の四天王寺旧境内[21]（大阪市天王寺区）で確認でき、田辺城の例はそうした畿内の先進的な技術圏のうちにあることによるのであろう。慈照寺旧境内などの矢穴の形は、同一石のうちでのバラツキが織豊期のものより大きいいっぽうで、断面が箱形に近いのに対し、近江では断面が舟形のものが卓越し古A類[22]とされるものに近似するという違いがあり、技術系統が異なる。また、畿内では早くから連続多穴なものがあるのに対し、近江では観音寺城は一石につき二穴ほどと少なく[23]、小堤城山（野洲市）、三雲城（湖南市）と増加し、単に割る目的から意図する形・

写真１０　播磨・野間城の露岩と石垣

大きさの石材を生み出すための石割に変化していくように思える。なお、戦国期に遡る城郭における矢穴は全国的に稀有で、近畿以西では未確認であり、越前朝倉氏の本拠である一乗谷（福井市）と関東後北条氏の支城である上野の太田金山城（群馬県太田市）などでわずかに確認されているだけである。

一般論とすれば、石積み・石垣の有無や構築量は、城地における石の有無と明らかに相関関係がある。播磨の置塩城・善坊山城・楯岩城・柏尾山城・野間城や紀伊の藤倉城などでは城内に顕著な露岩があり、地点レベルでも石積み・石垣は露岩付近に重心があり、そうした類型を岩山型と呼ぶことにしたい。播磨で最も構築量が多い感状山城も城域全体が岩山といっても過言でないし、観音寺山城も同じである。飯盛山城にしても、石垣が顕著であるのは露岩に近い場所である。

しかし、城地が岩山なら必ず石積み・石垣が構築されているわけでもない。石積み・石垣の有無や量の評価をすべて自然要因に帰すのは誤りで、一定の構造・様式（流儀）・規模をもった石垣をそこに構築するという発想と技術の存在を積極的に評価する視点が求められる。そもそも、戦国期城郭の石積み・石垣が多様なのは、石材として採れる石の種類や節理の特徴などに規定される形・大きさなどに応じた技術、ないしは石垣様式が育まれた結果ではないか。多くの織豊系城郭では、石材をわざわざ城外から遠距離運び込んでも石垣を積んでいるわけで、戦国期でも城外からの石材搬入が行われた城郭の存在が注目される。それは、山城の旧二条城・勝龍寺城、可能性として大和の多聞城（地山石が乏しい）など、全国政権に関わる実力者の居城で、永禄年間という年代であることは注目される。石材中に石造物が大量に含まれ、それが当該期の城郭石垣の特徴になっているのも、そうした城では、搬入石が重きをなすが故のことである。

構造面では、裏込石は、近江、播磨、それに摂津・山城の特定の城では十五世紀末～十六世紀前半といった古い時期からあった。この属性も、一部の寺院の段石垣と共通である。

高さが二メートルを超える石垣は、南近江の六角氏、北近江の浅井氏といった守護系大名の関連城郭群、同じく守護系大名の赤松氏関連の城郭を含む播磨、それに三好長慶の河内の飯盛山城などで卓越するが、伊勢・志摩・紀伊・和泉・大和・丹波・但馬では低調である。なかでも近江の観音寺城・小谷城などが傑出し、続くのが播磨の感状山城などである。この地域差は、大石使用や隅角をもつものの存在と概ね相関するが、角石に長い石を用い、長辺を一段ずつ振り分けるという属性に限れば、分布はほぼ近江に限定される。戦国期の播磨では、隅角はあっても、平面をきちっとした角度にしたり、算木積みにする意識は概して希薄であった。

石垣の安定性を増すため、立ち上がりを垂直でなく一定傾斜に設計・施工する法（矩）勾配は、織豊系城郭の高石垣では普遍化している。戦国期でも一定傾斜に設計・施工され

上：写真11　近江・観音寺城の算木積み
下：写真12　近江・宇佐山城の法勾配

上：写真 13　播磨・中道子山城の門脇立石
下：写真 14　近江・観音寺城平井丸の巨石配置

たとみられるものが、永禄十二年（一五六九）の京の旧二条城、元亀二年（一五七一）の山城の勝龍寺城、同年の近江の宇佐山城など永禄期の城郭で認められる。近江では小谷城山王丸、鎌刃城大石垣、また永禄十一年（一五六八）を下限とする近江の観音寺城・佐生城の各一部でも観察できる。この属性も十五世紀後半の勝持寺跡[24]（京都市西京区）や十六世紀中頃の四天王寺旧境内などの寺院と共通する。なお、法の傾斜は石垣の高さ、基底地盤や背後造成土の堅固さに加えて、受ける重さの程度とも密接に関わっているとみられる。石垣を構築する技術は、石を選び運ぶ技術、石を割ったり加工する技術、石を積む技術だけでなく、地盤造成や盛土を行う技術と常に一体であった。

築石間の間詰石は、石垣の構造的安定にも寄与するが、石垣面を整美に作る意識の現れである。この属性も、観音寺城をはじめ近江では古くからあり、十六世紀後半では芥川山城・飯盛城や置塩城などといった畿内や播磨などの一部の石垣で確認できる。

石積み・石垣中に扁平な立石を組込むものは、中道子山城の門脇、置塩城二の丸や庄山城（姫路市）の谷部・浅瀬山城（佐用町）・善坊山城など播磨や飯盛城の南側門脇などで散見できるし、紀伊の八幡山城・要害山城でも確認できる。ただ、安芸の吉川氏関連の城館のものほどは様式化が進行していない。最も注目されるのはやはり近江で、立石や長辺二メートルを越えるような巨石の門脇への配置が、観音寺城平井丸、小谷城京極丸で確認でき、豪壮な景観をつくりだしている。先の間詰石と合わせて、石垣の意匠に視覚的要素を加味した動きが、近江、播磨を中心に進行しつつあった。

構築場所や機能面では、盛土端の護岸などの枠を超え、高さ二メートル以上を保ちながら曲輪外方を向く塁線を形成するものもある。六角氏の近江・観音寺城の本丸〜池田丸一帯で傑出し、同じ近江の浅井氏の小谷城でも山王丸などで接近性を見せる。また、播磨では感状山城が傑出するが、赤松氏の白旗山城→城山城→置塩城の系列も部分的に実現している。さらに、三好長慶の居城では飯盛城で一気に到達したし、松永久秀の大和の多聞城でも実現していたかもしれない。

永禄年間には、従来にも増して城郭にきちっとした構造の石垣を積むという発想とそのための技術確保が、政権の担い手たちの間で、急激に高まったことを予見させる。近似した動きは、例えば中国地方では、宇喜多氏や毛利氏が豊臣大名化する直前の正年間前半にうねりがあると見通せて、近畿は先行的である。

三、織豊系の城石垣との継続と断絶

近江と播磨、また、山城・河内のごく一部の城郭では、構築量、高さ、矢穴を伴う割石、搬入石材、裏込石、算木積み、法勾配、間詰石、立石組込み、巨石配置の面、視覚効果、塁線形成という面では、織豊系の城石垣に繋がる属性を備えるものがあった。同時に複数の属性を併せ持つ例もあったが、織豊系の城石垣を安土城をモデルに捉

写真 15　近江・安土城の天守台石垣

える と、量的な達成と属性の複合度合において、なお開きがあったと評価できる。安土城の石垣に最も接近したとみられるのは観音寺城の石垣で、目と鼻の先と言う地理的位置、同じ湖東流紋岩を扱うことなども含めて、観音寺城に凝縮した近江の技術体系が安土城に持ち込まれたと考えるのが自然であろう。感状山城や置塩城を代表とする播磨、河内の飯盛山にしても、構築量が多く塁線を形成していたとしても、単体としての石垣高は三メートル余りまでで、隅角の算木積み度は低いのに対し、観音寺城では高さが七メートルに達するし、角石の選択度が高く、一段ごとの長辺の振り分けができている部分もある。ただ、観音寺城では確認されている矢穴を伴う割石が安土城では現状で未確認なことは気懸りで、例えば岐阜城や小牧城といった、前段階における東海の信長の城の石垣構築技術との繋がりの検討などは課題として残る。

いずれにせよ、安土城の石垣は構築技術的には突然変異ではなく、戦国期城郭にみられる石垣の延長線上にあることは明らかである。石垣を五メートル以上にまで高く積む技術、高さ三メートル以下でも両面構築の石塁を造る技術、大石・巨石・立石を組込む技術、大石使用で堅固ないしは算木積み指向の隅角を作りだす技術、然りである。しかし、両城の石垣は同質というわけではない。戦国期城郭に対する安土城の石垣の画期性は、むしろ構築技術の飛躍的革新ではなく、城郭における石垣の用い方にある。すなわち、水平さを求められる屋敷曲輪の造成やその防御・区画のため、また、防御正面限定の塁線形成でなく、曲輪の法面全体を覆い、かつ完周する長大な塁線への大量採用、なにより天守をはじめとする瓦葺で重厚な城郭建築が直に載る基壇機能をもった石垣の創出であったと評価できる。

すなわち、観音寺城では山腹斜面の平坦地＝曲輪の下方に直線的に伸びる段を形成し隅角を持たない部分も多く、山頂や尾根にある曲輪に伴うとしても必ずしも完周しない。また、石垣で頂部幅一・五〜二・五メートルほどの石塁構造を構成する個所なども多く、その他の部位も含めて、石垣上に直に載るのはせいぜい土塀までで、多門櫓や隅櫓は想定しにくいのである。飯盛山城の石垣にしても、曲輪を完結囲繞したり曲輪の頂部を天端に法面全体を覆うものではないし、感状山城や置塩城をはじめとする播磨の諸城にしても、隅角が丸みをもったり、構築部位がこま切れで、城郭建物の直接の基礎であったとはとうてい思えない。

おわりに

石垣からみた織豊系城郭がもつ画期性は、構造面に立ちかえれば、十メートルを越える高さ、上部が水平な曲輪や櫓台の外側法面全体を覆う広がり、荘厳で重厚な城郭建築が直に載りうる堅牢な隅角をもつことで、それに意匠性の高揚も含めてよい。最もベーシックな土留め（護岸・区画）という土木機能に加え、軍事的・視覚的な機能が大いに加味され、三者が有機的に結合した新機軸の機能、また、それを可能とする構造を備えた「織豊系の城石垣」の成立である。織豊系の城石垣は、もはや寺院のニーズに応じた仕様、あるいは寺院・城郭の共通様式ではなく、城郭の革新に必要な城専用の石垣様式として創出されたのである。

註

（１）中井均「織豊系城郭の画期」（『中世城郭研究論集』新人物往来社、一九九〇年）。
（２）中井均「安土城築城前夜」（『織豊城郭』第三号、織豊期城郭研究会、一九九六年）。
（３）本書では原則的に三重は対象の範囲外であるが、本稿では近畿地方として取り上げることとする。
（４）乗岡実「石積み・石垣」（『中世城館の考古学』高志書院、二〇一四年）を二〇一九年七月段階で改訂。
（５）竹田憲治「北畠氏館の石垣」（『織豊城郭』第五号、織豊期城郭研究会、一九九八年）。
（６）滋賀県教育委員会『史跡観音寺城跡石垣基礎調査報告書』二〇一二年、および伊庭功「観音寺城跡の石垣」（『織豊城郭』第一四号、織豊期城郭研究会、二〇一四年）。
（７）前掲註（６）の伊庭文献。
（８）森島康雄「田辺城」（『近畿の名城を歩く』吉川弘文館、二〇一五年）。
（９）長岡京市埋蔵文化財センター『勝龍寺城発掘調査報告』一九九一年。
（10）玉村登志夫「墓石で築かれた石垣　発掘が語る信長二条城」（『二条城』学習研究社、一九九六年）。
（11）大阪府文化財調査研究センター『佐保来栖山砦跡』二〇〇〇年。
（12）西脇市教育委員会『播磨・水尾城跡の調査と研究』一九九二年。
（13）兵庫県教育委員会『小田城跡発掘調査報告書』一九九五年。
（14）加古川市教育委員会『中道子山城跡発掘調査報告書』一九九三年。
（15）夢前町教育委員会『播磨置塩城跡発掘調査報告書』二〇〇六年。
（16）相生市教育委員会『感状山城跡発掘調査報告書』一九八九年。
（17）伊丹市教育員会・大手前女子大学史学研究所『有岡城跡・伊丹郷町Ⅱ』一九九二年。
（18）日置川町教育委員会『八幡山城跡』二〇〇四年。
（19）註（４）書および乗岡実「兵庫・中国地方における織豊系の城石垣の成立」（『織豊城郭』第一六号、織豊期城郭研究会、二〇一六年）ほか。

(20)京都市埋蔵文化財研究所『京都市埋蔵文化財調査概要　平成五年度』一九九六年、および京都市埋蔵文化財研究所『史跡　慈照寺（銀閣寺）旧境内』二〇〇九年。
(21)大阪市文化財協会「ＳＴ96―４次調査」（大阪市埋蔵文化財発掘調査報告』一九九六年）。
(22)森岡秀人・藤川祐作「矢穴の型式学」（『古代學研究』第一八〇號、古代學研究会、二〇〇八年）。
(23)北原治「矢穴考１」（『紀要』二一、滋賀県文化財保護協会、二〇〇八年）。
(24)京都市埋蔵文化財研究所『勝持寺旧境内』二〇一二年。

Ⅱ　中世の近畿における城郭瓦

山口誠司

はじめに

中世城郭から近世城郭へと至るなかで、城郭そのものの構造の変容はさることながら、城郭を構成する各パーツ面でも大きな変容が見受けられる。そのうち瓦に関しては、石垣・礎石建物とともに織豊系城郭の特徴として捉えられており、(1) 城郭出土の遺物研究における主要な位置を占めている。

とりわけ近畿地方は、古代・中世以来の大寺院が集中していたこともあり、城郭への瓦の導入が比較的早くから行われ、かつ、その使用量の面でも他地方を凌駕する状況であった。ここでは瓦の導入に関して、ある意味、先進地域とも言える近畿地方における城郭瓦について、主に城郭での瓦葺建物の出現期から、近世城郭の始祖と位置づけられる安土城（滋賀県近江八幡市）に至るまでを対象に使用のあり方、個別地域ごとの特徴、瓦製作に携わった工人集団に関する問題などを論じていくこととしたい。

一、安土城築城以前の城郭瓦

安土城に先行する城郭瓦を集成・考察した研究としては、中井均と中村博司のものが挙げられる。(2) このうち中井は安土城に先行もしくは平行する時期の城郭瓦のうち、とりわけ近畿におけるものについては大きく二つの系譜があることを明らかにしている。[3] 一つは織田氏と関連する城郭で用いられたものであり、坂本城（大津市）、勝龍寺城（京都府長岡京市）などの資料が挙げられる。これらについての詳細は後述することとしたい。いま一つは、織田氏とは関係なく先駆的に導入された城郭瓦である。このグループは、先進地として瓦が導入された城郭と、先進地であるとともに織田氏以外の特定の大名権力との関わりが想定される城郭の二種に細別される。

前者については、具体的な事例として、三木城（兵庫県三木市）、置塩《おきしお》城（同姫路市）、御着城（同姫路市）、私部《きさべ》城（大阪府交野市）、津田城（同枚方市）、田辺城（京都府京田辺市）、鹿背山《かせやま》城（同木津川市）、椿井城（奈良県平群町）、観音寺城（滋賀県近江八幡市）、夏見城（同湖南市）などが列挙できる。これらの城郭で使用された瓦は、三木城などの播磨の城郭を除くと軒瓦が非常に少なく、使用箇所が限定的であるといった特徴をもつ。軒瓦の出土が極めて少量である点を考慮すると、我々が現在目にする城郭建築の瓦屋根とは、やや形態を異にするものであったことも想定される。

後者についてはまず、三好長慶・義継に関係するものとして、芥川山城（大阪府高槻市）、飯盛城（同大東市・四条畷市）、若江城（同東大阪市）、烏帽子形城（同河内長野市）が、松永久秀に関係するものとして多聞城（奈良市）、龍王山城（奈良県天理市）、立野城（同三郷町）が挙げられる。これらの城郭についても、軒瓦の使用状況を見てみると、その多くで極めて少ないという傾向を看取することができる。ただし、例外として多聞城跡・若江城跡では比較的多数の軒瓦が出土しており、特に多聞城については、出土瓦の年代観（ここでは生産年代ではなく使用開始年代）の上限が永禄三年（一五六〇）にまで遡ることも相俟って、城郭への瓦の大量導入の嚆矢として位置づけられる。

多聞城の瓦について、中井は興福寺（奈良市）の瓦と同笵の資料が見受けられることから転用品であり、城郭に葺く目的で生産されたものではないとした(4)。その一方で、山川均は軒平瓦・丸瓦に規格性が認められることから、転用瓦の可能性は低く城郭専用瓦であり、寺社権門下の瓦工組織を解体・吸収し、新たに編成した組織によって、生産したものであったとしている(5)。確かに多聞城築城にあたり新規製作されたと思しき瓦も見受けられるが、興福寺をはじめとする南都諸大寺と同笵・同文あるいは近似する文様の軒平瓦も出土している状況に変わりはなく、南都の瓦工人《かわらこうじん》が従来と同じ生産体制のもと、瓦の生産・供給に携わったというのが実際のところであったと考えられる。軒平瓦・丸瓦に規格性が認められることについても、特定の建物ないし複数の同一規模の建物から転用された結果とみることも可能なわけであり、直ちに積極的な評価に結びつけることは難しいのではなかろうか。

このように見てみると、近畿地方において城郭瓦が突出して多いことがわかる。その要因として、従前から他地域に比べて大規模寺社が多く、瓦需要を賄うため、寺社に付随して京都・奈良（南都）・四天王寺・英賀・三木などといった瓦の生産地が点在していたことが挙げられる。また、中世を通じて最も瓦生産の盛んな地域であった南都の瓦工橘《こう》氏が、大和における戦乱を避け、周辺の他国へ逃散していったこと(6)も無関係ではないものと思われる。そうした状況が、大名権力側による城郭への瓦導入の素地となっていたものと評価できよう。

二、城郭瓦の工人集団

前節では、安土城に先行する城郭瓦そのものを中心に扱った研究から、近畿の中世末の城郭瓦の分布・特徴等について見てきたが、当該期の瓦研究の潮流として主に瓦当文様の検討から瓦工人を扱ったものもあり、近畿の城郭瓦の実態を捉える上で重要となる。

瓦当文様に着目した研究の先鞭をつけたのは土山公仁である。土山は、坂本城などの「信長系城郭」にみられる同笵《どうはん》・同文の問題を採りあげ、工人集団の移動を論じた。工人集団の移動の背景としては、信長直属工人による家臣団の築城への関与があったと想定した(7)。

一方、田中幸夫は鬼瓦などに残る銘文から「大和系」、「四天王寺系」、「姫路系」の工人系統を抽出するとともに、工人名を示すヘラ書きをもつ瓦と組み合う軒平瓦の検討から、工人系統ごとに文様の特徴を見出せるとした(8)。そして、「姫路系」の工人集団は大坂城、聚楽第、伏見城築城に重要な役割を果たしたと述べ(9)、「四天王寺系」の工人集団については大坂城、聚楽第、伏見城、名護屋城の瓦生産に関わっていたことを指摘している(10)。

山崎信二は田中幸夫による成果を発展させ、「四天王寺住人瓦大工」および「播磨英賀住人瓦大工」の製作した瓦の文様の特徴を見出し、引掛け軒平瓦の横桟、および隅軒平瓦の水切りの形態が大和系と四天王寺系とで大きく異なることを指摘した(11)。加えて、鬼瓦の形態にも工人集団の差を見出している(12)。以上のような工人集団を主題とした研究を一言で表すとすれば、同笵・同文・同系関係の比較検討を基軸として瓦の系譜、工人集団の動向を探るものと評価できよう。こうした研究を踏まえ、近年では個別地域ごとに瓦の生産・供給体制を明らかにしようとする観点から、その実態が徐々に明らかとなってきている。

［摂津・河内］最初に摂津・河内をフィールドとした研究からみていきたい。ここでは吉田知史・岡本健が行っている研究が挙げられる。まず、吉田は私部城跡の出土瓦を検討する中で、私部城跡・若江城・大坂本願寺跡の軒平瓦に同笵関係が認められることを明らかにした。これらの同笵関係をもとに摂津・河内在来の瓦工人の活動を想定している(13)。岡本は織豊期以前の城郭瓦は織豊系城郭の構成要素（石垣・瓦・礎石建物）を論じるうえで、「安土城以前の瓦」という側面が強調されてきたきらいがあり、安土城との差を追究する分析に偏りがちであるという問題を

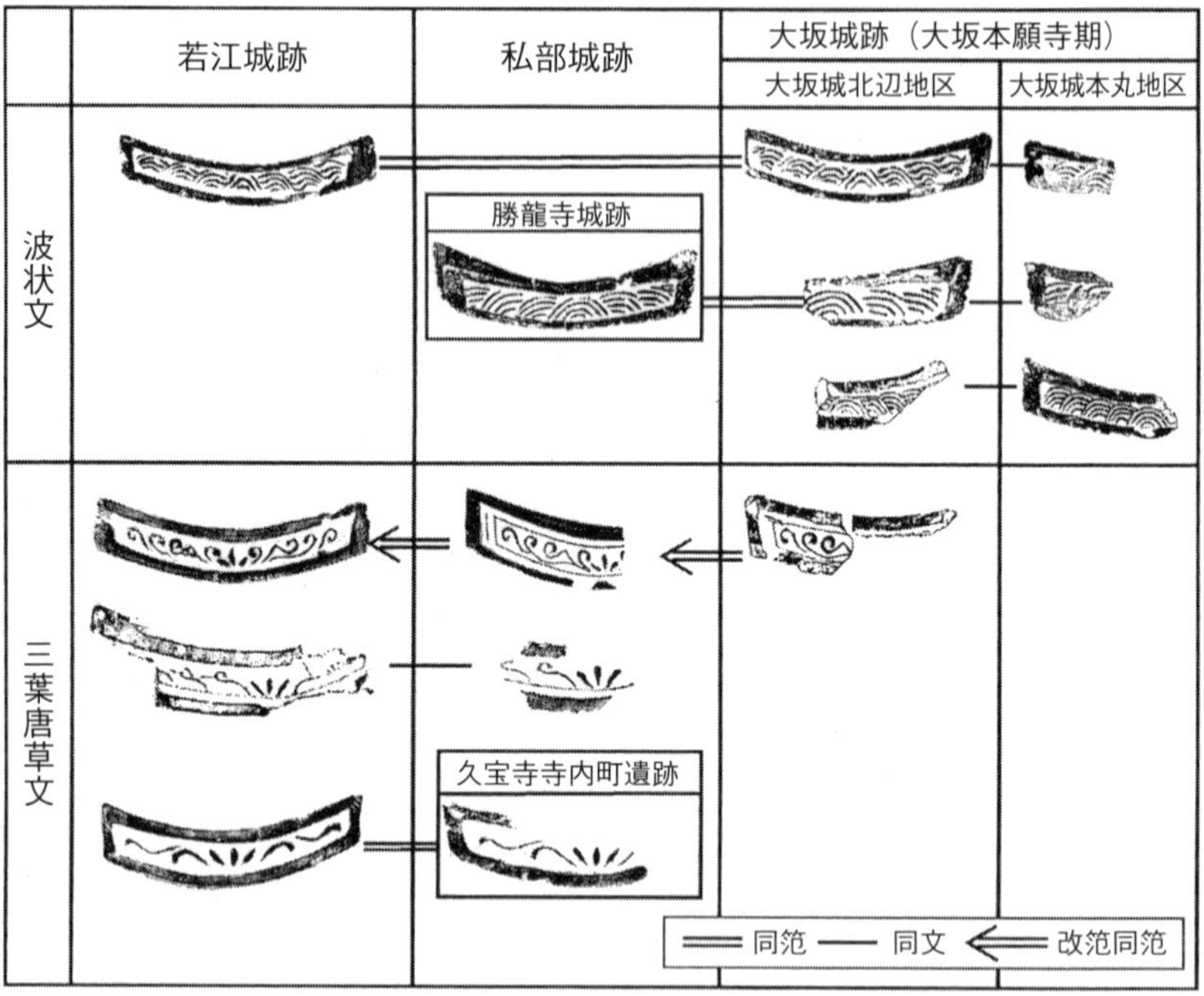

図１　摂津・河内における同笵・同文・同系関係

示した。[14]そのうえで比較的、出土点数に恵まれた若江城跡（大阪府東大阪市）および大坂本願寺跡（大阪市）出土瓦を中心に、中世末期の摂津・河内における瓦の生産と供給を論じている。岡本は諸遺跡間での比較検討の結果、若江城跡、大坂本願寺跡、久宝寺寺内町遺跡（大阪府八尾市）、私部城跡などの間で軒平瓦の同笵関係を、若江城跡と大坂本願寺跡の間で軒丸瓦の同笵関係を見出した（図1）。このように、摂津・河内を中心に同笵瓦が分布することから、当該地域において在地の瓦工人が存在したことを推定している。[15]

［大和］山下大輝は、大和・播磨をフィールドとして同笵関係の精査、製作技法の特徴の抽出を試みている。山下は、中世末には大和における在地工人の瓦生産が解体・消滅したとする評価[16]に対して、当該期の大和では多聞城や筒井城（奈良県大和郡山市）など城郭への瓦導入といった需要の高まりがあったことから、在地での生産は不可欠であったのではな

いかという問題意識のもと、詳細な分析を行った[17]。具体的には、多聞城跡から出土した軒平瓦の型式分類を行い、筒井城跡など他遺跡出土の同笵資料も加味しながら、多聞城築城時に新規製作された瓦を抽出している。このうち、中心飾り五葉文の資料を見出し、同じ大和の筒井城跡でもこれと同文資料が見受けられることを明らかにした。これにより、大和において中心飾り五葉文の資料が出土しないことを根拠の一つとした、大和の瓦生産の衰退に関する議論[18]に見直しの必要があることを述べている。そして、各型式の面取り箇所を定数的に検討し、大和産の軒平瓦には顎《あご》後縁《こうえん》に面取りが施されるという田中幸夫・山崎信二の指摘[19]を追証した。

［播磨］播磨に関しては、播磨地域に集中的に分布する瓦当文様を一括して姫路系（英賀系）瓦工人によるものとする前提に問題を投げかけ、姫路系（英賀系）瓦工人の実態を捉えるべく製作技法に着目した検討を行っている。置塩《おきしお》城跡出土の軒平瓦を製作技法の観点から検討し、従来より瓦当文様の差異によって大和系と姫路系に分類されてきた資料群に対応する形で、製作技法の観点から見ても二系統の工人が関わっていたことを指摘した（図2）。山下は、この二つの系統を直ちに大和系と姫路系に結びつけることには慎重な姿勢を採っているが、瓦当文様・製作技法双方の特徴が対応することが明らかにされ、

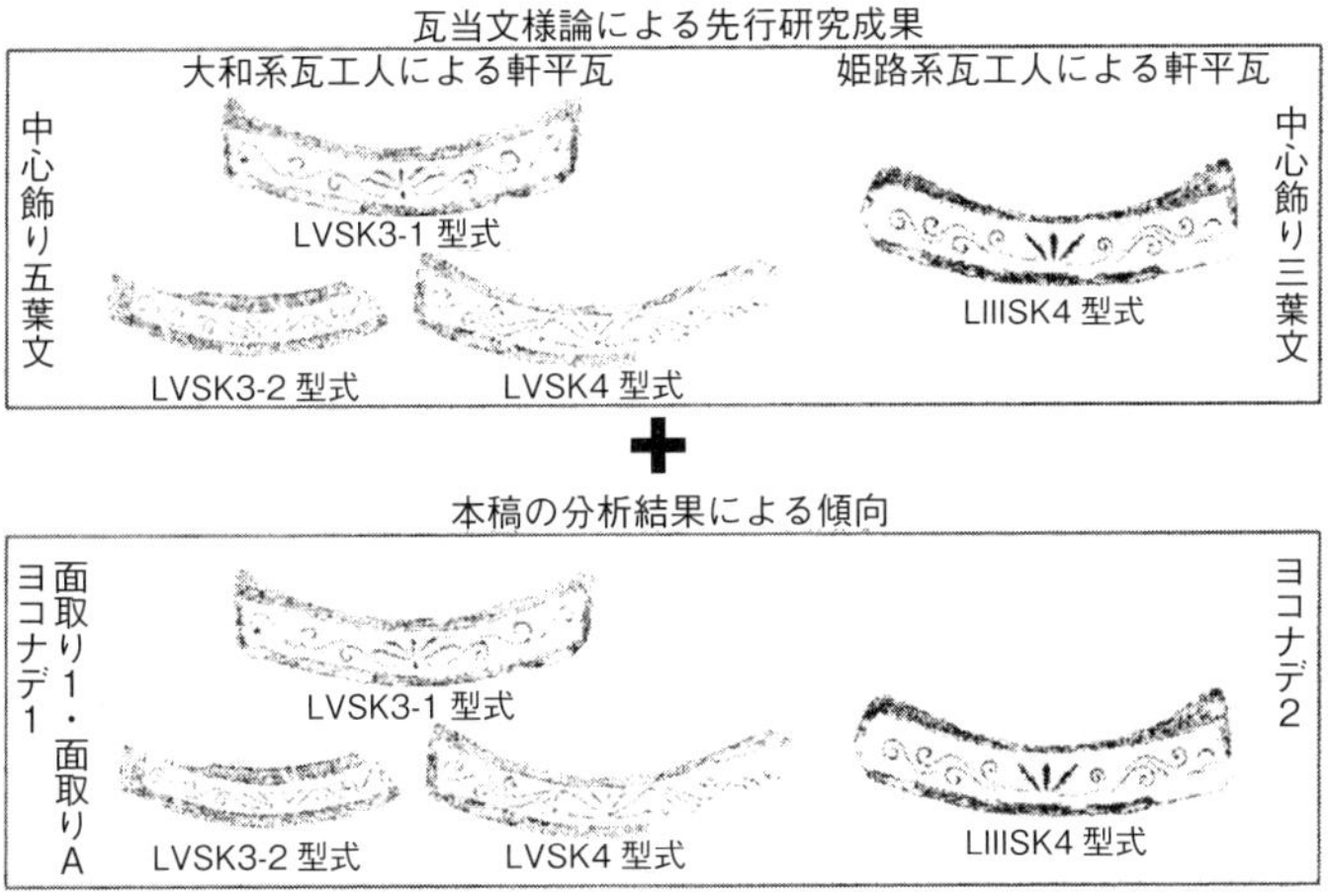

図2　置塩城跡出土軒平瓦の工人系統

中世末期の播磨において、少なくとも二系統の瓦工人が活動を展開していたとする従来からの想定[20]がより確かなものとされたのである[21]。

以上の成果に関連して、注目される事項を付言しておきたい。若江城跡出土資料のうち、山崎が中世Ⅶ期（一四三〇～一四九〇年）とした資料群を[22]、岡本が「築城時の新調瓦になる可能性が高い」という評価を与えている点が挙げられる[23]。さらに言えば、山崎が中世末期（一五〇〇～一五七五年）に位置づけた資料群のうち[24]、岡本は波状文軒平瓦以外については出土点数の少なさ等から転用瓦であると評価している[25]。山崎は面取り箇所を、岡本は布目痕の有無・凹型台圧痕の有無・唐草の反転数を年代決定の指標とする。両氏の間に見られる年代観の相違は、着目する製作技法・痕跡が異なることに由来しているようである。

両氏の年代観の正否はともかくとして、年代決定の指標となる製作技法・痕跡の精査を含め、近畿における中世末期の瓦編年を再考する余地があることを示唆する事象と言えよう。

三、織田氏関連の城郭瓦①——安土城築城以前

先述したように、織田氏のみならず三好氏・松永氏など、その拠点城郭へ積極的に瓦の導入をはかった大名権力は他にも見受けられる。ただし、織田氏については、安土城などの信長自身の居城、および家臣の居城で用いられた瓦の量的な面において、他の大名に関わる城郭を大きく上回ることが、発掘調査の成果から裏付けられている。また、安土城築城後の織田氏一門・家臣の瓦使用については許認可制のようなものがあったとされるなど[26]、瓦が政治的な意図を反映したパーツとして利用される段階にまで発展したとみるむきもある。そうした状況を鑑みて、こ

ここでは、織田氏関連の城郭瓦について瓦の生産・供給のあり方、瓦を生産した工人集団等について大々的に扱うこととしたい。

織田氏に関わる城郭を対象として、瓦の導入や工人集団の問題を扱った先行研究としては、土山公仁・中井均・林昭男の研究が挙げられる。土山は細川藤孝の勝龍寺城跡、明智光秀の坂本城跡、佐々成政の小丸城跡（福井県越前市）出土の軒丸瓦が同笵であることを明らかにし、瓦当部の調整にも共通性が多いことから笵が移動したのではなく、共通の工人集団が動員されたとした[27]。中井はこの事象について、これらの城郭の築城・整備が行われた元亀～天正年間の時点では、信長家臣が個々に工人集団を掌握していたとは考え難く、信長による工人集団の貸与の結果、同笵関係が生じたものと想定している[28]。近年では、林昭男が京都近郊の織田氏に関わる城郭等の同笵・同文関係を扱っている。林は坂本城跡出土資料を中心に検討を行い、出土瓦を二つのグループに大別している。このうち、Ⅱ群としたグループは、勝龍寺城などの織田氏関連城郭で同笵・同文関係が看取され、織田氏関連城郭への瓦需要に伴い新規生産されたものであり、同笵・同文関係が京都周辺に集中することから、生産地は京都であると推定した[29]。

以上の諸研究を端的にまとめると、同笵・同文関係の把握によって、個別の瓦のみならず城郭間という視点からの検討を行い、瓦導入にあたって動員された工人集団の実態に迫ろうとするものと評価できよう。安土城築城以後を対象とした研究に比べ、それ以前の瓦を対象とした研究は相対的に少ない中にあって、上記のように織田氏に関わる城郭瓦の検討は複数見受けられる。これは織田氏による城郭への瓦導入が直接、その後の織豊系城郭および近世城郭での瓦葺建物に影響を及ぼすことから関心を集めてきたという経緯があると考えられるが、城郭のみならず政権サイドと深い繋がりのある寺院も含めた議論は低調である。城郭への瓦導入の契機が寺院にあるとされながら、

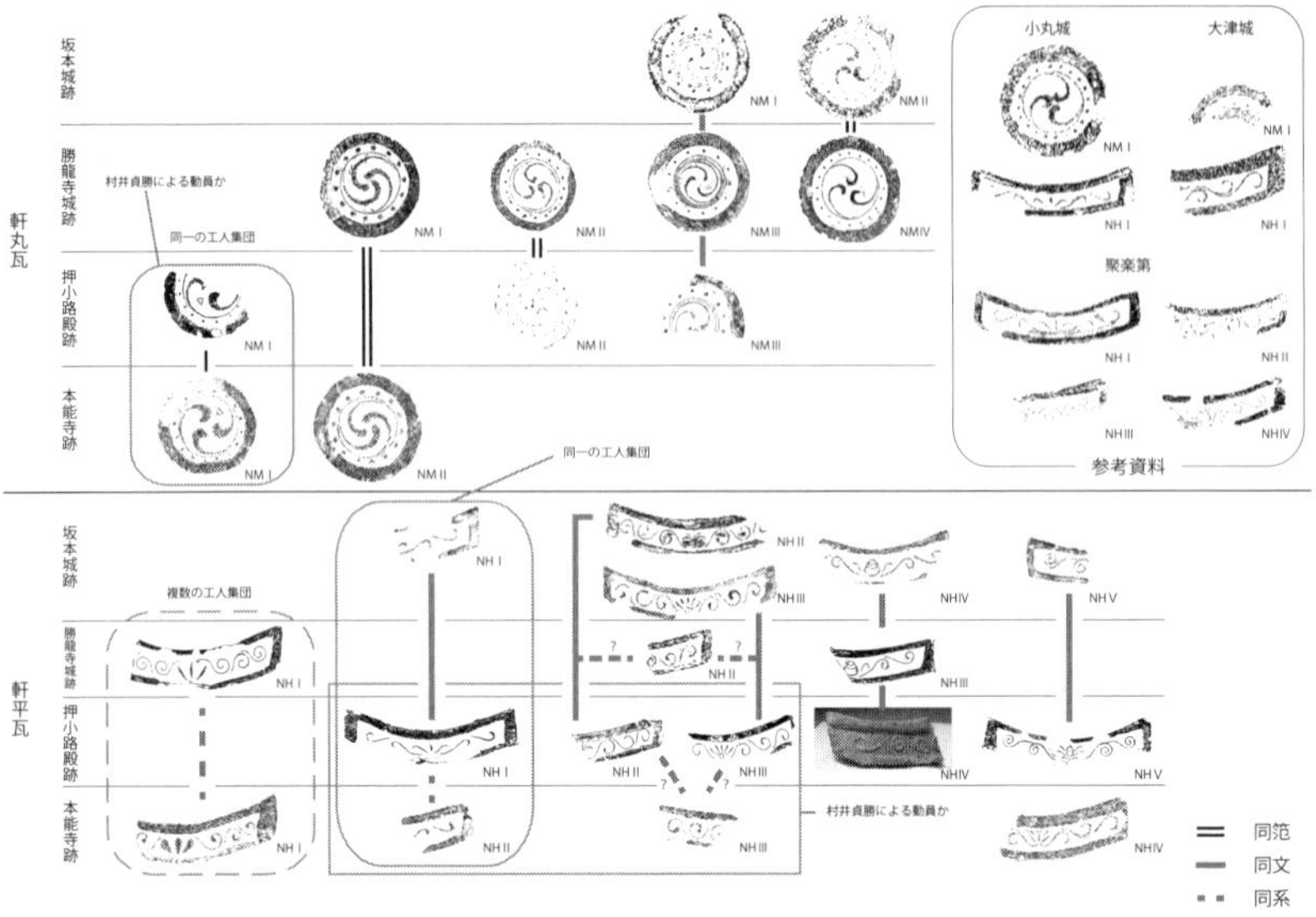

図3　京都近郊における織田氏関連施設同笵・同文・同系関係

寺院との関係性を前提とした検討がなおざりであるのは問題であろう。

　こうした問題意識のもと、筆者も織田氏関連城郭の出土瓦について検討を加えている(30)。具体的には、織田氏に関わる城郭・寺院が集中する京都近郊を対象とし、それらで用いられた瓦の同笵・同文・同系関係の再整理を行った（図3）。この検討により、同笵・同文・同系関係の分布域は本能寺（京都市）、二条殿御池城（押小路殿・京都市）を中心としていることが改めて見出されるとともに、城郭・邸宅・寺院といった施設の性格差に関わらず、同笵等の関係が認められることが明らかとなっている。さらに、同笵・同文・同系関係の再整理に加えて、製作技法の共通点・相違点を抽出する中で、文様意匠と製作技法・製作痕跡の斉一性が高い一群と、文様意匠以外での斉一性が乏しい一群に大別できることが判明した。前者は特定の工人集団が生産に携わったと評価でき、後者は複数の工人集団が生産に携わったということができる。図3に示した同笵・同文・同系関係は、現在のところ京都近郊に限られるため、これらは大きく捉えれば京都産であることに違いはなかろう。

　しかし、上記のような製作技法・製作痕跡の検討により、規範となる文様意匠が示す「京都系」とも呼ぶべき大集団の中に、製作技法・製作痕跡の差異が示す中小単位の工人集団が複数存在したというあり方を想定することができるのではなかろうか。

　「京都系」瓦工人の活動拠点については、先に分布域の検討から本能寺、二条殿御池城が所在した下京近辺を想定したが[31]、これに関連して注目されるのが『言継卿記』の記載である。永禄十二年（一五六九）六月二十一日条に「（前略）報恩寺之瓦師見物、焼立之分一万二三千、下地出来迄二万余云々、紫宸殿計四万云々、半分出来也、（後略）」とある。ちょうどこの時期、信長は朝山日乗・村井貞勝に命じて内裏の修理を行っており、山科言継はその修理工事の見物に度々訪れている。『多聞院日記』元亀元年（一五七〇）三月十八日条にも「（前略）内裏ノ御修理信長沙汰之、内侍所ハヒハタ葺ハヤ出来了、シヽン殿ハ前ハヒハタカ、今ハ瓦葺大旨出来了、（後略）」とあるように、この時の修理で紫宸殿は檜皮葺から瓦葺に改められているが、その瓦が焼かれていたのが報恩寺（永禄十二年時点では一条高倉付近に所在[32]）であった。

　「瓦師」の記載のみでは報恩寺直属の工人であったかどうかまでは判然としないが、いずれにせよ、洛中に「計四万云々」という多量の瓦を生産する拠点があったことは間違いなく、「報恩寺之瓦師」も「京都系」瓦工人の一翼を担う存在であったと想定される。「京都系」瓦工人の拠点について付言しておくと、天正六年（一五七八）の銘文瓦[33]を残す粟田口の工人との関係も想定されるが、粟田口の工人による製作例と判明する資料がわずかである現時点では比較検討が難しく、さらなる検討を要する。

　このように、京都近郊の織田氏関連城郭・寺院への瓦供給には（中小単位の）工人集団が複数動員されたことがわかるが、いずれも遠隔地から出張製作に出向いた工人集団ではなく、近在の集団であったと推定される。

四、織田氏関連の城郭瓦②——安土城における瓦使用

山崎信二は、『近世瓦の研究』の中で近世Ｉ期の年代を一五七五～一五八二年とし、「安土城の瓦を代表する時期」

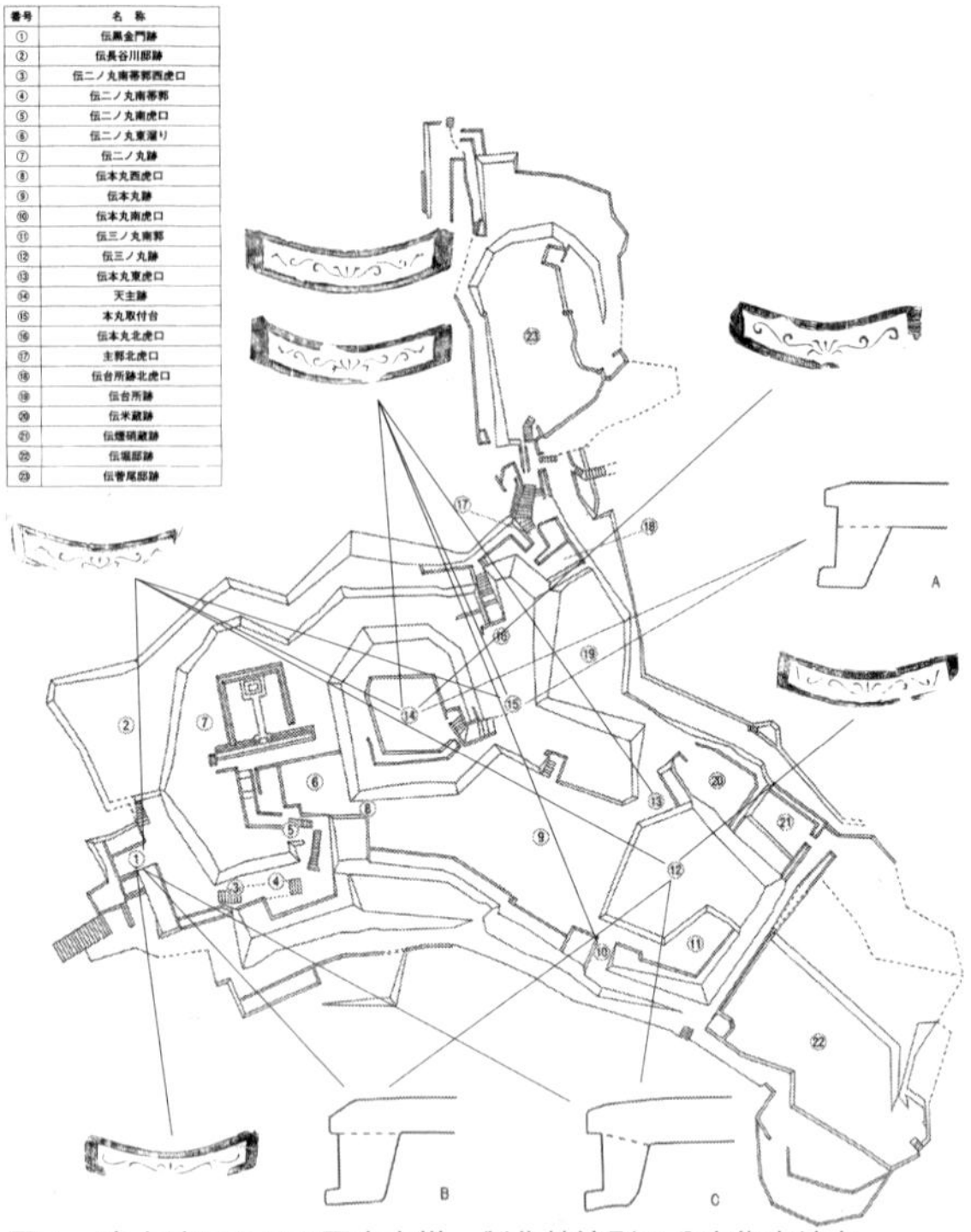

図４　安土城における瓦当文様・製作技法別の分布集中地点

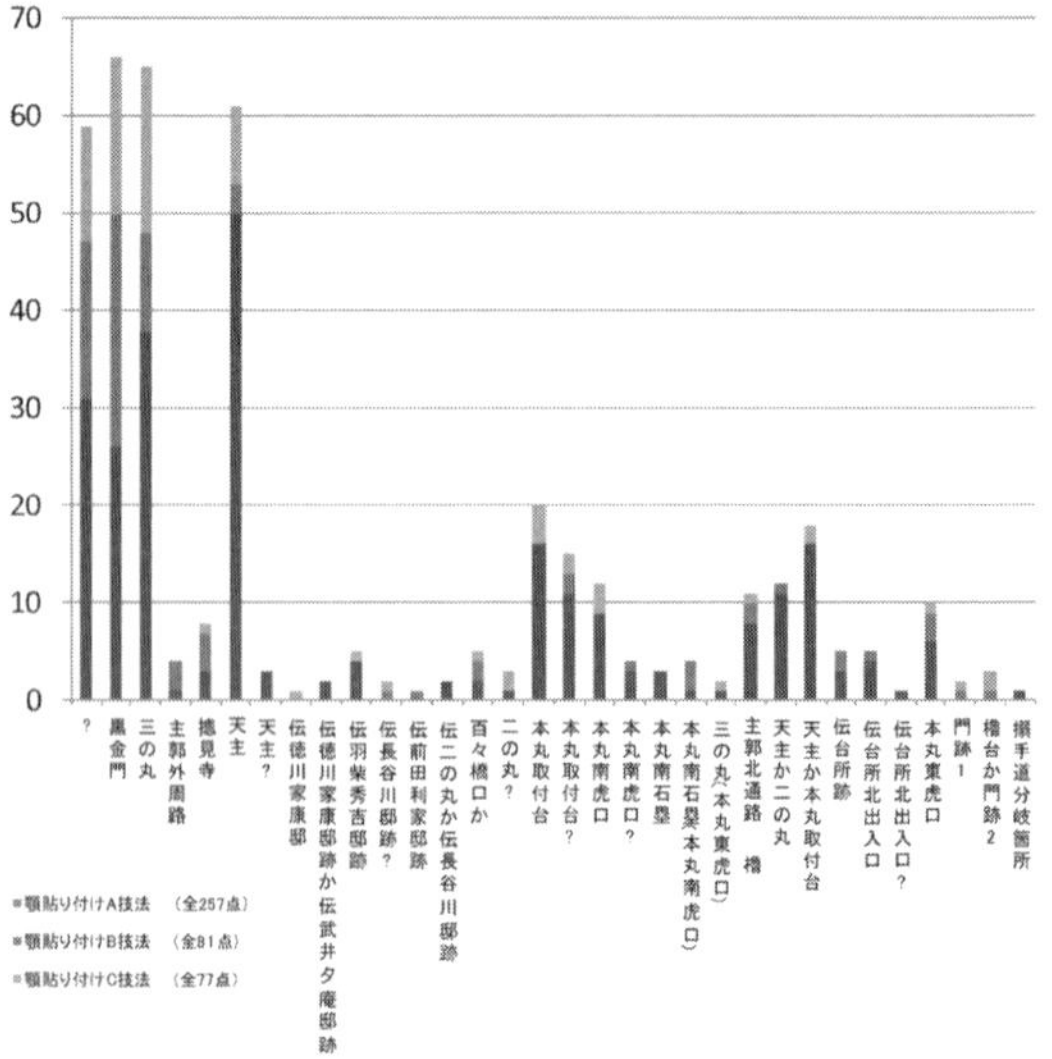

図５　地点ごとにみた製作技法別の出土点数

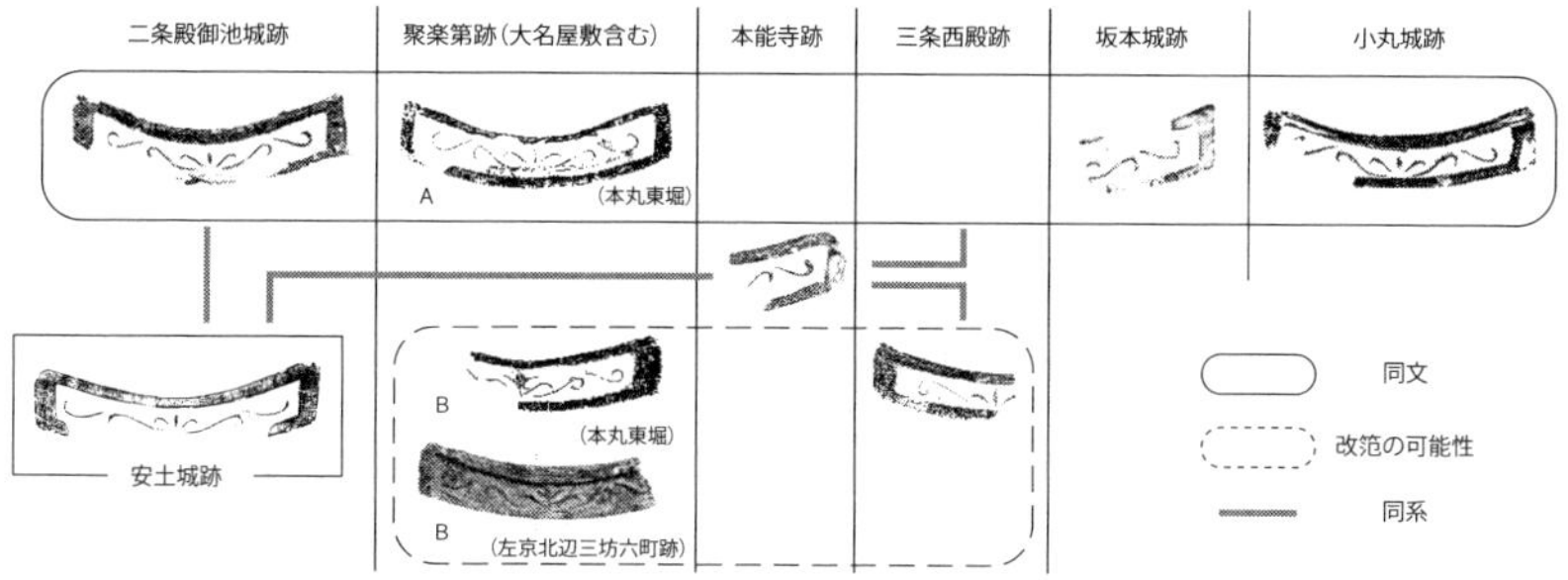

図６　安土城Ⅷ型式と同系の資料

と評価している。[34]このように、安土城の瓦は近世瓦の嚆矢であるとされるが、逆に言えば、中世瓦の掉尾を飾るものとの評価も可能である。前節まで見てきた中世末期の瓦の延長線上で安土城において使用された瓦は具体的にどのように評価できるのか、工人集団に関わる問題を中心に簡単にふれておきたい。

安土城の瓦生産に携わった工人集団については、『信長公記』巻九の記載通り「奈良衆」が関与していたとする説[35]と、「奈良衆」の関与を否定し、四天王寺系あるいは播磨系の工人が関わったとする説[36]がある。工人集団に関する議論は、「奈良衆」関与説の肯定派と否定派の二項対立的な様相を呈していると言え、関心が「奈良衆」の関与があったかどうかという側面に偏ってきてしまっているという印象を受ける。

こうした中で、「奈良衆」の関与については一旦、度外視し、軒平瓦の製作技法（瓦当成形法）の分類（図４）から少なくとも三系統の工人集団が関わったこと、その集団ごとの供給量・供給箇所に差異があったことが想定されている[37]（図５）。また、隅軒平瓦の水切りに着目すると、山崎が四天王寺系工人の製品の特徴とした[38]突起状水切りとは別の形態をもつ水切りを有する資料が認められることから、造瓦活動に単一ではなく複数の工人集団が関与したことが追証されている。その上で、軒平瓦Ⅷ型式は他の文様をもつ資料とは異なり、京都近郊において安土城に先行して、あるいは同時期に用いられた資料の中に同系資料が京都近郊散見される（図６）ため、

Ⅷ型式の瓦当文様のルーツは京都近郊にあり、先述した「京都系」工人集団が生産に関与していた可能性も指摘されている。[39]

おわりに

最後に、これまでに確認した近年の近畿各地域における研究成果を援用しながら、以下、二つの項目に分けて近畿の城郭瓦の特徴を総括しておきたい。

［瓦供給のあり方］基本的な瓦供給のあり方としては、近在の工人集団が動員されるケースが想定される。例えば、織田氏関連の施設で言えば、織田氏に直属した工人集団が各城郭・寺院の瓦生産・供給を担ったというよりも、瓦の需要が高まった地域に近在する工人が寄せ集められたと考えたほうが穏当と言えよう。後の豊臣期に名護屋城（佐賀県唐津市）や伏見城（京都市）などへ四天王寺系の工人が出張製作を行い、瓦を供給しているのとは対照的なあり方である。[40]また、先述したように城郭間のみならず、邸宅・寺院等、施設の性格差にかかわらず同笵・同文・同系関係が見受けられる。大名権力直属の工人集団を前提とした研究が蓄積されてきたわけであるが、以上のような状況を踏まえると、岡本の指摘[41]のとおり、地域ごとに工人集団の活動を復元する視点も必要であると考える。

ただし、その中にあって織田氏関連の諸施設への瓦導入・供給は他とはやや事情が異なっている点があることも改めて認識できる。発掘調査成果から明らかなように、信長自身の居所であるか、家臣の居城であるかにかかわらず、いずれの城郭・寺院においても多量の瓦が使用されている。比較対象として松永氏関連の諸城郭を引き合いに出してみると、多聞城跡では軒瓦・平瓦・丸瓦を問わず多量の瓦が出土しているが、龍王山城では丸瓦・平瓦しか出土していないなど[42]、その他の拠点城郭では極めて限定的な使用であったことが判明している。換言すれば、織田氏による瓦導入は、建物の総瓦葺への志向が比較的強かったとみることも可能と言えよう。

さらに、安土城における瓦の生産・供給には「奈良衆」や四天王寺系工人のほか、「京都系」の工人の関与も指摘されるなど、他のケースとは違い、近在のみならず各地の工人集団が動員された可能性が想定される。これもひとえに、安土城以前の城郭とは比較にならないほどの瓦の需要があったがゆえの事象と言えよう。

［瓦当文様・製作技法］まず、軒丸瓦についてだが、瓦当文様に関してはほとんどが三巴文であるため、バラエティを見出し難い。強いて言えば、京都近郊（京中・山城）では本能寺跡・二条殿御池城跡・坂本城跡などで見られるように、巴文の頭部が強く巻き込み、先端が尖った形状をもつものが比較的多いという地域色を指摘できる程度である。製作技法面での検討も僅少であり、地域ごとの特徴を見出せるまでには至っていない。

次に、軒平瓦であるが、瓦当文様に関しては、中心飾りが三葉文・五葉文・宝珠文をもち、脇に唐草文を配すものは近畿各地で広く見受けられる。両脇の唐草文の配置・反転数等を見ると、例えば本能寺跡例・勝龍寺城跡例のように三葉文の上部から唐草文が伸びるなど、特徴的な資料を抽出することはある程度可能と思われるが、三葉文・五葉文・宝珠文は通有的なモチーフであったと見ておきたい。対して、波状文や中心飾りに宝珠文を配し、脇に波状文をもつ資料はその分布が比較的限られているようである。前者は主に摂津・河内・紀伊に分布し、京都近郊（山城南部）の勝龍寺城にも認められる。後者は和泉（堺環濠都市遺跡[43]）、紀伊[44]などで認められ、例外的に近江の坂本城でも確認されている[45]。製作技法については、大和や大和系工人による製作とされる播磨の資料では瓦当上縁と顎後縁に面取りが施され、瓦当裏面移行部には工具によるヨコナデの上に凹型台圧痕が残るという特徴を有す。瓦当上縁の面取りは、中央幅広の面取りである[46]。これに対し、姫路系工人による製作とされる播磨の資料では、平瓦際から顎裏面にかけてヨコナデを施すものが多く、面取りが施される箇所には目立った傾向は認められないようである。

河内について、若江城跡の資料群から特徴を抽出してみると、全体として瓦当上縁の面取りはごくわずかに削るだけか、面取りしないものが多いとのことである。[47]京都近郊（京中・山城など）では、面取り箇所については、一部、顎後縁に認められるものの、基本的には瓦当上縁の他には各端縁に面取りを施さない。瓦当上縁の面取りはそのほとんどが中央幅広であるという特徴を有す。

以上のような特徴をもつ城郭瓦の延長線上に安土城の瓦が位置づけられるわけであるが、基本的に織田一門の城郭でしか同笵・同文の資料が見出せず、ケズリ・ミガキ・面取りなど二次調整も他には見られないほど入念であるなど、ある種「特殊な瓦」とも評価できる。本稿で扱う時期から逸脱するため詳しくは触れないが、つづく豊臣期では寺院で通有的に使用されるものと近似する文様の瓦も多く、二次調整も省力化されていく傾向がみられるため、安土城で用いられた瓦がその後の基準となっていくというわけではないようである。その他にも、一口に織豊期と言っても、織田期と豊臣期では瓦の種類・金箔瓦などの使用実態・製作技法など多くの点でかなり異なった様相が看取される。安土城を一つの基準として、それ以前・それ以後を分けて扱う視点が主流であると考えるが、安土城が「特殊な」事例であることを考慮すれば、今後、安土城以前から豊臣期まで一連のものとして検討していくことも必要ではなかろうか。

註

（1）中井均「織豊系城郭の画期—礎石建物・石垣・瓦の出現—」（『中世城郭研究論集』、新人物往来社、一九九〇年）、中井均「織豊系城郭の特質について—石垣・瓦・礎石建物—」（『織豊城郭』創刊号、織豊期城郭研究会、一九九四年）、中井均「城郭にみる石垣・瓦・礎石建物」（『戦国時代の考古学』、高志書院、二〇〇三年）。

（2）中井均「安土城以前の城郭瓦」（『織豊城郭』第九号、織豊期城郭研究会、二〇〇二年）、中井均「第四章　私部城と近畿の戦国期城館」（『私部城跡発掘調査報告』、交野市教育委員会、二〇一五年）、中村博司「安土築城以前の瓦」（『中世城館の考古学』、高志書院、二〇一四年）。
（3）前掲註（2）中井二〇一五論文。
（4）前掲註（1）中井一九九四論文。
（5）山川均「城郭瓦の創製とその展開に関する覚書」（『織豊城郭』第三号、織豊期城郭研究会、一九九六年）。
（6）山崎信二『中世瓦の研究』（雄山閣、二〇〇〇年）、山崎信二『近世瓦の研究』（同成社、二〇〇八年）。
（7）土山公仁「信長系城郭における瓦の採用についての予察」（『研究紀要』四、岐阜市歴史博物館、一九九〇年）。
（8）田中幸夫「播磨で活躍した室町・桃山時代の瓦工人集団」（『今里幾次先生古稀記念 播磨考古学論叢』、今里幾次先生古稀記念論集刊行会、一九九〇年）。
（9）田中幸夫「姫路城瓦と姫路系瓦工人について」（『織豊城郭』創刊号、織豊期城郭研究会、一九九四年）。
（10）田中幸夫「播磨を通過した四天王寺系工人」（『織豊城郭』第二号、織豊期城郭研究会、一九九五年）。
（11）前掲註（6）山崎二〇〇〇書。
（12）山崎信二『瓦が語る日本史―中世寺院から近世城郭まで―』（吉川弘文館、二〇一二年）。
（14）岡本健「中世末期摂津・河内周辺の同笵瓦」（同志社大学考古学研究室編『実証の考古学』同志社大学考古学シリーズⅫ、同志社大学考古学研究室、二〇一八年）。
（15）前掲註（13）、岡本健「大坂本願寺期の瓦―大坂城跡と若江城跡の同笵瓦―」（『研究紀要』第二〇号、大阪文化財研究所、二〇一九年）。
（16）前掲註（6）山崎二〇〇〇書、前掲註（12）。
（17）山下大輝「中世末大和における在地工人による瓦生産―多聞城、筒井城出土軒平瓦を中心に―」（『奈良歴史研究』第八八号、奈良歴史研究会、二〇一七年）。
（18）前掲註（6）山崎二〇〇八書。
（19）田中幸夫（二〇〇四年）、前掲註（6）山崎二〇〇八書。

(20) 前掲註（6）山崎二〇〇八書。
(21) 山下大輝「姫路系瓦工人の製作技法的指標の特定にむけて―置塩城跡出土軒瓦の検討―」（神戸史学会編『歴史と神戸』第五八巻第二号（通巻三三三号）、神戸史学会、二〇一九年）。
(22) 前掲註（6）山崎二〇〇八書。
(23) 前掲註（13）。
(24) 前掲註（6）山崎二〇〇八書。
(25) 前掲註（13）。
(26) 加藤理文「織田信長の城郭政策」（『織豊城郭』第十号、織豊期城郭研究会、二〇〇三年）、加藤理文「瓦の普及と天守の出現」（『戦国時代の考古学』、高志書院、二〇〇三年）。
(27) 前掲註（7）。
(28) 前掲註（1）。
(29) 林昭男「織豊系城郭への瓦導入の様相」（『織豊期城郭研究会二〇一三年度研究会資料集』、織豊期城郭研究会、二〇一三年）。
(30) 山口誠司「織田氏関連城郭・寺院における同笵・同文・同系瓦の再考―本能寺跡出土資料を中心に―」（同志社大学考古学研究室編、『実証の考古学―松藤和人先生退職記念論文集―』同志社大学考古学シリーズⅫ、同志社大学考古学研究室、二〇一八年）。
(31) 前掲註（29）。
(32) 河内将芳『宿所の変遷からみる信長と京都』（淡交社、二〇一八年）。
(33) 滋賀県国宝石津寺建造物修理出張所『国宝石津寺本堂修理工事報告』（滋賀県国宝石津寺建造物修理出張所、一九三八年）。
(34) 前掲註（6）山崎二〇〇八書。
(35) 木戸雅寿「安土城出土の瓦について」（『織豊城郭』創刊号、織豊期城郭研究会、一九九四年）、木戸雅寿「安土城出土瓦と南都系寺院の瓦の文様について」（『研究紀要』第三号、滋賀県安土城郭調査事務所、一九九五年）、木戸雅寿「出土瓦の刻印・線刻文からみた安土城の瓦工人について」（『研究紀要』第八号、滋賀県安土城郭調査事務所、二〇〇二年）。なお、山川均も前掲註（5）にて南都の瓦と安土城の瓦を結びつけることに積極的な立場をとっている。

(36) 前掲註(6)山崎二〇〇八書、前掲註(12)。
(37) 山口誠司「安土城所用瓦の再考―軒平瓦の製作技法を中心に―」(『淡海文化財論叢』第九輯、淡海文化財論叢刊行会、二〇一七年)。
(38) 前掲註(6)山崎二〇〇八書、前掲註(12)。
(39) 山口誠司「安土城所用瓦の再考(二)―軒平瓦Ⅷ型式に着目して―」(『淡海文化財論叢』第十輯、淡海文化財論叢刊行会、二〇一八年)。
(40) 前掲註(10)。
(41) 前掲註(13)。
(42) 泉武「4．龍王山城南城跡」(『天理市埋蔵文化財調査概報 平成8・9年度』、天理市教育委員会、二〇〇三年)。
(43) 堺市教育委員『堺環濠都市跡(SKT1029)発掘調査概要報告』『堺市埋蔵文化財調査報告第一四七冊(堺市教育委員会、二〇一四年)。
(44) 和歌山県文化財センター『根来寺坊院跡』(和歌山県文化財センター、一九九七年)。
(45) 大津市教育委員会『坂本城跡発掘調査報告書』(大津市教育委員会、二〇〇八年)。
(46) 前掲註(6)山崎二〇〇八書、前掲註(16)。
(47) 前掲註(6)山崎二〇〇八書。

図版出典
図1　註15文献
図2　註21文献
図3　註30文献
図4　註37文献
図5　註37文献所収図を一部改変
図6　註39文献

Ⅲ　近畿の環濠集落

藤岡英礼

はじめに

環濠集落とは、中世において集落を防衛（自衛）するため、その周囲を濠で囲んだ村の城を指すことが多い。大名などの武家権力が弱く、村落等の自立性が強い近畿地方の地域的な特徴と評価される。従来は、教科書でも知られる大和国（奈良盆地）や南山城地域を中心に議論されてきたが、『図説近畿城郭事典』など近年の刊行物により、大阪府や兵庫県下でも横矢掛かり（以下、横矢と称する）や折れを持つ環濠集落の縄張りが明らかとなった。そして近畿地方で共通する縄張りを持つ集落の実像も明らかとなってきたのである。

しかし、一方で環濠集落がどのように形成されたのか、成立背景は相変わらず謎のままである。こうした環濠集落を考えるには、集落の内部構造だけでなく、農村や寺内といった中世の集落研究を踏まえる必要がある。ただ、蓄積された研究は膨大で方向性も多岐に渡るため、全体像を掴むことは筆者の手に余る。そこで本稿では、主に縄張り研究の立場から、集落にとっての「環濠化」とは何であったのか考えたいと思う。

一、環濠集落の定義をめぐって

環濠集落は、兵庫県（播磨国）では「構《かまえ》」とも呼ばれるが、近畿地方の平野部で広範囲に分布している。早くから歴史地理学や文献史学、考古学、城郭史の諸分野で実証的な研究が蓄積されてきた。しかし、各分野が提示する環濠集落の実態は異なっており、分布数や定義づけばかりか、取り扱う時期も様々で、共通の議論ができていない状況にある。

例えば奈良盆地（奈良県）では、歴史地理学の成果を踏まえ、およそ二六〇ヶ所とされるが、集落の用水機能を重視する傾向があるため、集落の一ないし二方向にしか回っていない用水路であっても濠と規定し、環濠集落に数えている。奈良盆地で最高所に位置することで著名な竹内環濠集落と萱生環濠集落（いずれも奈良県天理市）の濠は、実際には集落の前面にある池や古墳の周濠を二次利用したに過ぎず、古墳の墳丘から集落が見下ろされてしまうなど軍事性が希薄である。

無論、集落を巻き込んだ中世後期の合戦は、環濠の存否にかかわらず集落への布陣と攻防を繰り返しており、軍事的緊張と環濠化はストレートに結びついていない。環濠集落が指し示す「軍事」とは何なのか、固有の意味を考える必要があるだろう。

環濠の主たる機能は、用水か軍事、またはその両方を兼ねたか意見がしばしば分かれる。発掘調査の増加により、現在では小溝しか認められない集落であっても、かつては大溝が併行したことや、集落以外にも広範に大溝が検出され、想像以上に水路が巡らされていた実態が明らかになっている。こうした状況を前にした時、地表面観察で得られた集落景観から遡及される中世の実態とはごく一部に過ぎず、絵図や地籍図を用いた検討ですら限界を感じざるを得ない。中世には我々が考える以上に環濠集落が広範に存在した可能性があり、環濠が存廃する理由も射程に捉えなければならないだろう。

ただ、発掘調査で検出された大溝についても問題がないわけではない。例えば、実際の存続期間は出土遺物が土層ごとに良好に出なければ特定は難しい。また、現在の集落と結びつかない遺跡化した事例が多く、必ずしも変遷がストレートに追えるわけではない。何より、現集落下での発掘範囲は狭小であるため、検出された大溝が集落を囲む環濠なのかはっきりせず、その性格を特定することは難しい。発掘された大溝が環濠か否か慎重さが求められるが、大溝単体では明確な指標を提示することは難しいと言えよう。

また、環濠集落という用語を該当する遺跡・諸物に当てはめようとする場合、長い集落史の中でどの時期を切り取るかも問題となる。城館が廃城後に集落化したり、城館と集落が並立したものの一方が廃絶すると、類型自体に影響を及ぼしてしまう。対象とする遺構の性格や形態が容易に変化するので、結果として議論が多岐に渡りかねない。何をもって環濠集落とするか、横断的な概念提起もなされるべきだが、環濠集落の最大の特徴は、軍事的編成が為されているかどうかであり、ひとまず成立した段階を定点として考えるべきであろう。

二、環濠集落の構造と前提

このような環濠集落の性格を考える前に、環濠集落の基本的な空間構造を確認しておきたい。図1は、奈良県田原本町の保津環濠集落である。『図説近畿城郭事典』でも詳述したので概略を述べるにとどめるが、その縄張りは一三〇×一九〇メートルを測る集落の四方を土塁と環濠による防御ラインで囲郭し、出入り口を一もしくは二ヶ所に限定する。集落の正面口に対してはラインを折って大規模な横矢を設けるが、横矢の周辺には、寺社境内地や高札場、庄屋敷といった村の公共的な場（公有地・入会地・村有地）が集中している。

屈曲する村内の道路は、一般的にアイストップ（遮蔽）を駆使した軍事的産物と解説されることが多い。しかし集落内部で実施された過去の発掘調査によれば、現集落の下層には、規模などは不明ながら、大溝を伴う複数の屋敷地が先行することが知られている。保津集落が環濠化するにあたり、屋敷地はこれを囲繞する大溝を埋めつつも、区画の形態は維持していった可能性があり、大溝跡に設けた道路はその形態に規制された結果、屈曲したように見える可能性がある。事実、番条環濠集落（奈良県大和郡山市）などでは、出入り口に横矢を設けるものの、集落のほぼ中央を直線的な道路が走っており、村内の道路屈曲は必須のものとはなっていない。

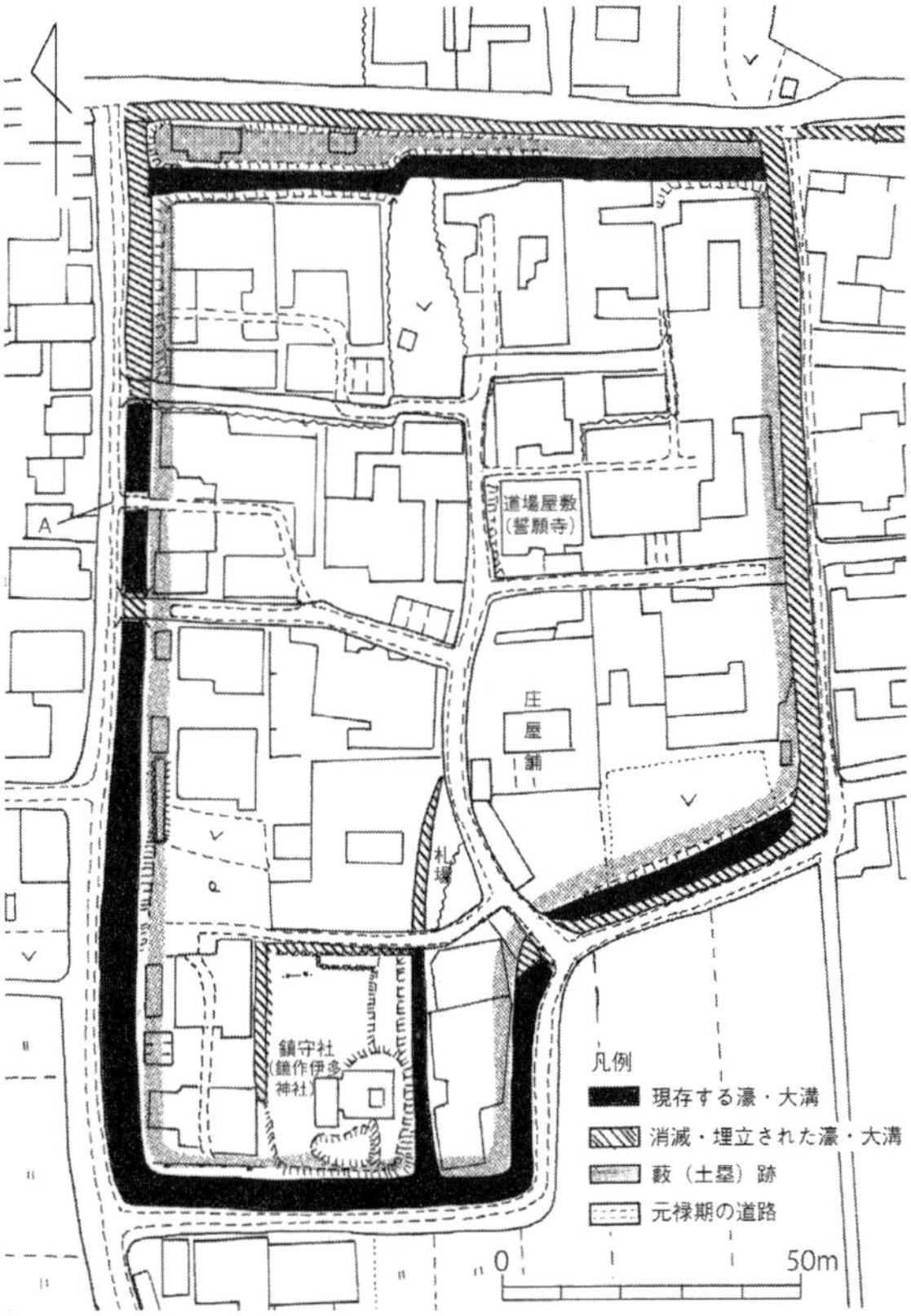

図１　保津環濠集落復元図　作図：藤岡英礼

　保津環濠集落の前身は、大溝を伴う屋敷が群在する「環濠屋敷群」であった可能性が高く、十五世紀後半には復元図に近い単郭化した集落の四方を土塁と濠で囲んだ一元的な縄張りになったと考えられる。

　環濠屋敷群とは、区画溝に囲まれた屋敷地が複数集合した「環溝屋敷群」を前身とする集村の一種で、十三世紀頃から見られる。過去の研究では、市川秀之氏が考古学の知見を基に、散村から環濠屋敷群を経て環濠集落に至る発展過程を提示している。一方、千田嘉博氏は村と村落領主（武士）の関係性から、中世集落は館や大型城郭を核とする武士化と、館が消滅して核を持たない環濠集落に至る惣村連合化の方向性に発展が分かれるという模式を提示した。もっとも、規模の差こそあれ、環濠集落内に居館が残る事例は多く、居館が武士化への志向を常に持ったとしても、直ちに方向が二分化するものではない。

千田氏はさらに、武士化する城館は、惣領の城と直属家臣の二重構造を持つ大型城郭と、二重構造にない同名館城群のタイプに分けたが、このタイプは実際には集村の一つである環濠屋敷群として成立している。百姓一般だけでなく、雨森集落（滋賀県長浜市）のように百姓（村）を支配する土豪とその被官からなる場合や、植城（滋賀県甲賀市）など、同名中組織など武士だけに止まらない幅広い階層で築かれていた。保津村は環濠屋敷群からの発展がうかがえるが、環濠屋敷群の事例の多くは現集落とは離れた場所で遺跡化しており、複数の集落がある段階で移動した上で、環濠集落が形成されている可能性が高いと言えよう。

環濠屋敷群から環濠集落への変化は、集村における発展段階として捉えてきたが、両者の縄張り上の本質的な違いは、集落を防御する上で個々の屋敷を単位とするか否かにある。

保津環濠集落の土塁は、元禄十七年（一七〇四）の絵図によれば屋敷単位での所有となっているが、本来は村の入会地であった思われる。発志院環濠集落（奈良県大和郡山市）での聞き取りでは、堀の内側一間幅分が村の入会であり、それは残存する土塁幅に対応していた。つまり環濠集落化とは、環濠屋敷群からの発展という単線的なものではなく、屋敷（家）単位の堀や土塁を廃し、屋敷地の自立性や同名中的な組織を構造的に止揚（変換）した上で、一元的な防御を迫るものであった。ちなみに、集落の周囲を巡る大溝を環濠と認定する際に、集落（屋敷地）との距離が問題になるが、土塁を伴うことを考慮すれば、集落（屋敷地）の側面を巡るものこそ、環濠と捉えるべきであろう。

歴史学において集村は、戦争や飢饉などによる「村」の生存が困難な時代において、百姓を中心とする「家」の連合体が生み出したもので、武力を保有する自立的な村落の象徴とされる。村は中近世の移行期となる戦国期に、これまで立脚していた荘園制から脱却しながら、領主に対して年貢等を請け負う村請を社会団体として実現し、現集落につながる村町制に結実するとされる。この集村化が実際の遺構において、環濠屋敷群と環濠集落のどちらを指すかは不明である。そもそも、住民の結合や軍事力の発動は、環濠を伴わなくてもすでに菅浦（滋賀県長浜市）のような湖岸の集村では村落間抗争において発動されており、集村の形態にかかわらず、村の武力は戦国期には普遍的に認められるものであった。

また、「村」が家を守る連合体─集団装置とするならば、環濠屋敷群の方が形態的にはふさわしい。事実、そうした形態の方が、近畿地方に止まらず、関東や佐賀平野（佐賀県）など全国的に広範に認められ、中世から近世初期に至るまで一般的な存在であった。

三、環濠集落の構築主体

環濠集落化とは、基本的に自立性の強いすべての屋敷地に対して、防御ラインに直面させ、一元的な防御を日常的に強いる、村による過酷な自力が発揮された特異な形態の集落である。つまり、家連合を止揚しなければ完成しないわけであって、これを築くには住人の合意を取り付ける何らかの指導力が発揮されたと想像される。

筆者は、大和の環濠集落を、武士居館と集落との関係（距離感）や集落形態で分類し、多様さを明らかにしたことがあった。構築主体が多様であるため、現在では平城のカテゴリーに入れるべきものもあるが、一元的な防御集落を形成するにあたり「居館中心型」は強力な領主が主導力を発揮すれば環濠屋敷を解消して達成しうるが、居館が村に埋没し一隅にしか占めない「居館角遇型」や、居館を見ない「惣村型」はどのように環濠化を達成したのだろうか。

若槻環濠集落（奈良県大和郡山市）は、渡辺澄夫氏により鎌倉時代に庄官の居館と村社（宮）を両核とする集落は、その後大溝で繋がり環濠集落になったことが示されている。その主導者については、近年では沙汰人が注目されている。

沙汰人とは、中世後期の在地の有力者（小領主とも言われる。土豪や有力百姓や侍クラスの人物）が、領家により村を代表する指導者層と位置付けられる存在であり、西村幸信氏によれば、戦国期にはそれに連続する庄屋が、荘園領主の支配機構の末端構成員たる庄官としての側面を払拭し、集村化された村の中核になるとされている。若槻などの環濠化にあたっては、興福寺大乗院門跡といった領家は在地の実情を知らず、関与も低く、庄官も在地から遊離する中で、沙汰人が村落をリードして環濠形成の核になるとした。

一方、小谷利明氏は植松庄（京都市）を例に、文明元年に守護が領主（領家）である東寺に命じて村に堀（要害）を築くための「堀銭」を賦課したが、費用負担をめぐって寺家と村側で問題が起こり、守護の意志が遂行されない事態を招いたとする。村の有力者の動向は詳らかでないが、守護といった上級の武士勢力はその後、軍備に伴う村での要害の築城にあたり、地域防衛を名目に寺家の協力を導いたという。西村氏と小谷氏の間では、環濠が築かれる背景だけでなく寺家（領家）の影響の有無についても議論の方向性が分かれている。

永禄五年（一五六二）に環濠集落の構築した大藪村（京都市）は、道路を付け替え堀を廻し、出入口を一ヶ所に限定する縄張りプランの実現にあたり、大藪氏という村の有力者が領家たる東寺の植松庄代官に申請している。大藪氏は、村内身分を維持したまま守護らに編成されていたと思われるが、領家に対して寺領や年貢の損失だけでなく、地域維持という名目と標榜する手法は、守護らが推し進めた村での築城方法を大藪氏の主導の下で踏襲したと看取される。ただ、大藪環濠集落で大藪氏の居館は防御ラインにわずかな折れを伴う小字殿屋敷の一部を占める居館角隅型に過ぎず、居館は村に埋没し、横矢の場所を占めていない。また、守護らと大藪氏が築城を主導するのであれば、わざわざ堀や道路、出入口といった縄張りの仕様を寺家に伝える必要はなかったであろう。

環濠集落は在地レベルの武士の城より大規模で、よほどの大軍でなければ攻囲できず、これを攻略するには出入口など限定されたポイントに集中したと思われる。このため、横矢を行う地点は軍事的な比重が高く、住民にとってそこに配置されることは相当なリスクであった。集落内で有力者が軍事的に優越すればその地点に居館を置きうるが、これは村内の軍事的イニシャーチブルを誰が握るかといった支配関係に直結しかねない問題を惹起するため、誰が（何が）そこを占めるかは縄張り上、重要な問題になったと思われる。

奈良盆地の惣村型（稗田環濠集落など＝大和郡山市）や居館角隅型（小南環濠集落など＝大和郡山市）の環濠集落では、横矢や突出部には有力者の居館よりも村落内寺社や、村内で相対的に小規模な屋敷、または荘園の政所であった庄屋敷が占めるケースが多い。村の公的な機関に横矢を置くのは、住民の合意を得やすいだけでなく、村落内寺社と本末関係を持っていた興福寺や多武峰《とうのみね》寺といった寺院勢力の承認も得やすかったと考えられる。大藪村の環濠化は、横矢は場所が不明で、現在の出入口付近に該当する寺社はないが、縄張りには寺家の意志も関与したと思われる。

自力（自律）が強調された移行期の村であるが、寺院勢力（領家）はなお、村落内寺社を管掌していた。環濠化が促進される十五世紀後半は、寺院や鎮守社境内の住民による拠点化（宮座）が顕在化する時期に重なっており、戦国期においても惣庄という枠組みはある程度維持されていたと思われる。大和守護を自認していた興福寺の大乗院門跡である尋尊は、筒井氏や越智氏といった最有力国人の地域支配が進む中、最重要の祭祀として一国規模の反銭賦課を要求する「維摩会」が、国人の私段銭を賦課する領域の拡大で停滞する中、「寺門反銭ハ百姓等直成也、仍下司不存知」として下司たる国人・土豪を排して村への直務を思念した。その効果・実効性は不透明だが、環濠化は村の自力だけでなく、寺院勢力が介入することで実現した双務的なシステムの可能性があり、結果として在地有力者の勢力伸張も抑えられたと考えられる。

四、環濠集落の発展と惣構え

環濠集落の構築には、村の自力を保証する寺院勢力（領家）が関与した可能性をみたが、奈良盆地を見る限り、惣庄の体制が残る一段階古いという印象を与えるかもしれない。

戦国期には武家の城館が規模・量ともに拡大する中、寺院勢力が関与した多様な平地城館の一つに過ぎなくなるが、環濠集落は戦国期を通じて存続し続ける。

室町期から戦国期に和泉国に進出した紀州の根来寺（和歌山県岩出市）は、天正十三年（一五八五）に羽柴秀吉との戦いに臨むに際し、窪田村を除く積善寺・高井・畠中・澤からなる環濠集落を、近木川沿いの前線基地に取り立てた。これらの集落は日常的に根来寺の勢力下にあり、畠中村を除けば城館を構えうる在地有力者は顕在化していなかったが、『根来寺城配置図』（近世の作だか、地割の描写は信憑性がある）によれば、主郭を中心に集落を編成する二元化の構造となっている。

千田嘉博氏は集落を囲む防御ラインについて、武士化に向かうものは物構え、村連合に向かうものは環濠と用語を使い分けているが、寺院勢力による環濠化は戦国期の最終段階で大きく武士寄りに指向を変えたといえよう。

このため、環濠集落の発展が惣構えにつながるとの見方もできるが、指向性について浄土真宗勢力の寺内集落（以下、真宗寺内と称す）で見ておこう。仁木宏氏は、織豊政権が自己の城郭・城下に築いた惣構えは、戦国期に真宗寺内が先行して発展させ、政権に影響を及ぼしたとする。ただ、前川要氏は寺内の環濠や土塁の多くは豊臣期に大きく改修・新築されたとする。たしかに、貝塚寺内（大阪府貝塚市）や今井町（奈良県橿原市）は出入口に馬出を持っており、その影響を認めうる。しかし、金森寺内（滋賀県守山市）や久宝寺寺内（大阪府八尾市）では、集落をリードする寺院や有力者居館が軍事的に比重の高い横矢に占地しており、元は一般住人や在地有力者の屋敷地が防御ラインと不可分であったと思われる。

一方で真宗寺内は、山科寺内（京都市）のような大規模な防御ラインや、遠藤啓輔氏が復元図を提示した大塚寺内（兵庫県尼崎市）のように、戦国期の段階ですでに屋敷地から外縁の防御ラインを遊離させ、そこだけで防御作戦が完結できる惣構えの動きを見せている。真宗寺内には両方の縄張りが併存していたといえるが、真宗寺内に限らず環濠集落自体も時代の降下に従い、二元化していったのであろう。集落の防御は、住民の意志や行動と一体的した環濠集落のそれとは大きく異なり、集落外部の勢力も誘導できる大規模な城郭に変化したのであった。

おわりに

環濠集落に関する史資料はいまだ少ないため、縄張りから見た総花的な議論に終始してしまった。しかし、守護や在地勢力といった武士の城郭が未整備な時期に、なお、地域の秩序に影響を及ぼす寺家と、新たな軍事集落化を目論む村によるもう一つの城郭の可能性や社会の方向性を示すものとして、環濠集落は貴重な存在だといえよう。なお、環濠集落の分布とそれに連なる村落間連合について触れなかったが、廃絶した集落や中世の旧観について未知の部分があまりに多い現状では、分布論などによって連合内部の構造に触れることは明確に議論がし難いというのが実情である。

筆者が奈良盆地の環濠集落を訪れたのは今から三十年近く前。卒業論文の締め切りが迫る中、自転車を繰り出し盆地中を必死に踏査していた。その頃も水質などの環境問題で濠が徐々に埋められて溝化しつつあったが、土塁や屋敷割りは旧観をとどめていた。ところが、『図解 近畿の城郭』の執筆のため、二〇一五年頃から再訪したところ、すべての集落で家屋の改築や再開発が進んだ結果、旧観は失われてしまい、愕然としたことが忘れられない。その保存は遅きに帰すが、家屋のリニューアルや再開発という集落内部から起こされた時代の流れは止められまい。中世の流れを汲む景観を失うことは断腸の思いがあるが、景観破壊と引き換えに、発掘調査が進展して新たな知見が出ることがせめてもの期待である。

【主要参考文献】

市川秀之「環濠集落成立に関する一考察」（『史泉』六五、一九八七年）

稲葉継陽『戦国時代の荘園制と村落』（校倉書房、一九九八年）
浦西　勉「第一章　宮座の様式に関する通時的論考」（同『仏教と宮座の研究―仏教伝承文化論考』自照社出版、二〇一〇年）
榎原雅治『日本中世地域社会の構造』（校倉書房、二〇〇〇年）
遠藤啓輔「塚口城」（中井均監修・城郭談話会編『図解 近畿の城郭』Ⅱ、戎光祥出版、二〇一五年）
小谷利明「付論２　堀銭考―畠山義就の山城占領」（同『畿内戦国期守護と地域社会』、清文堂出版、二〇〇三年）
千田嘉博「村の城をめぐる５つのモデル」（同『織豊系城郭の形成』、東京大学出版会、二〇〇〇年。初出は同タイトルで『年報中世史研究』一六、一九九一年）
田村憲美『日本中世村落形成史の研究』（校倉書房、一九九四年）
田原本町教育委員会『田原本町埋蔵文化財調査年報13、二〇〇三年度』二〇〇四年
仁木　宏『空間・公・共同体』青木書店、一九八七年。
仁木　宏「文献史研究よりみた寺内町研究の成果と課題」（『第11回関西近世考古学研究会大会　寺内町研究の成立と展開―考古学から』関西近世考古学研究会、一九九九年）
西村幸信『中世・近世の村と地域社会』（思文閣出版、二〇〇七年）
長谷川裕子『中近世移行期における村の生存と土豪』（校倉書房、二〇〇九年）
藤岡英礼「中世後期における環濠集落の構造」（村田修三編『新視点中世城郭研究論集』新人物往来社、二〇〇二年）
藤岡英礼「保津環濠集落」（中井均監修・城郭談話会編『図解 近畿の城郭』Ⅳ、戎光祥出版、二〇一七年
藤木久志『戦国の村を歩く』（朝日新聞社、一九九七年）
前川　要『都市考古学の研究』（柏書房、一九九一年）
村田修三「城跡調査と戦国史研究」（『日本史研究』二一一、一九八〇年）
渡辺澄夫「環濠集落の形成と郷村制との関係」（同『増訂畿内荘園の基礎構造』下、吉川弘文館、一九七〇年）
中井均監修・城郭談話会編『図解 近畿の城郭』Ⅰ～Ⅴ、戎光祥出版、二〇一四～二〇一八年

Ⅳ　築城技術者に関する試論

伊藤俊治

はじめに

ナゾナゾに、「大坂城を作ったのはだれ?」というのがある。答えは「豊臣秀吉」、ではなく「大工さん」。たわいのない答えだが、本質を突いてもいる。しかし、この「大工さん」の個人名を答えることは難しい。各地の城跡には「この城は家臣の○○によって築かれ……」等と築城担当者について書かれた説明板を見かけるが、実際に城を築いた人々については、わかっていないことが多い。

築城の過程のうち、石垣構築に関しては多くの研究があり(1)、技術者や職能集団の存在が指摘されている。また、櫓などの建築は、少なくとも大規模な城郭では「大工」「棟梁」を中心とした技術者が関与し、多くの大名がそうした技術者を雇用、家臣化したことが知られている(2)。

では、それ以外の築城プロセス、特に「縄張」と呼ばれる作業に関してはどうだろうか。どんな人々が縄張したのかは、縄張技術の進化や伝播を考える上で重要な問題となるだろう。本稿では戦国～近世初期の築城担当者、特に縄張技術者について検討する。

一、各地の「城作り」たち

戦国期のいくつかの史料には、「城作」と呼ばれる人々が登場する。彼らは城の「縄張」を行った技術者の例として取り上げられることが多い[3]。この「城作」について、まず確認する（傍線は筆者、以下同じ）。

『天文日記』の天文二十一年（一五五二）三月十日条に、「城を作る松田罷帰候間、五百疋、梅染三端遣之。中務取次之」とある。同じく、天文二十二年二月廿日条にも、「走井備前へ、三種五荷遣之、使麻生也、以頼言書状也、此儀者松田入道（城作也）、令謀書段相届之処、返事絶言語次第也（後略）」とある。これは、松田入道が河内守護代遊佐長教の家臣・走井盛秀に関係して謀書（公文書偽造）を行った事件の記事として知られている[4]。この謀書事件の被害者智円が本願寺に提出した「聖同宿申条々」では、松田入道について「京都之城つくりとやらん松田と申者」とあり、松田入道が京都の者であったことがわかる。

また、あまり注目されていないが、天文六年正月廿一日条には「城作匂当城木会候」との記述も認められる。文意がはっきりとしないが、また別の「城作」であるのかもしれない[5]。

次に、『信長公記』巻十三には「抑も大坂は凡そ日本一の境地なり。其子細は（中略）、隣国の門家馳集り、加賀国より城作を召寄せ、方八町に相構へ（以下略）」の記述がある。この記事は巻十三が記す天正八年（一五八〇）の出来事ではなく、過去を振り返っての描写と思われるので、この「城作」は『天文日記』の松田入道を指す可能性もある。しかし、松田入道は「京都之城つくり」であるので、彼とは別に「加賀の城作」が存在したのかもしれない。

次に、『多聞院日記』の用例を挙げる。「一昨日廿日　竹内城ヱ十市衆取懸仕損了、少南平三並坂ノ市ノ介（アキノ国ノ住人、城ツクリ也）、今一人名字シレス、三人打死了云々」。これは天文十五年（一五四六）八月廿一日条の記事で、「城作」と称される技術者が大和国の竹内城（奈良県当麻町の竹内城か）のような中小城郭にもいたこと、彼が安芸国の「城作」であったことがわかる。また、「城作」が戦死していることが注目される。

上記の史料からは、「城作」の職務ははっきりしない。「作事」に関する職能との説もあるが、『天文日記』の中では他の箇所で「棟梁」「大工」という語が使用されているので、それとは区別される職能と考えられる。また、松田入道は政治的謀略に関わっていた節があり、取次が存在していることから、普請の職人としては地位が高すぎるように思われる。

一方、齋藤慎一氏は、北条氏政が小田原城（神奈川県小田原市）に「要害之是非とも存知之者」を招こうとした書状（北条氏政書状、『藤岡町史』90）を挙げ、東国にも「城作」のような人々がいた可能性を示した。さらに齋藤氏は、縄張から武田系や北条系とされる城郭には、実際には武田氏や北条氏が築城したものではないものがあるとし、そのことを通じて大名家に属さない築城技術者集団を想定している[6]。

各大名の城郭には特徴的な縄張があり、各大名家中に独自のプランニング技術が確保されていたと捉えるのが通説で、これが「大名系城郭」と呼ばれている。齋藤氏は、この「大名系城郭」の存在に疑問符を付けたため、いわゆる「杉山城問題」と呼ばれる大きな論争を引き起こすに至るが、次第に論争の争点は考古学的知見と縄張り編年のズレにシフトしていった。そのため、「縄張技術者」自体についての議論は深まっていないと言える。

ただ、「大名系城郭」の存在を認める立場であっても、各大名家中に特定の縄張り技術が確保されていたとする理解には立っているので、何らかの「縄張技術者」の存在を想定していることで共通する。また、東国の「要害之是非とも存知之者」が「縄張技術者」でないとしても、西国に「城作」が存在したことは疑いない[7]。問題は、「城作」

の職務内容である。

二、築城担当者の職務内容の具体例

では、実際に各地の築城は誰が、どのように行ったのだろうか。

個々の城郭や、築城の名手と呼ばれる幾人かの武将については多くの研究があるが、中近世城郭の築城担当者を全体として検討した研究はあまりない。そこで、築城（主に縄張）に関わったとして名前の挙がる人物を、各地の自治体史や『日本城郭大系』などから検索し、その典拠史料上の表現を約一〇〇城・約二〇〇点を抽出した。(8) 取り上げた史料は、俗説に近いものまで含んでいるが、その史料が成立した時点で、「ある人物が築城に携わっていたとしても不自然ではないと考えられていた」いう意味合いで取り上げている。

抽出した史料の事例を通じて、築城に関する作業について大きく三点を読み取ることができた。

①現在言うところの「縄張」と同意の用語が複数存在し、それらはいくつかのグループに分けられる。

②「縄張」には、単なるプランニングとは異なる意味で使われている場合がある。

③縄張り作業に関連して、「絵図」あるいは「指図」が使われている例がある。

次に、これら三点について具体的に検討する。

（1）縄張の要素技術

まず、①の点については、「縄張」の同意語として、縄、規矩、地選、城取、見立、経営などが挙げられる。また、検討の結果、これらの用語は、町場の建設や大規模寺院の建設においても幅広く使われていることも明らかになったが、この点については、紙数の関係で別稿に譲りたい。

抽出された「縄張」同意語は、少なくともａ城築・経営・営作、ｂ地選・選地・城取（立）・見立・見分、ｃ縄（張）・矩縄・引縄・御縄・縄打・規矩・規画・規度、の三グループに整理できる。

ａ城築・経営・営作の用語は、一般的な「築城（を企画）する」という意味だと思われる。[9] これに対し、ｂおよびｃの用語群は、もう少し具体的な作業からきた用語のように思われる。つまり、現在我々が「縄張」と呼んでいるものには複数の要素技術が含まれ、その後それぞれの技術を示す用語が混用されたと考えれば理解しやすい。この要素技術について次に検討する。

（２）選地

ｂ地選・選地・城取（立）・見立・見分の用語群はいずれも城郭の場所決めに関する語意を持ち、立地を決める技術や作業から来たものだと考えられる。城の立地は主に軍事的な理由で決められると思われ、史料によれば城主自ら選地を行っている例が多くみられる。

選地に関わる「技術者」としては、いわゆる「軍師」が挙げられるが、実在した軍師的な存在は、主に易占を行う呪術者に近いものであった。[10]『甲陽軍鑑』に見える山本勘助も、城の選地については易占に基づく行為をしている。[11]

中世に、このような易占技術者を供給していたのが足利学校（栃木県足利市）であり、多くの大名が同校出身者を雇用している。[12] 彼らが築城に関係した実例として、足利学校九世庠主閑室元佶と南禅寺の筠渓玄轍が、毛利氏の萩築城（慶長九年〈一六〇四〉）時に選地の吉凶を占っている事例がある（毛利家文書一一七四〜一一七六）。

また、津軽信枚の弘前築城（慶長十五年〈一六一〇〉）に当たっては、沼田祐光という人物が地形の吉凶を占ったとされる。[13]『津軽一統志』によれば、祐光は「沼田面松斎とて易に通じ天文に委く」（巻第三）とあり、やはり易占技術者と考えられる。

陰陽師にも同様の伝承があり、讃岐高松築城（天正十六年〈一五八八〉）では陰陽師・安倍有政が選地の吉凶を占ったという。[14]

同じことは、他の城でも行われたと思われるが、その実態は軍事的な見地で行われた選地に易占技術者がお墨付きを与えるといったものであったのではないか。ただ、中近世の城郭の選地が純粋に軍事的理由のみで決まったとも考えにくく、こうした「易占による選地」が縄張の要素技術の一つであった可能性は高い。

（3）測量

選地した土地の地形に合わせて築城プランを考える、あるいはプランに合わせて地形を改変するためには、測量が欠かせない。

「縄張」と同意語のｃ縄（張）・矩縄・引縄・御縄・縄打・規矩・規画・規度は、語義として測量に関連した意味を含んでいる。測量も縄張の重要な要素技術であったと考えられる。

残念ながら、中世以前の測量技術の研究はほとんどなく、詳細は不明である。古代には、「図師」と呼ばれる国衙の官人が測量を行い、土地台帳図「田図」を作成していたが、律令制の崩壊とともに十二世紀以降には国衙の図師に替わって、民間の「図師」が文献に登場するようになることが示されている。[15]中世に土地の検注・測量を行ったのは、このような民間図師と思われ、彼らが中世の築城で働いていた可能性もある。

戦国期の例としては、『陰徳太平記』の広島築城（天正十七年〈一五八九〉）に関する「二宮信濃守を奉行として、（黒田）孝高の指麾をうけ、土方氏に命じて、土圭を以て日景を攷へ方を弁へ、右社後市の位を正し、奥草を剃り繁蘆を刈り、匠人鈎縄を投げて方面勢覆を審かにし高深遠近を量り」という記事（巻七十五）から、「土方氏」とは測量技術者ではないかと考察されている[16]。戦国期には、このような技術者が、縄張の一環として測量をしていた可能性は十分あるだろう。

他にも、天正十五年の博多町割では、フロイスは「司祭は彼（秀吉）がその船上から地割りのために綱を張るように命じているのを見[17]」と述べており、縄を用いた測量作業が行われていることがわかる。『黒田家譜』巻四では、この作業のことを「縄張」と呼んでいる。

「縄張」という語が、博多のように町場建設や大寺社建設[18]でも登場するのは、いずれにおいても測量作業が重要であったためであろう。そもそも、「縄張」とはこのような作業から生まれた言葉と考えられる。

中近世移行期の「測量事業」としては、太閤検地が代表的である。織豊系城郭の全国への拡散に当たっては、「太閤検地」に伴う測量技術の拡散と、それに伴う大名家中での技術系家臣の登場が大きく影響した可能性を指摘しておきたい。

実際に近世に入ると、各大名家中で、測量や検地担当の家臣が築城を担っている例が散見される。有名なところでは、松江城の縄張をしたと伝えられる小瀬甫庵は、出雲で太閤検地に関わっている[19]。他にも、検地奉行である有吉立行が豊後高田城の普請を命じられている事例[20]などが挙げられる。

（4）祭祀・宗教儀式

②に挙げたように、「縄張」という語が、築城プランニングとは違った意味で使われたと思しき例もある。典型的な例が、祭祀や呪術である。選地の項で述べた「吉凶を占う」事もそうであるが、他にも築城時に様々な宗教・呪術が行われたことが判っている。[21]そうした祭祀も「縄張」と呼ばれていた形跡がある。

毛利氏の萩築城では、『吉川家譜』慶長九年条に「広家公（中略）去（二月）十八日縄張仕候、漸隙明体候間、頓テ可帰路候」とあり、吉川広家が二月十八日に「縄張」を行っている。ところが、そのすぐ後の記事には「縄張吉川如兼様・益田牛庵エ被仰付、南ノ御門牛庵、東ノ御門如兼様ニテ、六月朔日御縄張初候」ともあり、こちらは六月一日に「縄張」初めとなっている。一見すると、時期が混乱しているようにも思える。これは、『毛利四代実録考証』の「蔵人広家・宰相秀元ノ二人ヲ伴ハセ給ヒ、御縄張ノ御式アリ　東ノ方ハ広家　西ノ方ハ秀元」という記事を踏まえると、プランニングとしての縄張は二月十八日に広家が行い、祭祀としての「御縄張ノ御式」は六月朔日に東門・西門の二ヶ所で行われた、と理解される。つまり、後者の「縄張」には宗教儀式のようなものが含まれていたと考えられる。

また、『高山公実録』の伊賀上野築城の項には、鬼門の櫓に発砲し魔除けをした後に、「縄張」を行ったとの記事がある。[22]このように、縄張作業中に呪術が必要になる場合もあったであろうし、設計段階で呪術を導入する場合もあったであろう。実際にいくつかの城郭では、北東隅に鬼門除けとみられる切り欠きが認められることはよく知られる。

このように、祭祀・呪術も縄張の要素技術であったと考えられ、織豊期までは主に僧侶や陰陽師などの「技術者」に担われていたと思われる。選地の項で紹介した讃岐高松築城で働いた安倍有政もそうした存在であろうし、黒田如水が豊前中津城（大分県中津市）の築城（天正十六年〈一五八八〉）で修験者に地鎮の祈祷をさせた例[23]もある。こうした祭祀は、次第に大名家中の担当者によって行われるようになったことを伊賀上野城の艮櫓や萩城の事例は示している。

（５）絵図の作成

現代の城郭研究書には多くの縄張図が掲載されており、城の構造を論じるのに便利なツールとなっている。築城当時も、③に挙げたように何らかの（絵）図が作られている例が散見されるが、詳細は不明である。「城絵図」と呼ばれる絵図も多数存在するが、現存するものは築城のプランとして描かれたものではなく、近世になってから既存の城郭を描いたものが大半である管見では、近世初期に遡って縄張プランを描いたものは確認されていない。

ただ、設計図の存在を示す記述は散見される。例えば『高山公実録』には、慶長六年（一六〇一）の膳所城（大津市）の縄張について、「公画図ヲ模シテ献シ」「則チ図ノ如ク城築」（年譜略）とある。また、慶長十一年（一六〇六）の江戸城修築でも「有増の絵図出来の後御一覧遊ハし御自身と佐渡守と二人して遊ハし候に何条事か可有之と御意により有増の地形巳下絵図を以段々御伺ひ候得ハ此所ハかく其所はかやうにと御手つから度々御朱引御墨引遊ハし絵図極りて後委く絵ときして将軍に見せ奉るへしと御仰にて持参して御目に懸け申候」（玉置覚書）とある。

毛利家の萩築城（慶長九年）では、選地に関して「絵図」を本多正信・正純に披露し、築城の相談をしている。[24]この絵図は国絵図の類であるようだが、本多正純からの返書には「御国之絵図幷御居城之儀、御書付を以被仰上候[25]」とあるので、城のプランも添えられていたのかもしれない。

こうした絵図は、選地や築城プランを幕府に提出するためばかりではなく、普請に当たる家臣への指示にも使われた。例えば、吉川広家による岩国城築城（慶長六年）の際に、在京の広家が国元へ送った書状には「絵図之旨、以口上申越通聞届候」[26]とあり、国元の普請奉行との間では絵図を用いてやりとりをしている。また、藤堂高虎も居城・津城築城（慶長十六年）に当たって、普請担当者に「普請之様子聞届則絵図ニ付紙付候ことく念被入可申付候」（『高山公実録』慶長十六年条）と絵図で指示を行っている。

「絵図」と関連して、「地図」についても触れておきたい。先に述べたように、城の「選地」には何らかの地図のようなモノが必要である。城の選地に絵図が使われている例としては、文禄の役での倭城築城の例が挙げられる。[27]天正二十年九月廿二日付けの藤堂高虎宛秀吉朱印状に「以絵図城所其外番所儀言上段被聞召候其地勝手よきやう見合可申付候」（『高山公実録』四、被府蔵書）とあり、高虎が絵図で提案した朝鮮の選地を秀吉が承認している。また、文禄二年（一五九三）正月廿三日付け増田長盛ら連署状[28]では、釜山周囲の築城について「彼城所彼是絵図を以申上候」と絵図を付けて秀吉へ報告している。同様の例は、同年七月廿七日付け秀吉朱印状（小早川家文書之一、三二六）の「書状幷城所絵図到来、披見候」、同年八月六日付け秀吉朱印状（浅野家文書七〇）の「城所之儀、従其方相越候如絵図、彌申付之由」などがある。いずれも「城所」について「絵図」で報告しており、地形などの情報を含んだ選地の報告ではないかと思われる。

他にも、慶長十四年に松平康重が丹波国八上（兵庫県丹波篠山市）に入り、亀山城（京都府亀岡市）を築城する際には、「遂ニ康重八上ニ趣キ旧城ノ図並篠山ノ地図ヲ駿府へ献ス」（『高山公実録』慶長十四年条）と、築城の前に古城の図や周辺の地図を幕府に提出している。

戦国大名にとって、道・町・川・山といった地理情報は城の選地ばかりでなく、内政にも軍事行動にも欠くことができない。こうした地理情報は、主に「絵地図」という形で利用されたと思われる。このような「絵地図」として有名なのは、江戸時代になってから作られた「国絵図」であるが、戦国時代のもので現存するものは知られておらず、現存で最古級の米沢上杉家の「瀬波郡絵図」「頸城郡絵図」の成立年代も慶長二年頃とされている。

ところで、信玄には諸国の絵図を集めていたエピソードがある。『甲陽軍鑑』末書上巻「諸国名地、絵図ニて信玄公御存知ノ事」には、「関東しもつま、是ハ雨宮存鉄御使に参候時、ゑづ持来る」、「中国長門はぎ、是ハ公方様御使衆山戸淡路守殿・上福院公・武田上総守殿此三人ニてゑづを被成候て、信玄公へ御目に被掛候」等の記事があり、関東から遠く長州まで幅広く絵図を集めている。遠国の絵図まで集めているところは、信玄の個人的な趣味をうかがわせるようで興味深い。

信玄が集めた絵図は、他国の使者が持ってきたもののようだが、このエピソードは、戦国期にも「地図」が作られ、流通していた可能性を示している。

地図や絵図はまた、軍事行動に先立って作成されてもいる。例えば、天正九年に高山右近は、「彼表堅固の様子、絵図を以て具に言上候」と、派遣された鳥取城の様子を絵図で信長に報告している（『信長公記』巻十四）。また、天正十三年の秀吉の紀州攻めでは「彼路筋。海山之嶮難。舟之着場。馬之立処。以案内者見究。成画図」（『紀州御発向之事』）と、侵攻前に絵図を作成している。

このように、地図を含む絵図の作成技術は縄張の要素技術の一つとしてよいだろう。[29]

おわりに

以上をまとめると、「縄張」は現在のイメージである築城プランニングの意味だけに留まらず、選地・測量・絵図作成・呪術・祭祀などの要素技術を含むこと、織豊期まではそれらを主に「技術者」が行っていたことが考えられる。この技術者たちこそが、『天文日記』などの「城作」の実態であったと考えたい。

「城作」は、戦闘に参加して「戦死」したり陰謀に荷担したりと、単なる技術者というよりは、「兵法者」のように家臣化への志向がある存在にさえ思われる。織豊期以降、彼らが家臣化したり技術が家臣へ伝授されたりして大名家中へ技術が移行し、「縄張」は担当家臣によって行われるようになった、という大きな流れが想定できる。技術の伝播の問題については紙数の関係上、稿を改めたい。

本稿での検討は、史料の制約から編纂物や軍記物など信憑性に問題のある史料からの推測も含んでおり、今後、良質の史料を用いてさらに検討を行う必要がある。いずれにせよ、「縄張」が多様な技術を含むことから、文書に現れる「縄張」の解釈には慎重さが必要となろう。

註

（1）中井均「安土築城前夜」（『織豊城郭』二、一九九六年）、北垣聰一郎「伝統的石積み技法の成立とその変遷」（『橿原考古学研究所紀要　考古学論攷』二二、一九九九年）、中村博司「『穴太』論考」（『日本歴史』六九四、二〇〇六年）など。

（2）田中徳英『加賀藩大工の研究』（桂書房、二〇〇八年）など。

（3）伊藤ていじ『城　築城の技法と歴史』（読売新聞社、一九七三年）、中井均「城郭伽藍本證寺の再検討」（『愛城研報告』二、一九九五年）、「多聞院英俊が見聞した城郭」（『多聞院英俊の時代』、二〇〇一年）など。

（4）藤木久志「一向一揆論」『講座日本歴史4中世2』（東京大学出版会、一九八五年）、神田千里「『天文日記』と寺内の法」（五味文彦編『日記に中世を読む』、吉川弘文館、一九九八年）、鍛代敏雄「本願寺宗主の領主権」（同『中世後期の寺社と経済』、思文閣出版、一九九九年）など。

（5）あえて文意をとれば、「城作の匂当城木と言う者に会った」ということかもしれない。しかし、「〇〇匂当」という人物は『天文日記』

に幾人か登場するが、いずれも「〇〇匂当」という表記で「匂当〇〇」という表記は他に見当たらない。『天文日記』には城入匂当という人物が他に登場するので、あるいはその書き誤りかもしれない。

(6) 齋藤慎一「戦国大名城館論覚書」(小野正敏・萩原三雄編『戦国時代の考古学』、高志書院、二〇〇三年)。

(7) 関口和也「『城郭技術者』の再検討」(『中世城郭研究』二五、二〇一一年)。

(8) 紙数の関係上、抽出結果の詳細は別稿に譲る。

(9) 「城築」は江戸期の軍学でよく使われる用語である。例えば、山鹿素行の『配所残筆』には「我等存候聖学之筋目は(中略)、政道・兵法・軍法・陣法・営法・城築・戦法有之、是皆武将武士日用之業也」とあって「築城法」という意味で使われ、「しろつくり」と訓ずるようである。用例を検討する必要があるが、ここではその読みから、「城築」は、『天文日記』などの「城作」に由来する可能性を指摘しておきたい。

(10) 小和田哲男『呪術と占星の戦国史』(新潮社、一九九八年)

(11) 『甲陽軍鑑』末書上巻第二、甲州流城取之事。

(12) 前澤輝政『足利学校　その起源と変遷』(毎日新聞社、二〇〇三年)。

(13) 『本藩明実録』慶長十五年二月十五日条に「此所ニツ石と申山ニて松茂り候処、御城地ニ御見立被成候、天文者の由沼田面松斉、出地をトし申候由」とある。

(14) 「正規此所ヲ見立地形ノ吉凶ヲ占ントテ相人ヲ召サル、ニ阿部ノ晴明カ遠裔阿部有政ト云者アリ」(『南海通記』巻之二十、讃州新高松府記)。

(15) 奥野中彦「古代田図と図師」(同『荘園史と荘園絵図』、東京堂出版、二〇一〇年)、「古代図籍制度論」(同『荘園史と荘園絵図』、東京堂出版、二〇一〇年)。

(16) 高見敞志『近世城下町の設計技法』(技報堂出版、二〇〇八年)。この記事の「土圭」や「鈎縄」は測量器具と思われる。

(17) 『完訳フロイス日本史４』第十五章(中公文庫、二〇〇〇年)。

(18) 方広寺大仏殿(『義演准后日記』慶長三年九月七日条)や元和二年の日光東照宮(「西島留書」『高山公実録　巻四十二』)などの建設で「縄張」の語が使われる。

(19)福井将介「二人の甫庵─小瀬甫庵と山岡甫庵─」(『松江歴史館研究紀要』第三号、二〇一三年)。
(20)福永素久「慶長期豊後高田城普請とその意義について」(『愛城研報告』九、二〇〇五年)。
(21)前掲註(10)。
(22)「伊州三ノ丸艮隅ノ二重櫓ハ鬼門タル故　公如何アルヘシトアル　矢倉大右衛門私ニ任セラルヘシト承諾シ我カ預リノ足軽三拾人ニ各鳥銃ヲ持セ行　艮隅ヲ臨ンテ一時ニ放タセ其内ニ縄張ヲスルトナリ」とある。
(23)「宇佐郡記　坤巻　十六」(『宇佐史談』八六所収)。
(24)福原広俊・国司元蔵連署覚書(『毛利家文書』一一七一)。
(25)慶長九年二月三日付け本多正純書状(『毛利家文書』一一七二)。
(26)慶長七年五月二十八日付け吉川広家書状(『岩国市史』所収)。
(27)白峰旬『豊臣の城・徳川の城』(校倉書房、二〇〇三年)。
(28)金井文書(『兵庫県史　史料編　中世九』所収)。
(29)地図あるいは絵図の作成者の問題も残される。江戸時代以前の絵図作成者はよくわかっていない。中世には「荘園絵図」があり、多面的な研究の対象となっている。しかし、誰が絵図を描いたかという分析はほとんどない。奥野中彦氏は、古代「田図」に大和絵風のものがあることから、国衙の「図師」の系譜を引く民間図師が荘園絵図を作成した可能性を論じている(前掲註(15))。測量の場合と同様に、彼らが城郭絵図の作成にも関わった可能性もある。
　毛利氏の萩城築城では、「輝元公(中略)狩野太郎左衛門へ絵図被仰付、六月朔日御縄張始にて」(『毛利三代実録考証』慶長九年十一月十六日条)とあるが、この狩野太郎左衛門には「雲谷派、一通り狩野門弟と成る」との但し書きがあり、狩野派の絵師であることがわかる。戦国から近世初頭にかけ、多くの絵師が地方大名のもとで活躍するが、単に文化的な意味だけではなく、このような実用的な意味もあったのかもしれない。

　江戸期の絵(地)図作成は大名家中で行われている事例も多い。例えば、米沢藩には「御絵図方役」という測量・絵図管理の役職があり、岩瀬小右衛門(岩瀬三左衛門)という「絵図師」の名前が残されているという(矢守一彦『都市図の歴史　日本編』講談社、一九七四年)。絵図作成についても、測量や祭祀と同様に「外部の技術者から担当家臣へ」という傾向が見受けられる。

V 「南朝」の城を検証する――吉野郡・宇智郡の中世城郭

成瀬匡章

はじめに

大峯奥駈道《おおみねおくがけみち》の北の起点にあたる吉野山は、金峯山寺《きんぷせんじ》を中心に数多くの寺社が所在する修験道の本山である。また、元弘の変（一三三一～三年）では大塔宮護良親王の拠点となり、建武三年（一三三六）に後醍醐天皇が南朝を開いた地でもある。南朝が開かれてから南朝皇胤が討たれた長禄の変（一四五七年）までの間、吉野山が所在する吉野郡と近接する宇智郡（奈良県五條市）では、牧・宇野・牧野などの在地武士と、「八旗庄司十六公文《はっきしょうじじゅうろくくもん》」と称される吉野郡の有力名主層が南朝・後南朝を支えていたとされる。そして、両郡内には彼らのものと伝えられる城郭が多数存在している。

本稿ではこれらの城郭を取り上げ、吉野郡・宇智郡の城郭の特徴と、その中に南北朝時代まで遡る城郭が存在するのか検討してみたい。

一、奈良県南部の南北朝期の城郭について

『太平記』には、笠置山城（京都府相楽郡笠置町）・吉野城（奈良県吉野郡吉野町）・千早城（大阪府南河内郡千早赤阪村）

をはじめ多数の城郭が登場する。それらは険阻な地形、または寺院など既存の施設を利用して「堀」・「切岸」・「木戸」「櫓」・「塀」などを加えたものであり、楯を並べた陣地が「城ノ掻楯ノ如ク」(「正月二十七日合戦事（巻十五）」）と表現され、急峻な山岳に立て籠もる行為が「構城郭」とされている。このことから、当時の城郭が簡易な施設であったことがうかがわれる。一方で、八条河原から羅生門跡まで鴨川の水を引き入れた水濠（「六波羅攻事（巻九）」）や、比叡山山麓から琵琶湖まで掘削された空堀（「山攻事付日吉神託事（巻十七）」）、兵庫県三木市の吉田住吉山遺跡群で検出された城郭遺構のように、大規模な土木工事を伴うものも存在する。ただし、両者とも基本的には当面の戦闘に対応するための臨時の施設であったことには変わりはない。若干の例外はあるが、城郭が一定の恒常性を有するようになるのは十五世紀半ばであったとされる(1)。

本稿で取り上げる吉野城は、元弘三年（一三三三）に護良親王と鎌倉幕府との合戦の際に城郭化された吉野山をいう。戦前の郷土史家で吉野離宮などの研究がある中岡清一氏は、吉野城の解明を試み、吉野山各所に残る遺構と奈良県南部の城郭を調査し、その成果を『改訂大塔宮之吉野城』（積善館、一九四三年）にまとめている。時期や築城主体、遺構の評価は現在から見れば不十分な点もあるが、それでも現地を踏査し、一部の城郭については縄張り図も作成するほか、関連する史料・伝承を丁寧に収集・分析し、地籍図・小字名から城郭の構造・範囲について考察を加えている。真摯な研究姿勢をもって著された同書は、現在でも有益な情報を与えてくれる。

中岡説による吉野城は、吉野山を縦走する大峯奥駈道に沿って、吉野川に面した丈六平（現吉野神宮付近）から最奥の愛染宝塔まで、吉野山内に所在する寺院群を利用したもので、吉野川に面した飯貝城・丹治城・六田城・一之坂城を前衛支城とする全長約八キロにもわたる大城郭とされる。また、吉野山周辺の吉野郡・宇智郡のいくつかの城郭を南朝方によるものとしている。

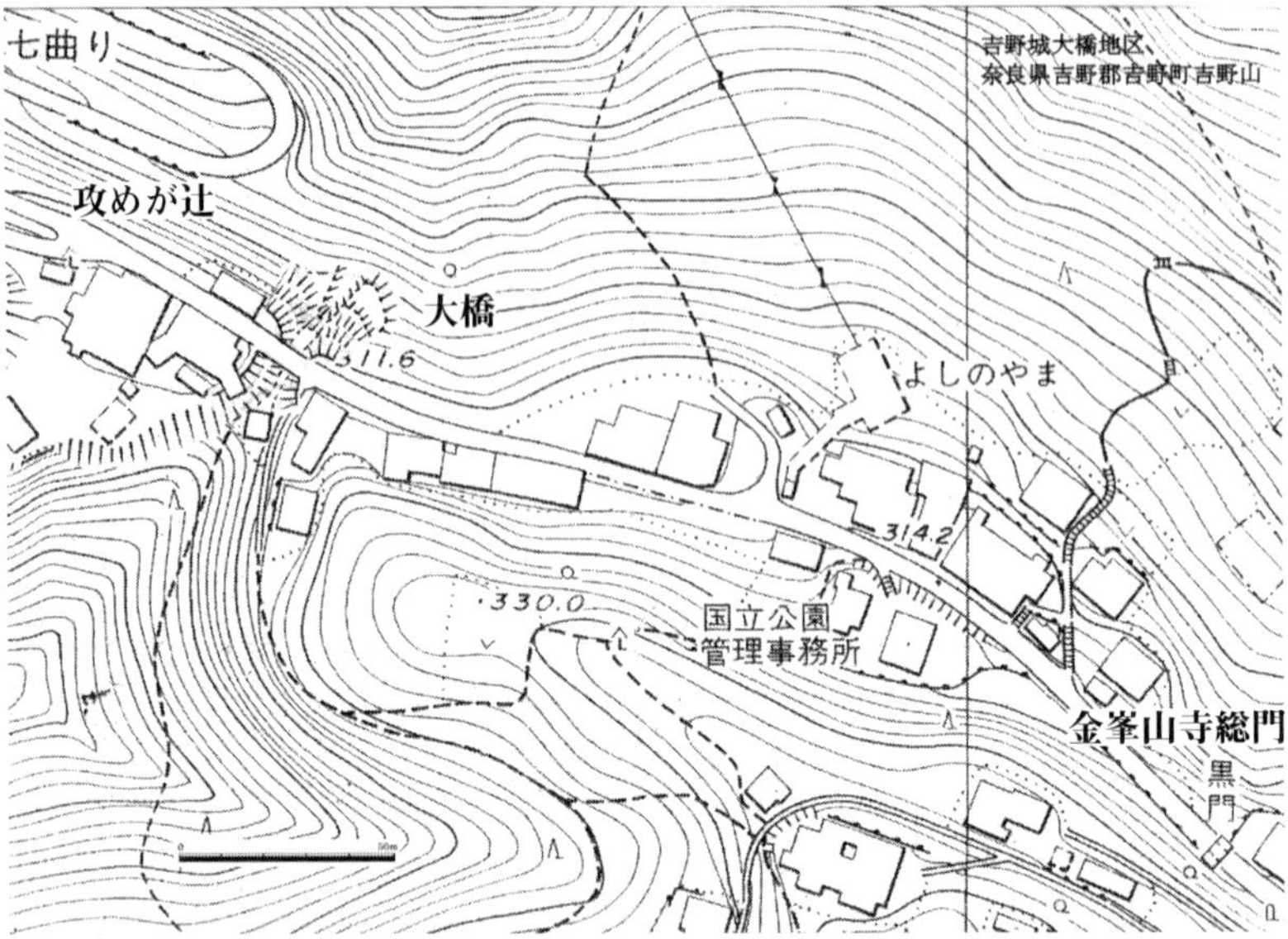

図１　吉野城大橋地区

現在でも、『奈良県遺跡地図』は中岡説に従った範囲を吉野城としており、角田誠氏は笠置城・千早城とともに中岡説に基づいた吉野城と前衛の飯貝城・丹治城・六田城を検討対象として、近畿地方の南北朝時代の城郭の構造・変遷について考察されている(2)。

一方で、吉野城を城郭と評価するかは、城郭概念の基準によって異なるとする見解や(3)、その範囲について、それほど大規模なものではないとする意見もある(4)。

現在、吉野郡・五條市には、吉野城も含め六十五ヶ所の中世城郭が確認されているが、本稿では吉野城と周辺に存在する南朝に関わりのあるとされる城郭を取り上げてみる。

［1．吉野城（吉野町吉野山）］吉野城は、吉野山内の大橋・銅の鳥居・金峯山寺・勝手神社・天王橋・世尊寺・水分神社・高城山・金峯神社を陣地化したものとされる。ここでは、遺構が確認できる大橋・水分《みくまり》神社・高城山の各地区について検討する。

吉野城大橋地区（図１・№１）　大橋は、天王橋・城の橋とともに吉野城の空堀に架けられた「吉野三橋」の一つとされている。近鉄吉野駅付近から延びる七曲坂と、大峯奥駈道の合流点に位置しており、この付近が「攻めが辻」と呼ばれていることから、『太平記』にある「大手の堀」と見なされている。現状は幅約七メートル・深さ約三メートルの鞍部に橋が架かる。橋の後方には黒門と呼ばれる金峰山寺総門が建つ。延元三年（一三三八）に和田助家が命じられた「吉野殿総門大番役」にある「総門」に当たる門と考えられており[5]、吉野山に南朝が置かれていた時期には、大橋付近が境界として認識されていたことがわかる。

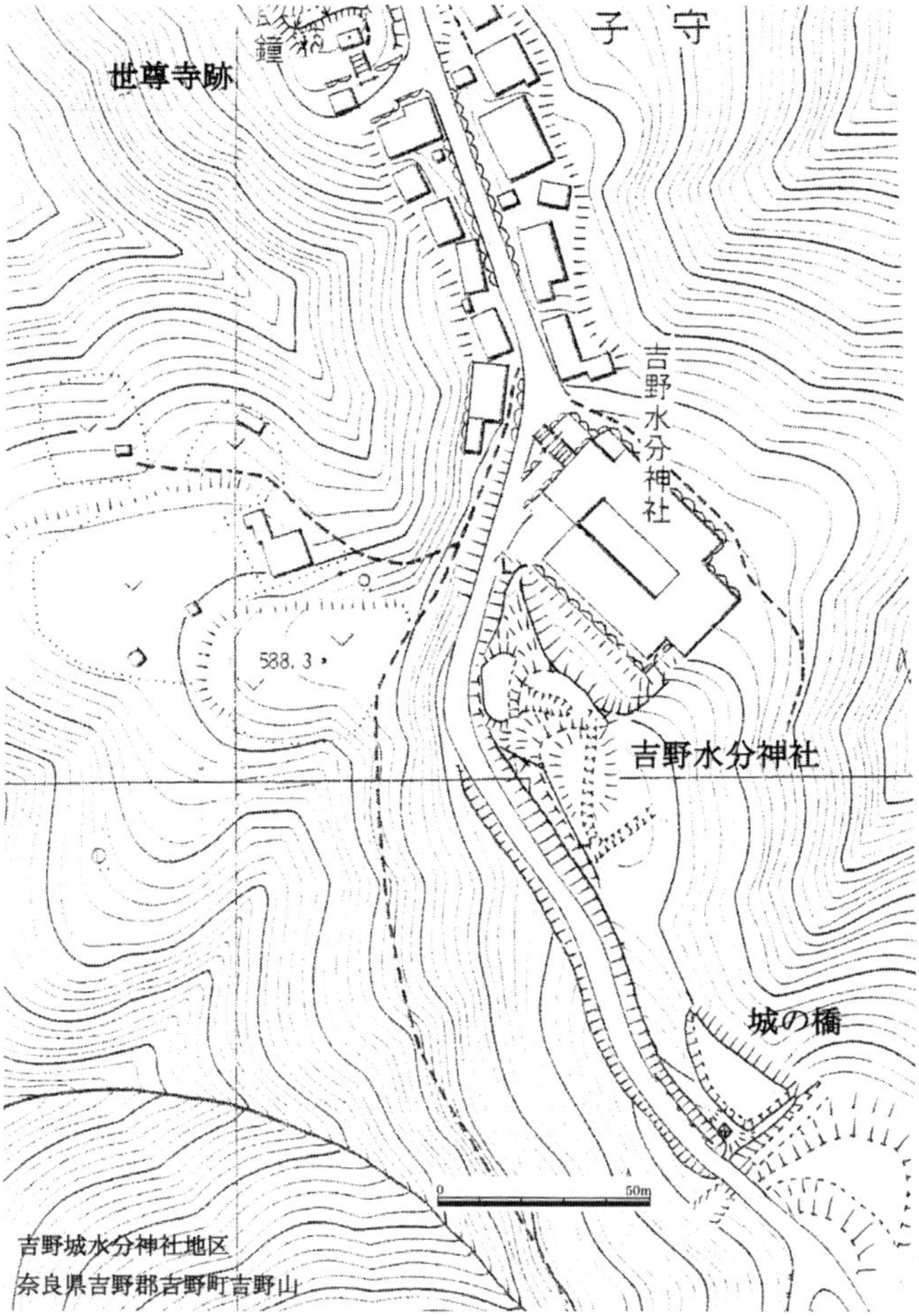

図2　吉野城水分神社地区

吉野城水分神社地区（図2・№7）　吉野水分神社の背後に、「吉野三橋」の一つである「城の橋」跡がある。現在は埋め立てられているが、寛文五年（一六六五）

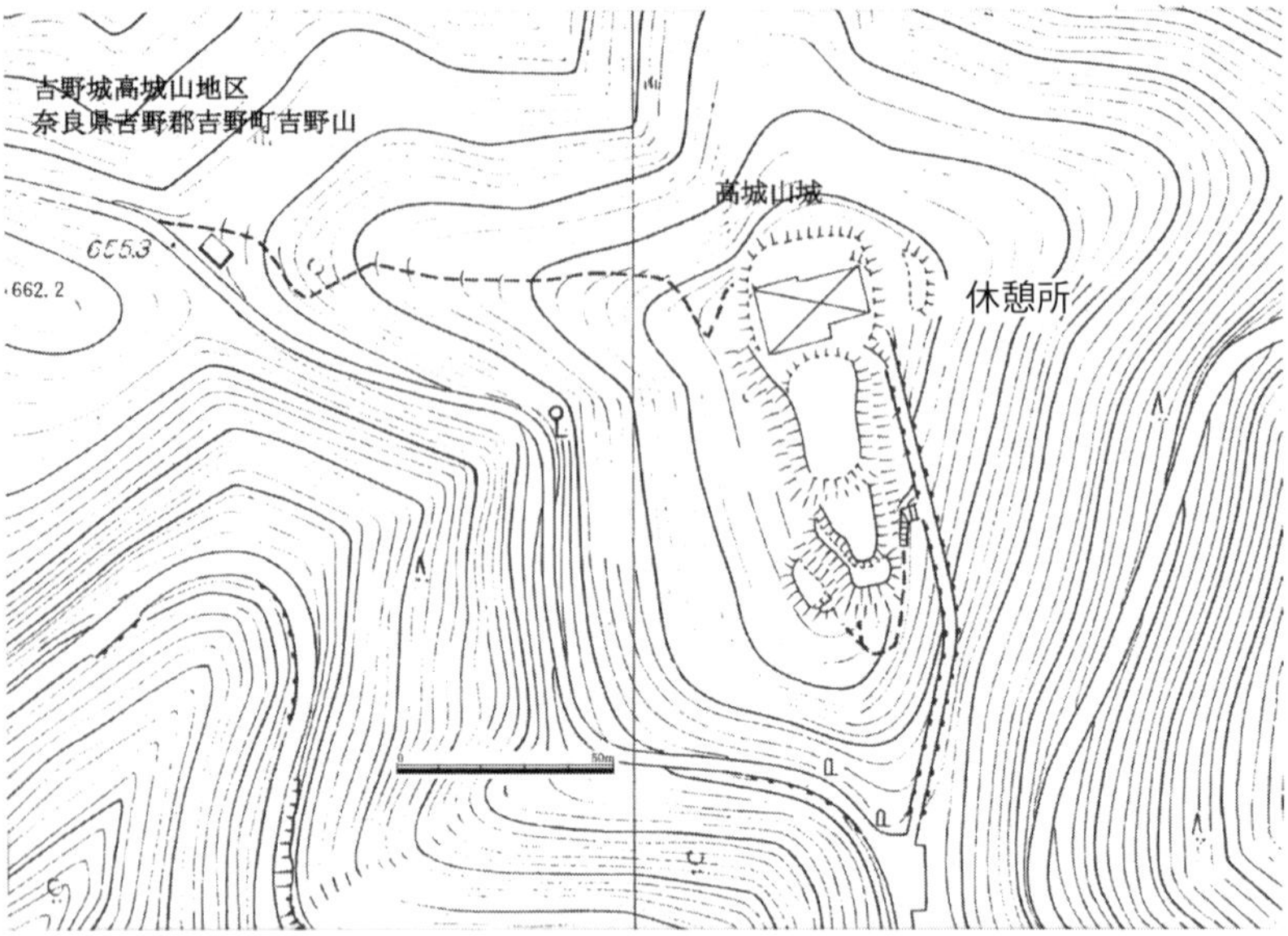

図３　吉野城高城山地区

に記された「吉野山伽藍記」には「長サ五間　広壱丈　但シ今ハ無シ」とあり、木橋が存在していたことがわかる。東斜面に向かって竪堀状の溝が延び、土塁を伴う削平地が存在する。ただし土塁は低く、外部から見通される程度の高さしかない。堀底からの比高差も小さく、防御施設としては不十分である。

吉野城高城山地区（図３・№８）寛政三年（一七九一）刊行の『大和名所図会』に大塔宮の城とある。山頂部には展望施設・遊歩道が設けられるなどの改変を受けてはいるが、山頂部にわずかな段差と南～西斜面に削平地が確認できる。

［２．飯貝城（吉野町飯貝。図４・№10）］吉野城の支城とされるが、『金峰山古今雑記』には天文三年（一五四三）に本善寺門徒が「城廓」が構えたとの記述があり、内枡形状の虎口をもつ主郭と土塁を伴う帯曲輪、竪堀などからも、十六世紀中頃の遺構であることは明らかである。占地や規模など、吉野山地に点在する城郭と類似する点が見られ、本善寺門徒の築城に先行する城郭が存在した可能性も皆無

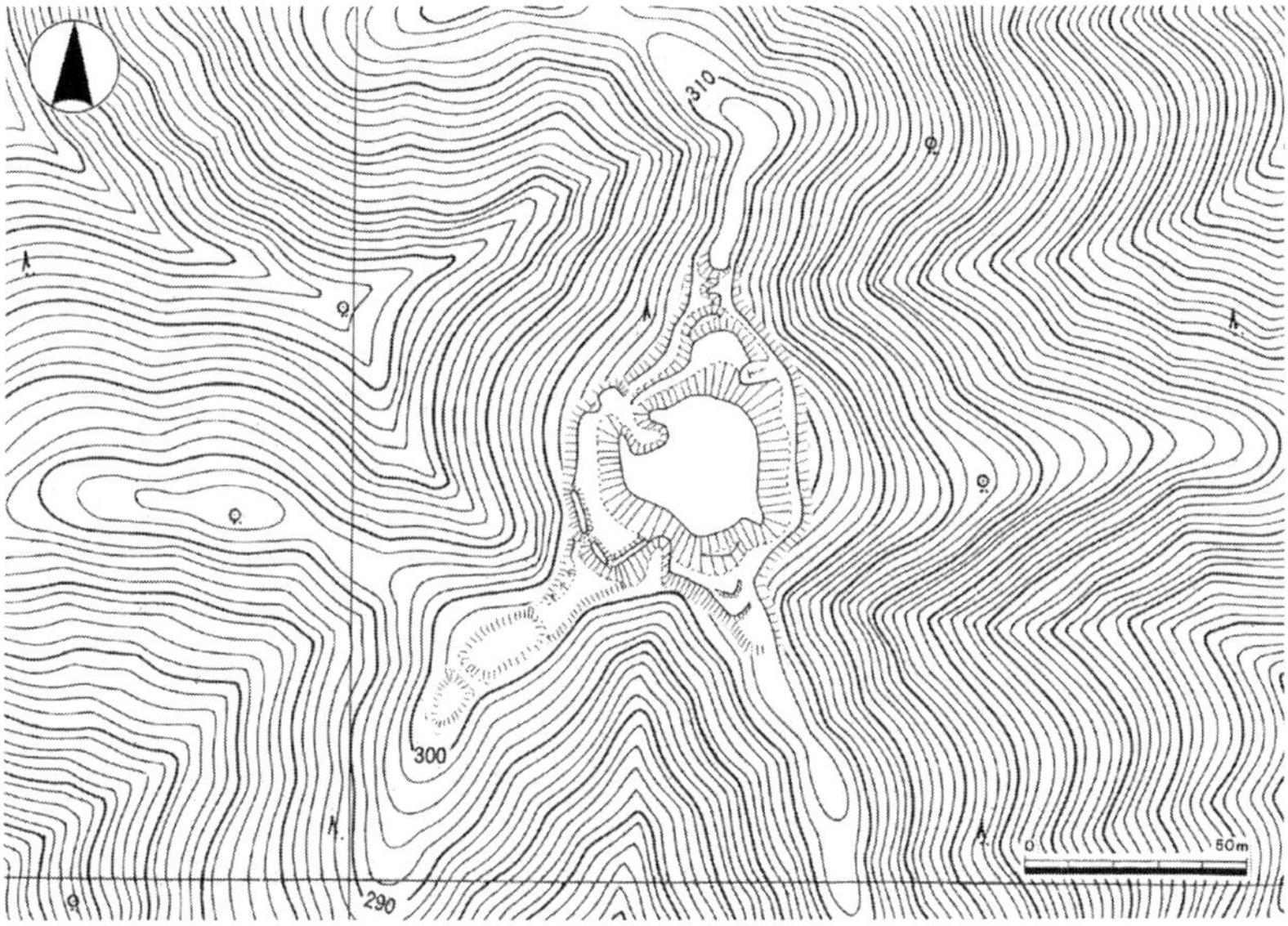

図４　飯貝城縄張り図

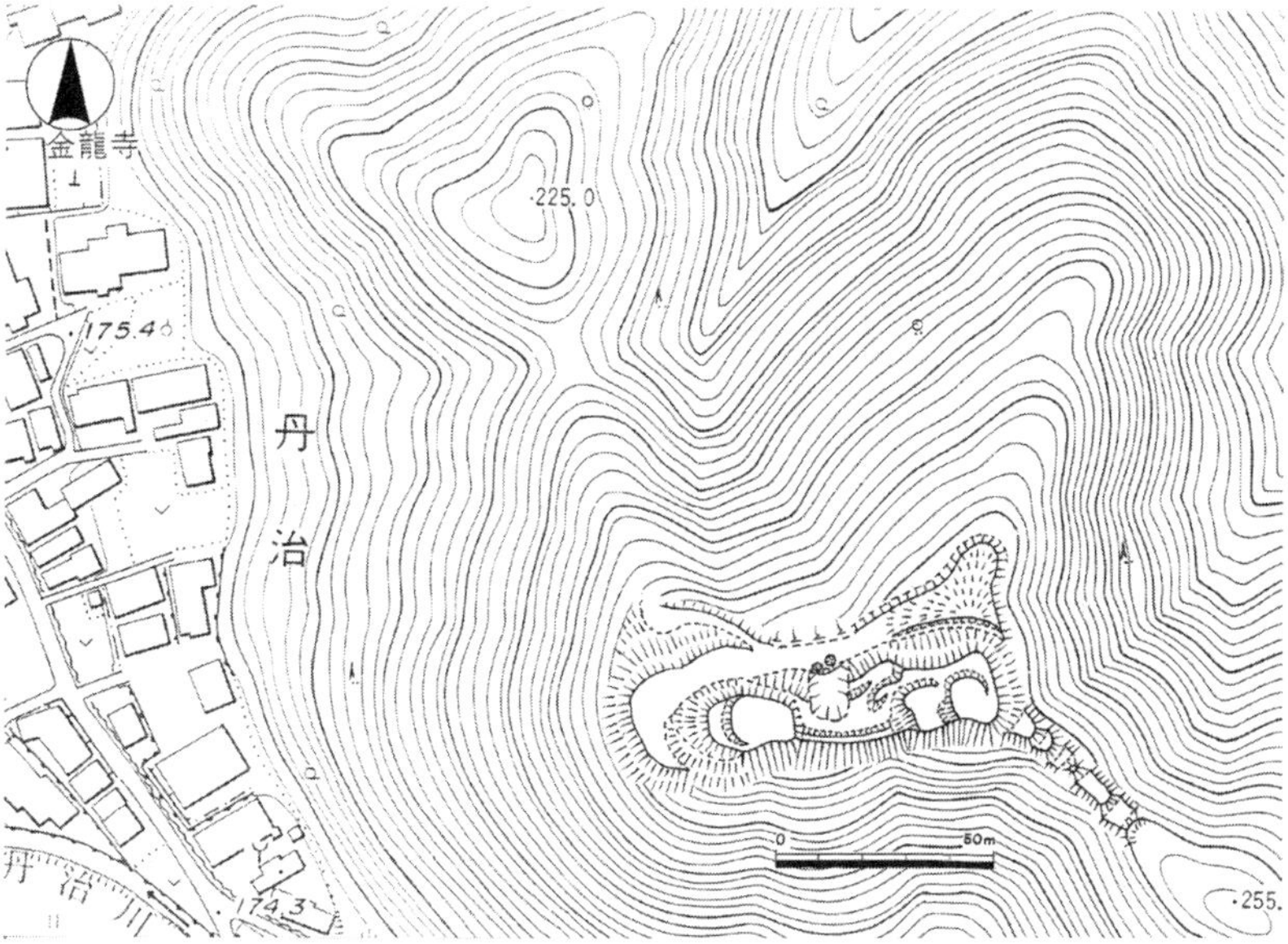

図５　丹治城縄張り図

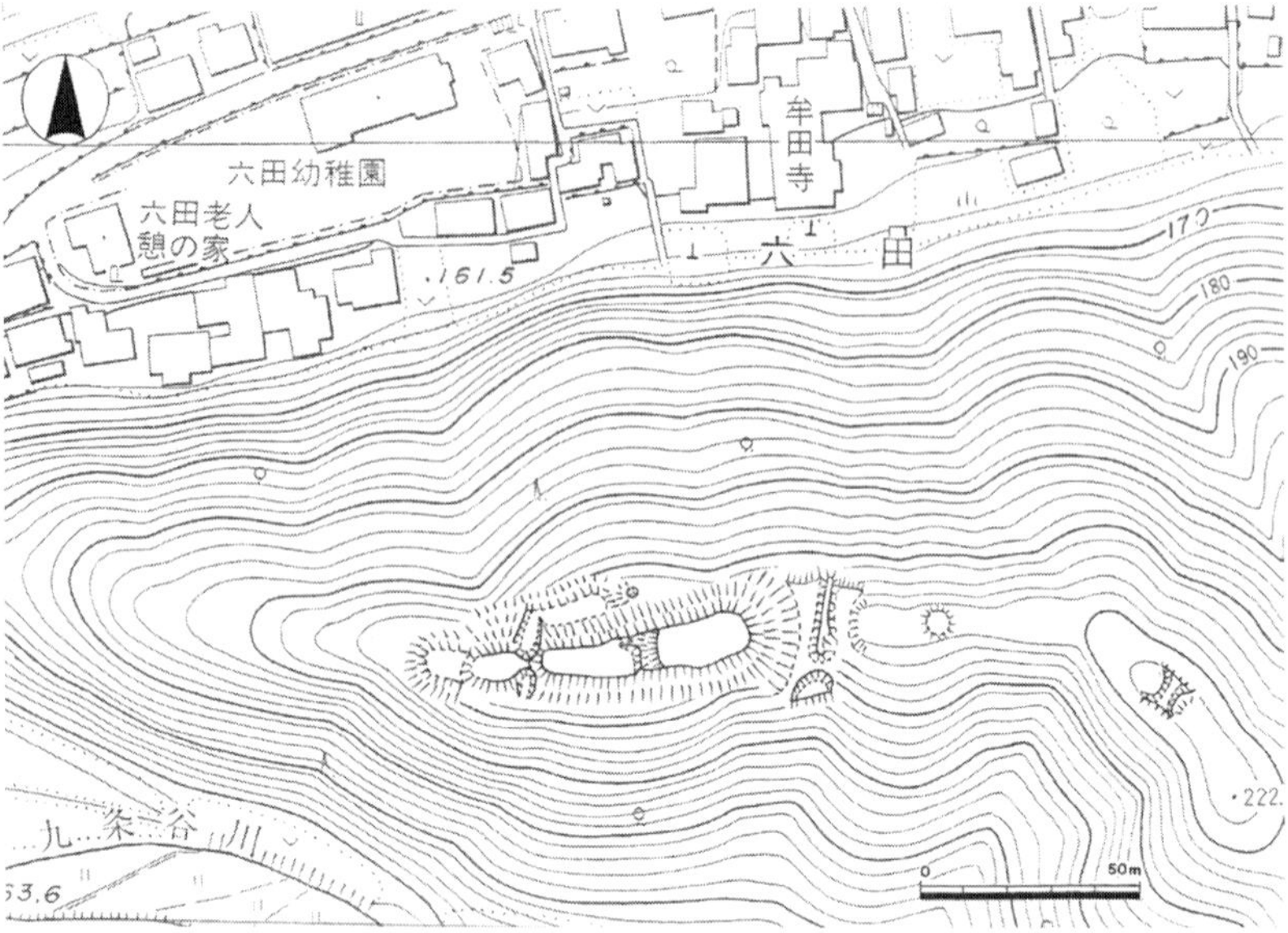

図６　六田城縄張り図

とは言えないが、吉野川の渡河点ではなく、金峰山寺方面を意識した地点が選ばれている点から、吉野城の支城とするのは難しい。

［3．丹治城（吉野町丹治。図5・№11）］吉野城の支城とされている。主郭は東西のピークに分かれ、小規模ではあるが一城別郭構造となる。主郭背後に対しては、岩盤を掘削して二本の堀切を設け、さらに腰曲輪による壁面を追加するなど厳重な遮断を試みる一方、吉野川に向かう山麓側には、明確な遮断線を見いだすことができない。付近に文永期の金峯山寺蔵王堂再建に関係するとみられる瓦窯が存在することから、丹治は金峯山寺と関係の深い集落だったと考えられるが、同城の縄張りは吉野山方面を意識したものになっている。室町時代には金峯山寺と周辺集落との抗争も発生しており、現状の遺構を見る限り、金峯山寺に対する城郭と思われる。

［4．六田城（吉野町六田。図6・№12）］吉野城の支城とされている。大峯奥駈道の行場である柳の渡しの対岸、牟田寺背後の尾根上に立地し、尾根上に主郭と堀切、北側斜

面に帯曲輪を配する。主郭背後は、高さ七メートルの切岸と鞍部に設けた土塁、さらに背後のピークにもう一本堀切を設けて遮断性を高める一方、尾根先端側に対しては積極的な遮断を図った様子はうかがえない。吉野川の渡河点ではなく、吉野山方面に対する防御を意図していることから、飯貝城・丹治城と同じく、金峯山寺に対抗する目的で利用されていたと思われる。

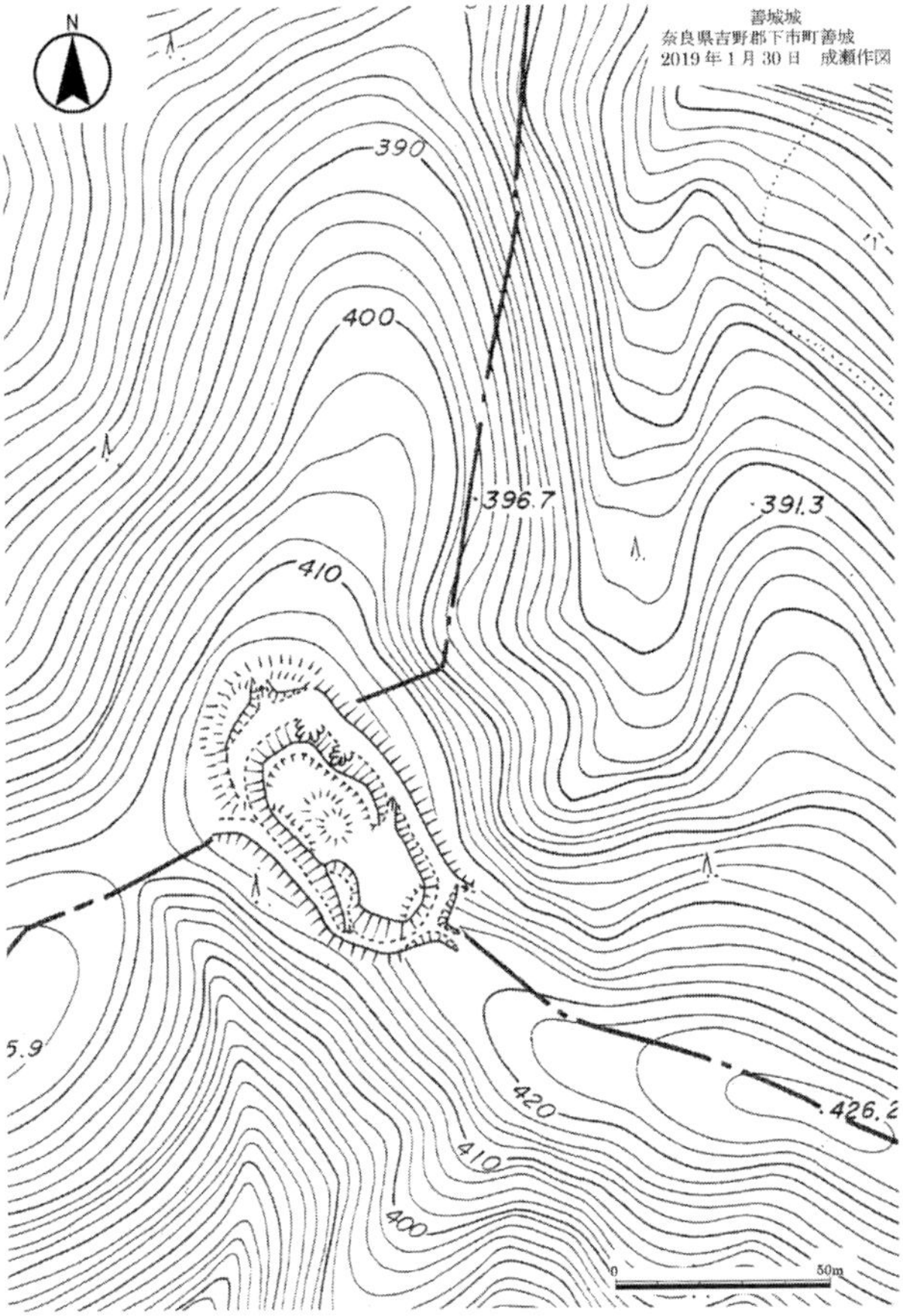

図7　善城城縄張り図

［5．善城《ぜんき》城（下市町善城。図7・№19）］　南朝方の善城公文の城と伝えられ、「城の峰」「平城」と呼ばれるピーク上に立地する。尾根上には標高があまり変わらないピークが並び、その一つを選地している。防御の主体は、主郭周囲の高さ二～三メートルの切岸である。堀切は帯曲輪と連結しており、北の堀切の外側は低い土塁状に掘り残され、中央に虎口の可能性がある切れ目がみられる。主郭には土塁の可能性があるわずかな高ま

図８　広橋城縄張り図

りと、東西に虎口が見られる。

［６・広橋城（下市町広橋。図８・№20）］後醍醐天皇から旗を賜った吉野郡の八氏を「八簱庄司」と称するが、広橋城はその一人である佐野氏、または広橋氏の居城とされ、天正六年（一五七八）、筒井順慶に抵抗して「八旗荘司」が籠城したとも伝わっている。基本的には、主郭周囲に形成された高さ三メートルの切岸を主体とする防御となっているが、西側の帯曲輪のみ土塁・横堀が巡らされている。さらに西尾根を遮断する堀切は盛土により端部が延長されている。吉野郡内で土塁・横堀を多用した城郭は他に知られていない。広橋城は天正期まで使用されていたと伝えられるので、西側の遺構は追加・改修されたものの可能性がある。

［７・坪内城山城（天川村坪内。図９・№30）］天河大弁財天社の南方、天ノ川を挟んだ対岸の「城山（ジョウヤマ）」

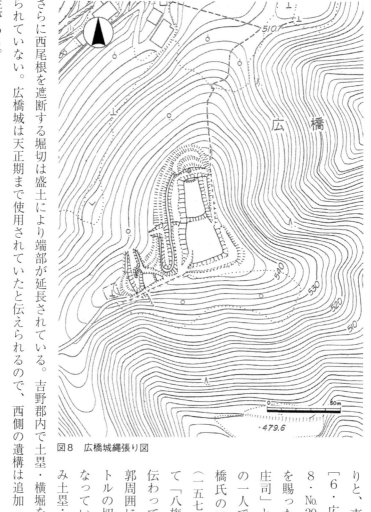

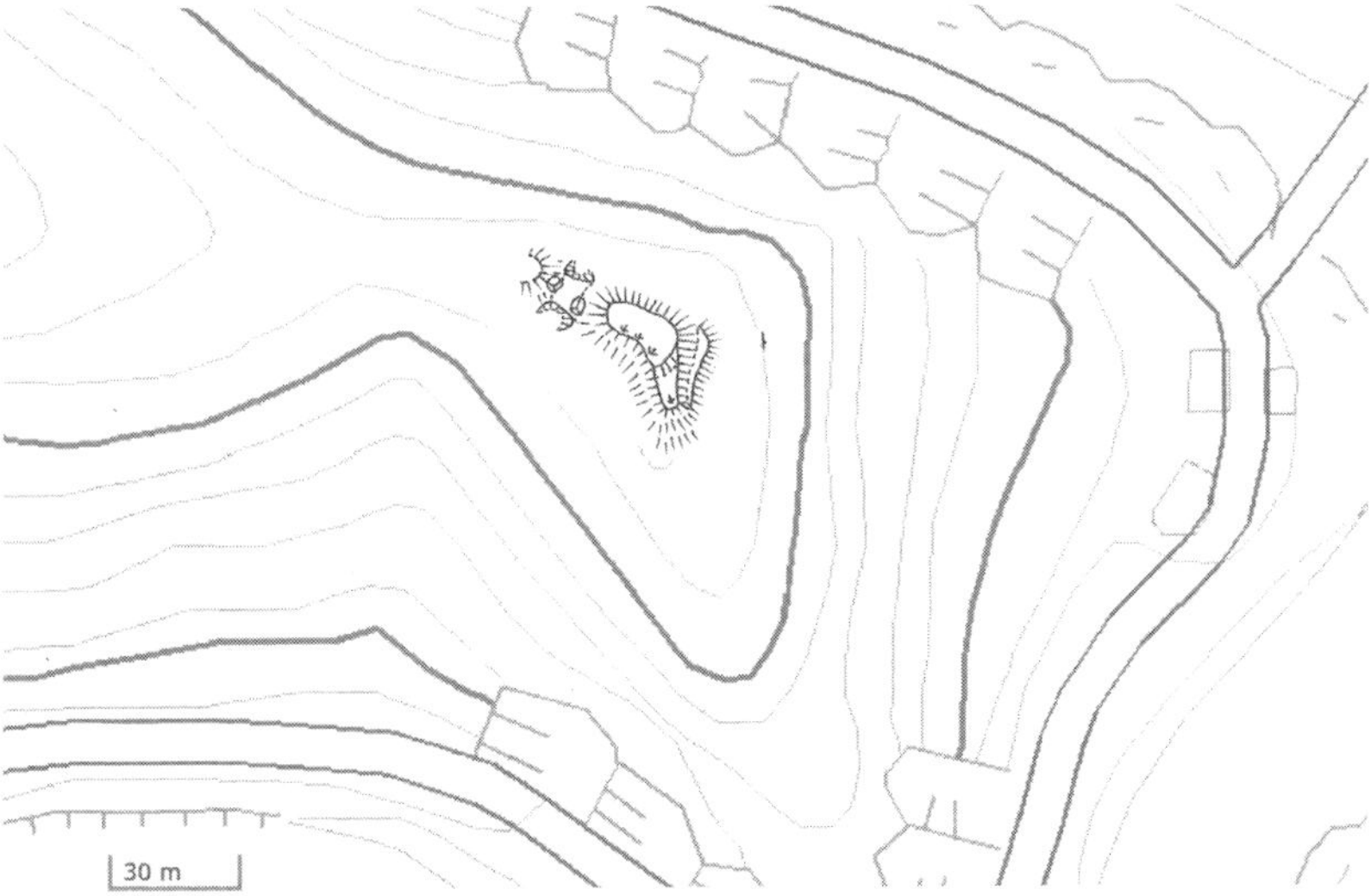

図９　坪内城山城縄張り図

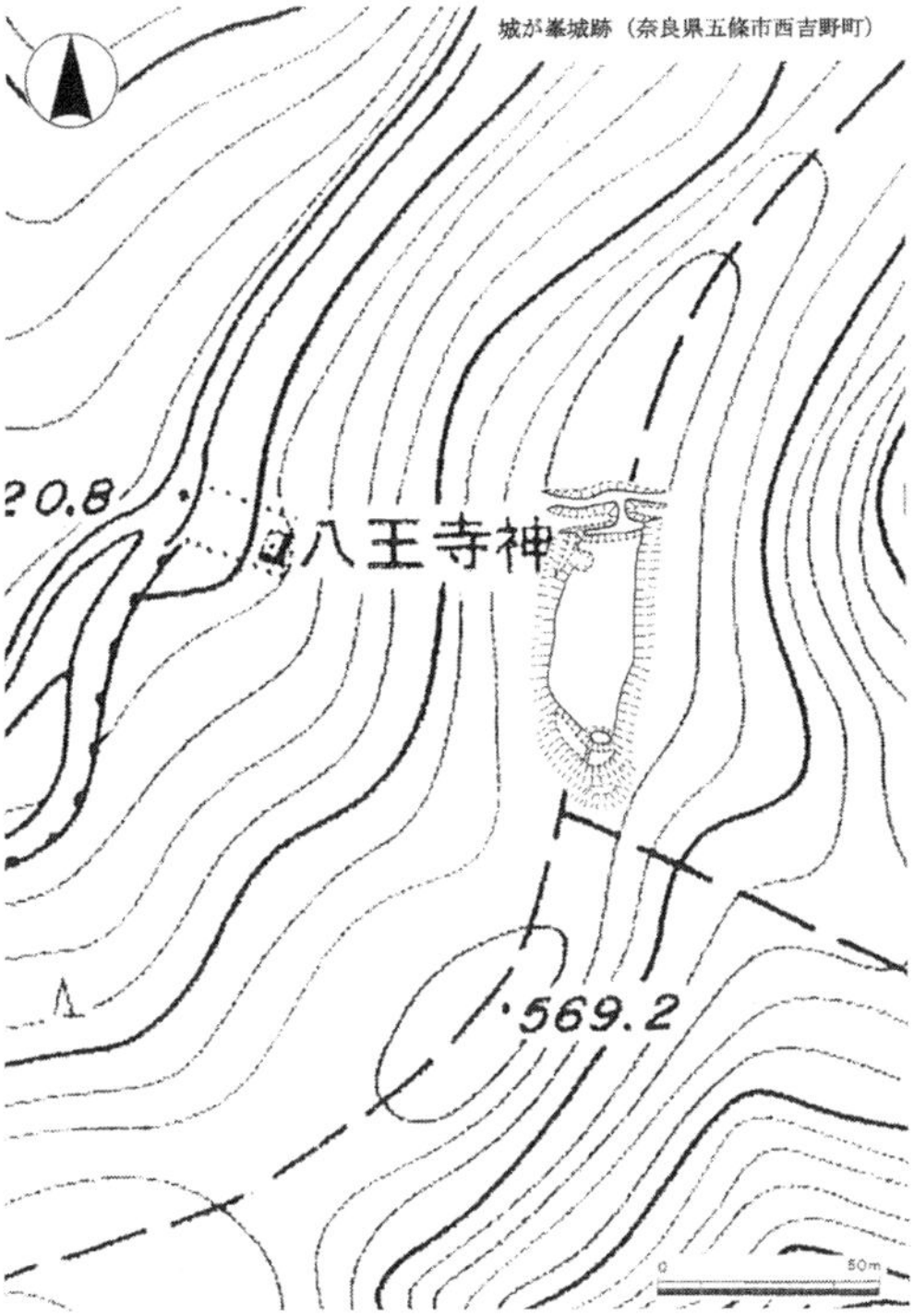

図10　城が峯城縄張り図

と呼ばれる尾根先端部に立地し、後醍醐天皇が天河大弁財天社に滞在した際、護衛のため周辺の住民が入ったとの伝承がある。(6) また、城山の尾根の付け根から西斜面には高野山方面へ向かう旧街道が通っている。堀切は一部岩盤を掘削してはいるが、基本的には鞍部に若干の手を加えて堀切化したものとみられる。曲輪の削平も甘くためらわれるところはあるが、伝承と小字名から城郭と判断した。

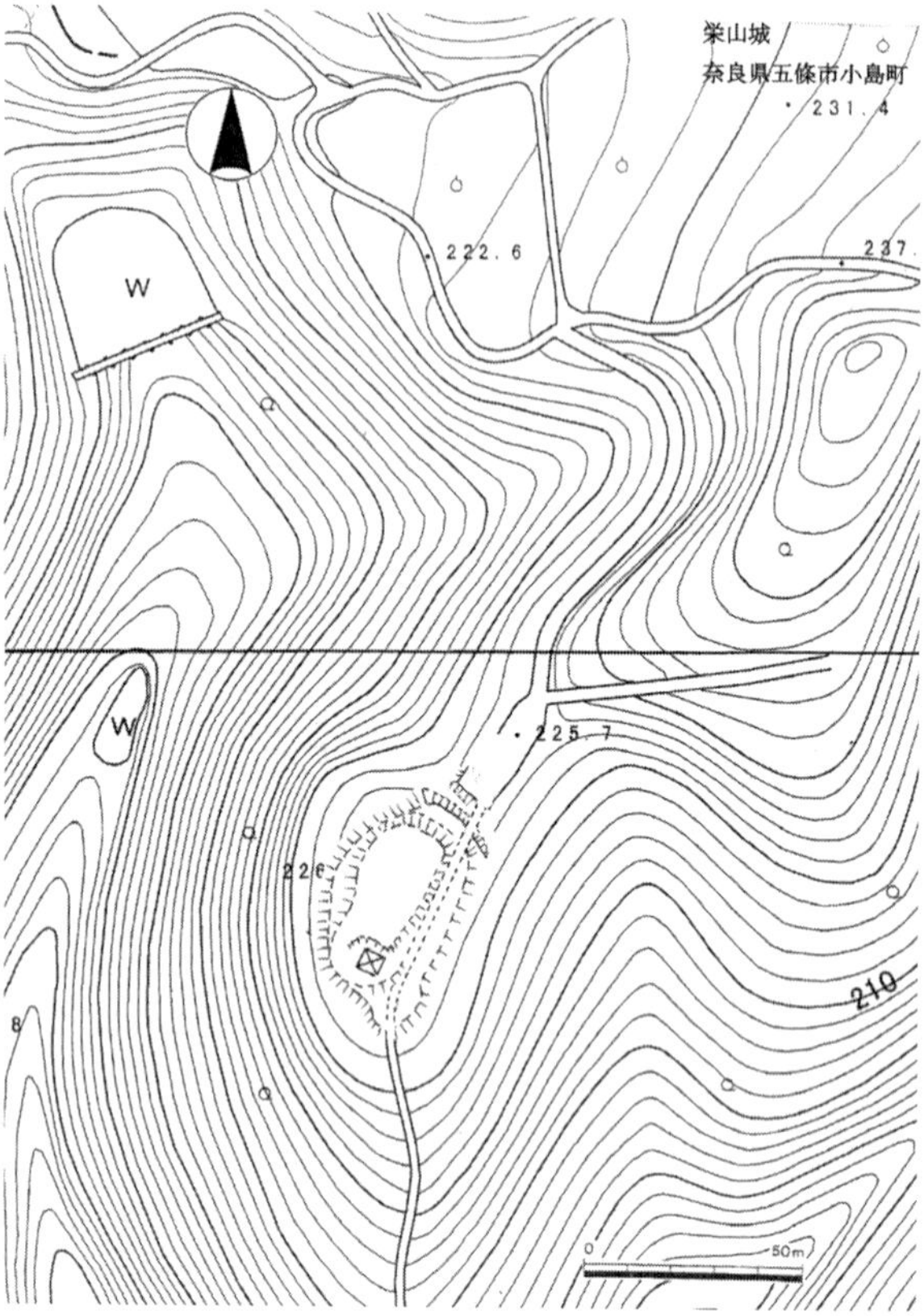

図11　栄山城縄張り図

［8．城が峯城（旧吉野郡西吉野村。図10・№37）］吉野三山の一つ、銀峯山山頂から北方に伸びる尾根上に立地する。銀峯山周囲の尾根には集落が点在し、それらをつなぐように吉野と賀名《あの》生《う》を結ぶ古い街道が通っている。『太平記』には護良親王の子、陸良親王が銀峯山を拠点として賀名生行宮を攻撃した記述も見られる。主郭の削平はやや甘いが、北に向かって緩やかに下る尾根上に広い曲輪を造成し、北方を堀切で遮断している。堀切中央部には土橋、堀切の内外には低い土塁が設けられている。

［9．栄山城（五條市小島町。図11・№45）］長慶天皇が行宮を置いた栄山寺背後の尾根先端部に立地し、『太平記』に登場する崎山（栄山）氏に関する城と推定されている。[7] 現在は公園化されており、栄山寺から散策道が延びている。全体的に削平が甘く、自然地形に近い。堀切も一部改変を受けているが、観察する限り、鞍部に少々手を入れた程度のものと見られる。また、栄山寺側には堀切・切岸などは見いだせない。城郭とする上でやや躊躇される。ただ

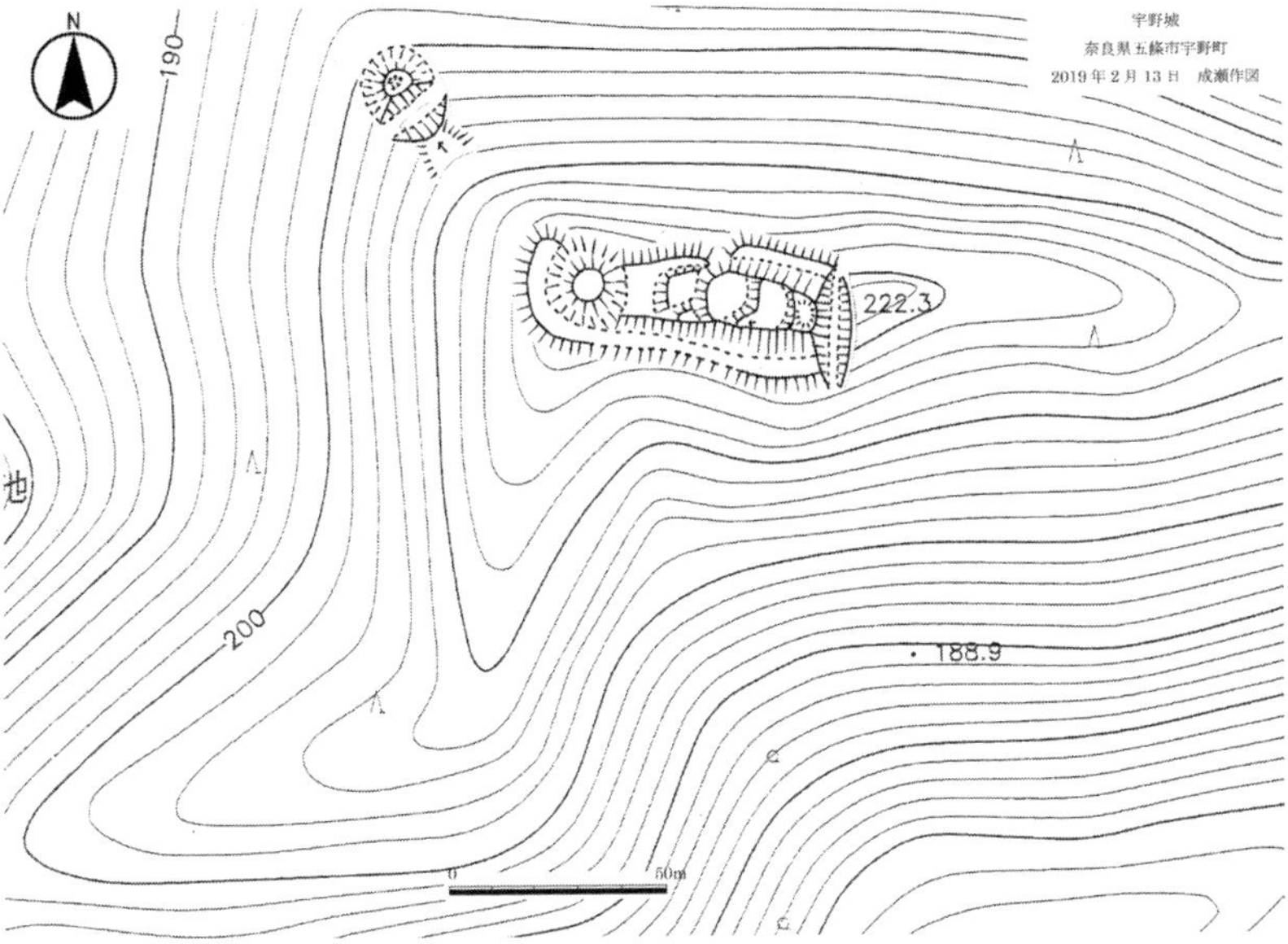

図12 宇野城縄張り図

し、小字名が「城の尾」であり、栄山寺背後の南～西側においてて城郭遺構と見なせそうなのはこの地点のみであった（他は中世墓群。耕作放棄地）。

［10．宇野城（五條市三在町・図12・№46）］大和源氏宇野氏の城と伝えられる。宇野氏は『太平記』に南朝方として登場し、「上月記」には後南朝の二宮の伺候人として「宇野大和守」の名が見られるなど、南朝・後南朝に深く関わっていた一族であったことが知られている。

宇野氏の城郭伝承地は三ヶ所あり、地元ではそれらを「宇野城」または「三ケ峰城」と呼び、それぞれ「本丸」「二の丸」「三の丸」と見なしている[8]。本稿では、遺構が確認できた「二の丸」を宇野城とする。

宇野城は、吉野郡と宇智郡を結ぶ宇野峠の南側の尾根先端部に立地する。西麓には宇野氏の墓所とされる中世墓群が残る。西端部の郭は古墳を利用したものとみられ、西～南面に巡る帯曲輪も墳丘に伴うものの可能性がある。東側に向かって郭が階段状に並ぶ。東端の郭背後にみられる土塁状の高まりも古墳とみられ、その背後に堀切が設けられ

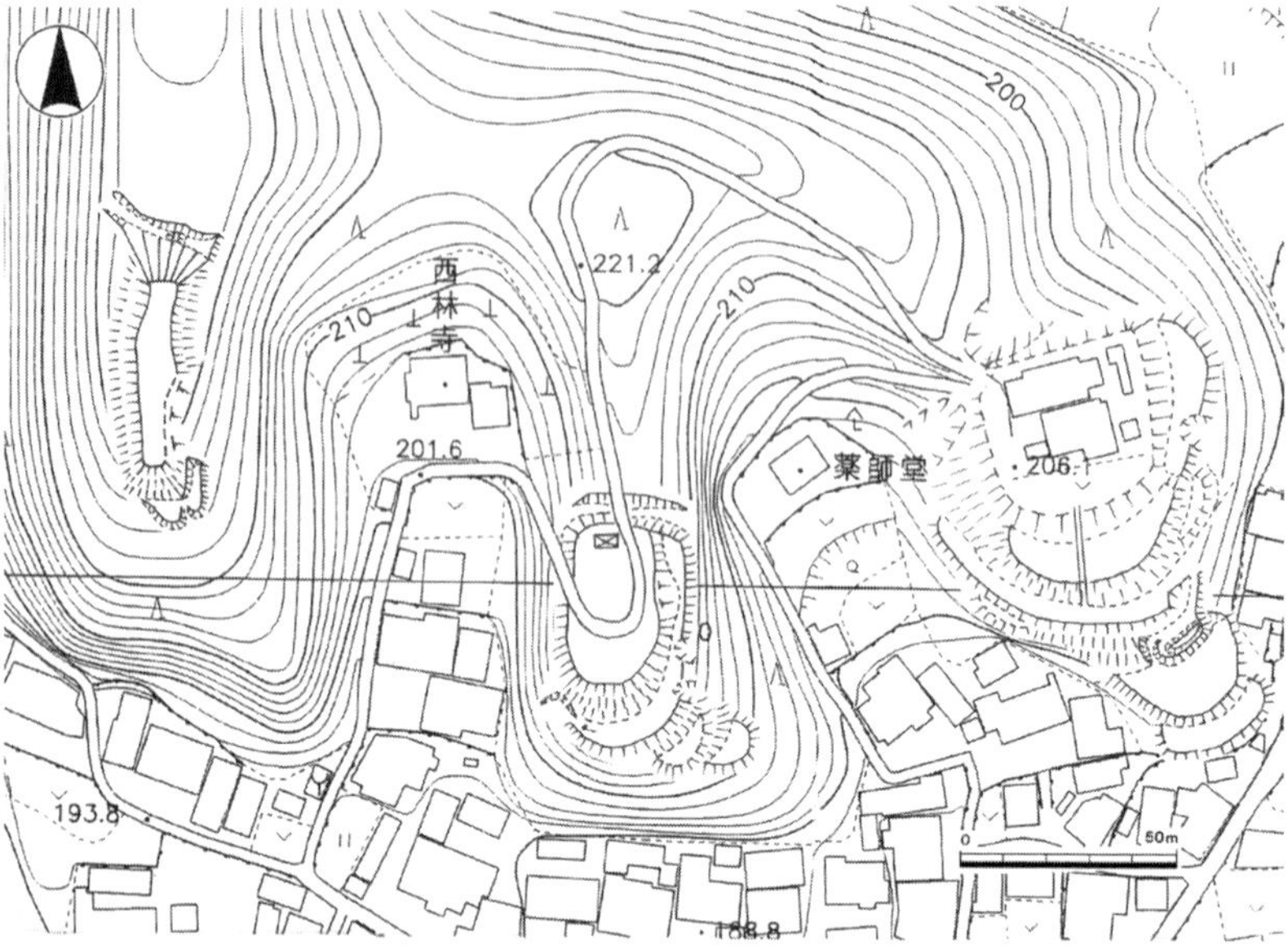

図13　居伝城縄張り図

ている。堀切は北西側の尾根筋に立地する古墳との間に設けられているが、帯曲輪との間が三十メートルほど離れており、その間は加工された痕跡が見いだせないことから、古墳の掘割を拡幅して堀切化させたものと思われる。

[11．居伝《いで》城（五條市居伝町。図13・№48・49・50）] 宇野氏の一族、近内《ちかうち》氏の城と伝えられている。関連するものかは不明であるが、近接する居伝遺跡（№51）では十三世紀後半から十五世紀前半頃の館跡が確認されている。[9] 遺構は、東谷山から南に派生する三つの尾根上にあり、遺跡地図等で居伝城とされているのは西尾根の遺構である。西尾根には平坦地と堀切、中尾根には平坦地・堀切・帯曲輪・削平地、東尾根には平坦地・帯曲輪が見られる。三つの尾根の遺構全体が一連の城郭と思われる。

[12．久留野サムシロ城（五條市久留野町。図14・№61）] 宇野氏の一族、久留野氏の城とされる久留野城（№60）の西方の尾根先端部に立地する。堀切と削平が甘い主郭、腰曲輪からなる小規模な城郭である。久留野城は「城山」と呼ばれる丘陵に所在するとされるが、現状で遺構といえそう

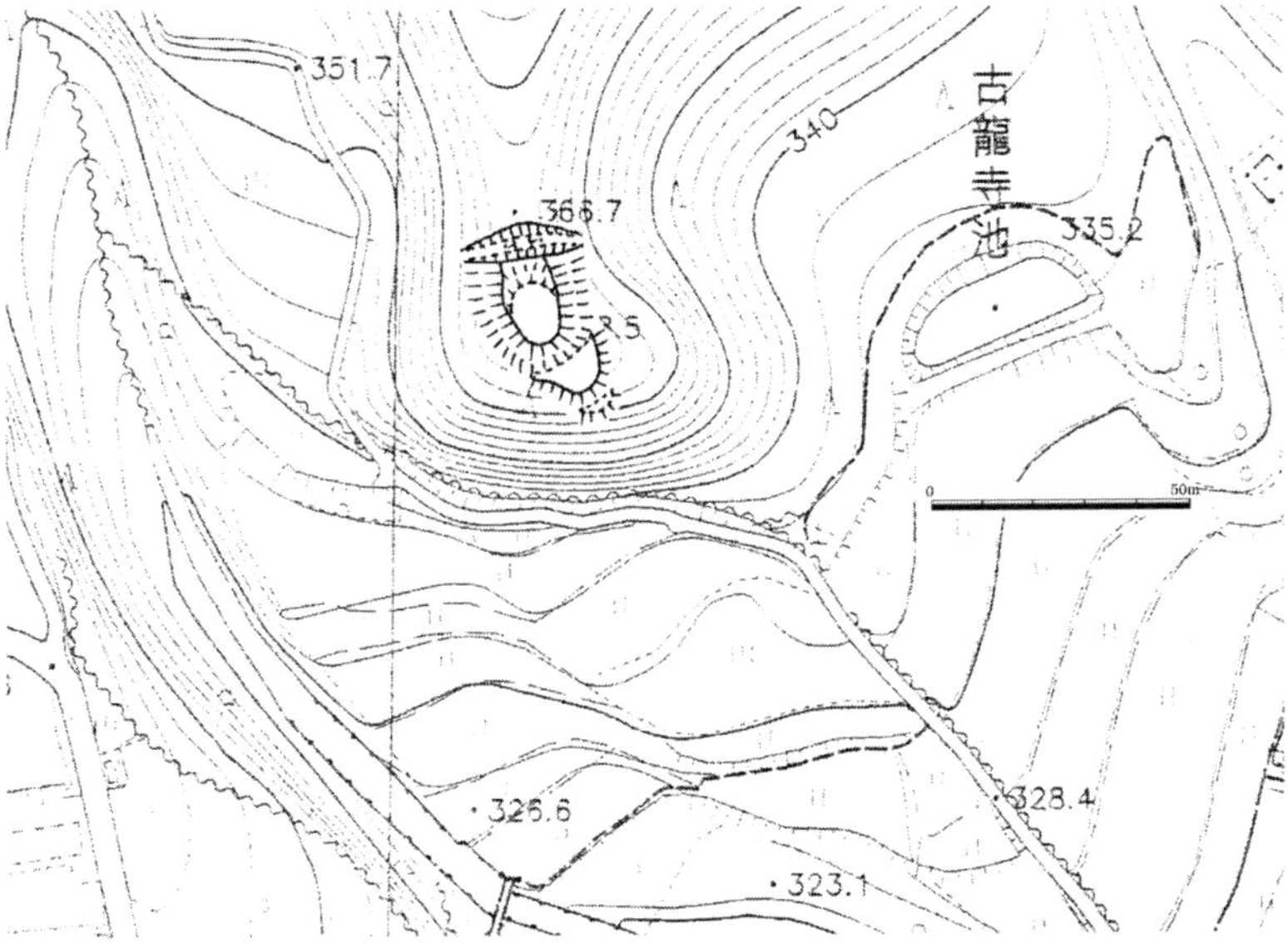

図 14　久留野サムシロ城縄張り図

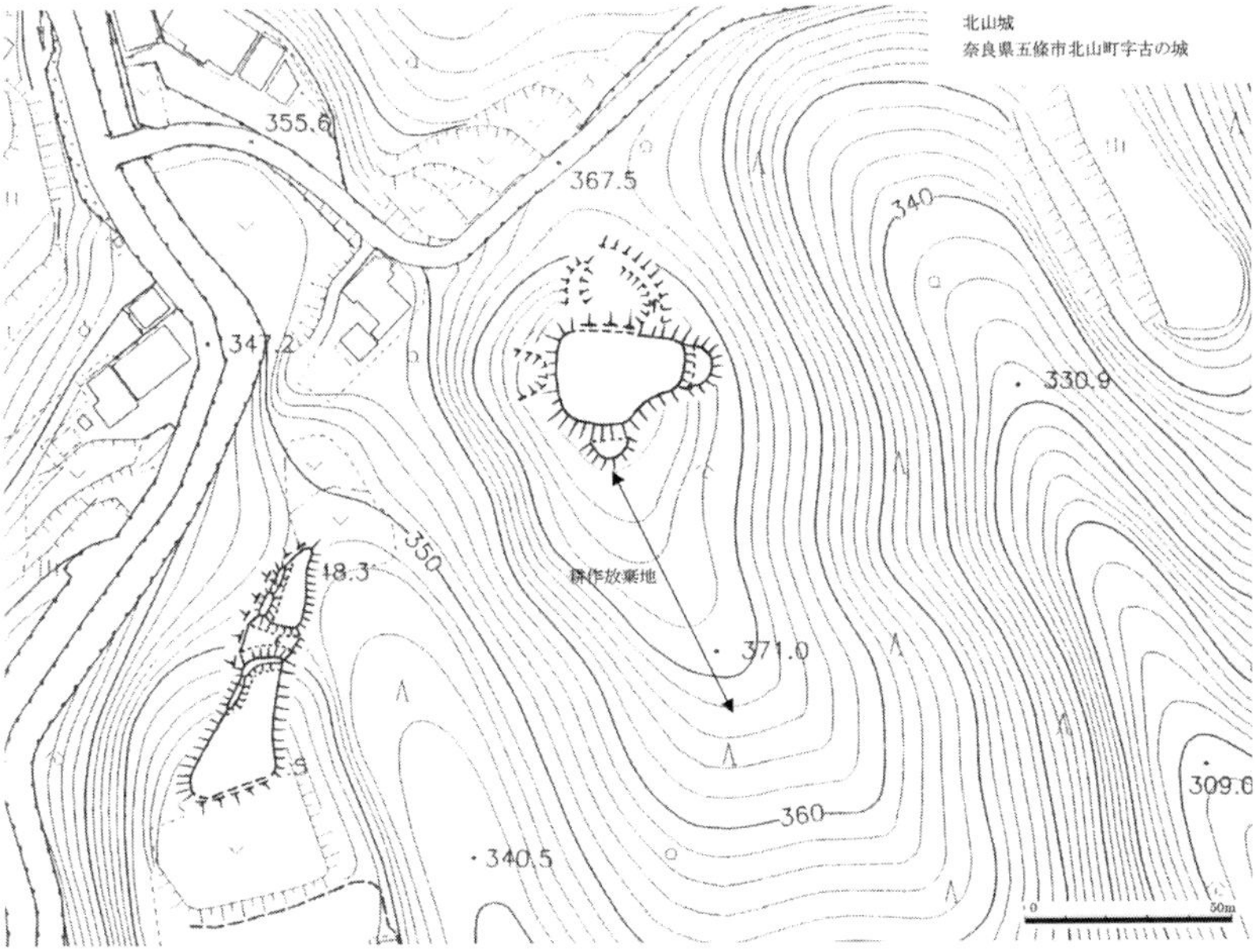

図 15　北山城・北山土居城縄張り図

なものは確認できない。また、その東側に近接して「新城」と称される丘陵があるが、こちらも城郭遺構は認められなかった（中世墓群は確認）。

［13．北山城・北山土居城（五條市北山町。図15・№62・63）］南朝方の牧野氏の一族、北山氏の城とされ、「古の城」と呼ばれる尾根に立地する。尾根全域に加工の痕跡が認められるが、その多くは耕作放棄地で、城郭遺構の可能性があるのはピーク上の平坦面のみである。その西側に接する小字名「土居」の尾根上を踏査したところ、新たに土塁を伴う削平地と堀切が確認できた。この地点を北山土居城と仮称する。南側は耕地による改変を受けてはいるが、周辺の地形を観察すると、もともとやや広い平坦面が存在していたとみられる。西側は深い谷にもかかわらず土塁を設けているが、北山城側には土塁や堀切などの遮断線が見られない。北山城と一連の城郭と思われる。

二、吉野郡・宇智郡の「南朝」の城

本節では、吉野郡・宇智郡の南朝方の城郭と見なされているものを取り上げてみよう。

吉野郡の城郭では、吉野城の場合、吉野山内には夥しい削平地が見られるものの、その多くは寺院や集落の伝承地であり、近代以降の公園整備や耕地によるものも相当数含まれているとみられる。それらの削平地の多くが大峯奥駈道に面した尾根とその斜面上に存在するのに対し、高城山地区（図３・№８）は山頂部に削平地群があり、周囲とは異なった性格を示している。吉野山最奥部に所在する愛染宝塔（安善寺）は、護良親王が吉野山で最初の拠点とし、後南朝勢力の攻略対象にもなった[10]重要な寺院である。やや距離はあるが高城山はその手前に位置しており、周囲の削平地群との比較、城郭伝承を持つ点からも城郭とみてよい。構造が技巧的であるか否かによって時期を判断するのは慎重であるべきであるが、吉野山の最奥部で城郭が必要とされた期間を考えると、南北朝期の城郭の可能性は十分にある。

大橋地区（図1・№1）・水分社地区（図2・№7）にはたしかに掘削された痕跡は認められるが、水分社地区の「城の橋」の場合、城外側の方が高くなっている。原形を留めない天王橋地区（№5）も含めて、城郭遺構ではなく山内の境界として掘削されたものの可能性がある。また、護良親王の本陣や南朝行宮が置かれた金峯山寺周辺、後醍醐天皇陵がある如意輪寺周辺の船岡山・城山でも、城郭遺構といえるものは確認できなかった。筆者は吉野山全域を踏査しているわけではなく、遺構が埋没している可能性も高い。しかし吉野城は高城山と大橋～金峯山寺・吉水神社付近までに収まるものであり、支城とされる飯貝城（図9・№10）・丹治城（図5・№11）・六田城（図6・№12）も、現存する遺構の時期、防御が指向する方向から吉野城とは無関係の城郭と考えられる。

吉野城以外の城郭を見ると、吉野川右岸と左岸で様相が異なる印象を受ける。中世の吉野郡は、南朝を軍事的に支えた「八簱庄司」「公文」が各地に城郭を構えて割拠する、自治的な体制にあったとされる。もっとも「八簱庄司」の活動を示す旧記・由緒書の多くは、江戸時代に南朝の由緒を根拠とした諸役免除の嘆願のためにまとめたものである。(11)「南朝の城」の伝承も、それらがまとめられる過程、あるいは飯貝城・丹治城・六田城などのように、南朝顕彰が盛んになった近代になって発生したものと考えられる。

ただ、「八簱庄司」の伝承が残る吉野川左岸の吉野山地では、善城城（図7・№19）・広橋城（図8・№23）・城が峯城（図10・№37）のように、集落に近接するピークを選び、やや大型の主郭を持ち、切岸を防御の主体とするものがみられる。伝承や遺跡地図掲載地点が正しいという前提になるが、遺構を確認することができなかった龍王城（№21）・奥谷城（№35）・庄屋が峯城（№36）も同様に考えられる。

無論、築城や利用されていた時期の違いはあるが、吉野郡内でも「八簱庄司」の伝承がみられない吉野川右岸には、このようなタイプの城郭は見いだせない。むしろ立地・規模・構造から、畠山氏・越智氏・松永氏などの外部勢力により築城・利用されたと考えられる技巧的・大規模な城郭が目立つ。[12]吉野川左岸地域でも、西山城（No.18）・坪内城山城（図9・No.30）が例外的な存在である。西山城は主郭を土塁で囲んでおり、吉野郡内には他に例がない。坪内城山城はシンプルな構造で、古い時期のものにみえるが、小規模で、伝承にあるような行宮の防御拠点として機能させるのは難しい。そもそも、南朝の行在所が置かれたとされる天河大弁財天社周辺でも城郭遺構が確認されていないので、街道に関係するものとみなすのが妥当であろう。寛正六年（一四六五）頃に畠山義就が天川方面で軍事活動を起こしているので、その頃の城郭であった可能性がある。

宇智郡の場合、栄山城（図11・No.45）は栄山寺背後に占地するが、栄山寺方面には遮断線がまったく見えない。郭内の処理も甘く、エッジも明確ではない。遺構といえるのは堀切のみといってもよい。さらに、周囲には築城に適した高地がいくつか存在するが、加工の痕跡は見いだせなかった。居館の詰城というよりは、栄山寺への背後からの侵入を阻むことを目的とした施設であろう。天授五〜六年（一三七九〜八〇）、弘和年間（一三八一〜八四）にかけて栄山寺に南朝の行宮が置かれていた時期のものと見てよいと思われる。

その他の城郭について、『太平記』には牧野・酒辺（坂合部）・宇野・崎山（栄山）氏の南朝方としての活動が記され（「神南合戦事（巻三二）」「新将軍南方進発事付軍勢狼藉事（巻三四）」）、正平三年（貞和四・一三四八）、吉野行宮を攻略した高師直は、宇智郡の南朝方武士を攻略する目的で軍を進め、宇智郡と葛城郡の境界、風森峠（奈良県御所市）付近で合戦が起こっている。[13]また、南北朝合一後は畠山氏の影響下に入るが、十五世紀半ばから弘治四年（一五五八）に宇智郡国人一揆が結ばれるまでは、政長流畠山氏と義就流畠山氏に分かれての抗争があった。[14]このように、宇智郡では十四世紀半ばから軍事的緊張が存在していた。そのこともあってか、おおよそ宇智郡武士の名字の地にあたる地域には城郭が確認されている。しかし、畠山氏の関与が考えられる大岡西山城（№54）以外、それらの城郭に技巧的な要素はあまり見いだせない[15]。

もともと、宇智郡内には金剛山地から吉野川に注ぐ小河川の開析によって、そのままでも充分な遮断性を備えた地形が多く存在する。北山城（図15・№62）、牧野城（№64）なども深い開析谷に挟まれた細い尾根状地形を利用したものである。久留野城（№60）には明確な遺構が見られないが、周囲には城郭関連の地名が多く、館跡伝承地や久留野サムシロ城（図14・№61）も存在することから、急峻な地形をそのまま利用していた可能性がある。宇野城（図12・№46）・居伝城（図13・№48～50）の場合、やや技巧的な面が見られるが、基本は切岸主体の防御である。史料や伝承、城郭の規模や技巧的か否かによって、現在見られる城郭遺構の時期や築城主体を判断することには慎重であるべきであるが、宇智郡の武士は戦国期には城郭を築かなかったのか、あるいは南北朝期からそれほど変化がない古いタイプの城郭を使用し続けていたかのどちらかであろう。

以上、吉野郡・宇智郡（奈良県五條市）の城郭を概観した。現在のところ、南北朝期に遡ると思われる城郭は高城山城と栄山城のみに止まるが、吉野山地で見られる善城城のようなタイプの城郭も南朝・後南朝の時期に使用されていた可能性がある。また、宇智郡の金剛山地南麓に分布する城郭群も、南北朝期の城郭の姿を留めていると思われる。

今回の検討範囲から外れるが、大和の南朝方勢力の中心的な存在であった越智氏の本拠、越智城（奈良県高取町）についても、鎌倉～南北朝期にはすでに居館が築かれ、表採遺物から少なくとも十五世紀中頃までは機能していたことがわかる。同城では防御の主体が切岸であり、居館に近い部分はほぼ自然地形である。大和永享の乱で室町幕府と激しい戦闘を繰り広げていた越智氏の本拠にしては、なぜか基本的な構造・防御パーツは南北朝期の城郭とあまり変化がない。その点で、金剛山地南麓の城郭群と似通っている。宇智郡の諸氏と越智氏では、その規模は大きく異なるが、城郭のあり方に何か共通するものがあったのかもしれない。

今後、発掘調査などで今回取り上げた城郭の築城時期、存続した期間について新たな情報を得ることができることを期待し、筆を擱きたい。

註

（1）松岡進「楯つく人びと―南北朝期城郭関連語彙ノート―」（『中世城郭研究』第二一号、中世城郭研究会、二〇〇七年）。
（2）角田誠「近畿地方における南北朝期の山城」（村田修三編『中世城郭研究論集』新人物往来社、一九九〇年）。
（3）『日本城郭大系　一〇　三重・奈良・和歌山』（新人物往来社、一九八〇年）。
（4）新井孝重　『護良親王』（ミネルヴァ書房、二〇一六年）。
（5）首藤善樹　『金峯山寺史』（国書刊行会、二〇〇四年）。
（6）井頭利榮　『大和天河朝廷の研究』（皇國日報社、一九三七年）。
（7）阪口仁平氏のご教示による。
（8）村田修三「第四章　中世城郭跡」（『新修　五條市史』五條市役所、一九八七年）。
（9）本村充保・伊藤雅和　『居伝遺跡』（奈良県立橿原考古学研究所調査報告第79集、奈良県立橿原考古学研究所、二〇〇〇年）。
（10）『大乗院寺社雑事記』長禄元年（一四五七）十一月二日・四日条。
（11）米家泰作「近世大和国吉野川上流域における「由緒」と自立的中世山村像の展開」（『地理学評論』七一巻七号、日本地理学会、一九九八年）。
（12）藤岡英礼　二〇〇一「第3章　総論」（『河内長野市城館分布調査報告書』河内長野市教育委員会、二〇〇一年）。
（13）朝倉弘『奈良県史　第十一巻　大和武士』（名著出版、一九九三年）。
（14）田中慶治「戦国時代の大和国のあった共和国」（小谷利明・弓倉弘年編『南近畿の戦国時代――躍動する武士・寺社・民衆』戎光

祥中世史論集第五巻、戎光祥出版、二〇一七年）。
（15）藤岡英礼「岡西山城」（中井均監修・城郭談話会編『図解 近畿の城郭』Ⅰ、戎光祥出版、二〇一四年）。

【参考文献】

千田嘉博・小島道裕・前川　要 一九九三『城館調査ハンドブック』新人物往来社
中井　均 二〇一六『城館調査の手引き』山川出版社
西股総生 二〇一四『土の城指南』学研パブリッシング
中岡清一 一九四三『改訂大塔宮之吉野城』積善館
首藤善樹 二〇〇四『金峯山寺史』国書刊行会
宇智郡役所編 一九二四『奈良県宇智郡誌』（一九九四年に臨川書店より復刻）
吉野町史編集委員会 一九七二『吉野町史　下巻』
下市町史編集委員会編 一九七三『大和下市史　続編』
成瀬匡章 二〇一八「大和越智城―縄張りと考古資料から読み解く大和国人の拠点―」（城郭談話会特別例会〜徹底討論〜『図解 近畿の城郭Ⅰ〜Ⅴ』発刊記念報告会」資料集）

規模	主郭の規模	堀切	竪堀	畝状竪堀	横堀	居館に伴う堀・溝	帯曲輪	腰曲輪	土塁	櫓台	虎口	南朝に関する伝承
－	－	○	－	－	－	－	－	－	－	－	－	護良親王が築城した吉野城の一角とされる。
－	－	－	－	－	－	－	－	－	－	－	－	護良親王が築城した吉野城の一角とされる。
－	－	－	－	－	－	－	－	－	－	－	－	護良親王が築城した吉野城の一角とされる。
－	－	－	－	－	－	－	－	－	－	－	－	護良親王が築城した吉野城の一角とされる。
－	－	○	－	－	－	－	－	－	－	－	－	護良親王が築城した吉野城の一角とされる。
－	－	－	－	－	－	－	－	－	－	－	－	護良親王が築城した吉野城の一角とされる。
－	－	○	－	－	－	－	－	－	－	－	－	護良親王が築城した吉野城の一角とされる。
90×40	50×15？	－	－	－	－	－	○	－	？	－	－	護良親王が築城した吉野城の一角とされる。
－	－	－	－	－	－	－	－	－	－	－	－	護良親王が築城した吉野城の一角とされる。
80×50	35×25	○	○	－	－	－	○	○	○	－	○	護良親王が築城した吉野城の支城とされる。
100×60	40×10	○	－	－	？	－	○	○	○	－	○	護良親王が築城した吉野城の支城とされる。
180×20	20×10	○	－	－	－	－	－	－	○	－	－	護良親王が築城した吉野城の支城とされる。
180×70	20×15	○	－	－	－	－	○	－	－	－	○	
130×90	35×30	○	○	○	－	－	○	－	○	－	○	
180×50	30×10	○	－	－	－	－	－	－	○	○	○	
80×80	40×15	○	－	－	○	－	○	－	○	－	－	南朝方の真木定観の城とされる。
210×60	15×15	○	－	－	－	－	－	－	○	－	－	
130×20	25×15	○	－	－	－	－	－	○	○	－	－	
100×80	60×25	○	○	－	○	－	○	－	○	－	－	南朝方の八旗庄司の城とされる。
130×80	20×20	○	－	－	－	－	○	○	○	－	○	
－	－	－	－	－	－	－	－	－	－	－	－	
250×200	90×40	○	－	－	－	－	○	－	－	－	○	
70×30	50×20	○	－	－	○	－	○	－	？	－	○	南朝方の善城公文の城とされる。
60×25	20×10	○	－	－	－	－	－	○	－	－	－	

No.	県No.	遺跡名	所在地	現状	立地	標高	比高
1	20D-0004	吉野城大橋地区	吉野郡吉野町吉野山	道路・宅地	尾根上	310	－
2	20D-0005	吉野城銅の鳥居地区	吉野郡吉野町吉野山	道路・宅地（遺構未確認）	尾根上	325	－
3	20D-0006	吉野城蔵王堂地区	吉野郡吉野町吉野山	道路・境内地・宅地（遺構未確認）	尾根上	350	－
4	20D-0002	吉野城勝手社地区	吉野郡吉野町吉野山	境内地（遺構未確認）	尾根上	340	－
5	20D-0003	吉野城天王橋地区	吉野郡吉野町吉野山	道路・宅地・公園	尾根上	435	－
6	21C-0003	吉野城花矢倉地区	吉野郡吉野町吉野山	山林・公園（遺構未確認）	尾根のピーク	598	－
7	21C-0004	吉野城水分社地区	吉野郡吉野町吉野山	山林･道路･境内地	尾根のピーク	610	－
8	21C-0002	吉野城高城山地区	吉野郡吉野町吉野山	山林・公園	独立丘	702	50
9	21C-0014	吉野城金峯社地区	吉野郡吉野町吉野山	山林・境内地（遺構未確認）	尾根上	750	－
10	20B-0029	飯貝城	吉野郡吉野町飯貝	山林	尾根のピーク	321	150
11	20B-0027	丹治城	吉野郡吉野町丹治字城山	山林	独立丘	262	60
12	20B-0028	六田城	吉野郡吉野町六田	山林	尾根のピーク	217	55
13	18A-0003	竜在城	吉野郡吉野町滝畑字城ヶ峰、桜井市鹿路	山林	尾根のピーク	752	82
14	18C-0017	山口城	吉野郡吉野町山口字城山	山林	独立丘	410	150
15	18A-0005	龍門山城	吉野郡吉野町山口、西谷	山林	独立丘	905	570
16	18D-0002	牧城（牧城山城）	宇陀市大宇陀区牧字寺垣内、吉野郡吉野町小名	山林	独立丘	529	207
17		城峠の遺構	宇陀市大宇陀区牧字城峠、吉野郡吉野町三茶屋	山林	独立丘～尾根上	425	105
18	111-0017	西山城	吉野郡下市町西山字城山	山林	独立丘	617	140
19	111-0024	広橋城	吉野郡下市町広橋字峯出	山林・境内地	尾根のピーク	548	100
20	20C-0003	秋津城（下市城）	吉野郡下市町下市字本町	山林・墓地	独立丘	214	58
21	20C-0013	龍王城	吉野郡下市町下市字掘毛	山林（遺構未確認）	尾根のピーク	282	86
22		下市御坊峯城	吉野郡下市町下市字御坊峯	山林・耕地	独立丘	250	85
23		善城城	吉野郡下市町善城字城の峰	山林	尾根のピーク	421	70
24	19B-0063	薬水城山城（城山古墳）	吉野郡大淀町薬水字城山	山林	独立丘	183	30

規模	主郭の規模	堀切	竪堀	畝状竪堀	横堀	居館に伴う堀・溝	帯曲輪	腰曲輪	土塁	櫓台	虎口	南朝に関する伝承
–	–	–	–	–	–	○	–	–	–	–	–	
170×90	70×20	○	○	–	–	–	○	○	–	–	○	
70×50	30×10	○	○	○	–	–	○	–	–	–	○	
–	–	–	–	–	–	–	–	–	–	–	–	
–	–	–	–	–	–	–	–	–	–	–	–	
50×20	20×10	○	–	–	–	–	○	–	–	–	?	行宮護衛の為、地元住民が詰めたという伝承がある。
200×100	60×20	○	○	–	–	–	○	–	○	–	○	
80×50	50×20	–	–	–	–	–	○	–	○	–	–	
60×40	25×20	○	–	–	–	–	○	○	○	–	–	
60×60	35×3〜10	○	○	○	–	–	○	–	–	–	–	
–	–	–	–	–	–	–	–	–	–	–	–	
–	–	–	–	–	–	–	–	–	–	–	–	
70×20	40×20	○	–	–	–	–	–	–	○	–	○	陸良親王が拠点とした銀峯山中に所在する。
100×30	30×15	○	–	–	–	–	○	–	○	–	–	
50×40	30×30？	–	–	–	–	○	–	–	○	–	–	
60×30〜	40×10〜	–	–	–	–	○	–	–	○	–	–	
–	–	–	–	–	–	–	–	–	–	–	–	
160×75	160×75	–	–	–	–	○	–	–	○	–	–	南朝方の二見氏の城とされる。
–	–	–	–	–	–	–	–	–	–	–	–	
160×70？	160×70？	–	–	–	○	–	–	–	○	–	–	
50×30	45×30	○	–	–	–	–	–	–	–	–	–	南朝方の崎山氏（栄山氏）の城とされる。
120×70	20×10	○	–	–	–	–	○	–	–	–	–	南朝方の宇野氏の城とされる。
60×30	10×10	–	–	–	–	–	?	–	–	–	–	南朝方の宇野氏の城とされる。
70×20	40×10	○	–	–	–	–	–	○	–	–	–	南朝方の近内氏の城とされる。

No.	県No.	遺跡名	所在地	現状	立地	標高	比高
25	19B-0146	薬水遺跡	吉野郡大淀町薬水	耕地・道路	平地	130	－
26	17C-0253	矢走城	吉野郡大淀町矢走字愛宕山	山林	尾根のピーク	273	30
27	17C-0256	矢走西城	吉野郡大淀町矢走字シガイクボ	山林	尾根のピーク	275	30
28	20A-0038	下渕城	吉野郡大淀町下渕字城ヶ峰	境内地（遺構未確認）	河岸段丘	163	15
29	111-0018	御吉野城	吉野郡黒滝村御吉野字城山	山林・公園（遺構未確認）	尾根のピーク	400	30
30		坪内城山城	吉野郡天川村坪内字城山	山林	尾根先端部	660	90
31	24A-0013	小川城（鷲家口城）	吉野郡東吉野村鷲家口字ハルトヤ山	山林・境内地	尾根先端部	410	200
32		古城遺跡	吉野郡東吉野村鷲家字古城	山林	山腹	350	25
33	108-0001	小川古城（小村城）	吉野郡東吉野村小字黒田	山林・境内地	尾根先端部	315	50
34		ハチヤヅカ城	吉野郡東吉野村平野字ハチヤヅカ	山林	尾根のピーク	691	200
35	110-0010	奥谷城	五條市西吉野町奥谷	耕地（遺構未確認）	尾根のピーク	400	20
36	111-0021	庄屋が峯城	五條市西吉野町百谷	耕地（遺構未確認）	尾根のピーク	453	80
37	111-0019	城が峯城	五條市西吉野町平沼田、唐戸	山林	尾根のピーク	569	50
38	19D-0076	滝城	五條市滝町	山林	尾根のピーク	222	80
39	19D-0075	島野城	五條市島野町	山林	河岸段丘	125	－
40	19D-0021	野原城	五條市野原中１丁目、野原西３丁目	境内地	河岸段丘	110	－
41	22A-0018	深闇城	五條市犬飼町	山林（遺構未確認）	河岸段丘	100	15
42	22A-0016	二見城	五條市二見５丁目	境内地・宅地	河岸段丘	105	－
43	22B-0007	吉原城（振矢ノ岡城）	五條市霊安寺町	耕地（遺構未確認）	段丘端部	150	25
44	22A-0015	坂合部平城	五條市表野町城ノ越	耕地	段丘端部	129	－
45	19D-0074	栄山城	五條市小島町字城の尾	山林・公園	尾根先端部	226	110
46		宇野城	五條市三在町	山林	尾根のピーク	223	80
47		別所城	五條市宇野町字別所	山林	尾根のピーク	205	60
48	19B-0112	居伝城（西尾根の遺構）	五條市居伝町	山林	尾根先端部	235	30

規模	主郭の規模	堀切	竪堀	畝状竪堀	横堀	堀・溝に伴う居館	帯曲輪	腰曲輪	土塁	櫓台	虎口	南朝に関する伝承
60×40	35×20	○	−	−	−	−	○	−	−	−	−	南朝方の近内氏の城とされる。
100×70	35×35	?	−	−	−	−	○	−	○	−	?	南朝方の近内氏の城とされる。
−	−	−	−	−	−	○	−	−	−	−	−	
140×75	62×37	−	−	−	−	○	−	○	−	−	−	
93×90	−	○	−	−	−	○	−	−	−	−	−	
160×160	50×30	○	○	○	○	−	−	−	○	−	○	
120×120	120×120	−	−	−	−	−	−	−	−	−	−	南朝方の桜井氏の館とされる。
40×40	25×25	○	○	−	−	−	−	−	○	−	−	南朝方の坂合部氏の城とされる。
75×30	40×5	−	−	−	−	−	○	○	−	−	−	
?	?	?	−	−	−	−	−	−	−	−	−	
50×40	25×25	○	−	−	−	−	−	○	○	−	−	
−	−	−	−	−	−	−	−	−	−	−	−	南朝方の久留野氏の城とされる。
40×20	15×10	○	−	−	−	−	−	○	−	−	−	
40×30	30×20	−	−	−	−	−	−	○	−	−	−	南朝方の北山氏の城とされる。
60〜×20	30〜×20	○	−	−	−	−	−	−	○	−	−	
250×75	15×10？	−	−	−	−	−	−	?	−	−	−	『太平記』に護良親王を迎えるため槇野氏が築城したとある。
−	−	−	−	−	−	−	−	−	−	−	−	

No.	県No.	遺跡名	所在地	現状	立地	標高	比高
49		居伝城（中央尾根の遺構）	五條市居伝町	山林・境内地	尾根先端部	214	13
50		居伝城（東尾根の遺構）	五條市居伝町城越	山林・宅地・耕地	尾根先端部	206	12
51	19B-0140	居伝遺跡	五條市居伝町	耕地・道路	平地	180	−
52	19C-0020	今井城（三箇城）	五條市今井町	耕地	平地	128	−
53	19C-0019	岡平城（大岡館）	五條市岡町城、城畠、城ヶ谷、堀ノ上	耕地	段丘端部	143	−
54	19C-0017	岡西山城（大岡城）	五條市岡町西山、田園4丁目	山林	独立丘	219	75
55	22A-0017	桜井氏館	五條市相谷町、上野町	耕地	河岸段丘	112	20
56	22A-0019	坂合部山城	五條市阪合部新田町字薬師山	山林・境内	尾根のピーク	200	50
57		布袋山城	五條市阪合部新田町保天山	山林	独立丘	443	190
58	110-0008	高築城（坊城が峯城）	五條市阪合部新田町	山林	尾根のピーク	768	170
59		小和城	五條市小和町	山林	尾根先端部	305	25
60	19A-0022	久留野城	五條市久留野町字城山	山林（遺構未確認）	独立丘	348	20
61		久留野サムシロ城	五條市久留野町字サムシロ	山林	尾根先端部	358	20
62	19A-0021	北山城	五條市北山町字古の城	山林・耕作放棄地	尾根のピーク	380	40
63		北山土居城	五條市北山町字土居	山林	尾根のピーク	360	20
64	19A-0023	牧野城	五條市上之町	山林・耕作放棄地・公園	尾根のピーク	271	30
65	19C-0029	高取山城	五條市大沢町、上之町	山林（遺構未確認）	尾根先端部	382	75

表　吉野郡・五條市の中世城郭一覧表

Ⅵ　細川藤孝入城前の勝龍寺城

馬部隆弘

はじめに

国人一揆が展開した山城国の西岡には、それぞれの国人が構えた小規模な館城が数多く点在する。そのなかにあって、拠点的な機能を有する勝龍寺城（京都府長岡京市）は、中井均氏が指摘するように「公的城郭」とでも呼ぶべき存在である(1)。

仁木宏氏は、その公的な機能の形成過程を段階的に整理して次のように論じている(2)。すなわち、十五世紀中頃から守護の拠点として機能していた勝龍寺城は、三好長慶が実権を握った天文二十年（一五五一）頃になると、その配下である今村慶満ら国人衆の結集の場として機能するようになったという。かくして成立した勝龍寺城を中心とする西岡の世界を、守護公権という「上からの公」と国人衆の連合という「下からの公」が統合した地域社会と仁木氏は評価する。その後、三好三人衆の一人である石成友通は、勝龍寺城を居城とすることで西岡の掌握を図った。細川藤孝も、その方法を受け継ぎつつ、さらなる支配権の強化を進める。

右の議論は、どちらかというと史料が残っている細川藤孝段階に分析が偏っており、その前史は断片的な史料を繋ぎ合わせた仮説の域に留まっている感が否めない。例えば、中井氏・仁木氏ともに、今谷明氏の先駆的研究に導かれる形で、十五世紀中頃の勝龍寺城は守護所あるいは乙訓郡の郡代役所的機能を有したと指摘するが(3)、仮にそうであるならば、一定の恒常性が認められるはずである。ところが、後述のように史料的にはそのような様子は確認できない。公的機能を有することと恒常性を有することは必ずしも必要十分条件ではないが、公的機能を守護所・郡代役所と表現すれば、自ずとそこには一定の恒常性が伴ってしまうので、慎重に評価する必要があるのではなかろうか。

また、今村慶満の主君を長慶とする点も問題である。なぜなら、慶満は正しくは細川国慶の内衆出身で、のちに細川氏綱に仕えており、長慶とは与力関係に留まっているからである。[4]

筆者は勝龍寺城に関する事実を右の他にも折に触れて正してきたが、いずれも断片的で時系列に沿って総括したことはなかった。そこで本稿では、勝龍寺城が恒常的に機能し始める時期をより厳密にしたうえで、細川藤孝入城前の勝龍寺城を改めて通覧し、「上からの公」と「下からの公」が統合される過程を再構築したい。

一、勝龍寺城の恒常性

康正三年（一四五七）から長禄三年（一四五九）にかけて、将軍の石清水社参に供奉する人夫の集合場所となるなど、勝龍寺は西岡の公的な場としての機能を果たしていた。[5] また、文明二年（一四七〇）に「勝蔵（龍）寺を陣城ニ相拘」とみえるように、[6] 勝龍寺という寺院が陣城として使用されることはあった。そのため、応仁・文明の乱に関する史料においては、「勝龍寺城」という表現が一例のみ確認できるが、それ以外では「勝龍寺陣」とみえるように、臨時的な陣と判断される事例しかない。[7]

しかも、京都南郊で広く争われた永正元年（一五〇四）の薬師寺元一の乱の際には、西岡国人である神足氏の居城神足城が使われたように、[8] 勝龍寺は常に中核的な軍事拠点として機能しているわけではなかった。なお、このとき勝龍寺の瑠璃光坊が薬師寺元一に与同していることから、[9] 勝龍寺に陣取ることも不可能ではなかったはずである。これもまた、勝龍寺城が恒常的な存在ではなかったことを示唆している。

永正二年には、九条政基が直務支配のために小塩荘へ入部する。このとき、香西元能との間で係争の場となった城を描いたと思われる「勝龍寺近隣指図」なる絵図が残されている。[10] 中井氏は、これを郡代役所的性格を有する勝龍寺城の絵図と推定する。しかし、近世の神足村と勝龍寺村は隣り合った異なる村落であることや、この絵図に「城神足入口」と記されること、そして「乙訓郡条里坪付図」でも勝龍寺の北側に「かうたにしろ《（神足城）》」とあることなどから、「勝龍寺近隣指図」は神足城を描いたものとするのが妥当かと思われる。[11] したがって、十六世紀初頭に至っても、勝龍寺城が恒常的に存在した明証はないこととなる。

また、享禄三年（一五三〇）には、実質的に神足氏による代官支配となりつつも、勝龍寺のうち南坊による所領支配はなお残存している。[12] 以上のように、勝龍寺城の存在が史料上確認できるのは応仁・文明の乱という戦時のみで、それ以降はむしろ神足城が、小塩荘における代官支配の中核的な場として機能していた。

こうした事実から、福島克彦氏は神足城が拠点城郭としてのもともとの中核で、そこからのちの勝龍寺城へ拡大していったとする。[13] しかしそれでは、応仁・文明の乱に関する一連の史料において、「延喜式神名帳」にもみられる古代以来の神足の地名が一度も登場せず、鎌倉中期に初めて文献に現れる勝龍寺の名で一貫していることの説明がつかない。[14]

荘園支配の中核として機能したとしても、神足城はあくまでも国人の館城なので、やはり荘園の枠組を超えて機能する公的な場としての勝龍寺とは区別して論じるべきであろう。最終的に勝龍寺城の名称で確定することからも、勝龍寺城が拡大するなかで、いつしか神足城もその外郭線に取り込まれたとみるほうが自然である。加えて、有事の際に公的な場として機能する勝龍寺と恒常的に公的城郭として機能する勝龍寺城も、同列に扱われる傾向にあったが、ここまでみてきた事例のなかで後者と判断できるものはない。

天文元年（一五三二）には、勝龍寺城が再び軍事的に用いられていることを確認できる。この年、細川晴元と一向一揆が戦うなかで、晴元方に属した西岡の「国諸侍」が「勝龍寺御城」にて「日夜御番」をつとめていた。(15)天文三年四月にも、神足氏が細川晴元奉行人奉書にて「入城」したことを賞されている。(16)自らの居城である神足城に入城したことが賞されることもなかろうから、これも勝龍寺城に在番したことを意味するのであろう。さらに同年六月には、細川晴国勢が籠城する谷の城（峰ヶ堂城）を攻める際に、晴元方の「西岡連署衆」が勝龍寺城に入城している。(17)右の三例に加えて、これ以降に神足城が軍事拠点として使用される事例がみられなくなることを踏まえるならば、天文初年を画期として勝龍寺城は格段に恒常性が高まったとみることができるのではなかろうか。

とりわけ注目したいのは、晴元方に属す西岡の国人や土豪が在番しているという三例の共通点である。西岡では、応仁の乱頃に細川京兆家の被官となる者が増え始めた。(18)その後、京兆家は細川高国と細川澄元の二派に分裂し、澄元は四国に追われるも、上洛戦の根回しをする過程で西岡国人らの取り込みを始める。(19)澄元嫡子の晴元が畿内に進出した頃には、晴元方に属す西岡国人らは組織的に編成されつつあった。(20)高国派が根強い京都周辺の土豪に対抗しながら、京都への進出を目論む西岡国人らにとって、澄元や晴元という後ろ盾は有効と判断されたのであろう。(21)晴元への一味を文書にて誓約したと思われる「西岡連署衆」という組織的な表現からも、勝龍寺城への在番がある種の制度として整えられつつあった様子をうかがうことができる。

二、天文期の変容

細川玄蕃頭家の当主である細川国慶は、細川高国没後もその残党としての立場を貫いた人物である。天文十五年（一五四六）には、高国の後継者として擁立した細川氏綱に代わって上洛し、京都の支配に携わった。国慶の京都支配は一年にも満たなかったが、柳原の今村慶満や伏見の津田経長、西院の小泉秀清など高国派であった京都周辺の土豪を配下に従えて、都市共同体とも積極的に交渉を持つこれまでにない支配を展開させた。

天文十六年に入ると、国慶は幕府から成敗の対象とされてしまい、丹波へと退く。一方、慶満ら国慶の配下はしばらく京都に残っており、のちに西岡に退いている。ここから、天文十六年段階の国慶方の動向について、次の二点が推論しうる。まず一点は、のちに慶満が勝龍寺城を拠点としていることも踏まえると、すでにこの頃から勝龍寺城は国慶方の拠点となっていた可能性である。もう一点は、晴元派の多い西岡に進出していることから、土豪たちの高国派と晴元派という対立構図は、国慶の京都進出とともに解消されつつあったという可能性である。

【史料[22]】

勝龍寺普請儀申候処、従筑州（三好長慶）被相除候条、御沙汰有間敷由承候、今度儀者、火急普請候条、除御在所守護不入何茂入間敷由候間、早々普請儀可被仰付候、於御遅引者催促可申候、於御不審者、茨木（長隆）へ可有御尋候、恐々謹言、

（天文二十二年カ）六月廿五日　今村紀伊守

慶満（花押）

中路壱岐守
光隆（花押）
四手井左衛門尉
家保（花押）
寒河修理進
運秀（花押）
渡辺市正
勝（花押）
小泉助兵衛
秀次（花押）
中沢一丞
継綱（花押）
物集女孫九郎
国光（花押）

東寺
年預御房
御同宿中

東寺領に対して勝龍寺城の普請役を賦課したものである。仁木氏は、右の連署者を三好長慶を主君とする者たちで、西岡国人もしくは西岡に何らかの権益を有した国人と評した。ここでは、長慶から免除特権を得ていると拒否する東寺に対し、今回は守護不入の特権は適用しないと主張していることから、主君よりも西岡の地域の論理を優先しているとする。

それに対して筆者は、連署者の筆頭が今村慶満であることから、細川国慶の旧臣で勝龍寺城を拠点とする者たちと考えている。国慶はすでに没しているので、このときの主君は細川氏綱にあたる。「守護不入何茂入間敷由候」と上意を奉じているが、その主は長慶よりも京兆家の氏綱もしくは細川昭元と解釈したほうが自然であろう。不審な点があった場合の問い合わせ先を長慶ではなく細川昭元奉行人の茨木長隆としているのも、京兆家の命という形で普請役を賦課しているからだと思われる。

この頃の長慶方に属す西岡国人の構成を示す一例として、永禄元年（一五五八）の長慶書状が挙げられる。[23]その宛所に列挙される十五名のうちには、西岡の物集女久勝（国光の後継者ヵ）・中沢継綱・寒河運秀に加えて西院の小泉秀次、郡の中路光隆といった京都西郊の国人も含まれるが、[24]柳原の今村慶満や山科の四手井家保などの名はみえない。それに対して、天文二十年頃のものと思われる松永久秀の書状では、今村慶満・寒河運秀・小泉秀次・中路光隆・物集女国光・中沢継綱の六名を対象としており、【史料】と近似した組み合わせも別途確認できる。[25]【史料】は、西岡国人の総意ではなく、重複はありつつもそれとは異なる枠組の総意なのである。

その枠組を国慶旧臣とみるならば、京郊における土豪の対立はある程度解消し、国慶という旗頭のもとに集結しつつあったと想定することができよう。その土豪連合は、【史料】にみるように、慶満を筆頭に横並びの形で国慶没後も存続していた。

さて、この時期の慶満の勝龍寺在城が確認できる事例として、勧修寺西林院分への津田経長や土橋氏の押領を止めるよう、伊勢貞助が慶満に依頼してきた際のやりとりをとりあげたい。[26] 具体的には、貞助への慶満の返状であるA十二月七日付・B十二月二十一日付の二通と、貞助の依頼に基づいて百姓らに宛てて年貢納入を命じたC十二月二十二日付の慶満書状案一通である。[27] このうち、Bに「明日勝瀧(龍)寺へ可致帰城候」とみえるので、これらの年代を特定しておく。

まず、Aにて話題に出た津田経長の一件につき、Bにて「於様体者申旧候」と述べていることから、この二者は連続すると考えられる。また、Bにて「唯今百姓中へ折紙可参候」とあることから、BとCも連続するのであろう。よって、これらは同一年のものと推定できる。そしてCには、「今度沽券ニ弐通相副と書者此裏面之状也　天文廿四年三月日」との奥書が加筆されていることから、一連の文書は天文二十三年以前のものということになる。事実、AとBの慶満花押は、天文二十年頃のものに近い。[28] Aの冒頭に「如仰、先日者以面上申承、畏存候」とあって、それをうけて「土橋へ可致異見覚悟候砌、今度於丹州討死仕」と続くので、土橋氏の討死は十二月を大きくは遡らないと思われる。それに該当する時期に三好勢が丹波に出陣したのを確認できるのは天文二十一年で、十月二十五日に丹波へ出陣し、十一月十三日に開陣している。[29] よって、天文二十一年段階の慶満は、勝龍寺城に在城していることとなる。

なお、永禄三年にフロイスは、「霜台(松永久秀)の家には今村殿という一貴人がいた。彼はロレンソ修道士が、なにか（霜台）のところで教会のことで用事をせねばならなかった際には、（霜台）のところへ連れて行ったり、伴天連の用件や書状を彼に取り次ぐのを常としていた」と記している。[30] 永禄二年の三好勢による大和侵攻以降、今村慶満は従来の京都や勝龍寺城での活動に加え、松永久秀の配下として大和でも活動を始める。[31] おそらく久秀の与力となったのであろう。

フロイスは、右に続けて慶満の書状の内容も記している。その書中で慶満は、足利義輝や久秀によって京都から追放されそうになった宣教師に対し、勝龍寺城へ取りあえず留まっておくよう伝えているのである。この事例からも、勝龍寺城が慶満の拠点となっていたことを確認できる。

永禄四年には、畿内を掌握していた三好長慶が、北の六角氏と南の畠山氏から挟撃される。すると翌五年三月には、三好方の慶満らが勝龍寺城に籠城する。(32)そして、四月から五月にかけて、勝龍寺城近辺では六角勢との間で度々合戦が繰り広げられた。(33)

以上の事例を時系列でみると、国慶が没した直後における旧臣の横並びのなかから、慶満が一歩飛び抜けて勝龍寺城の中心的立場になっていく様子がみてとれよう。

三、永禄期の変容

今村家は、京都南郊の柳原周辺における流通等の経済活動で力をつけた家である。(34)慶満が武家としての道を歩むことでさらに飛躍するが、一方で弟の政次は柳原に残って従来の家経営を継続するという分業体制をとっていた。永禄五年(一五六二)九月に慶満が没すると、嫡子の一慶も程なくして姿を消す。それを機に、政次は慶満・一慶の「慶」と政次の「政」を合わせて慶政と改名することから、両家の統合を図ったようである。しかし、その後継者たちは武家としての道を歩むことなく、柳原村の庄屋として存続する。したがって、ここでは永禄五年以降に勝龍寺城の体制がどのような変容を遂げたのかみておきたい。

永禄七年に三好長慶が没すると、永禄八年秋には三好三人衆と松永久秀の対立が惹起し、永禄九年二月から畿内各地で戦闘が始まる。[35]勝龍寺城でも、永禄九年四月までに松永勢が籠城を開始した。[36]それに対して三人衆方の坂東季秀は、四月十三日に上洛してきて、周辺に勝龍寺城攻めのための付城普請を命じた。[37]

勝龍寺城には松永方に与した土川氏と志水氏が籠城しており、対する三人衆方の付城には物集女氏が入っているように、この戦いでは西岡国人も分裂していた。五月二十五日には、土川氏と志水氏が三人衆方に内通して投降しているが、勝龍寺城はなお堅固であったという。[38]籠城体制に抜かりがなかったため、攻め手も付城を設けて長期戦の構えをみせたのがこの合戦の特徴といえよう。ここからも、勝龍寺城の整備が進んでいた様子をうかがうことができる。

松永勢は、勝龍寺城のほか摂津の越水城・滝山城、そして山城の淀城に籠城していたが、越水城と滝山城が七月十三日に三人衆方に引き渡されると、四日後の十七日には勝龍寺城と淀城が開城する。[39]勝龍寺城は石成友通、淀城は三好長逸がそれぞれ受け取っている。

先述のように、晩年の今村慶満は松永久秀の与力としても活動していた。勝龍寺城が、松永方に味方する西岡国人によって掌握されたのもそのためと思われるが、周囲には三人衆に味方する者も少なからずいた。西岡国人は、もともと高国派と晴元派に二分していたし、晴元派のなかでもさらに柳本賢治派と三好元長派に分裂して対峙していたように、必ずしも一枚岩ではなかった。[40]事実、松永方から三人衆方へ転じた志水氏も、直前の永禄五年の合戦では、慶満方ではなく六角方として戦っている。[41]

永禄九年以後、勝龍寺城には石成友通が入ることとなるが、上記のような混沌とした状況をいち早くまとめる必要に迫られたはずである。実際、永禄十一年には松永久秀と結んだ織田信長が上洛してきたため、一触即発の状態となっている。信長は足利義昭を擁して九月二十六日に入京し、二十七日には勝龍寺城近辺に陣取るが、その当初から「和睦之調」があり、翌二十八日夕方に友通は城を明け渡した(42)。

ここで注目されるのは、勝龍寺城に籠もっていたのが「細川玄蕃頭・石成《（友通）》主税介両人」ということである(43)。「細川玄蕃頭」の出自ははっきりしないが、通称が一致するので国慶の後継者とみて間違いあるまい。石成友通は、勝龍寺城を軍事的に統括する一方で、城主として国慶の後継者を推戴していたのである。

しかも、国慶後継者の擁立は永禄四年まで遡ることができる。この年、「筑州《（三好義長）》へ上野源五郎殿・内藤備前守《（貞勝）》礼被参」とみえるのである(44)。丹波守護代の内藤氏より上位の「上野源五郎」は、若き日の国慶とも通称が共通するので「細川玄蕃頭」と同一人物であろう。永禄四年は、まだ今村慶満が健在であることから、国慶の後継者は慶満に擁立されたと推測される。また、慶満没直後にも、同一人物と考えられる「細川源五郎」が妙國寺の日珖から受法されている(45)。

近世の今村家では、慶満は勝龍寺城の「城主」であるという由緒が伝えられているが(46)、石成友通と同様に統括的立場にあるものの、厳密には「城主」ではなかろう。本来の「城主」は細川国慶であり、彼が没したのちは空席であった。【史料】が、特定個人ではなく国人の連署にて提示されているのは、西岡地域の総意を示したからではなく、空席の細川玄蕃頭家に代わって勝龍寺城としての総意を示したからではなかろうか。

松永方の城から三人衆方の城となるに際し、友通はおそらく慶満に倣って国慶の後継者を推戴した。ここからは、勝龍寺城の公的機能は国慶から継承すべきものと認識していたことが読み取れる。細川玄蕃頭家を頂点とする体制を護持することが、安定をもたらすと考えられていたのである。これらの点から、天文十六年段階の勝龍寺城は、すでに国慶方の拠点になっていたとみてよいかと思われる。

おわりに

十五世紀半ばから勝龍寺は有事の際に公的な場として機能しはじめるが、公的城郭として一定の恒常性が伴うようになるのは、細川晴元が京都への進出を図って西岡国人を軍事編成して以降とみられる。この動きは、京都およびその周辺の国人・土豪を高国派と晴元派に分裂させていったが、京都を掌握した細川国慶のもとで再統合が進められるなかで、勝龍寺城はその一拠点として機能しはじめる。

以後の勝龍寺城は、実態はさておき、細川玄蕃頭家の城という由緒によって維持が図られるようになる。「上からの公」と「下からの公」という運動方向は認められるが、前者は守護公権から京都も視野に入れた細川玄蕃頭家の公権へと変化し、後者も西岡国人から京都方面へやや拡大したものへと変化していた。すなわち、勝龍寺城は西岡の拠点ではあるものの、その地域的枠組で完結する存在ではなくなり、軍事的にも政治的にも京都と不可分の城となっていたのである。足利義昭・織田信長のもとで、信長の直臣ではなく細川藤孝が勝龍寺城の城主に選ばれた理由の一つはここにあると思われるが、その検討は今後の課題としたい。

註

（1）『長岡京市史』本文編一（一九九六年）七四八頁。
（2）仁木宏「戦国期京郊における地域社会と支配」（本多隆成編『戦国・織豊期の権力と社会』吉川弘文館、一九九九年）。
（3）今谷明「畿内近国における守護所の分立」（同『守護領国支配機構の研究』法政大学出版局、一九八六年、初出一九八五年）。今谷氏は、勝龍寺城以後の守護所として峰ヶ堂城も挙げるが、拙稿「木沢長政の政治的立場と軍事編成」（拙著『戦国期細川権力の研究』吉川弘文館、二〇一八年、初出二〇一七年）で指摘したように誤りである。このように、現在の守護所研究の水準に照らし合わせると、今谷氏の所説には再考すべき点も多い。
（4）拙稿「細川国慶の上洛戦と京都支配」（前掲註（3）拙著、初出二〇一四年）。以下、細川国慶については特に断らない限りこれによる。
（5）東寺百合文書ひ函七九号・る函六二号・ミ函一二三号・ワ函七三号・リ函一七三号。
（6）「応仁別記」文明二年二月条（『群書類従』第二〇輯）。
（7）『大乗院寺社雑事記』文明二年四月十八日条。尊経閣文庫文書（『長岡京市史』資料編二、中世編年史料八六号）。
（8）拙稿「神足家旧蔵文書の復元的考察」（『史敏』通巻一二号、二〇一四年）。同「淀城と周辺の地域秩序」（『古文書研究』第八一号、二〇一六年）。同「摂津守護代薬師寺氏の寄子編成」（前掲註（3）拙著、初出二〇一七年）。
（9）馬田綾子「中世東寺の過去帳について」（『東寺における寺院統括組織に関する史料の収集とその総合的研究』研究代表者高橋敏子、二〇〇五年）№七四六。
（10）『九条家文書』一五八五号。西岡虎之助編『日本荘園絵図集成』下（東京堂出版、一九七七年）一九〇頁に写真が掲載される。
（11）福島克彦「勝龍寺城研究の再検討」（『長岡京市文化財調査報告書』第七三冊、二〇一九年）。
（12）前掲註（8）拙稿「神足家旧蔵文書の復元的考察」所収【思文閣4】。
（13）前掲註（11）福島論文。
（14）京都大学総合博物館所蔵宝積寺文書（『長岡京市史』資料編二、中世編年史料二五号）。「扶桑略記」・「延喜式」（同上、古代編年史料一五九号・一八〇号）。
（15）調子家文書九九号（『長岡京市史』資料編二）。年次比定については、前掲註（2）仁木論文および拙稿「『堺公方』期の京都支配と松井宗信」（前掲註（3）拙著、初出二〇一四年）。
（16）前掲註（8）拙稿「神足家旧蔵文書の復元的考察」所収【家系17】。
（17）拙稿「細川晴元の取次と内衆の対立構造」（前掲註（3）拙著、初出二〇一六年）。
（18）拙稿「奉行人奉書にみる細川京兆家の政治姿勢」（前掲註（3）拙著、初出二〇一六年）。
（19）拙稿「細川澄元陣営の再編と上洛戦」（前掲註（3）拙著、初出二〇一六年）。

(20) 拙稿「『堺公方』期の京都支配と柳本賢治」(前掲註(3)拙著、初出二〇一四年)。
(21) 拙稿「細川京兆家の内訌と京郊の土豪」(前掲註(3)拙著、初出二〇一七年)。
(22) 東寺百合文書い函九九号。この史料の年次比定については、前掲註(21)拙稿。
(23) 京都市個人蔵文書(『戦国遺文　三好氏編』五一四号、以下『戦三』五一四と略)。
(24) 小泉氏・中路氏の居城については、『言継卿記』天文二十一年十一月二十八日条。
(25) 古簡雑纂(『戦三』一八〇四)。天文二十四年に物集女国光と入れ替わりで物集女久勝が登場することに加え(『天龍寺文書』九三五―三号〔『戦三』二九四〕)、天文二十一年に二例(双柏文庫所蔵文書・杭全神社文書〔『戦三』三四四・三五一〕)、永禄三年に一例(福地源一郎氏所蔵文書〔『戦三』七〇二〕)、と天文二十年前後に集中することから年代を推測した。なお、「松弾久秀」と署名する書状はこのほか四例あるが、いずれも年未詳である(国立歴史民俗博物館所蔵田中穣氏旧蔵文書・町田礼助氏所蔵文書・古簡雑纂・高橋義彦氏所蔵文書〔『戦三』一七五三・一七六一・一七八一・一八一一〕)。
(26) 津田経長は、拙稿「伏見の津田家とその一族」(『大阪大谷大学歴史文化研究』第一八号、二〇一八年)で指摘したように伏見を、土橋氏は『言継卿記』永禄十一年正月六日条にみえるように山科東野村を拠点としており、いずれも勧修寺から近い。
(27) 勧修寺文書(『戦三』二〇二〇・二〇二三・二〇二四)。いずれも、東京大学史料編纂所影写本に基づき訂正を加えている。
(28) 前掲註(21)拙稿。
(29) 『言継卿記』天文二十一年十月二十五日条・十一月十三日条。
(30) 松田毅一・川崎桃太訳『フロイス日本史』三、第一〇章。
(31) 天野忠幸「松永久秀家臣団の形成」(天野忠幸他編『戦国・織豊期の西国社会』日本史史料研究会、二〇一二年)。
(32) 「長享年後畿内兵乱記」永禄五年三月六日条(『続群書類従』第二〇輯上)。近江国人と思われる高野瀬備前守も同時に入城しているが、その経緯はよくわからない。
(33) 志水文書(『戦国遺文　佐々木六角氏編』八六八号～八七〇号・八七三号～八七六号)。
(34) 以下、今村家については、前掲註(21)拙稿。

(35) 拙稿「永禄九年の畿内和平と信長の上洛」(『史敏』通巻四号、二〇〇七年)。
(36) 以下、永禄九年の合戦については、拙稿「勝龍寺城近隣の堀跡について」(『城郭研究の軌跡と展望』Ⅲ、城郭談話会、二〇一四年)。
(37) 『言継卿記』永禄九年四月十三日条。青山文庫(『国立国会図書館所蔵貴重書解題』四)。
(38) 「永禄九年記」五月二十五日条(『続群書類従』第二九輯下)。
(39) 「永禄九年記」七月十七日条。
(40) 前掲註(20)拙稿。
(41) 前掲註(33)。
(42) 『言継卿記』永禄十一年九月条。
(43) 木下聡「『足利義昭入洛記』と織田信長の上洛について」(田島公編『禁裏・公家文庫研究』第五輯、思文閣出版、二〇一五年)。
(44) 「雑々聞検書」永禄四年二月十一日条(内閣文庫蔵)。
(45) 「己行記」永禄五年十一月二十六日条(矢内一磨「堺妙國寺蔵『己行記』について」〔『堺市博物館報』第二六号、二〇〇七年〕)。
(46) 『今村家文書史料集』上巻五〇号・三五四号・三〇四九号。

あとがき

本書は、中井均監修・城郭談話会編『図解 近畿の城郭』Ⅰ～Ⅴ（以下、『図解』と略）の総括編的な位置づけで編まれたものである。『図解』のうち、Ⅰでは各県ごとに城郭概要が記されているが、Ⅱ～Ⅴでは個別城郭の解説で占められていた。『図解』と銘打つわけだから、図（縄張り図、遺構図）とその解説文があれば看板に偽りなしである。しかし、『図解』Ⅰ～Ⅴでは近畿地方の城郭すべてを取り上げたわけではない。遺憾にして積み残しになった城郭も存在したのである。著名なところでは八木城（京都府南丹市・亀岡市）を取り上げることができなかったのが、心残りとなった。

せめて現状で判明する城郭について、一覧表にはまとめておこうと考え、『図解』Ⅴの巻末に城郭一覧表を掲載することに決めた。ところが城郭一覧表の作成は、実際に着手すると予想以上に大変な作業であり、途中で大きなトラブルも発生した。それでも城郭談話会有志および日頃お世話になっている仲間たちの力を借りて完成させることができた。修整を必要とする部分が今後出てくる可能性なしとは言えないが、少なくとも現時点では、近畿地方の城郭に関する基礎データ・資料として他の追随を許さないものではないか。作成者および協力者が一丸になった上での成果であると誇りたい。

もっとも、読者にとっては一覧表や各巻の個別城郭の説明に目を通すだけであれば、各地域、各府県ごとの特徴、歴史的背景等が伝わりにくいであろう。総括編的な内容となる一冊を加えたのならば、より近畿地方の城郭の特徴、普遍性、課題などが鮮明になるのではないか。早速、戎光祥出版株式会社の丸山裕之編集長に相談したところ、快諾を頂いた上で具体的な作業に着手することになった。

内容は文献史学・考古学・縄張り研究の面から、それぞれの府県の城郭について記述する内容とし、これに特論を加えることに決めた。特論は近畿地方の城郭全般を再考する内容であったり、今後の城郭研究を深めていく上で方向性を示す内容であったり、提言的な内容となるものをエントリーすることにした。

執筆者予定者にも快諾を頂いたが、問題はそれぞれの紙数、文量が限られているという点であった。全体ページ数を考えると、個別論考には十分なページが割けるわけではない。

ページ数との関わりで言えば、どんな切り口で、何を中心に論述するかが執筆者の頭を最も悩ませた点であっただろうと推察する。

例えば、文献史料に表れた各県の城郭をくまなく把握するのは難しい。そもそも良質な史料に登場する城郭は限られるし、地域や城郭ごとに史料の残存度に相当な差がある。発掘調査された城郭であっても、どのような発掘調査事例を取りあげるか、特定の遺構に絞り込むのならば何を対象にするか、などが問題となる。

要は切り口をどのようにするかであり、論点の絞り方、語り方が肝要となろう。この点に関しては、文献史学・考古学・縄張り研究の範囲と対象とする府県を逸脱しなければ、基本的にお任せすることにした。せいぜい府県全体を俯瞰する視点をどこかに盛り込んでほしいとの編者側の希望を伝えたくらいである。

自らが担当した京都府の縄張りに関しても、どの城をどのように取り上げてみようかと、『図解』はもちろん京都府教育委員会による『京都府中世城館跡調査報告書』を何度もめくり、論点を見出そうとした。論点を見出す見込みができても、壁となるのはやはりページ数であった。筆者の場合は年代観に関わって論述してみたが、限られたページ数に収めるために考えを巡らしながら、推敲を重ねた。推敲を重ねた結果が、優れた内容になったとはお世辞にも言えまい。それでも、自分自身の中で現時点での考えをまとめることはできたと思う。やむを得ず割愛した部分は、今後別の企画の一つに盛り込めないだろうかとも思っている。

他の執筆者の思いは知る由もないが、書き上げて頂いた原稿を見てみると、各人各様の切り口になっている。考古学の立場からは六人の方に書いて頂いているが、読み比べてみればわかるように切り口、語り方は一律ではない。遺構・遺物に対する切り口、捉え方、見方には違いもある。執筆者全員を知る筆者は、「書き手の個性が出ているなぁ」とつくづく思い、ニヤリ、と笑みを浮かべてしまった。

もっとも、執筆者は実績のある著名な研究者や新進気鋭の研究者で占められているから、内容はいずれも手堅いものとなっている。御忙しい中、原稿執筆を快諾頂き、玉稿を提出して頂いたことに対し、お礼申し上げたい。

ただし、締め切りに間に合わなかった数名による特論が掲載できなかったのが、つくづく残念である。

最後になったが、今回も監修を引き受けて頂いた滋賀県立大学の中井均教授には厚くお礼申し上げたい。また、『図解』シリーズは本書をもって完結するわけである。途中、大変なこともあったが、五冊＋一冊という成果物ができた。これまで『図解』Ⅰ～Ⅴにご執筆頂いた方々、ご協力を頂いた方々に対し改めてお礼申し上げる。責任編集という立場上、無茶な言動もあっただろうが、平にご容赦いただきたい。

そして戎光祥出版株式会社代表取締役の伊藤光祥氏、丸山裕之編集長、そして編集スタッフの皆様には、今回も大変お世話になった。厚く、厚くお礼申し上げたい。

二〇一九年十月十三日　台風一過の四国松山にて

髙田　徹

【執筆者一覧】

中井　均　別掲

第1部
松下　浩　滋賀県教育委員会事務局文化財保護課主幹
小林裕季　(公財) 滋賀県文化財保護協会
福永清治　城郭談話会

第2部
福島克彦　大山崎町歴史資料館館長
森島康雄　京都府立丹後郷土資料館
髙田　徹　城郭談話会

第3部
金松　誠　三木市立みき歴史資料館主任
岡田雅彦　奈良県地域振興部文化財保存課主査
内野和彦　城郭談話会

第4部
天野忠幸　天理大学文学部准教授
遠藤啓輔　尼崎市教育委員会　歴博・文化財担当
中西裕樹　高槻市文化財課主幹

第5部
新谷和之　近畿大学文学部特任講師
北野隆亮　和歌山市和歌山城整備企画課学芸員
白石博則　和歌山城郭調査研究会

第6部
依藤　保　神戸史学会委員
山上雅弘　(公財) 兵庫県まちづくり技術センター
多田暢久　姫路市立城郭研究室係長

第7部
乗岡　実　丸亀市教育委員会
山口誠司　(公財) 滋賀県文化財保護協会・城郭談話会
藤岡英礼　城郭談話会
伊藤俊治　和歌山城郭調査研究会
成瀬匡章　城郭談話会
馬部隆弘　大阪大谷大学文学部准教授

【監修者略歴】

中井 均（なかい・ひとし）

1955年、大阪府生まれ。龍谷大学文学部史学科卒業。公益財団法人滋賀県文化財保護協会、米原市教育委員会、長浜城歴史博物館館長を経て、現在、滋賀県立大学人間文化学部教授。また、ＮＰＯ法人城郭遺産による街づくり協議会理事長として、全国のまちづくりにも関わる。専門は日本考古学で、特に中・近世城郭の研究、近世大名墓の研究。主な著書は『城館調査の手引き』（山川出版社、2016年）、『歴史家の城歩き』（共著・高志書院、2016年）、『近世城郭の考古学入門』（編著・高志書院、2017年）など。

【編者紹介】

城郭談話会（じょうかくだんわかい）

1984年創会。関西を中心とした在野の城郭研究会。毎月第２土曜日に、大阪府高槻市内にて例会開催。主な編著は『筒井城総合調査報告書』（大和郡山市教育委員会と共著）、『倭城の研究』1～6、『図解 近畿の城郭』Ⅰ～Ⅴ（戎光祥出版、2014～2018年）、『但馬竹田城』（戎光祥出版、2016年）、『淡路洲本城』（戎光祥出版、2017年）など。

装丁：川本　要

文献《ぶんけん》・考古《こうこ》・縄張《なわば》りから探《さぐ》る

近畿《きんき》の城郭《じょうかく》

二〇一九年十二月十日　初版初刷発行

監修者　中井　均
編　者　城郭談話会
発行者　伊藤光祥
発行所　戎光祥出版株式会社
東京都千代田区麹町一-七
相互半蔵門ビル八階
電　話　〇三-五二七五-三三六一（代）
ＦＡＸ　〇三-五二七五-三三六五
編集協力　株式会社イズシエ・コーポレーション
印刷・製本　モリモト印刷株式会社

https://www.ebisukosyo.co.jp
info@ebisukosyo.co.jp

ISBN978-4-86403-336-7